Compra e Venda Internacional de Mercadorias

Compra e Venda Internacional de Mercadorias

REPENSANDO A LEI APLICÁVEL

2022

Gustavo Moser

ALMEDINA

COMPRA E VENDA INTERNACIONAL DE MERCADORIAS
REPENSANDO A LEI APLICÁVEL

AUTOR: Gustavo Moser

DIRETOR ALMEDINA BRASIL: Rodrigo Mentz
EDITORA JURÍDICA: Manuella Santos de Castro
EDITOR DE DESENVOLVIMENTO: Aurélio Cesar Nogueira
ASSISTENTES EDITORIAIS: Isabela Leite e Larissa Nogueira
ESTAGIÁRIA DE PRODUÇÃO: Laura Roberti

DIAGRAMAÇÃO: Almedina
DESIGN DE CAPA: Roberta Bassanetto

ISBN: 9786556276281
Setembro, 2022

Dados Internacionais de Catalogação na Publicação (CIP)
(Câmara Brasileira do Livro, SP, Brasil)

Moser, Gustavo
Compra e venda internacional de mercadorias /
Gustavo Moser. -- São Paulo, SP : Almedina, 2022.

ISBN 978-65-5627-628-1

1. Comércio internacional 2. Comércio
internacional - Regulamentação 3. Contratos de vendas
para exportação 4. Convenção das Nações Unidas sobre
Contratos de Compra e Venda Internacional de
Mercadorias (1980) 5. Direito comercial I. Título.

22-115863 CDU-347.7

Índices para catálogo sistemático:
1. Direito comercial 347.7
Eliete Marques da Silva - Bibliotecária - CRB-8/9380

Este livro segue as regras do novo Acordo Ortográfico da Língua Portuguesa (1990).

EDITORA: Almedina Brasil
Rua José Maria Lisboa, 860, Conj.131 e 132, Jardim Paulista | 01423-001 São Paulo | Brasil
www.almedina.com.br

SOBRE O AUTOR

Gustavo Moser, Doutor em Direito pela Universidade da Basileia – Suíça. Bacharel e LL.M em Direito pela Universidade Federal do Rio Grande do Sul, Brasil. Advogado, árbitro e consultor jurídico nas áreas de propriedade intelectual, direito comercial internacional, compra e venda (inter)nacional de mercadorias, direito internacional privado, e mecanismos consensuais de resolução de disputas. Advogado qualificado no Brasil; em Portugal; e na Inglaterra e no País de Gales.

APRESENTAÇÃO

Titular de uma expressiva formação universitária, a tese doutoral de Gustavo Moser expressa toda a sua bagagem cultural, bem construída e sedimentada ao longo dos anos, em diversos ambientes acadêmicos, tratando de um dos temas mais relevantes e, ao mesmo tempo, dos mais controvertidos, no direito internacional privado atual, qual seja, o da escolha da lei reguladora de vendas realizadas entre comerciantes, cujos estabelecimentos comerciais estejam situados em distintos Estados, daí adjetivarem-se tais vendas como transfronteiras (*cross-border*), termo usado para definir as operações comerciais realizadas além das fronteiras, ou seja, operação de exportação – onde empresas passam a oferecer seus produtos em outros países.

Esta é uma obra de relevo na bibliografia nacional sobre o assunto – compra e venda internacional de mercadorias – num espaço transfronteiras – pois versa a matéria de forma original e inédita, contribuindo para um avanço na forma como esses contratos podem e/ou devem ser regulados.

VERA JACOB DE FRADERA
Mestre e Doutora em Direito pela Universidade de Paris II
Professora convidada na UFRGS
Advogada em Porto Alegre, RS

PREFÁCIO

Com muita honra aceito a incumbência de prefaciar esta obra, fruto de pesquisa extensa e aprofundada, do jovem Gustavo Moser, sob a orientação da Professora Ingeborg Schwenzer, sem favor algum, uma das mais renomadas especialistas em Direito Comercial Internacional.

O tema da tese, tal como descrito em seu título, envolve a escolha da lei aplicável dos contratos de venda realizados transfronteiras, como bem posto em seu título, no idioma original.

Este é um termo usado para definir as operações comerciais realizadas além das fronteiras, ou seja, operações de exportação – nas quais as empresas oferecem os seus produtos em outros países.

A obra está dividida em cinco partes, ordenadas perfeitamente mediante o método da *rote Linien*, ou seja, a linha vermelha, bem distinto do denominado plano francês, tradicionalmente dividido em duas partes.

O atrativo maior desta obra reside, a meu juízo, em retratar, fiel e cientificamente, o quadro presente na maioria dos casos concretos, frente à escolha da lei aplicável a determinada relação jurídica de caráter comercial internacional, podendo esta escolha ser influenciada por diversos fatores, dentre os quais, e sobretudo, as diferenças entre os sistemas jurídicos envolvidos (*Civil Law* e *Common law*, sistemas mistos, e ainda outros, onde a religião integra o Mundo jurídico – tal qual nos países de confissão muçulmana ou judaica).

Por esses motivos, os negociadores devem prestar atenção redobrada para a relevância da escolha da lei aplicável a cada caso concreto, tratando-a como um dos aspectos mais relevantes na elaboração de um contrato internacional, algo, lamentavelmente, nem sempre levado em consideração.

Nesse sentido, o Autor constata a tendência dos negociadores a optar pela lei mais conveniente aos negócios, ou seja, aproveitam o resultado de experiências anteriores, incluindo, por exemplo, seguir os passos de uma das partes, ou reutilizar um acordo bem sucedido no passado, sem uma nova deliberação. Reconhecendo esse estado de coisas, de aparente discrepância, o Autor explica a razão de sua escolha pelo tema de sua tese na necessidade (ou curiosidade) de pesquisar com redobrada acuidade a maneira como os negociantes escolhem, em verdade, a lei de seus contratos. Ademais, pesquisa as razões determinantes para a tomada dessas decisões e os motivos nos quais estas decisões foram baseadas.

O tema central deste livro, tal como refere o Autor em sua introdução, gira em torno de como a *Global Empirical Survey on Choice of Law*[1] foi concebida em 2014, tendo a pesquisa sido desenvolvida especialmente para investigar as preocupações das partes na escolha da lei e avaliar se normas pertencentes a um quadro legal neutro seriam bem vindas para solucionar estes problemas.

Ademais, o Autor observa o fato de negociadores tradicionalmente tenderem a impor sua própria lei ao decidir qual sistema legal deve reger um contrato. Acentua, contudo, o fato de essa tendência ser suscetível de causar entraves, porquanto as partes podem, eventualmente, não tomar a melhor decisão que poderiam ter tomado.

Seguindo o anunciado na sua Introdução, o Autor analisa estudos relacionados ao tema da escolha da lei, obtidos antes e após 2008, apresentando-os em pesquisa empírica, qualificando o primeiro momento como caracterizado por "iniciativas pioneiras" e o segundo como período de "iniciativas inovadoras". Essa forma de tratar o assunto é realmente original, pouco ou quase nada encontrada em trabalhos jurídicos, conferindo um atrativo a mais na leitura e utilização do livro pelos operadores do direito.

Gostaria de, neste momento de coroamento da formação acadêmica do Autor, iniciada na Faculdade de Direito da Universidade Federal do Rio Grande do Sul, e finalizando em tão exitoso resultado, o quanto foi gratificante para mim, enquanto sua Professora e participante da tarefa de co-orientar nossos jovens *Mooties,* ter podido contar com sua dedicada, fiel e competente colaboração. Assim sendo, aproveito o momento para registrar publicamente meus agradecimentos por seu trabalho e dedicação a essa

[1] Pesquisa global empírica sobre a escolha da lei.

causa, de transmitir não só conhecimento, como também a fidelidade e o orgulho pela *Alma Mater*, bem como disseminar solidariedade e desprendimento entre os membros do grupo.

A par de sua atividade como *counsel* na *London Court of International Arbitration*, LCIA, Gustavo é, desde 2014, coordenador acadêmico e professor do Curso de Propriedade Intelectual do LL.M da Swiss International Law School (SiLS) – Bond University, Austrália.

Ao encerrar este prefácio, quero desejar a Gustavo Moser sucesso em sua vida profissional, enquanto árbitro, almejando colha, em seu exercício, muitos frutos. Por outro lado, desejo desfrute das alegrias decorrentes da dedicação à vida acadêmica, sem dúvida, uma das mais envolventes e prazerosas atividades realizadas pelo ser humano.

VERA JACOB DE FRADERA
Mestre e Doutora em Direito pela Universidade de Paris II
Professora convidada na UFRGS
Advogada em Porto Alegre, RS

SUMÁRIO

INTRODUÇÃO

A escolha da lei aplicável tem sido historicamente concebida como uma decisão primordial na negociação transfronteiriça de contratos, na medida em que rege a sua vida do início ao fim. De fato, a lei aplicável dita e regula o comportamento das partes, atribuindo consequências jurídicas e econômicas a cada passo dado no curso da relação contratual. Embora essa escolha possa muitas vezes resultar na antecipação da alocação de riscos e interesses (valor monetário) entre as partes, a análise econômica do direito nos auxilia na compreensão do fenômeno jurídico como um incentivo à mudança de comportamento (preços implícitos) e como um instrumento para objetivos estratégicos (eficiência e distribuição)[2]. Consequentemente, as partes cooperarão ou não dependendo dos incentivos em jogo, os quais, como os leitores apreciarão, podem variar significativamente.

Em uma compra e venda internacional, transacionada por partes advindas de localidades muito diferentes, tanto em termos de tradições culturais como jurídicas, pode-se perguntar qual lei deve regular o contrato. A lei doméstica de uma ou outra parte é a que melhor se encaixa nesse propósito? Talvez a lei de um país diverso daqueles envolvidos na relação

* Tradução revisada e atualizada do original Gustavo Moser, 'Rethinking Choice of Law in Cross-Border Sales', The Hague, Eleven International Publishing, 2018. O projeto contou com o auxílio da Professora Véra Fradera, dos membros do grupo de pesquisa da Faculdade de Direito da Universidade Federal do Rio Grande do Sul (UFRGS) intitulado *Contratos Internacionais empresariais, CISG e Arbitragem*, em particular Rodrigo Salton Rotunno Saydelles e João Octávio Pires, e de Ana Coimbra Trigo. O autor agradece a todos os colaboradores que emprestaram o seu tempo para a realização deste projeto.

[2] Cf. R. Cooter & T. Ulen, *Law and Economics*, Addison-Wesley, Boston, 2007, p. 9.

comercial? Ou, ainda, um regime jurídico "neutro"? Como as partes podem encontrar o equilíbrio certo? Afinal, há um "equilíbrio certo"? Mais importante, as partes querem encontrar esse equilíbrio?

Apesar de sua reconhecida importância teórica, muitas vezes se sugere que os negociadores dedicam menos atenção do que deveriam às particularidades da cláusula de lei aplicável. Em vez disso, os negociadores tendem a optar por leis que possam ser convenientes (e nem sempre adequadas) para os seus negócios, ou resultar de experiências anteriores, incluindo, por exemplo, replicar os passos de um parceiro comercial, ou um contrato ou negociação bem-sucedidos no passado, sem maiores deliberações.

À luz dessa aparente discrepância entre teoria e prática, decidimos investigar sobre como as partes realmente escolhem a lei para reger seus contratos. Também buscamos descobrir as razões subjacentes a essas decisões e seus elementos fundantes. Foi assim que a *Global Empirical Survey on Choice of Law* ("Pesquisa Empírica Global sobre a Escolha da Lei Aplicável"), que será discutida em detalhe neste livro, foi concebida em 2014. A pesquisa foi essencialmente pensada para investigar as preocupações das partes em relação à escolha da lei aplicável e avaliar se os regimes jurídicos neutros são bem-vindos para resolver essas preocupações.

É indiscutível que os negociadores – operadores do mercado – tradicionalmente tentam impor sua própria lei para reger o contrato. Essa tendência pode representar obstáculos, porque as partes podem não tomar a melhor decisão ao seu dispor. Este é precisamente o nosso primeiro ponto de preocupação: pretendemos revelar como e quais fatores determinam a forma como as partes contratantes escolhem a lei para reger seus contratos. Também vamos apurar se as partes estão realmente cientes dos vieses cognitivos e heurísticas[3] – os famigerados 'pontos-cegos' e atalhos – que podem ofuscar ou desfocar a decisão em torno da lei aplicável e levar a destinos incertos. Ademais, discutiremos as medidas para combater as táticas do 'fator local' e 'queda-de-braço', comumente vistas na prática negocial.

Posteriormente, os leitores serão convidados a considerar as principais distorções e falhas do mercado às quais as partes contratantes estão roti-

[3] Vieses cognitivos são atalhos mentais comumente usados nas tomadas de decisões diárias. Como uma decisão pode levar (e geralmente leva) tempo e demanda esforço, a mente usa rotas ou atalhos (heurísticas) para facilitar o processo de chegar a uma conclusão ou tomar uma decisão. O tema será melhor discutido no Capítulo 2 *infra*.

neiramente expostas. Demonstraremos que, dado o exponencial crescimento das trocas mercantis e da complexidade que lhes subjaz, as partes precisam estar equipadas com as ferramentas mais eficientes para maximizar os ganhos com os contratos transfronteiriços, evitando riscos e erros dispendiosos. Com este propósito em mente, analisaremos estudos sobre a escolha da lei aplicável e ofereceremos alternativas a serem utilizadas na prática, buscando superar reclamações recorrentes, incertezas e receios no que pertine à escolha da lei de regência contratual. Também tentaremos verificar a eficácia dessas soluções à luz das evidências apresentadas.

O objetivo deste livro é examinar os elementos fundantes da escolha da lei aplicável a contratos de compra e venda transfronteiriços. A primeira parte do livro oferece vasto material empírico sobre a escolha da lei: os dados disponíveis serão explorados em detalhe, incluindo o foco em como as partes normalmente abordam o assunto e quais são os principais motores e gatilhos desta decisão. Investigaremos, ainda, se as partes contratantes estão cientes das vastas opções do 'mercado de leis' e se elas realmente gozam de seus benefícios. No segundo e terceiro capítulos, mapearemos algumas das distorções e imperfeições do mercado às quais os negociadores estão (conscientemente ou não) rotineiramente expostos. Também revelaremos os estímulos psicológicos que influenciam os processos de tomada de decisão e como identificá-los e controlá-los para obtermos vantagem na mesa de negociações. Jogaremos ainda luz sobre o idiossincrático desenho do contrato e os mecanismos para gerenciá-lo adequadamente em um contexto internacional, tudo na tentativa de identificar e usar as ferramentas apropriadas para tomar melhores decisões e obter resultados mais eficientes.

A parte final do livro (capítulos 4 e 5) concentrar-se-á em alternativas para escapar dos cenários táticos comumente testemunhados em negociação de compra e venda transfronteiriça, por exemplo a 'queda-de-braço', a tática do 'jogar em casa' ou 'fator local', dentre outras situações de impasse. Apresentaremos e compararemos alternativas que podem ser utilizadas em sede de contratos internacionais e, em seguida, testaremos a eficácia das soluções que estas podem fornecer, levando em conta tanto os aspectos jurídicos e econômicos, como as preocupações e preferências reais das partes contratantes coletadas nos capítulos anteriores. Os leitores serão convidados a descobrir as respostas para as seguintes perguntas: o que realmente importa para as partes contratantes ao elaborar uma cláusula de escolha de lei aplicável? Existem disposições-chave, 'espinha dorsal', normas jurídicas que são de fato indispensáveis? As partes contratantes levam em consideração aspectos jurídicos e econômicos ao escolher a lei aplicável? Com isso em mente, pretendemos oferecer aos profissionais do direito ferramentas adequadas que lhes permitam otimizar a compra e venda transfronteiriça.

1
A ESCOLHA DA LEI APLICÁVEL NA PRÁTICA – ESTUDOS EMPÍRICOS

1.1. Esforços para revelar as preferências das partes

Fórmulas herméticas e confusas têm sido exaustivamente discutidas em todo o mundo na tentativa de explicar teorias e métodos para o exercício de determinação da lei aplicável, ou, em alguns cenários, de múltiplas leis. No entanto, apesar das inúmeras teorias sobre os caprichos teóricos do direito internacional privado, poucas fontes jurídicas são capazes de identificar e revelar, em termos empíricos, as escolhas e preferências das partes em contratos transfronteiriços[4]. Os fatores e os motivos subjacentes ao processo de tomada de decisão são, não raro, desconhecidos dos partícipes do mercado e de leigos de um modo geral[5]. Da mesma forma, pouco se explora a identificação e o controle dos gatilhos de tomada de decisão, bem como os métodos para influenciar e, possivelmente, melhorar tais decisões.

Algumas questões práticas são rotineiramente deixadas sem resposta: como as partes contratantes tomam decisões no mundo real? O que determina as principais escolhas contratuais, tais como a lei aplicável a um contrato de compra e venda transfronteiriça? Quais são as consequências econômicas dessa escolha? É possível antecipar e gerenciar fatores externos? Como as partes podem influenciar e, assim, melhorar suas decisões?

[4] Para uma análise de pesquisas empíricas antecedentes, consultar p. 17 *et seq. infra*.

[5] Para referência a estudos anteriores, consultar I. Schwenzer & C. Kee, 'International Sales Law: The Actual Practice', *Pennsylvania State International Law Review*, Vol. 29, Issue 3, 2011, pp. 425-447.

Neste capítulo, vamos desvendar, avaliar e comparar o material empírico disponível sobre os processos de tomada de decisão de lei aplicável no contexto dos contratos transfronteiriços. Nosso objetivo é divulgar e discutir as principais forças motrizes e razões para a escolha da lei aplicável, bem como investigar possíveis interações com a escolha do foro. Espera-se extrair elementos que ajudem a esclarecer o que pode influenciar e, possivelmente, melhorar as decisões das partes contratantes. Antes disso, contudo, faremos uma ressalva abaixo.

Infelizmente, as informações sobre a escolha de lei aplicável não são facilmente acessíveis. Esses dados muitas vezes permanecem alheios ao público por várias razões. Em primeiro lugar, os contratos, por seu caráter privado, são normalmente confidenciais, especialmente se contiverem cláusulas compromissórias. Isso ocorre particularmente na maioria dos contratos de compra e venda transfronteiriças. Além disso, as estatísticas judiciais não costumam listar a escolha de lei aplicável, mas sim, entre outros elementos, o objeto dos contratos, a nacionalidade das partes e o montante em disputa. Estudos empíricos, como os discutidos neste capítulo, apresentam diferentes meios utilizados pelos pesquisadores no anseio de obter dados sobre contratos transfronteiriços.

Na primeira parte da discussão a seguir, apresentaremos vários estudos em ordem cronológica, acompanhados de comentários gerais sobre os seus resultados. Focaremos nos elementos de maior destaque obtidos a partir desses estudos. Examinaremos também se as partes apreciam e efetivamente exercem a sua liberdade contratual, se estão cientes das opções disponíveis e se essa escolha é guiada por fatores racionais ou vinculada a outras considerações. Os trabalhos selecionados – seletivos e não exaustivos – baseiam-se, principalmente, nos seguintes critérios: inovação, cronologia, escopo e alcance. Assim, os estudos anteriormente escolhidos limitaram-se a trabalhos pioneiros e pesquisas de corte e representatividade heterogêneas – em que uma região economicamente representativa foi pesquisada, ou em que houve um grande número de países envolvidos. Esses estudos anteriores servem, predominantemente, como parâmetro de comparação com os esforços realizados na Pesquisa Global sobre a Escolha de Lei (Pesquisa"[6]).

[6] Os resultados da Pesquisa foram publicados pela primeira vez em L. G. Meira Moser, 'Parties preferences in international sales contracts: an empirical analysis of the choice of law', *Uniform Law Review*, Vol. 20, Issue 1, 2015, pp. 19-55.

Na segunda parte, discutiremos as evidências obtidas a partir da pioneira e interdisciplinar Pesquisa, cujo mote foi estudar a peculiar natureza do processo de tomada de decisão das partes contratantes na escolha da lei aplicável em contratos de compra e venda transfronteiriços. Contudo, os resultados da Pesquisa serão detalhadamente explorados nos capítulos subsequentes deste livro.

Na parte final do Capítulo I, realizaremos uma breve, e não exaustiva, análise comparativa de todos os estudos empíricos discutidos neste capítulo. Esta seção final destacará as semelhanças dos resultados obtidos em todos esses estudos, identificará as diferenças e observará os padrões comportamentais, as principais preferências e preocupações dos participantes da Pesquisa. O capítulo visa ainda determinar o impacto desses estudos na busca para melhor compreender as decisões tomadas pelas partes contratantes na compra e venda transfronteiriça.

1.1.1. Estudos prévios sobre os processos decisórios de escolha de lei aplicável

A discussão sobre estudos anteriores em torno da escolha de lei aplicável será dividida em duas partes. A primeira parte deste subcapítulo apresentará os estudos pré-2008, ou seja, os estudos que se posicionaram na vanguarda dos esforços empíricos relativos às decisões de escolha de lei aplicável. Apresentaremos algumas das iniciativas pioneiras, fundamentais para revelar tanto as leis preferidas quanto as preocupações gerais e escolhas das partes contratantes sobre este tema. A segunda parte, denominada 'Estudos pós-2008: iniciativas inovadoras', apresentará um conjunto de estudos inovadores quanto ao uso de diferentes ferramentas e abordagens. Estes incluíram esforços para reciclar ideias anteriores e as utilizar em diferentes contextos, visando contratos específicos por setor e partícipes do mercado. De um modo geral, pode-se concluir terem sido os estudos 'pós-2008' mais amplos em relação ao escopo.

1.1.1.1. Estudos pré-2008:iniciativas pioneiras

1.1.1.1.1. Estudos sobre a escolha de lei aplicável

Em 1995, um profissional autônomo de São Francisco, Califórnia, Barton S. Selden[7], realizou uma pesquisa sobre o uso da *lex mercatoria* entre 23 pro-

[7] B. S. Selden, 'Lex Mercatoria in European and U.S. Trade Practice: Time to Take a Closer Look', *Ann. Surv. Int'l and Comp. L.* 1995, pp. 111-129.

fissionais do direito de dez países[8]. O estudo foi realizado informalmente, e a maioria dos destinatários respondeu que aconselharia fortemente contra a escolha da *lex mercatoria* em um contrato internacional, além de preferir uma lei '*definitive*' e '*provable*'[9]. Barton S. Selden observou ainda que "*by 'definitive' it is meant that the chosen law consists of a comprehensive set of decision-making rules which can be applied to resolve a dispute. 'Provable' refers to those rules embodied in a fixed form which can be presented to dispute resolution forum*"[10]. Assim, Barton S. Selden concluiu que, apesar de existirem discussões sobre a *lex mercatoria* na literatura jurídica, inexistira dados empíricos em torno de sua popularidade enquanto escolha de lei[11].

Em 1999, o Projeto de Pesquisa CENTRAL[12] sobre Direito Comercial Transnacional iniciou seu projeto intitulado '*The Role of Merchants, their Lawyers and their Arbitral Tribunals in the Evolution and Development of Transnational Commercial Law*'. O objetivo do projeto era esclarecer se a conduta dos empresários internacionais era de fato guiada pelo direito transnacional. Isso envolvia compreender se o direito transnacional estava sendo utilizado e aceito pela prática jurídica internacional na negociação e elaboração de contratos, e na resolução de disputas por meio da arbitragem comercial internacional. O projeto também envolveu questões mais específicas sobre regras ou princípios concretos do direito comercial transnacional[13]. Para tanto, o questionário da CENTRAL ("questionário"), que formou a base para um estudo empírico mundial sobre o *Use of Transnational Law in Inter-*

[8] Os autores afirmam que os advogados, ("*active in international commercial matters*"), eram originários dos seguintes países: Bélgica; França; Alemanha; Itália; Japão; Coreia; Países Baixos; Panamá; Filipinas; e Reino Unido. Ver B. S. Selden, 'Lex Mercatoria in European and U.S. Trade Practice: Time to Take a Closer Look', *supra* nota 7, p. 129 (nota 43).

[9] B. S. Selden, 'Lex Mercatoria in European and U.S. Trade Practice: Time to Take a Closer Look', *supra* nota 7, pp. 118-119. Ver ainda, K. P. Berger *et al.*, 'The CENTRAL Enquiry on the Use of Transnational Law in International Contract Law and Arbitration – Background, Procedure and Selected Results', p. 3, disponível em [https://www.trans-lex.org/3/_/background-procedure-and-selected-results/].

[10] B. S. Selden, 'Lex Mercatoria in European and U.S. Trade Practice: Time to Take a Closer Look', *supra* nota 9, p. 119 (tradução não oficial de: "*by 'definitive' it is meant that the chosen law consists of a comprehensive set of decision-making rules which can be applied to resolve a dispute. 'Provable' refers to those rules embodied in a fixed form which can be presented to dispute resolution forum*".).

[11] B. S. Selden, *supra* nota 9, p. 113.

[12] Trans-lex-.org é uma plataforma gratuita de pesquisa e conhecimento sobre direito transnacional e está disponível em [https://www.trans-lex.org/].

[13] K. P. Berger *et al.*, *supra* nota 9, p. 5.

national Contract Law and Arbitration, foi enviado a advogados de empresas, advogados de escritórios, árbitros e especialistas em direito comercial internacional. O questionário abrangeu uma ampla gama de transações: contratos de compra e venda, *joint ventures*, construção, M&A, distribuição, contratos de licenciamento e contratos de exploração de recursos naturais. O questionário recebeu 808 respostas oriundas de profissionais de 51 países, embora não tenha havido distribuição regional entre os participantes. Um dos resultados mais importantes obtidos pela pesquisa da CENTRAL foi a conscientização dos profissionais sobre o uso do direito transnacional na prática internacional: cerca de um terço dos participantes indicou estar ciente do uso do direito comercial transnacional na negociação de contratos internacionais e na escolha de cláusulas de lei aplicável, e o resultado foi ainda maior no contexto da arbitragem comercial internacional (42%)[14]. A pesquisa da CENTRAL surpreendeu pelo percentual significativo de participantes indicando sua consciência sobre o uso do direito transnacional na prática jurídica e concluiu que isso poderia significar que havia um significativo número de especialistas em arbitragem dentre os participantes [15]. Verificou-se que 68,86% dos participantes revelaram uma atitude positiva ou neutra em relação a nova *lex mercatoria*, enquanto apenas 19,56% rejeitaram totalmente esse conceito[16]. A pesquisa da CENTRAL concluiu que a alegada incompletude da *lex mercatoria* e preocupações com sua plena força vinculante não desempenham papel preponderante na prática jurídica, embora os resultados também tenham revelado que os profissionais atribuem um peso substancial à questão de sua força vinculante. Ademais, conclui-se que as respostas citando a imprecisão e a incerteza do direito comercial transnacional são '*by far outweighed by those replies that refer to the lack of practical experience and the fact that no information has been available on the subject of transnational comercial law*'[17]. Por fim, a pesquisa da CENTRAL estabeleceu duas conclusões provisórias: em primeiro, que o direito comercial transnacional estava sendo utilizado na prática jurídica internacional (e era mais popular entre os profissionais provenientes de tradição do direito continental) e, em segundo lugar, constatou uma

[14] K. P. Berger *et al.*, *supra* nota 9, p. 14.

[15] *Id.*

[16] *Id.*, p. 22.

[17] *Id.*, p. 20.

lacuna substancial entre as premissas dos advogados que discutem a teoria do direito comercial transnacional e os pressupostos e pontos de vista da prática jurídica internacional[18].

Apesar da generalidade de suas inferências e da falta de detalhamento claro da fonte probatória em termos de contrato pesquisado e perfil do participante, o estudo foi um dos primeiros do gênero a discutir esse assunto bastante atual. O projeto CENTRAL tem sido fundamental em seu mandato de conscientizar empresários e profissionais sobre o uso do direito transnacional e isso é confirmado pelo site [trans-lex.org][19], o qual compila uma lista abrangente de princípios extraídos a partir da prática mercantil, ferramenta essa verdadeiramente atual no campo do direito comercial transnacional e importante base de dados sobre o tema.

Um dos primeiros estudos de escolha de direito aplicável foi conduzido por Eva-Maria Kieninger, publicado em 2002[20]. O estudo limitou-se à Europa e a autora analisou os manuais jurídicos disponíveis sobre a prática de contratos internacionais. Em relação aos manuais alemães analisados, os resultados revelaram que '*the suitability and the superiority of German law is simply assumed and is never questioned*'[21]. A autora descobriu também existirem sugestões ocasionais nos manuais para escolher a lei que fosse dotada de um certo grau de semelhança com a lei alemã, tais como a lei suíça ou a lei austríaca, nos casos de inaplicabilidade da lei alemã. Os resultados indicaram que as partes contratantes alemãs escolheriam predominantemente sua própria lei como lei aplicável – se tal escolha fosse cerceada, escolher-se-ia uma lei semelhante.

Manuais jurídicos de outras jurisdições europeias foram igualmente pesquisados e revelaram o mesmo padrão: a preferência por suas próprias leis[22]. O estudo revelou também que, no comércio transfronteiriço de derivativos, por exemplo, as partes preferem a lei inglesa ou a lei nova-iorquina, em consonância com a prática padrão no setor de mercado.

[18] *Id.*, p. 21.

[19] Para mais informações, consultar [https://www.trans-lex.org/].

[20] E-M. Kieninger, *Wettbewerb der Privatrechtsordnungen im Europäischen Binnenmarkt*, Tübingen: Mohr Siebeck, 2002. Informação adicional sobre este estudo pode ser encontrado em S. Vogenauer, 'Regulatory Competition through Choice of Contract Law and Choice of Forum in Europe: Theory and Evidence', *European Review of Private Law*, Vol. 1, 2013, pp. 13-78, p. 37.

[21] *Id.*

[22] S. Vogenauer, *supra* nota 20, p. 37.

Os resultados do estudo permitem concluir que a familiaridade do direito doméstico foi classificada pelos participantes como prioridade e condicionante à contratação ('*deal-breaker*'). Além disso, demonstrou-se que, na impossibilidade de se escolher a sua 'lei doméstica', as partes provavelmente procurariam traços de similitude em outras leis para realizar – e justificar – a respectiva escolha. Isso indica que a similaridade serve de catalisador para a tomada de decisões e as partes contratantes, por força do dispositivo da representatividade[23], tendem a identificar dentre as alternativas as características semelhantes à sua própria lei e a escolher ao fazer uso desse artifício. Além disso, em alguns casos, ao invés de escolher sua 'lei doméstica', os participantes simplesmente optariam por seguir a prática comercial (por exemplo, nos contratos de derivativos), uma escolha que também pode ser justificada como uma tentativa de reduzir o nível de assimetria de informação[24], frequentemente presente nas interações comerciais entre partes e instituições financeiras. Em outras palavras, como as instituições financeiras podem não estar dispostas a compartilhar todas as informações que possuem, escolher uma lei que seja uma prática comercial poderia reduzir o nível de incerteza[25] do resultado de uma disputa.

Este estudo é de grande importância, pois sinaliza algumas preferências gerais dos participantes em um contexto de tomada de decisão e inaugura

[23] Uma análise minuciosa dos dispositivos de julgamento pode ser encontrada no Capítulo 2.2.1 *infra*.

[24] A assimetria de informação é geralmente diagnosticada em cenários nos quais uma das partes possui acesso à informação (extensão ou conteúdo) que é indisponível à contraparte. Exemplos de assimetria de informação em negociações contratuais serão discutidos no Capítulo 3 *infra*.

[25] V. Gessner explica as diferenças nos níveis de incerteza mediante as lentes da sociologia. Citando Geet Hofsted, Gessner refere que "*uncertainty avoidance is a cultural dimension and some societies socialize their members into accepting the uncertainty of the future and not becoming upset by it. People of such countries will take risks rather easily. Hofsted calls such societies "weak uncertainty avoidance" societies. Other societies socialize their people into trying to beat the future. Because the future remains essentially unpredictable, in those societies there will be a higher level of anxiety in people, which becomes manifest in greater nervousness, emotionality, and aggressiveness. Such societies, called "strong uncertainty avoidance" societies, also have institutions that try to create security and avoid risk, among others legal institutions, public law and private contracts. Hofstede gives as examples Germany as a "strong uncertainty avoidance" society, and India as a "weak uncertainty avoidance" society*"), 'Global Legal Interaction and Legal Cultures', *Ratio Juris*, Vol. 7, No. 2, 1994, p. 142. Ver também V. Gessner & A. Schade, 'Conflicts of Culture in Cross-Border Legal Relations: The Conception of a Research Topic in the Sociology of Law', *Theory, Culture & Society*, Vol. 7, No. 2, Issue 6, 1990, pp. 253-277.

uma série de esforços empíricos em relação às transações transfronteiriças. No entanto, o estudo foi limitado no seu escopo: a análise dos manuais jurídicos disponíveis para a prática de contratos internacionais na Europa.

Também em 2002, Cam Quyen Corinne Truong[26] analisou 141 sentenças arbitrais em casos envolvendo contratos internacionais de distribuição submetidos à Câmara Internacional de Comércio (CCI[27]) entre 1984 e 2000. A autora confirmou que, nos contratos em que as partes haviam escolhido a lei doméstica, 75% optaram por jurisdições de direito continental e 25% por jurisdições de tradição anglo-saxônica. Além disso, a autora registrou as três leis de maior incidência: francesa (27%), americana (15%) e suíça (12%).

A autora também decidiu investigar a nacionalidade das partes e constatou que 108 contratos dos 141 analisados envolveram partes sediadas em diferentes países. A partir desses novos dados, ela constatou que em 80% dos 108 contratos, foi escolhida a 'lei doméstica' de uma das partes, na seguinte ordem: lei do fornecedor (52%) e lei do distribuidor (28%). Em apenas 13% dos 108 contratos as partes escolheram a 'lei neutra', e em 50% dos 108 contratos optaram pela lei suíça.

As conclusões de Truong demonstram que a lei do fornecedor em um determinado contrato é a decisão preferida acerca da escolha da lei. Pela primeira vez, divulgou-se uma sequência de leis preferidas. Além disso, parece que a 'queda-de-braço', ou o chamado poder de barganha[28], foi exercido em toda a sua extensão nos 108 contratos analisados.

Embora esse estudo seja indiscutivelmente de grande valor estatístico, baseou-se em uma amostragem bastante limitada de participantes, sendo,

[26] C. C. Q. Truong & P. Fouchard, *Les différends liés à la rupture des contrats internationaux de distribution dans les sentences arbitrales CCI*, Litec, Paris, 2002. Para um sumário dos resultados, ver C. C. Q. Truong & P. Fouchard, 'The Law Applicable to the Merits in International Distribution Contracts: An Analysis of ICC Arbitral Awards', *ICC International Court of Arbitration Bulletin*, Vol. 12, 2001, p. 37; pp. 38-39.

[27] Câmara de Comércio Internacional (CCI), a respeito da qual consultar [http://www.iccwbo.org/].

[28] O poder de barganha é geralmente definido como o poder de negociar e concluir contratos. Ao negociar, as pessoas frequentemente concordam com os termos de interação e cooperação. Os autores Cooter e Ulen explicam que o processo de negociação pode ser dividido em três etapas: (i) estabelecer os valores de ameaça; (ii) determinar o excedente cooperativo; e (iii) concordar com os termos de distribuição do excedente da cooperação. Ver mais em R. Cooter & T. Ulen, *supra* nota 2, p. 48.

portanto, não representativo, ou seja, uma única instituição arbitral (CCI), e restrito a um contrato específico (contratos de distribuição). Como tal, o estudo não revelou plenamente as razões para as escolhas dos participantes em escala mundial e as conclusões trabalhadas podem não ser aplicáveis a outros contratos.

Em 2005, o *Oxford Institute of European and Comparative Law*, em parceria com o escritório de advocacia Clifford Chance LLP, realizou uma pesquisa[29] com 157 empresas europeias, sediadas em oito Estados-Membros da União Europeia: França, Alemanha, Hungria, Itália, Holanda, Portugal, Espanha e Reino Unido. A pesquisa teve como objetivo revelar determinados aspectos da prática jurídica na realização de transações transfronteiriças.

Os resultados indicaram que 83% dos participantes acreditavam que a liberdade de escolher um regime jurídico para regular o contrato era '*importante*'. Quando questionados sobre suas preferências ao fazer tal escolha, 66% disseram que preferiam a '*lei doméstica*'. Apenas 21% expressaram preferência por lei distinta da própria (doméstica). Curiosamente, 41% escolheram ocasionalmente leis estrangeiras, porque a sua '*lei doméstica*' não se alinhara aos objetivos propugnados no contrato. Dentre as leis estrangeiras, a lei americana foi citada por apenas 1% dos participantes.

Os participantes foram igualmente convidados a indicar qual lei, em sua opinião, era a mais utilizada em transações transfronteiriças. O resultado mostrou que 26% citaram a lei inglesa; 11% a lei francesa e 10% a lei alemã.

As razões articuladas pelos participantes para evitar determinadas leis incluíram o fato de o judiciário ser '*too arbitrary*' ou uma lei ser '*too protectionist*'. Além disso, o fato de a lei ser diferente de sua '*lei doméstica*' foi apontado por alguns participantes como motivo para a evitar[30].

Esta pesquisa corroborou resultados e conclusões anteriores, nos quais a familiaridade desempenhou um papel fundamental na escolha da lei aplicável. O estudo também demonstrou que os participantes levaram a sério o processo de escolha da lei aplicável e, provavelmente, imporiam sua própria lei pelo uso do poder de barganha. Os participantes sinalizaram preocupação com a adequação e conveniência do foro competente para decidir uma possível disputa (por exemplo, '*judiciary's being too arbitrary*') e, provavelmente, escolheriam a lei do foro eleito.

[29] S. Vogenauer, *supra* nota 20, pp. 39-41.

[30] S. Vogenauer, *supra* nota 20, pp. 39-41.

Apesar do número de empresas pesquisadas, este estudo limitou-se a apenas oito países, o que pode ter levado a certos vieses cognitivos (disponibilidade e ancoragem e ajuste[31]), de modo que não é possível generalizar os resultados obtidos, em particular, devido à falta de representatividade da amostra.

Como veremos no próximo capítulo, vieses cognitivos são atalhos mentais, comumente utilizados na tomada de decisões do dia-a-dia. Eles também poderiam ser chamados de 'forças ocultas', que influenciam rotineiramente as decisões, sem o apoio do suporte racional.

Como uma decisão pode levar (e geralmente leva) tempo e demanda esforço, a mente recorre a rotas e atalhos para facilitar o processo de chegada ao 'destino', ou a conclusão em torno de um processo decisório. No entanto, o poder dos vieses cognitivos é tal que eles, rotineiramente, produzem imperfeições no resultado final, por exemplo, fornecendo estimativas equivocadas ou se valendo de pontos de partida imprecisos.

Como exemplos típicos de vieses cognitivos na negociação de contratos, poderíamos listar o "efeito halo", o "viés status quo" e o "efeito de enquadramento". O efeito halo é um viés cognitivo comum, facilmente identificado: uma vez que uma boa ou má impressão é formada, muitas vezes essa impressão é ampliada de forma mais geral e, via de regra, acaba sendo exagerada[32]. Por exemplo, na pesquisa da *Oxford Institute of European and Comparative Law*, de 2005, o percentual de participantes que indicou a lei inglesa como a lei mais utilizada em transações transfronteiriças (26%). Indicar uma 'preferência', em sua própria opinião e não necessariamente pela experiência, poderia, por si só, ser produto de vieses cognitivos.

De acordo com o viés 'status quo', os indivíduos tendem a preferir uma opção consistente com o estado atual das coisas[33]. Por exemplo, no mesmo estudo de 2005 a preferência demonstrada pelos participantes por sua '*lei doméstica*' (66%) corroborou esse viés. Com relação ao efeito de enquadramento, as diferenças na forma como uma pergunta é colocada podem gerar respostas muito diferentes. Utilizamos a expressão 'quadro de tomada de decisão' para se referir ao ferramental em posse do tomador da decisão

[31] O tema 'heurísticas e vieses cognitivos' será explorado em detalhe no Capítulo 2 *infra*.

[32] J. A. Maule & G. P. Hodgkinson, 'Heuristics, biases and strategic decision making', *The Psychologist*, Vol. 15, Issue 2, 2002, pp. 68-71.

[33] R. Korobkin & C. Guthrie, 'Heuristics and biases at the bargaining table', *Marq. L. Rev.*, Vol. 87, 2003, p. 805.

relativamente aos atos, resultados e contingências associadas a uma determinada escolha. O enquadramento adotado por um tomador de decisão é controlado, em parte, pela formulação do problema e, em outra, pelas normas, hábitos e características pessoais do tomador da decisão[34].

Outro exemplo de viés cognitivo, que é prevalente nos resultados desse estudo de 2005, pode ser revelado por meio da pergunta '*Which law in their view was most user in cross-border transactions*'. Os participantes ranquearam apenas leis europeias como as três leis mais usadas em transações transfronteiriças em todo o mundo. *A contrario sensu*, os participantes poderiam, sem dúvida, ter pensado que a questão se limitava às fronteiras europeias e, portanto, influenciados pelos efeitos de enquadramento, ancoragem e ajuste e heurística de disponibilidade[35], indicaram apenas leis europeias.

1.1.1.1.2. Estudos sobre a exclusão de aplicação da CISG

Estudos empíricos também têm sido realizados no âmbito de aplicação do direito de compra e venda internacional[36], mormente em torno da Convenção das Nações Unidas sobre Contratos para a Compra e Venda Internacional de Mercadorias (CISG) e suas interações com o mercado, com o objetivo de avaliar a popularidade da CISG em determinadas jurisdições[37].

Em 1997, um estudo conduzido por Michael Wallace Gordon, na Flórida, Estados Unidos, revelou o desconhecimento da CISG entre os pesquisados[38].

[34] A. Tversky & D. Kahneman, 'The framing of decisions and the psychology of choice', *Science*, Vol. 221, 1981, p. 453.

[35] De acordo com a heurística de ancoragem e ajuste, avaliamos um problema partindo de um ponto de referência inicial – muitas vezes sugerido por outros –, contudo fazemos ajustes insuficientes a partir dele. Ancoragem e ajuste referem-se a uma tendência de que os julgamentos sejam tendenciosos em relação a um valor inicial obtido a partir de cálculo parcial ou inexistente. Por sua vez, de acordo com a heurística da disponibilidade, a tomada de decisão é muitas vezes baseada no que é mais facilmente lembrado em um dado momento. Refere-se à forma como os julgamentos de probabilidade ou frequência são influenciados pela facilidade com que os acontecimentos passados são lembrados. Ver mais em A. Tversky & D. Kahneman, 'Judgment under uncertainty: Heuristics and biases', *Science*, Vol. 185, 1974, pp. 1124-1131.

[36] A lista de estudos discutidos neste capítulo não é exaustiva. As pesquisas foram selecionadas valendo-se de critérios de relevância e importância para o tema deste livro.

[37] Para um estudo completo sobre como a CISG influenciou o direito doméstico, consultar Franco Ferrari (Ed.), *The CISG and Its Impact on National Legal Systems*, Sellier, Munich, 2008.

[38] M. W. Gordon, 'Some Thoughts on the Receptiveness of Contract Rules in the CISG and UNIDROIT Principles as Reflected in One State's (Florida) Experience of (1) Law School

Gordon entrevistou 100 membros selecionados da seção de Direito Internacional da Ordem dos Advogados da Flórida e os 24 membros do Comitê Executivo dessa seção. Embora se autoproclamassem especialistas em direito internacional, a pesquisa concluiu que cerca de 30% dos participantes indicaram ter 'conhecimento razoável' sobre a CISG e apenas dois deles indicaram 'conhecimento avançado' a respeito da CISG[39]. Notou-se que 90% dos pesquisados consideraram que a lei doméstica de compra e venda da Flórida reunira status de lei de aplicação prévia e imediata[40]. Gordon pesquisou também as faculdades de direito da Flórida[41] e encontrou pouca atenção conferida à CISG, observando, em particular, a sua ausência na literatura jurídica[42].

O estudo empírico de Gordon confirmou a ignorância a respeito da CISG entre os advogados na década de 1990[43]. A pesquisa indicou ainda a possibilidade de não serem preocupações dogmáticas, mas sim a falta de informação, a mola-mestra para a relutância dos profissionais em aceitar e aplicar a CISG[44]. No entanto, é necessário, mais uma vez, contextualizar esses números: a pesquisa foi realizada em 1997, entre membros de uma ordem de advogados estadual, já praticantes (presumivelmente já há vários anos) e ainda não familiarizados com a CISG, por razões compreensíveis, a saber, a falta de representatividade da amostra (membros de uma única

Faculty, (2) Members of the Bar with an International Practice, and (3) Judges', *American Journal of Comparative Law*, Vol. 46 (Suppl.), 1998, pp. 361-374.

39 W. S. Dodge, 'Teaching the CISG in Contracts', *Journal of Legal Education*, Vol. 50, 2000, pp. 72-94, disponível em [https://www.cisg.law.pace.edu/cisg/biblio/dodge.html].

40 M. Koehler, 'Survey regarding the relevance of the United Nations Convention for the International Sale of Goods (CISG) in legal practice and the exclusion of its application', *CISG Database*, 2006, disponível em [http://cisgw3.law.pace.edu/cisg/biblio/koehler.html].

41 A (custosa) falta de conhecimento da CISG é discutida em William S. Dodge, *supra* nota 39.

42 *Id.*

43 Apesar desse estado de ignorância, a CISG foi gradualmente começando a ser notada, graças ao trabalho de estudiosos célebres como A. H. Kritzer, que comentou "*The CISG is a collegial undertaking adopted to help remove barriers to world trade. Collegial sharing of data on the CISG can help the world trade community achieve this goal. The CISG W3 database is a platform for such collaboration designed to make information on this uniform sales law more readily available. All who practice, rule upon, or study international commercial law are invited to link to and draw on this database, and to help expand and improve its contents*"), p. 187, 'The Convention on Contracts for the International Sale of Goods: Scope, Interpretation and Resources', *Cornell Review of the Convention on Contracts for the International Sale of Goods*, 1995, p. 187.

44 K. P. Berger *et al.*, *supra* nota 9, p. 4.

associação de advogados) e o número de países membros da CISG naquele momento (menos de 50 países[45]). No entanto, o que provavelmente poucos poderiam prever era o custo gerado pela ignorância em torno da CISG[46]. Na mesma direção, Sven Regula realizou pesquisa segundo a qual apenas 10% de comerciantes alemães detinham conhecimento sobre a CISG[47].

Muitos anos depois, em 2004, Justus Meyer realizou uma pesquisa com 479 advogados alemães especializados em contratos de compra e venda internacional[48]. O autor relatou que, para 45% dos participantes, excluir a aplicação da CISG era 'prática habitual'. Em 2007, a pesquisa foi replicada na Áustria (319 entrevistados) e na Suíça (396 entrevistados)[49]. O autor relatou que 41% dos advogados suíços e 55% dos austríacos optaram por excluir a CISG[50].

Ao mesmo tempo, Martin Koehler realizou uma pesquisa de outubro de 2004 a setembro de 2005 sobre a relevância da CISG na prática jurídica e a exclusão de sua aplicação. A pesquisa ocorreu na Alemanha e nos Estados Unidos e, embora mais de 3.000 profissionais tenham sido convidados a participar, apenas 81 questionários foram preenchidos: 48 originários dos Estados Unidos e 33 da Alemanha. Destes, 49 provenientes de escritórios de advocacia; 22 preenchidos por advogados da empresa; 2 por departamentos jurídicos de instituições públicas; e 8 participantes não

[45] A lista completa dos países membros está disponível em: [http://www.uncitral.org/uncitral/en/uncitral_texts/sale_goods/1980CISG_status_chronological.html].

[46] Ver, J. E. Murray Jr, 'The Neglect of CISG: A Workable Solution', *J. Law & Commerce*, Vol. 17, 1998, pp. 365-379 (1998); P. Windship, 'Domesticating International Commercial Law: Revising UCC Article 2 in Light of the UN Sales Convention', *Loyola Law Rev.*, Vol. 37, 1991, pp. 43-68; H. D. Gabriel, 'The Inapplicability of the United Nations Convention on the International Sale of Goods as a Model for the Revision of Article Two of the Uniform Commercial Code', *Tulane Law Review*, Vol. 72, 1998, pp. 1995-2014; D. A. Thompson, 'Commentary, Buyer Beware: German Interpretation of the CISG has led to Results unfavourable to Buyers', *J. Law & Commerce*, Vol. 19, 2000, pp. 245-263.

[47] S. Regula & B. Kannowski, 'Nochmals: UN Kaufrecht oder BGB? Erwägungen zur Rechtswahl aufgrund einer vergleichenden Betrachtung', *Internationales Handelsrecht*, 2004/2, pp. 45-54.

[48] J. Meyer, 'UN-Kaufrecht in der deutschen Anwaltspraxis', *Rabels Zeitschrift für ausländisches und internationales Privatrecht*, Vol. 69, 2005, pp. 457-486.

[49] J. Meyer, 'UN-Kaufrecht in der schweizerischen Anwaltspraxis', *Schweizerische Juristen-Zeitung/Revue suisse de jurisprudence*, Vol 104, 2008, pp. 421-428.

[50] J. Meyer, 'UN-Kaufrecht in der österreichischen Anwaltspraxis', *Österreichische Juristen-Zeitung*, Vol. 63, 2008, pp. 792-798.

forneceram informações sobre a sua proveniência[51]. Os resultados coletados revelaram que apenas 4% dos participantes indicaram nunca ter tido qualquer contato com a CISG; 69,7% dos participantes alemães tiveram contato com a CISG no seu dia-a-dia de trabalho; enquanto nos Estados Unidos o número foi de 29,2%. Observou-se que 58,2% dos profissionais americanos conheciam a CISG apenas a partir de estudos ou literatura, em comparação com 27,3% na Alemanha. Ademais, foi indicado que apenas 9,9% dos participantes responderam nunca ter excluído a aplicação da CISG, enquanto 71,6% a haviam excluído previamente (70,8% nos Estados Unidos e 72,7% na Alemanha)[52].

Quando instados a revelar as razões para tal exclusão, a resposta mais frequente dos participantes foi, '*because the CISG is generally not very widely known*' (53,1%). O segundo motivo indicado foi '*there was no need for [its] application*' (38,3%) e, em terceiro lugar, '*no advantage was seen in the application of the uniform law*' (35,8%). Outros motivos incluíram o fato de parceiros comerciais ou clientes não terem sido dissuadidos da aplicação da lei doméstica (32,1%), pois reuniam experiência insuficiente para a aplicação da CISG (28,4%), ou porque sua empresa ou cliente, devido a uma posição de liderança no mercado, detinha o poder de barganha para impor a aplicação de sua lei doméstica (25,9%)[53].

Outro resultado obtido na pesquisa, cujo teor embora relevante não é surpreendente, é o fato de que 33,3% dos participantes americanos indicaram que excluíram a CISG por força de insuficiente jurisprudência, em comparação com 6,1% dos participantes alemães.

Em sua análise dos resultados, Martin Koehler conclui que o '*central – although hardly the most surprising – finding of the empirical survey shows that the overriding reasons for an exclusion of the Convention are practical and the lack of familiarity of the convention provides by far the most important reason for exclusion*'.

O estudo também investigou se os participantes, nos casos em que entendem que a CISG se aplica e não está totalmente excluída, realizam qualquer modificação subsequente na aplicação da Convenção, ou seja, se excluem, substituem ou modificam alguma disposição específica ou partes dela. A maioria dos participantes (58%) negou realizar qualquer modifi-

[51] M. Koehler, *supra* nota 40.

[52] M. Koehler, *supra* nota 40.

[53] *Id.*

cação. Aqueles que o fizeram estavam mais preocupados em estender, ou limitar, as disposições concernentes à responsabilidade contratual[54].

Por fim, Martin Koehler alude, com propriedade, a um elemento de preocupação relacionado ao famigerado atributo da familiaridade, transmitindo o autor a mensagem de que se trata de um '*self-generating circulus vitiosus*', na medida em que a familiaridade com – e aceitação de – determinado regime jurídico surge por intermédio justamente do seu uso e experiência positiva.

É importante contextualizar o estudo de Martin Koehler, em particular, dada a globalização dos mercados a partir de 2005 e, em consequência, o impacto e o desenvolvimento de leis e regras jurídicas para reger os contratos transfronteiriços. Os resultados, no entanto, confirmam que a familiaridade é – e continua a ser – um elemento-chave nos processos de tomada de decisão. O estudo também é útil para sinalizar determinadas características associadas à CISG, que poderiam ser modificadas ou aprimoradas.

Uma pesquisa subsequente foi conduzida por Martin Koehler e Guo Yujun em 2007, na China[55], segundo a qual um total de 27 questionários foram preenchidos por 18 advogados de escritórios e 9 advogados de empresa. Os autores relataram que as respostas dos participantes chineses eram muito semelhantes às dos participantes americanos: 30% tiveram contato com a CISG em seu dia-a-dia de trabalho; outros 60% tiveram contato com a CISG de outras formas: 13,3% conheciam a CISG de 'ouvir falar', 26,7% de seus estudos; 16,6% da literatura; e 3,4% por intermédio de colegas.

Com relação aos motivos para a exclusão de aplicação da CISG na China, o primeiro foi que '*there is no reason to make use of the unified law as long as our business partners or the business partners of our cliente continue to apply national law*' (51,9%); '*because it is not possible to dissuade our business partners or the business partners o four clientes from the application of their national law*' (37%); e '*insufficient case law to date related to the CISG*' (29,6%). Quanto às modificações nas regras da CISG, 44,4% dos participantes chineses indicaram não ter promovido qualquer alteração.

[54] *Id.*

[55] M. Koehler & G. Yujun, 'The Acceptance of the Unified Sales Law (CISG) in Different Legal Systems: An International Comparison of Three Surveys on the Exclusion of the CISG's Application Conducted in the United States, Germany and China', disponível em [http://www.cisg.law.pace.edu/cisg/biblio/koehler-yujun.html].

Por fim, os autores concluíram existir uma tendência de citar, por um lado, a irrelevância de aspectos jurídicos e, por outro lado, a familiaridade – ou a sua ausência – como a principal razão para a exclusão de aplicação da CISG. Ademais, os autores observaram que os participantes, todavia, não haviam comparado detalhadamente os aspectos jurídicos dos dois regimes jurídicos[56]. Os autores afirmaram ainda que o objetivo da CISG de unificar o direito, e as vantagens muito badaladas pela literatura jurídica em torno da lei uniforme, são *'victims of certain indolence in practice'*[57].

Mais ou menos simultaneamente ao estudo de Martin Koehler, Gilles Cuniberti realizou uma pesquisa envolvendo 181 disputas comerciais, nos Estados Unidos, Alemanha e França, noas quais a CISG foi aplicada, a fim de avaliar o seu efeito sobre a prática contratual e se havia sido benéfica[58]. O estudo foi composto de sentenças judiciais e arbitrais.

Cuniberti relatou que a mensagem reveladora fora de que as partes, em uma compra e venda internacional, geralmente não estão preocupadas com o regime jurídico que regulará seu contrato. Essa observação é apoiada no fato de que em 63% dos casos decididos pelas cortes judiciais americanas, as partes não estavam suficientemente preocupadas com a lei aplicável a ponto de incluir uma disposição em relação à escolha da lei ou para garantir que a escolha fosse executável[59]. Quanto às sentenças arbitrais, em 60% dos casos as partes não tinham previsto a lei aplicável. Cuniberti conclui que a maioria das partes que falharam ao prever a lei aplicável, provavelmente o fizeram por uma razão bastante simples: *'the parties are just unaware of the importance of the applicable law and of the issue generally'*[60].

Ademais, Cuniberti sugeriu que os casos analisados demonstraram que compradores e vendedores não eram suficientemente sofisticados; não estavam preocupados com o regime jurídico regente de seus contratos, e que a CISG não lhes trouxera nenhum benefício *ex ante*[61]. Além disso, Cuniberti argumentou que os dados fornecidos permitem identificar dois cenários nos quais a CISG poderia gerar benefícios às partes contratantes:

[56] M. Koehler & G. Yujun, *supra* nota 55.

[57] *Id.*

[58] G. Cuniberti, 'Is the CISG benefiting anybody?', *Vand. J. Transnat'l L.*, Vol. 39, 2006, pp. 1511-1550.

[59] *Id*, pp. 1534-1535.

[60] *Id*, pp. 1534-1535.

[61] *Id*, pp. 1534-1535.

em primeiro lugar, em sendo as partes não sofisticadas – pois não estão preocupadas *ex ante* com o regime jurídico – o advento de uma controvérsia as levaria a indagar sobre a lei aplicável e, em consequência, buscar o devido aconselhamento jurídico. Nesse cenário, a CISG traria benefícios, pois facilitaria a resolução de uma disputa em relação à lei aplicável. Em segundo lugar, a CISG também poderia beneficiar partes mais sofisticadas, que não contratariam um advogado para transações domésticas, mas o fariam para transações internacionais. Assim sendo, um conjunto harmonizado de regras evitaria negociações e custos de aprendizagem, reduzindo, portanto, os custos de transação[62].

O estudo de Cuniberti é igualmente valioso na medida em que revela uma impressionante falta de atenção às questões de escolha de lei aplicável. Embora a tarefa da escolha da lei seja rotineiramente considerada árida e, frequentemente, apresentada como complexa, é surpreendente perceber que as partes não lhe atribuem o status de questão contratual *ex ante*, ou seja, uma questão que as partes deveriam discutir e negociar ao invés de adiá-la para um combalido cenário *ex post*. As partes parecem ter negligenciado que as regras aplicáveis, se não racionalmente pensadas, poderiam intervir e impedir que as vendas internacionais surtissem os efeitos desejados.

Em 2006 e 2007, Peter Fitzgerald[63] realizou uma pesquisa com 47 advogados americanos efetivamente abordando a questão da exclusão de aplicação da CISG: 55% normalmente optavam por a excluir de seus contratos.

Da mesma forma, em 2007, George Philippopoulos[64] relatou, a partir de uma amostragem de 46 advogados americanos de contencioso cível que, uma *'esmagadora maioria'*, preferia optar por excluir a aplicação da CISG, embora nenhum percentual tenha sido relatado.

[62] G. Cuniberti, 'Is the CISG benefiting anybody?', *supra* nota 58, pp. 1544-1545.

[63] P. L. Fitzgerald, 'The International Contracting Practices Survey Project: An Empirical Study of the Value and Utility of the United Nations Convention on the International Sale of Goods (CISG) and the UNIDROIT Principles of International Commercial Contracts to Practitioners, Jurists, and Legal Academics in the United States', *J. Law & Commerce*, Vol. 27, 2008, pp. 1-34.

[64] G. Philippopoulos, 'Awareness of the CISG Among American Attorneys' *UCC Law Journal*, Vol. 40, Issue 3, 2008, pp. 357-569.

1.1.1.2. Estudos pós-2008: iniciativas inovadoras

1.1.1.2.1. Estudos sobre a escolha de lei aplicável

Os estudos pós-2008 inauguram uma nova fase em termos de esforços empíricos a respeito da escolha da lei aplicável. Alguns dos estudos são pioneiros no tocante ao contrato pesquisado ou quanto aos participantes inquiridos; outros estudos utilizaram ideias anteriores, mas as colocaram em diferentes contextos; e outros, ainda, atualizaram estudos anteriores, ampliando consideravelmente o seu escopo e os participantes inquiridos.

Em 2008, Stefan Voigt publicou um estudo sobre escolha de lei aplicável[65], baseado no relatório estatístico da ICC relativo ao ano de 2003, segundo o qual 580 arbitragens foram iniciadas, com partes provenientes de 123 países. O estudo revelou que 82% dos contratos pesquisados continham uma cláusula de escolha de lei aplicável. Dentre estes, a lei inglesa fora escolhida em 24% dos contratos; a lei suíça em 20%; a francesa em 19%; e a lei americana e canadense em 10% dos contratos.

O estudo validou conclusões anteriores de que, se o contexto permitir, as partes tentarão impor a sua lei doméstica ao contrato. Se essa opção for inadequada ou indisponível, parece que as leis acima referidas seriam as preferidas. Nota-se que o estudo ofereceu uma lista preferencial de leis, de sorte a consolidar a posição das leis inglesa e suíça como 'atores principais'. No entanto, o estudo não é totalmente claro sobre o tipo de contrato envolvido e as nacionalidades das partes selecionadas e pesquisadas. Além disso, o estudo baseou-se em dados fornecidos por apenas uma única instituição arbitral (a CCI). Assim, seria difícil para os leitores generalizarem as preferências das partes relativamente a outros arranjos contratuais.

Em 2008, a *Oxford Civil Justice Survey*[66], realizada conjuntamente pelo *Oxford Institute of European and Comparative Law* e pelo *Oxford Center for Socio-Legal Studies,* teve como objetivo avaliar as percepções das empresas acerca do direito contratual nacional e os sistemas de justiça civil na Europa.

[65] S. Voigt, 'Are international merchants stupid? Their choice of law sheds doubt on the legal origin theory', *Journal of Empirical Legal Studies*, Vol. 5, Issue 1, 2008, pp. 1-20.

[66] S. Vogenauer, 'Perceptions of Civil Justice Systems in Europe and their Implications for Choice of Forum and Choice of Contract Law: an Empirical Analysis', S. Vogenauer & C. Hodges (Eds.), *Civil Justice Systems in Europe: Implications for Choice of Forum and Choice of Contract Law*, Hart Publishing, Oxford, 2017, p. 1 *et seq.* Os resultados da pesquisa também estão disponíveis em: [http://www.fondation-droitcontinental.org/fr/wp-content/uploads/2013/12/oxford_civil_justice_survey_-_summary_of_results_final.pdf].

A pesquisa mapeou as preferências de 100 empresas europeias. Os resultados apontaram que 85% das empresas pesquisadas ocasionalmente optavam pela lei estrangeira para reger suas transações. A pesquisa indicou os seguintes regimes jurídicos de preferência: lei inglesa (21%); alemã (16%); francesa (14%); suíça (14%); e holandesa (9%). Os participantes foram ainda questionados sobre os fatores que desencadearam essa escolha: o fator mais importante fora a qualidade da lei contratual.

A pesquisa foi além e concluiu que, na realidade, as preferências estavam relacionadas predominantemente à '*lei doméstica*' das empresas pesquisadas. Quando essa possibilidade não estava disponível, a lei suíça (28%) e a lei inglesa (23%) lideraram as preferências. Com relação ao foro, o fagimerado artifício do 'jogar em casa' também pareceu ditar o ritmo entre as empresas participantes.

Esta pesquisa teve um escopo mais amplo do que os de estudos anteriores e incluiu considerações sobre escolha do foro além da escolha da lei. Também englobava uma amostragem maior de participantes, embora o foco permanecesse na Europa. Não obstante essas limitações indiscutivelmente impedirem que fossem tiradas conclusões mais amplas, especialmente em relação a partes não europeias, algumas conclusões anteriores foram novamente confirmadas, notadamente o peso da '*familiaridade*' perseguida em qualquer transação.

Curiosamente, a '*qualidade da lei*' foi apontada como a consideração mais importante na escolha da lei aplicável. O que isso representa em termos práticos? Como se pode avaliar tal qualidade? Embora atribuir adjetivos à '*qualidade da lei*' possa ser tarefa imprecisa e vaga, isso aludira à ideia de que uma análise mais aprofundada dessas características deveria ser explorada em futuras pesquisas e estudos.

Em 2009, Theodore Eisenberg e Geoffrey Miller[67] publicaram um estudo, baseado em 2.882 contratos disponíveis publicamente devido a uma exigência de relatórios da Comissão de Valores Mobiliários dos Estados Unidos. Os contratos foram indexados em 2002 e abrangeram uma ampla gama de transações: contratos comerciais, venda de ativos, compras por meio de licenciamento, fusões e contratos fiduciários. As partes contra-

[67] T. Eisenberg & G. P. Miller, 'The Flight to New York: An Empirical Study of Choice of Law and Choice of Forum Clauses in Publicly-Held Companies' Contracts', *Cardozo Law Review*, Vol. 30, 2009, pp. 1475-1512.

tantes estavam sediadas nos Estados Unidos. O estudo mostrou que 46% dos contratos estavam sujeitos à lei de Nova Iorque; 15% à lei de Delaware; e 8% à lei da Califórnia. Verificou-se que 39% incluíram uma cláusula de eleição de foro, na seguinte ordem de preferência: 41% Nova Iorque; 11% Delaware, e 7% Califórnia.

Os autores concluíram que a preferência pela lei de Nova Iorque corroborou as inferências de que as escolhas de lei aplicável tenderão a agrupar-se em torno de um ou alguns estados (nos Estados Unidos) devido ao desenvolvimento do direito nessas localidades[68]. Além disso, foi identificado um significativo grau de sobreposição entre eleição de foro e escolha de lei aplicável: se a lei de um determinado estado for escolhida como lei de regência do contrato, então é provável que o respectivo foro estadual seja eleito para decidir possíveis disputas[69]. O estudo foi de abrangência local e regional e, embora não tenha especificado as razões para isso, revelou uma espécie de interação entre escolha de lei aplicável e eleição de foro.

Seguindo a tendência de estudos empíricos, Thomas Dietz analisou a execução de contratos transfronteiriços na indústria de *software*[70]. Os resultados foram publicados em 2010 e foram baseados em 31 entrevistas qualitativas, das quais 27 foram conduzidas com gerentes comerciais no setor de *software* e quatro com representantes de associações comerciais, em 2005 e 2006.

Dietz constatou que os contratos eram regidos pela lei do comprador e, salvo casos em que o contrato continha cláusula arbitral, submetidos ao foro do comprador. Essas escolhas foram impulsionadas por percepções negativas em torno da qualidade dos sistemas de justiça civil nas jurisdições dos desenvolvedores de *software*. Incluídos nessa equação estavam juízes não confiáveis, processos morosos, custos imprevisíveis e obstáculos à execução das decisões judiciais. Entendemos que a escolha da lei aplicável simplesmente ecoou na eleição do foro – os entrevistados não pareciam estabelecer uma distinção clara entre as duas escolhas[71].

[68] *Id*, p. 1490.

[69] *Id*, p. 1511.

[70] T. Dietz, *Institutionen und Globalisierung: eine empirische Untersuchung am Beispiel grenzüberschreitender Softwareentwicklungsverträge*, Mohr Siebeck, Heidelberg, 2010. Para um resumo em inglês dos resultados da pesquisa da Dietz, ver S. Vogenauer, *supra* nota 20, pp. 45-46.

[71] S. Vogenauer, *supra* nota 20, pp. 45-46.

Como ainda explicado por Stefan Vogenauer ao analisar as conclusões de Dietz, as partes nessas transações trabalharam sob a premissa de que os contratos nunca seriam executados nos tribunais estaduais – e na verdade nunca o foram: os compradores nem sequer tentaram obter uma decisão judicial a seu favor em seus tribunais domésticos, por conta do temor de atrasos e dificuldades na execução dessas decisões nas jurisdições dos desenvolvedores dos *softwares*. Tampouco os desenvolvedores ingressaram com ações nos tribunais domésticos dos compradores, porque consideravam os custos do litígio em uma jurisdição da Europa Ocidental como proibitivos e sentiam não estar suficientemente familiarizados com a lei dessas jurisdições. As partes dessas transações, portanto, lançaram mão das chamadas '*private order contract enforcement institutions*' a fim de proteger suas transações transfronteiriças contra fraudes e oportunismo[72].

Este estudo identificou uma clara interação entre a escolha de lei aplicável e a eleição de foro, mas o escopo e a disseminação do estudo foram limitados – focando em um único contrato e, apenas, com alcance regional. Mais uma vez, esses dados são de grande relevo, embora deixem em aberto a questão de quais são as reais forças motrizes e as principais preocupações das partes nas decisões sobre escolha de lei aplicável e eleição de foro, convidando assim, novos estudos sobre este ponto.

Desde 2006, a *Queen Mary, University of London* vem realizando estudos focados em arbitragem internacional e nas principais preocupações das partes contratantes. Esses estudos têm sido úteis para demonstrar que a arbitragem alcançou o patamar de método preferido de resolução de disputas transfronteiriças[73].

Para fins metodológicos, este capítulo discutirá apenas a edição de 2010 e algumas das demais edições serão discutidas em outros capítulos deste livro[74]. Adotamos essa abordagem porque o principal impulso por trás deste capítulo é apresentar estudos sobre decisões de escolha de lei aplicável em transações transfronteiriças. Seria contraproducente envolver os leitores na discussão de eleição de foro nesta fase, observando-se em particular que haverá um capítulo subsequente, dedicado às preocupações relativas a métodos adequados de resolução de disputas e sua interação com

[72] *Id.*

[73] Edições prévias das pesquisas da Queen Mary University of London serão objeto de análise mais profunda no Capítulo 4.1.1 *infra*.

[74] Consultar Capítulo 4.1.1 *infra*.

as decisões de escolha de lei aplicável[75]. Consequentemente, a discussão a seguir apresentará a Pesquisa da *Queen Mary University of London* (edição de 2010), na qual elementos de escolha de lei aplicável foram adicionados ao tradicional questionário sobre métodos de resolução de disputas.

Como mencionado acima, a edição de 2010[76] foi inovadora na inclusão de questões atinentes à escolha da lei aplicável. O estudo baseou-se em 136 respostas a um questionário online e 63 entrevistas presenciais ou por telefone.

Os resultados mostraram que 44% dos participantes escolheram sua lei doméstica, tendo sido essa seguida pela lei inglesa (25%), lei suíça (9%) e lei de Nova Iorque (6%)[77]. A lei mais frequentemente escolhida pelas contrapartes foi a de sua própria jurisdição (53%), seguida da lei inglesa (21%) e da lei de Nova Iorque (10%)[78]. É interessante notar, embora sem surpresa, que 40% dos participantes acreditavam ser a lei inglesa a lei mais utilizada, seguida da lei de Nova Iorque (17%) e da lei suíça (8%)[79].

A escolha dos participantes foi influenciada principalmente pela percepção de neutralidade e imparcialidade do sistema jurídico escolhido em relação às partes e seu contrato (66%), pela adequação da lei ao tipo de contrato (60%), e pela familiaridade e experiência das partes em relação à lei (58%)[80].

Quanto às razões para a eleição da lei preferida, a maioria dos participantes citou familiaridade e segurança jurídica (ou '*previsibilidade*'). Outras razões citadas incluíram '*jurisprudência bem desenvolvida*' e '*aceitação internacional*'[81]. Participantes também aludiram às qualidades materiais da lei escolhida, tais como sua adequação a determinados tipos de contrato ou princípios gerais, por exemplo, o respeito à liberdade contratual. Alguns participantes indicaram que '*a estratégia também tem certo impacto*': os participantes tentariam antecipar quais leis domésticas poderiam lhes gerar vantagens *vis-à-vis* a contraparte na eventualidade de uma disputa.

[75] *Id.*

[76] 2010 International Arbitration Survey: Choices in International Arbitration, informação completa disponível em [http://www.arbitration.qmul.ac.uk/docs/123290.pdf].

[77] 2010 International Arbitration Survey: Choices in International Arbitration, p. 13, Gráfico 9.

[78] 2010 International Arbitration Survey: Choices in International Arbitration, p. 13, Gráfico 10.

[79] 2010 International Arbitration Survey: Choices in International Arbitration, p. 14, Gráfico 11.

[80] 2010 International Arbitration Survey: Choices in International Arbitration, p. 12, Gráfico 8.

[81] 2010 International Arbitration Survey: Choices in International Arbitration, p. 13.

O estudo revelou dados sobre a relação entre cláusulas de escolha de lei aplicável e cláusulas arbitrais. O posicionamento dos participantes em relação a essa relação encontra guarida em sua atitude quanto à escolha da sede da arbitragem (que determinará a lei processual aplicável ao procedimento, na medida em que as partes não tenham avençado de modo diverso[82]): 51% dos participantes decidiram pela lei aplicável antes de optarem pela arbitragem. Contrariamente, a opção pela arbitragem não parece ter influenciado a escolha da lei aplicável[83].

Em suma, a Pesquisa *Queen Mary* de 2010 mostrou que a familiaridade e a neutralidade da lei escolhida são os aspectos mais desejáveis, ao passo que os participantes mencionaram brevemente qualidades materiais, por exemplo, adequação ao tipo de contrato e respeito à liberdade contratual[84]. Os resultados parecem indicar que a escolha da lei aplicável e a eleição do foro estão interligadas em um certo grau, e a escolha da lei pode influenciar a do foro.

Em 2010, a *Law Society of England and Wales* realizou entrevistas telefônicas com advogados experientes, provenientes de 602 escritórios de advocacia localizados na Inglaterra e no País de Gales[85]. Entre os entrevistados, 91 haviam prestado consultoria em contratos com parte estrangeira no ano anterior. 78% destas partes escolheram a lei inglesa para reger o contrato; em 8% destes as partes escolheram a lei inglesa para reger uma parte do contrato; e em apenas 2% as partes escolheram a lei de outras jurisdições para reger os seus contratos[86].

Entre as 91 empresas, os fatores mais importantes para a escolha da lei de aplicável ao contrato foram a '*segurança jurídica*' (73%) e '*familiaridade com o sistema jurídico das partes contratantes*' (67%), ao invés de preocupações relativas às qualidades inerentes ao direito contratual, traduzidas em termos de '*atratividade dos princípios jurídicos*' de um determinado sistema jurídico (47%) e 'a *facilidade de uso do sistema jurídico*' (53%).

Este estudo apresenta idênticas limitações às discutidas acima: uma abordagem regional e escopo limitado. No entanto, tem a virtude de corroborar conclusões anteriores e divulgar novos resultados. Por exemplo,

[82] S. Vogenauer, *supra* nota 20, pp. 48-49.
[83] 2010 International Arbitration Survey: Choices in International Arbitration, p. 9, Chart 5.
[84] 2010 International Arbitration Survey: Choices in International Arbitration, pp. 12-13.
[85] S. Vogenauer, *supra* nota 20, pp. 49-50.
[86] S. Vogenauer, *supra* nota 20, pp. 49-50.

observou-se que alguns participantes classificaram a '*atratividade dos princípios jurídicos*' e a '*facilidade de uso do sistema jurídico*' como fatores importantes. Contudo, infelizmente, o estudo não esclareceu o que os termos '*atratividade*' e '*facilidade de uso*' representam na prática negocial, o que seria desejável para melhor compreender a tomada de decisão das partes contratantes.

Durante o ano letivo de 2010-2011, a *Fondation pour le droit continental* realizou, na França, um estudo sobre escolha de lei aplicável[87]. O projeto se concentrou em três tipos de contratos internacionais: compra e venda e contratos de obras e serviços; fusões e aquisições; e transações financeiras. O estudo foi baseado em entrevista qualitativa, conduzida por questionários com profissionais do direito residentes em Paris, cuja experiência envolvia a negociação sobre a lei aplicável em transações internacionais[88].

Para os dois primeiros tipos de contrato, foram entrevistados 25 profissionais, com distribuição mais ou menos igual entre advogados de empresas e advogados de escritórios de advocacia. Em relação às transações financeiras, houve cerca de 40 entrevistados. Metade deles eram advogados de bancos e os demais eram advogados de empresa e de escritórios de advocacia[89]. O estudo constatou que a escolha de lei aplicável competia principalmente a advogados de empresa ou, no caso de transações financeiras, a advogados de bancos. Em suma, os resultados pareciam indicar que, relativamente, pouca atenção fora destinada à escolha da lei aplicável durante as negociações.

O estudo da *Fondation pour le droit continental* revelou que a questão da escolha da lei normalmente não é um empecílio ou condicionante à contratação ('*deal-breaker*')[90]. Os resultados demonstraram que se destina menos atenção à escolha da lei do que outrora se supunha. As limitações mencionadas acima também se aplicam aos resultados deste estudo: uma

[87] A *Fondation pour le droit continental* realiza, *inter alia*, estudos sobre as consequências econômicas da lei escolhida pelas partes para o contrato internacional. Os estudos visavam melhor entender os motivos das partes na negociação de cláusulas de lei aplicável. Ver, por exemplo, o 'Index of Legal Certainty', base da avaliação de segurança jurídica no contexto da comparação internacional, disponível em:
[http://www.fondation-droitcontinental.org/en/wp-content/uploads/2015/06/NS_Rapport-complet-5-juin-2015_EN.pdf]

[88] S. Vogenauer, *supra* nota 20, p. 50.

[89] S. Vogenauer, *supra* nota 20, p. 50.

[90] *Id.*

amostra limitada e escopo estreito. O foco foi colocado no '*quem*' toma a decisão sobre a escolha de lei aplicável e como essa escolha é classificada em termos de importância.

Embora seja certamente relevante entender quem são os atores envolvidos e a extensão e limites de seu poder nos processos decisórios, as razões subjacentes às suas decisões nunca estiveram entre os objetivos deste estudo. Infelizmente, os resultados não nos permitem extrair percepções e traçar diretrizes sobre os processos de escolha de lei aplicável. Por exemplo, não podemos concluir se a atenção referida no estudo estaria sujeita a modulações se a parte entrevistada é um fornecedor ou comprador, ou se a atenção estaria sujeita à influência de certas variáveis, dentre elas o tipo e preço do contrato, a nacionalidade das partes, e a(s) jurisdição(s) onde as obrigações provavelmente serão cumpridas.

Tomemos como exemplo a hipótese de que '*a escolha da lei não é um empecílio (deal-breaker) à contratação*'. Os resultados deste estudo confirmariam essa suposição? Alternativamente, sob quais condições ou circunstâncias a decisão da escolha de lei aplicável representaria um empecílio à contratação ('*deal-breaker*')? Além disso, seria essa percepção modificada se a decisão da escolha da lei aplicável incorporasse a opção por uma cláusula de resolução de disputas a respeito da qual as partes negociaram ou irão negociar? Ou isso mudaria se a negociação desta cláusula ocorresse na condição de fornecedor ou comprador?

Os resultados deste estudo apontam que a escolha sobre a lei aplicável recai precipuamente sobre os advogados de empresa em contratos de compra e venda internacional. Seriam esses resultados conclusivos ao redor do mundo? Se o estudo revela tendências, poderíamos focar nesse ponto e analisar por que isso ocorre? Poderíamos concluir que o advogado de empresa pode ser mais avesso ao risco[91] (ou ter menos incentivos para mudar a sua política interna) do que o advogado de escritório e esta é uma das razões pelas quais algumas leis são preferidas em relação a outras? Existem elementos racionais envolvidos nessa escolha ou, ao contrário, são fatores baseados principalmente em intuição?

Como podemos ver, embora os resultados deste estudo sejam relevantes para entender quem são os atores envolvidos no processo de escolha da

[91] R. Cooter & T. Ulen notam que '*a person is said to be risk-averse if she considers the utility of a certain prospect of money income to be higher than the expected utility of an uncertain prospect of equal expected monetary value*', *supra* nota 2, p. 46.

lei aplicável, e até mesmo indicar padrões e tendências comportamentais, certamente há questões em aberto merecedoras de mais análises. Devido ao seu escopo limitado, como mecionado, não é possível generalizar os resultados encontrados.

Em 2013, Gilles Cuniberti publicou estudo[92] com base em uma análise de mais de 4.400 contratos internacionais submetidos à arbitragem da CCI, no período de 2007 a 2012[93]. O estudo de Cuniberti revelou os cinco países com as leis consideradas mais atraentes no mercado de contratos internacionais. São elas, em ordem de preferência: inglesa, suíça, leis estaduais dos EUA, francesa e alemã[94].

Ao analisar os resultados, Cuniberti discutiu as razões subjacentes para diferentes níveis de atratividade de determinadas leis. Como fatores extrínsecos, Cuniberti elenca a sede de arbitragem, o idioma, a neutralidade, os contratos-modelo, escritórios de advocacia e impérios coloniais[95]. Como qualidades intrínsecas do direito contratual, Cuniberti lista informes publicitários (*marketing*), características gerais dos sistemas jurídicos e algumas peculiaridades do direito contratual inglês e suíço[96].

Entre as razões exploradas por Cuniberti, '*impérios coloniais*' chama particular atenção. O autor afirma que '*[I]n the international success of certain contract laws could be that a number of jurisdictions are former colonies of two European countries*'. Cuniberti afirma ainda que a lei desses países europeus muitas vezes seguiria de perto a lei do país que um dia os ocupou. E conclui '*The law of the former colonial power will thus be at least familiar to any actor originating from one of these colonies. So it could be predicted that those parties woud view*

[92] G. Cuniberti, 'International Market for Contracts: The Most Attractive Contract Laws', *Nw. J. Int'l L. & Bus.*, Vol. 34, Issue 3, 2013, pp. 455-517. Ver também a proposta de Cuniberti de que a atratividade de uma determinada lei contratual possa ser avaliada determinando o número de casos em que foi escolhida como a lei de um Estado terceiro.

[93] Ao realizar uma breve consulta em 2018, utilizando os termos 'CISG', 'CVIM' (acrônimo francês para CISG) no ICC Digital Library, este autor encontrou 99 resultados. Uma nova investigação, ainda em 2018, revelou que a CISG fora citada em 50 decisões ICC de 762 decisões publicadas em sua base de dados. Mais informações estão disponíveis em [http://library.iccwbo.org/].

[94] Gilles Cuniberti, 'International Market for Contracts: The Most Attractive Contract Laws', *supra* nota 92, p. 517.

[95] Gilles Cuniberti, 'International Market for Contracts: The Most Attractive Contract Laws', *supra* nota 92, p. 490.

[96] Gilles Cuniberti, 'International Market for Contracts: The Most Attractive Contract Laws', *supra* nota 92, pp. 475-501.

the law of the former colonial power as not truly foreign, and would thus be happy to provide for its application'.

O estudo de Cuniberti tem valor inegável, porque mapeia a lei preferida no contexto dos contratos internacionais. Oferece uma atualização das descobertas de Truong, mas é mais amplo em escopo. Ademais, Cuniberti discute uma perspectiva teórica com novos elementos, como fatores extrínsecos e qualidades intrínsecas do direito contratual, na tentativa de explicar por que determinada lei é preferida em detrimento de outras. No entanto, entendemos ser este outro estudo fortemente focado em estatísticas e, portanto, não útil para entender a mecânica dessa escolha, as preocupações de ordem material em relação ao direito contratual, e as forças motrizes que lhe orientaram.

Em 2017, Linn Bergman publicou um estudo[97] sobre como os árbitros determinam e lidam com a lei do contrato em disputas transfronteiriças. Bergman analisou 101 sentenças arbitrais não publicadas da Câmara de Comércio de Estocolmo (CCE[98]) no período de 1993 a 2017. Embora não esteja inteiramente claro o método adotado para a seleção do material de pesquisa, o propósito subjacente foi permitir uma melhor compreensão para acadêmicos e profissionais de como enfrentar questões relativas à escolha de lei aplicável, aumentando assim a previsibilidade das decisões de escolha de lei[99]. O estudo organizou as sentenças arbitrais por temas[100] e proporcionou a cada um deles resumo sucinto do cenário fático-jurídico, acompanhado das razões de decidir. Por exemplo, o estudo registrou 5[101] arbitragens regidas pelos Princípios UNIDROIT[102] e 1 (uma) [103] pela *lex mercatoria*[104].

[97] L. Bergman, *A Casebook on Choice of Law in Arbitration*, Landa, Stockholm, 2017.

[98] Informações adicionais sobre o Instituto de Arbitragem da Câmara de Comércio de Estocolmo estão disponíveis em [http://www.sccinstitute.com].

[99] L. Bergman, *supra* nota 97, p. 5.

[100] Os temas foram divididos em três, 'Contract', 'Decision' and 'Method', L. Bergman, *supra* nota 97, pp. 15-18.

[101] Em apenas 1 desses 5 casos as partes concordaram que o contrato seria regido pelo 'direito comercial internacional', a respeito do qual os árbitros entenderam se referir à CISG, com a exclusão das reservas nacionais e dos Princípios UNIDROIT. Ver L. Bergman, *supra* nota 97, pp. 213-214.

[102] Informações adicionais sobre o Instituto Internacional para a Unificação do Direito Privado (UNIDROIT) estão disponíveis em [http://www.unidroit.org].

[103] Os árbitros observaram que o regulamento aplicável à arbitragem lhes permitia, na ausência de uma escolha de lei ou regras de direito, aplicar a lei ou as regras de direito que considerassem mais adequadas, incluindo a *lex mercatoria*. Ver L. Bergman, *supra* nota 97, pp. 208-210.

Para efeitos deste livro, concentraremos esforços na análise dos casos em que o árbitro aplicou a CISG para reger a relação contratual. Observamos que o estudo de Bergman listou 41 referências à CISG pelos tribunais arbitrais[105]. Trata-se de um número muito significativo, confirmando conclusões anteriores de que a CISG pode, de fato, ser popular na arbitragem internacional[106], apesar das dificuldades de se quantificar a sua incidência em nível mundial, sobretudo dada a confidencialidade inerente aos procedimentos arbitrais.

Em virtude de nosso interesse no tema, conduzimos uma análise independente desses 41 casos. Dentre eles, em 2 a CISG foi referida *in obiter* e não aplicada[107]. Assim, consideramos apenas as 39 arbitragens em que a CISG foi efetivamente utilizada e as classificamos em quatro grupos: (i) aplicação da CISG por iniciativa própria do tribunal arbitral; (ii) aplicação direta por recurso às regras de conflito de lei, art. 1(1)(a) da CISG; (iii) aplicação em virtude das regras de conflito de lei, art. 1(1)(b) da CISG; e (iv) escolha da CISG por acordo das partes.

O grupo (i) compreende os casos nos quais os árbitros aplicaram a CISG de forma autônoma, sem recorrer às regras de conflito de lei, mas sim como expressão da lei adequada ao contrato, ou de regime jurídico neutro, para resolver a disputa transfronteiriça. No grupo (i) não houve escolha da lei aplicável e a aplicação da CISG ocorreu mediante livre arbítrio do tribunal arbitral, sem levar em conta o art. 1[108] da CISG[109].

[104] Ver a discussão sobre a *lex mercatoria* no Capítulo 5 *infra* nota 439.

[105] Ver L. Bergman, *supra* nota 97, p. 9.

[106] Ver *infra* nota 141.

[107] Dentre as 41 arbitragens, apenas em 1 delas (Arbitragem CCE, Código 246 (2002): R (France) vs. H and N (China)) as partes haviam acordado posteriormente que a lei chinesa deveria reger o contrato e a CISG fora mencionado pelos árbitros *in obiter*: '*[...] In the absence of an agreement between the parties, CISG and – to the extent required for supplementing CISG – French law could arguably be the proper law of the Contract, at least as far as the sale of goods is concerned....*'). No entanto, a controvérsia girava em torno de representação comercial e jurisdição, matérias não reguladas pela CISG. Ver L. Bergman, *supra* nota 97, pp. 159-162. No outro caso (Arbitragem CCE, Code 239 (2002) O (Italy) vs. N (China)), o tribunal arbitral não aplicou nenhuma regra jurídica quando interpretou o contrato, mas mencionou a CISG *in obiter* '*[...] We note that Italy and China have both ratified the UN Convention of 1980 on International Sales of Goods*'). Ver L. Bergman, *supra* nota 97, pp. 155-156. Portanto, estes dois casos foram excluídos da análise realizada por este autor.

[108] (1) Esta Convenção aplica-se aos contratos de compra e venda de mercadorias entre partes que tenham seus estabelecimentos em Estados distintos:

O grupo (ii) consiste em casos nos quais os árbitros aplicaram a CISG via art. 1(1)(a), ou seja, onde ambas as partes estavam localizadas em Estados Contratantes. Como acima, os casos do grupo (ii) não tiveram escolha da lei de regência contratual e a lei doméstica fora aplicada em alguns casos, para complementar as matérias não previstas ou reguladas pela CISG, via art. 7(2)[110].

O grupo (iii) consiste em casos nos quais os árbitros recorreram às regras de conflito de lei para eleger a CISG (art. 1(1)(b)). Nos casos no grupo (iii) também não houve escolha de lei de regência contratual. No grupo (iii) a lei doméstica também fora aplicada, em alguns casos, para complementar as matérias não previstas ou reguladas pela CISG, via art. 7(2).

Por fim, o grupo (iv) compreende os casos nos quais as partes elegeram expressamente a CISG em seus contratos.

Os resultados obtidos, detalhados no gráfico abaixo, mostram a prevalência da aplicação da CISG via art. 1(1)(a) (20 casos); aplicação por acordo expresso entre as partes (8 casos); aplicação da CISG via das regras de conflito de lei (7 casos); e aplicação autônoma pelo Tribunal Arbitral (4 casos[111]).

(a) quando tais Estados forem Estados Contratantes; ou
(b) quando as regras de direito internacional privado levarem à aplicação da lei de um Estado Contratante.
(2) Não será levado em consideração o fato de as partes terem seus estabelecimentos comerciais em Estados distintos, quando tal circunstância não resultar do contrato, das tratativas entre as partes ou de informações por elas prestadas antes ou no momento de conclusão do contrato.
(3) Para a aplicação da presente Convenção não serão considerados a nacionalidade das partes nem o caráter civil ou comercial das partes ou do contrato.

[109] Ver o comentário do art.1 da CISG por I. Schwenzer e P. Hachem, *in* I. Schwenzer (Ed.), *Schlechtriem & Schwenzer, Commentary on the United Nations Convention on the International Sale of Goods (CISG)*, 4th ed., Oxford University Press, Oxford, 2016, pp. 27-46.

[110] Artigo 7
[...]
(2) As questões referentes às matérias reguladas por esta Convenção que não forem por ela expressamente resolvidas serão dirimidas segundo os princípios gerais que a inspiram ou, à falta destes, de acordo com a lei aplicável segundo as regras de direito internacional privado.

[111] O primeiro caso data de 1999 e o último de 2008.

Application of the CISG

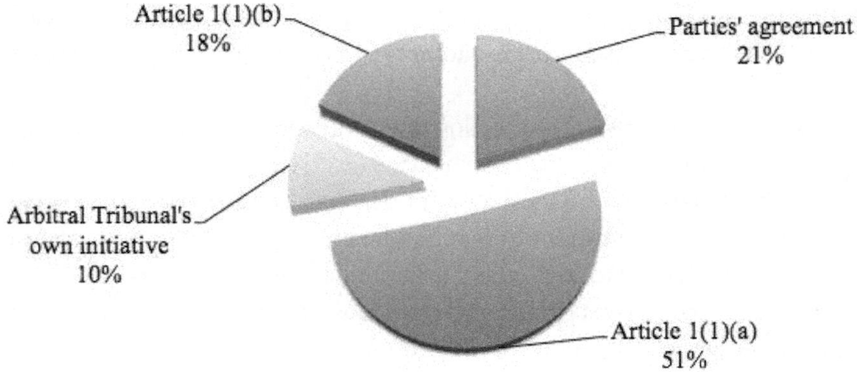

Examinamos igualmente se esses contratos continham cláusulas de escolha de lei aplicável e, em caso afirmativo, se faziam referência expressa à CISG ou a lei doméstica como a lei aplicável. A cláusula de escolha de lei esteve presente em 10 casos, correspondendo a 25% dentre os analisados e indicaram enquanto lei de regência as leis domésticas (5), a CISG (4[112]) e o "Direito Comercial Internacional" (1[113]).

Choice of Law Clause

[112] Estes com datas de 2005 até 2011.

[113] Arbitragem CCE, Código 428 (2008): B (China) vs. E (Germany). Neste caso, a cláusula arbitral ditava que 'On this contract shall apply International Commercial Law'). Ver L. Bergman, *supra* nota 97, pp. 213-214.

O percentual de contratos com ausência de cláusula de escolha da lei aplicável é, na visão do autor, o resultado mais surpreendente (75%[114]). Isso é particularmente marcante no contexto da arbitragem internacional, em que seus usuários são, ou, no mínimo, se autoproclamam sofisticados e conscientes dos efeitos e consequências decorrentes de seus arranjos contratuais. No entanto, isso também pode apontar para dois cenários possíveis: (i) o envolvimento de partes não sofisticadas em alguns desses casos[115], que podem ter firmado esses contratos desconhecendo as consequências jurídicas de suas escolhas (não está claro a partir dos casos pesquisados qual é a natureza e magnitude dos contratos[116]); e (ii) uma abordagem 'descontraída' ou 'relaxada'[117], adotada por essas partes que, talvez motivadas por demasiado otimismo, decidiram confiar a matéria ao árbitro[118].

Dado que o estudo de Bergman englobava decisões de 1993 a 2017, também decidimos gerar gráficos[119] divulgando o período relevante de tempo no qual as decisões foram tomadas.

[114] O caso mais recente é de 2014.

[115] Em seu estudo, embora realizado no âmbito de processos judiciais, Cuniberti alegou que os casos analisados demonstraram que os compradores e vendedores são partes pouco sofisticadas, que não estão preocupadas com o regime jurídico que rege seus contratos, e que a CISG não lhes trouxera nenhum benefício *ex ante*. Ver G. Cuniberti, 'Is the CISG benefiting anybody?', *supra* nota 58, pp. 1540-1541.

[116] Os resumos sucintos dos cenários fático-jurídicos fornecem informações limitadas sobre os detalhes do caso e isso ocorre indiscutivelmente devido à confidencialidade das sentenças arbitrais. A este respeito, a autora adverte que a matéria contestada 'foi generalizada', L. Bergman, *supra* nota 97, p. 5.

[117] Ver mais sobre esta discussão no Capítulo 4 *infra*.

[118] *Id.*

[119] Por conta do número reduzido de casos no grupo 2, não haverá gráfico com base no lapso temporal. No entanto, as decisões foram proferidas em 1999 (1), 2003 (1), 2006 (1), e 2008 (1).

CISG – Aplicação via Artigo 1(1)(a)

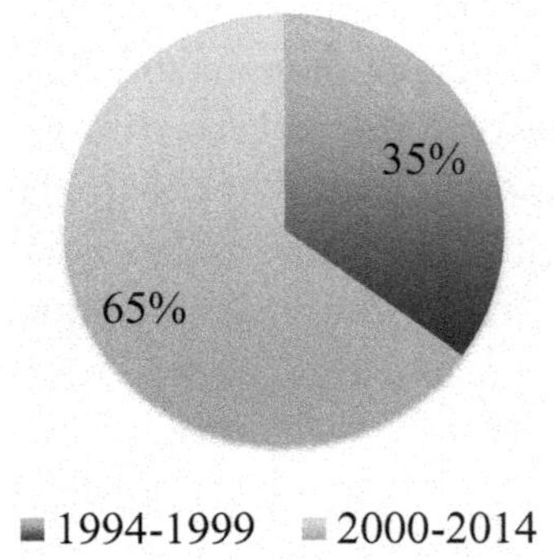

CISG – Aplicação através de acordo entre as Partes

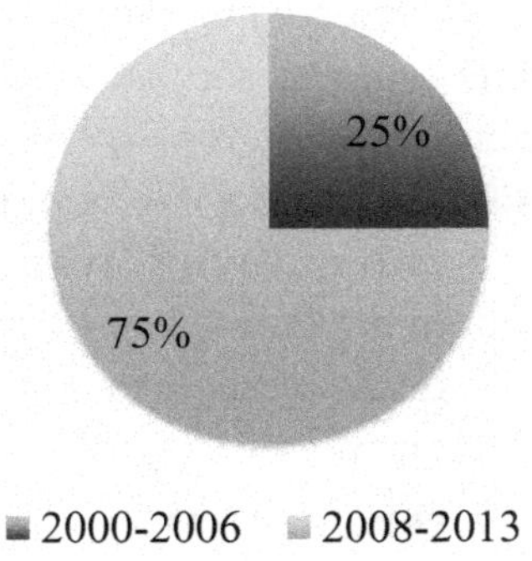

CISG – Aplicação via Artigo 1(1)(b)

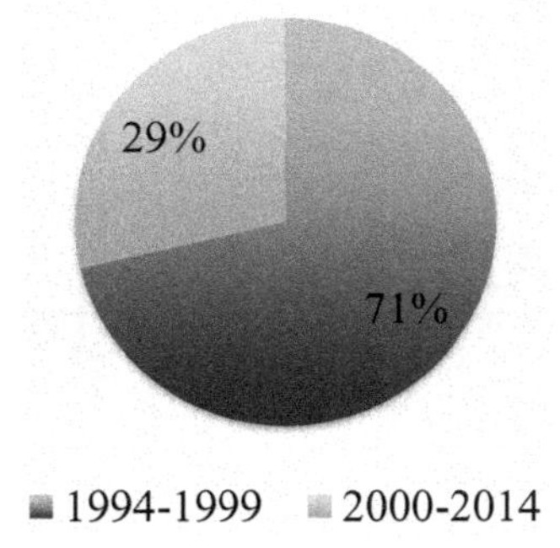

CISG – Aplicação pela iniciativa do próprio Tribunal Arbitral

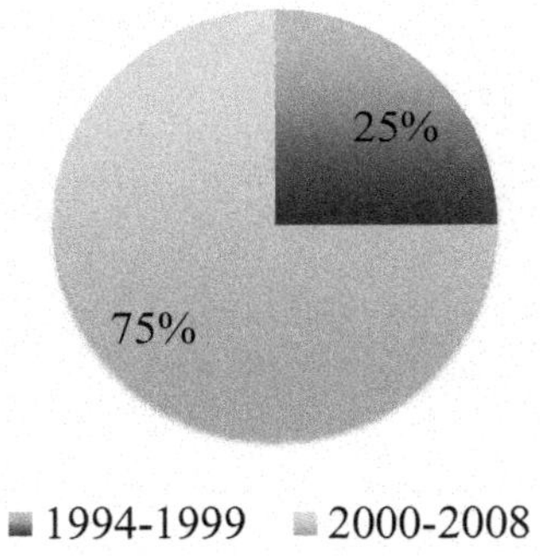

Os gráficos acima confirmam a gradual conscientização das partes e árbitros a respeito da aplicação da CISG em arbitragens internacionais CCE. A incidência de 75% atesta o fato de que, recentemente, as partes decidiram adotar mais frequentemente esse regime jurídico para reger seus contratos internacionais. O número idêntico de 75% também atesta a popularidade da CISG entre os árbitros nos casos de arbitragem internacional CCE. A diminuição da aplicação da CISG via art. 1(1)(b), a partir de 2000, pode ser consequência do aumento do número de Estados Contratantes no mesmo período de tempo, o que também se revela presente no maior número de casos via art. 1(1)(a).

Em suma, apesar de faltar clareza em relação à amostragem dos casos pesquisados, os resultados obtidos no estudo de Bergman certamente são animadores: o uso constante da CISG como lei aplicável em casos internacionais de arbitragem CCE de 1994 a 2014[120].

As cláusulas de escolha de lei tornaram-se muito mais comuns com o passar tempo. Um estudo de 2018 examinou 500.000 contratos concluídos por empresas públicas nos EUA, entre 2000 e 2016, e registrados perante a Comissão de Valores Mobiliários (*'Securities and Exchange Commission'*, *'SEC'*[121]). Verificou-se que 75% dos contratos examinados continham uma cláusula de escolha de lei[122].

De notar-se, outrossim, que a Inglaterra, por exemplo, tem empreendido esforços para manter a reputação do direito comum inglês no mercado internacional. Um recente texto entitulado *'English Law, UK Courts and UK Legal Services after Brexit. The view beyond 2019'* lista todos os benefícios de uma escolha da lei inglesa. O principal ponto de venda é que o direito inglês é mais previsível e, portanto, oferece mais segurança jurídica: *"Contracts governed by English Law are interpreted primarily by reference to the language which the parties themselves have agreed. Stringent requirements must be met before terms will be implied into the parties' bargains and the words in a contract will not be given a meaning contrary to business common sense"*[123].

A lei da Inglaterra e do País de Gales goza de indesmentível prestígio em transações internacionais[124]. Nas últimas décadas, nos círculos empresariais – ou, mais precisamente, nos círculos dos advogados empresariais internacionais – a imagem que se tornou dominante é a de que o direito inglês oferece mais segurança jurídica e previsibilidade às partes contra-

[120] O caso mais recente que aplicou a CISG relatado no estudo de Bergman data de 2014, no entanto o estudo incluiu 1 caso de 2017. Ver, neste ponto, L. Bergman, *supra* nota 97, pp. 297-299.

[121] US Securities and Exchange Commission (SEC) [https://www.sec.gov/].

[122] Julian Nyarko, 'We'll See You in . . . Court! The Lack of Arbitration Clauses in International Commercial Contracts', International Review of Law and Economics, v. 58, 2019, pp. 6-24.

[123] Ver inteiro teor em [www.lawsociety.org.uk/Policy-campaigns/documents/uk-legalservices-after-brexit/].

[124] Ver, por exemplo, relatório recente da Oxera/Legal UK sobre o valor econômico da lei da Inglaterra e do País de Gales, disponível em [https://legaluk.org/wp-content/uploads/2021/09/The-value-of-English-law-to-the-UK-economy.pdf], e reportagem do Financial Times de 22 de outubro de 2021 que discute a lei da Inglaterra e do País de Gales como ativo econômico de grande apreciação no âmbito dos contratos internacionais, disponível em [https://www.ft.com/content/e2e3c1e2-1e5c-4341-9901-d45aad16ab7b]; ver também Eddy Bauw, 'Commercial Litigation in Europe in Transformation: The Case of the Netherlands Commercial Court', *Erasmus Law Review*, Vol. 1, 2019, pp. 15-23.

tantes do que outros sistemas jurídicos, especialmente, diga-se, quando aplicado por juízes ingleses.

Em 2018, a *Thomson Reuters Practical Law Dispute Resolution*[125] realizou uma pesquisa para investigar o comportamento dos advogados de resolução de disputas (advogados de escritórios de advocacia e advogados de empresas) em relação à escolha da jurisdição e da lei aplicável em razão do Brexit. Em particular, a pesquisa elucida informações sobre a abordagem dos litigantes em relação às cláusulas de resolução de disputas após os resultados do referendo e como sua abordagem poderia mudar de acordo com o rumo das negociações entre a União Europeia e o Reino Unido. Na pesquisa, 96% dos entrevistados disseram que eles/os seus clientes incluíram uma cláusula de arbitragem em alguns contratos internacionais. Desses, 82% escolheram Londres como sede preferida de arbitragem. As razões para escolher Londres variaram entre familiaridade e conveniência, à reputação e qualidade dos profissionais, regulamento (LCIA) e legislação favorável (Lei Inglesa de Arbitragem de 1996).

As implicações do Brexit para a arbitragem no Reino Unido seguem em escrutínio. No entanto, o Brexit não parece ter surtido impacto imediato. A pesquisa Queen Mary de 2018[126] relatou uma visão predominante de que o uso de Londres como sede de arbitragens é pouco provável que seja afetado. Além disso, afirmou que mais da metade de seus participantes pensam que o Brexit não terá impacto sobre o uso de Londres como sede de arbitragem. O resultado colhido não surpreende, dado que os principais atrativos de Londres permanecem inalterados, ou seja, a confiabilidade da neutralidade e imparcialidade do Judiciário inglês; o apoio ao processo arbitral oferecido pelos tribunais ingleses e a Lei Inglesa de Arbitragem de 1996; e a posição do Reino Unido como signatário da Convenção sobre o Reconhecimento e Execução de Sentenças Arbitrais Estrangeiras de 1958 (Convenção de Nova Iorque)[127].

Os participantes também apresentaram as mesmas razões pelas quais pensam que o Brexit não terá impacto em Londres como sede de arbitragem.

[125] *2018 The impact of Brexit on dispute resolution clauses – survey report.* Disponível em: [https://uk.practicallaw.thomsonreuters.com/w-015 2475?transitionType=Default&contextData=(sc.Default)&firstPage=true].

[126] *2018 International Arbitration Survey: The Evolution of International Arbitration.* Disponível em: [http://www.arbitration.qmul.ac.uk/media/arbitration/docs/2018-International-Arbitration-Survey---The-Evolution-of-International-Arbitration-(2).PDF].

[127] Discutiremos aspectos sensíveis da Convenção de Nova Iorque no Capítulo 4 *infra*.

Eles afirmaram que sua "estrutura jurídica formal" provavelmente permanecerá inalterada e continuará a apoiar a arbitragem. Em reconhecimento a estes pontos fortes, a pesquisa constatou que Londres é a "sede preferida" para 64% dos participantes, seguida de Paris (53%) e Cingapura (39%).

Portanto, restou enfatizado que a percepção da "neutralidade" de um sistema jurídico é decisiva para os incentivos das empresas na escolha da lei e da sede. Além disso, é possível que esta percepção de "neutralidade" da lei e da sede inglesa fosse até reforçada com o Brexit. Após a data de saída do Reino Unido, a lei e a jurisdição inglesa não são mais a "legislação doméstica" de nenhuma empresa da UE. Portanto, poderia parecer mais "neutra" para contratos entre empresas da UE e de fora da UE. Nenhum dos dois parceiros contratantes teria então a percepção de uma "vantagem da legislação doméstica" com relação à legislação da UE que lhe pareceria mais familiar do que a seu parceiro contratante. A lei e a sede da Inglaterra, oferecem, portanto, uma opção "neutra" e acessível para uma empresa de direito civil que contrate com uma empresa de direito comum de fora da Europa. Além disso, o direito inglês poderia oferecer uma opção "neutra" para duas empresas de direito civil contratantes da Europa como um sistema jurídico que não é da mesma família jurídica de uma das jurisdições de direito civil envolvidas com as partes[128].

Mesmo depois de Brexit, Londres permanece no topo das cinco sedes mais preferidas para arbitragem internacional, de acordo com uma pesquisa realizada com 1.200 participantes da tradicional pesquisa da Queen Mary em 2021[129]. O fato de Londres ter permanecido no topo da lista (onde também apareceu na pesquisa de 2018 da Queen Mary) é indicativo de seu apelo global duradouro, apesar de Brexit.

A popularidade do direito inglês como lei regente em casos de arbitragem internacional também pode ser observada a partir dos dados disponíveis das principais instituições arbitrais. Por exemplo, em 2018, a lei inglesa era a *lex contractus* em 16% de todos os casos registrados na ICC[130]. O relatório de casos da LCIA 2019 também demonstra que a lei inglesa continuou

[128] Louise Merrett & Antonia Sommerfeld, 'Incentives for Choice of Law and Forum in Commercial Contracts: Predicting the Impact of Brexit. European Review of Private Law (ERPL), Vol. 28, No. 3, pp. 627-664, September 2020.

[129] *Id.*

[130] *ICC Dispute Resolution 2019 Statistics* (International Chamber of Commerce 2020). Disponível em: [https://iccwbo.org/publication/icc-dispute-resolution-statistics/].

sendo a lei mais frequente, governando 81% das arbitragens administradas de acordo com o Regulamento da LCIA[131]. Em 2016, na sequência do referendo Brexit, foi sugerido que Londres perderia sua popularidade como sede para a arbitragem comercial internacional. Foi chamada a atenção para as estatísticas da ICC à época, que indicavam que Londres já estava sendo escolhida com menos frequência como sede nas arbitragens da ICC. Não só os casos da LCIA e do LMAA provaram que aqueles pessimistas estavam errados (pelo menos por enquanto), como também a própria ICC: em 2019, Londres foi a sede mais popular das arbitragens da ICC, sendo designada 115 vezes. Enquanto isso, a HKIAC informou que os árbitros britânicos reuniam o maior percentual de nomeações para compor tribunais arbitrais HKIAC por nacionalidade (24,1%).

De acordo com o relatório da CCI de 2020[132] verificou-se que, em 95% das arbitragens CCI registradas em 2020, houve escolha prévia de lei aplicável, dentre as quais a lei inglesa foi a preferida (13%). Em 2% dos contratos houve referência expressa aos princípios UNIDROIT, CISG, 'Direito Comercial Internacional e Incoterms CCI.

O relatório da LCIA publicado em 2020,[133] também revelou um aumento de 10% em relação a 2019, um de seus anos mais bem-sucedidos até hoje, enquanto a London Maritime Arbitration Association (LMAA) reportou em 2020 recorde de casos desde 2015, com 1.775 novas arbitragens. Assim, mesmo após a saída formal da União Europeia, Londres permanece robusta como sede de arbitragens internacionais e incólume às intempéries de tal ruptura.

1.1.1.2.2. Estudos sobre a exclusão de aplicação da CISG

Os estudos sobre a exclusão da CISG foram limitados pela área geográfica abordada; pelo número de participantes da pesquisa; e com bastante frequência focalizaram-se em dados estatísticos, ao contrário dos princi-

[131] *2019 Annual Casework Report* (The London Court of International Arbitration 2019). Disponível em: [https://www.lcia.org/lcia/reports.aspx].

[132] *ICC Dispute Resolution 2020 Statistics (International Chamber of Commerce 20201)*. Disponível em: [https://iccwbo.org/media-wall/news-speeches/icc-unveils-preliminary-dispute-resolution-figures-for-2021/].

[133] *LCIA Annual Casework Report* 2020 (*The London Court of International Arbitration 2020*). Disponível em [https://www.lcia.org/News/lcia-news-annual-casework-report-2020-and-changes-to-the-lcia-c.aspx].

pais impulsionadores que informam a decisão de exclusão da CISG. No que diz respeito às áreas geográficas, estas pesquisas se concentraram principalmente nos sistemas jurídicos germânicos (Alemanha[134], Suíça[135] e Áustria[136]), nos EUA[137], no Canadá[138] e em pesquisa de modesta expressão com menos de 50 participantes realizada na China[139]. Outras pesquisas de alcance local ou nacional foram realizadas em vários países na última década[140].

Inaugurando uma nova fase de estudos, Widmer & Hachem relataram pesquisa, levada a efeito no início de 2008, com 153 advogados suíços, dos quais 62% confirmaram excluir a CISG 'regularmente'. Os autores descobriram que os advogados suíços têm 5 vezes mais chances de aceitar a proposta da contraparte no sentido de excluir a aplicação da CISG do que de aceitá-la[141].

Em 2008, Loukas Mistelis[142], embora não tendo focado na temática de exclusões de aplicação da CISG, realizou um estudo sobre o *CISG Data-*

[134] Ver Meyer, 69 RabelsZ (2005), 457; Köhler/Guo, 20 Pace Int L Rev (2008), p. 45; M. Davies & D. V. Snyder, *International Transactions in Goods: Global Sales in Comparative Context*, Oxford University Press, New York, 2014, pp 40-42, em coleta de dados obtida de advogados praticantes nos EUA, Alemanha e China,

[135] Ver Meyer, 104 SJZ (2008), 421, Widmer/Hachem, p 281; C. Widmer-Lüchinger, 'Switzerland', in L. A. DiMatteo (Ed.), *International Sales Law: A Global Challenge*, Cambridge University Press, New York, 2014, pp 466-485.

[136] Ver Meyer, 20 ÖJZ (2008), 792.

[137] Ver Wallace Gordon, 46 Am J Comp L Supp (1998), 361; Köhler/Guo, *supra* nota 134, p. 13; Philippopoulos, 40 UCC L J (2008), 357; Fitzgerald, 27 J L & Com (2008), 1; J. F. Coyle, 'The Role of the CISG in U.S. Contract Practice: An Empirical Study', University of Pennsylvania Journal of Int. Law, Vol. 38, Issue 1, 2016, pp. 195-240; A. Morales-Olazábal et al., 'Global Sales Law: An Analysis of Recent CISG Precedents in US Courts 2004-2012', Business Lawyer, Vol. 67, No. 4, 2012, pp 1351-1381. Disponível em [www.americanbar.org/publications/the_business_lawyer/volume_67/number_4.html].

[138] Ver J. F. Coyle, '*The Role of the CISG in Canadian Contract Practice: An Empirical Study*', *University of Pittsburgh Journal of Law and Commerce*, Vol. 38, 2019-2020, pp. 1-18.

[139] Ver Köhler/Guo, *supra* nota 134, p. 13.

[140] Oferecemos uma visão geral dessas outras pesquisas no decorrer deste capítulo.

[141] C. Widmer & P. Hachem, 'Switzerland', in F. Ferrari (Ed.), *The CISG and its Impact on National Legal Systems*, *supra* nota 37, pp. 281-286. Conforme explicado por L. Spagnolo, apesar de 170 advogados terem respondido, 17 não se envolveram em compra e venda internacional. Ver L. Spagnolo, *CISG Exclusion and Legal Efficiency*, Wolters Kluwer, Alphen aan den Rijn, 2014, p. 151.

[142] Ver L. Mistelis, 'CISG and Arbitration', *in* A. Janssen & O. Meyer (Eds.), *CISG Methodology*, Sellier European Law Publishers, Munich, 2009, pp. 375–395.

base da *Pace Law University*[143] para mapear a aplicação da CISG por cortes judiciais e tribunais arbitrais[144]. No final de 2008, Mistelis observou que, mais de um quarto (1/4) das 2.000 decisões foram produzidas por tribunais arbitrais. Segundo esse estudo, nessas decisões, a aplicação da CISG foi determinada em 57% dos casos por escolha do tribunal arbitral; em 22% com base em regras de conflito de lei; em 11% por escolha das partes; e em 2% por princípios gerais do direito. Nenhuma razão foi claramente determinada quanto aos 8% restantes[145]. Loukas Mistelis concluiu que, em virtude da confidencialidade aplicada à arbitragem, significativamente menos de 5% das sentenças arbitrais são publicadas; portanto, a CISG teria sido aplicada, até o final de 2008, em 4.250 a 5.000 arbitragens[146].

Entre 2009 e 2010, Lisa Spagnolo também realizou um levantamento sobre as evidências disponíveis sobre exclusões contratuais da CISG[147]. Spagnolo classificou os EUA como ocupando uma extremidade do espectro, a de exclusões predominantemente 'cegas' ou 'automáticas' da CISG na prática, e, na outra extemidade, a China, classificada como jurisdição 'pró-CISG'. A autora ainda classificou o Canadá e a Austrália como alinhados com a posição americana, e a Suíça, Alemanha e Áustria, nessa ordem, gravitando entre os dois polos. Spagnolo analisou as causas econômicas e psicológicas fundamentais da prevalência de exclusões em determinadas jurisdições e mercados[148]. A autora considerou que a '*falta de familiaridade*'

143 Base de Dados CISG disponível em [http://iicl.law.pace.edu/cisg/cisg].

144 Ver estudos recentes de L. Bergman, *supra* nota 97, pp. 36-39.

145 L. Mistelis, *supra* nota 142, p. 386 *et seq.*

146 *Id.* Ver também, A. Janssen & M. Spilker, 'The Relationship Between the CISG and International Arbitration: A Love with Obstacles?' *Contratto e impresa / Europa*, Vol. 1, 2015, pp. 44-74.

147 L. Spagnolo, 'A Glimpse through the Kaleidoscope: Choices of Law and the CISG (Kaleidoscope Part I)', *Vindobona Journal of International Commercial Law and Arbitration*, Vol. 13, 2009, p. 135; L. Spagnolo, 'Rats in Kaleidoscope: Rationality, Irrationality, and the Economics and Psychology of Opting in and out of the CISG', *Vindobona Journal of International Commercial Law and Arbitration*, Vol. 13, 2009, p. 163; L. Spagnolo, 'Green Eggs and Ham: the CISG, Path Dependence, and the Behavioural Economics of Lawyers' Choices of Law in International Sales Contracts', *Journal of Private International Law*, Vol. 6, 2009, pp. 417-464, p. 438; L. Spagnolo, 'The Last Outpost: Automatic CISG Opt Outs, Misapplications and the Costs of Ignoring the Vienna Sales Convention for Australian Lawyers', *Melbourne Journal of International Law*, Vol. 10, 2009, pp. 141-216. Informações adicionais estão disponíveis em L. Spagnolo, *CISG Exclusion and Legal Efficiency*, *supra* nota 140, pp. 150-181.

148 L. Spagnolo, 'Green Eggs and Ham: the CISG, Path Dependence, and the Behavioural Economics of Lawyers', *supra* nota 147, p. 438.

representou o principal motor de tais escolhas. O estudo de Lisa Spagnolo é certamente relevante em relação às exclusões da CISG, porquanto sua análise corroborou descobertas anteriores sobre familiaridade, mas com o 'tempero' da análise econômica do direito, sobretudo ao discutir os 'custos para se tornar proficiente na CISG' e o 'poder de barganha'.

Ingeborg Schwenzer e Christopher Kee[149] publicaram um relatório abrangente relacionado à pesquisa sobre exclusões de aplicação da CISG, a qual reuniu 640 participantes oriundos de 66 países, cujo perfil incluíra advogados (347), árbitros (98), empresários (60) e acadêmicos (135). De acordo com esta pesquisa, apenas 13% e 32% dos advogados sempre excluem a CISG ou o fazem às vezes, enquanto os 55% restantes raramente, ou nunca, optam por excluir a CISG[150]. A pesquisa também indagou se as empresas incluíam uma cláusula de escolha de lei aplicável em seus termos e condições padrão e questionou quais leis as partes escolhiam para reger seus contratos. Os resultados revelaram que 47% incluíram uma cláusula de escolha de lei, recorrendo, consistentemente, às leis inglesa e suíça, com participantes, especialmente originários da América do Sul, referindo-se à lei do local de cumprimento do contrato como a mais popular[151]. Os árbitros participantes indicaram que, em 20% a 36% dos casos envolvendo compra e venda de mercadorias, aplicaram conjunto de regras jurídicas a-nacionais, tais como os PICC[152] e a *lex mercatoria*[153].

I. Schwenzer e C. Kee observam que, embora a familiaridade com a CISG tenha atingido bons níveis, os resultados sugerem que, todavia, permanece, na prática, o que eles denominaram de '*domestic orientation of lawyers*'. Os autores também levantaram uma questão relativa à qualidade da educação jurídica[154]. Com efeito, o custo de se acostumar com a CISG é certamente uma das preocupações que afetam a '*falta de familiaridade*', a ser explorada com mais detalhes em estudos futuros. Além disso, o poder

[149] I. Schwenzer & C. Kee, 'Global Sales Law – Theory and Practice', *in* I. Schwenzer & L. Spagnolo (Eds.), *Towards Uniformity: the 2nd Annual MAA Schlechtriem CISG Conference*, Eleven International Publishing, The Hague, 2011, pp. 155-164.

[150] I. Schwenzer & C. Kee, 'International Sales Law: The Actual Practice', *supra* nota 5, p. 436.

[151] *Id.*

[152] 'PICC' refere-se a 'Princípios de Contratos Comerciais Internacionais", cujo conteúdo está disponível em [http://www.unidroit.org].

[153] I. Schwenzer & C. Kee, International Sales Law: The Actual Practice', *supra* nota 5, p. 436.

[154] I. Schwenzer & C. Kee, 'International Sales Law: The Actual Practice', *supra* nota 5, p. 438.

de barganha das partes contratantes pode também ter desempenhado um papel significativo.

Outros estudos foram realizados nos EUA para analisar decisões e de que maneira os tribunais dos EUA geralmente abordam a CISG. Por exemplo, Ann Morales-Olazábal, Robert W. Emerson, Karen D. Turner & René Sacasas[155] pesquisaram decisões judiciais de 2004 a 2012 e descobriram ser baixa a popularidade da CISG, concluindo que '*much research remains to be done in this área to inform U.S. courts and practitioners involved in deciding or advising in the context of international sales*'[156].

Um estudo mais recente nos EUA, publicado em 2016, foi conduzido por John Coyle[157]. Coyle coletou um conjunto de mais de 5.000 contratos (entre 2009 e 2014) para determinar até que ponto as partes selecionam ou excluem a CISG[158], e organizou entrevistas para melhor entender o papel desempenhado pela CISG na prática contratual dos EUA. Para isso, Coyle analisou contratos registrados perante a Comissão de Valores Mobiliários (*'Securities and Exchange Commission', 'SEC'*[159]) ao pesquisar, através da base de dados EDGAR[160], o termo '*international sale of goods*'. O autor informou que esse grupo de 5.000 contratos '*includes a wide range of contract types and is not comprised exclusively of international sales agreeemnts; any contract that reference the CISG was included*'[161]. O autor, então, analisou esses contratos para verificar se houve exclusão da aplicação da CISG ou sua escolha na condição de lei aplicável ao contrato.

Ao investigar o material disponível, Coyle observou que havia centenas de contratos, do conjunto de dados, nos quais as partes optaram por excluir a CISG, embora o contrato não envolvesse a venda de mercadoria[162]. Coyle informou que aproximadamente 69% dos contratos dos EUA,

[155] A. Morales-Olazábal *et al.*, 'Global Sales Law: An Analysis of Recent CISG Precedents in U.S. Courts 2004-2012', 67 *Business Lawyer*, Vol. 67, No. 4, 2012, pp. 1351-1381, disponível em: [http://www.americanbar.org/publications/the_business_lawyer/volume_67/number_4.html].

[156] *Id.*

[157] J. F. Coyle, *supra* nota 137.

[158] J. F. Coyle, *supra* nota 137, p. 199.

[159] US Securities and Exchange Commission (SEC) [https://www.sec.gov/].

[160] O SEC mantém um repositório público composto de contratos privados. A base de dados é denominada EDGAR (o sistema Electronic Data Gathering, Analysis, and Retrieval).

[161] J. F. Coyle, *supra* nota 137, p. 211.

[162] J. F. Coyle, *supra* nota 137, p. 218.

registrados junto à SEC, excluíram a aplicação CISG, e o fizeram '*desnecessariamente*'[163]. O autor concluiu, assim, que '*the fact that just over two-thirds of these contracts opted out of the CISG when there was no need to do so suggests that the default position is to exclude the tready from any and all contracts. This pattern of practice indicates that many U.S. companies reflexively exclude the CISG when inquiring as to whether it would apply of its own force*'[164].

Quanto à inclusão da CISG, o autor informou que, em apenas 1% dos contratos pesquisados, as partes se referem à CISG para afirmar pretenderem que essa regulasse o contrato[165]. Desse número, a maioria das empresas pertencia aos setores de microeletrônicos (semicondutores), TI e de fármacos. Quanto aos produtos mais populares, equipamentos eletrônicos e *softwares* de informática, seguidos por equipamentos médicos, equipamentos industriais e farmacêuticos[166]. Os vendedores estavam localizados principalmente na Califórnia e os compradores, na Europa, América do Norte, China ou Japão[167]. Coyle ainda relatou uma série de respostas sobre a CISG coletadas nas entrevistas telefônicas, entre as quais estão '*inconsistency*', '*CISG generally disfavors sellers*', '*everyone is spooked by the CISG*'[168].

Coyle também empreendeu uma análise subsidiária de dados sobre os contratos entre 2011 e 2015, no intuito de identificar contratos internacionais. Foram identificados 248, aos quais foram submetidos, na sequência, a uma revisão para determinar: (i) se excluíam a CISG; (ii) se a contraparte estrangeira tinha seu principal local de negócios em um país que não havia ratificado a CISG; (iii) se o contrato havia sofrido alteração em sua redação original; (iv) se o contrato em questão selecionara a lei estrangeira; e (v) se o contrato repetira contrato anterior na mesma base de dados objeto da análise subsidiária. Após essa revisão, Coyle encontrou 44 contratos internacionais, os quais continham uma cláusula de escolha de lei selecionando a lei de um Estado dos EUA, dos quais nenhum excluiu a CISG[169].

Coyle concluiu, portanto, que o material coletado enseja uma série de observações: (i) as empresas americanas excluem rotineiramente a CISG

163 J. F. Coyle, *supra* nota 137, p. 219.
164 J. F. Coyle, *supra* nota 137, p. 220.
165 *Id.*
166 J. F. Coyle, *supra* nota 137, p. 224.
167 J. F. Coyle, *supra* nota 137, p. 225.
168 J. F. Coyle, *supra* nota 137, p. 226.
169 J. F. Coyle, *supra* nota 137, p. 235.

de contratos aos quais esta não se aplicaria por outra forma; (ii) o número de empresas americanas que escolhem a CISG para reger seus contratos é pequeno e está em declínio; (iii) a CISG carece de amplo apoio em qualquer indústria ou região geográfica EUA; e (iv) determinadas empresas que haviam elegido a CISG no passado, agora têm uma política de excluí-la de seus contratos[170].

Malgrado a análise cética de Coyle sobre o material examinado, há uma série de considerações a serem discutidas em termos do método adotado no seu estudo e das conclusões elaboradas pelo autor. Os resultados também servem para alertar os leitores sobre a (alarmante e surpreendente) desinformação das partes quanto a suas opções jurídicas.

Para começar, o autor admitiu ser comum que as empresas norte-americanas excluam a CISG de contratos totalmente domésticos[171]. Contudo, o estudo não apresentou dados claros quanto à proporção de contratos nacionais e internacionais dentre os 5.000 pesquisados. Além disso, não é óbvio, a partir dos resultados, como a base de dados EDGAR indexa os contratos sujeitos ao estudo de Coyle.

Ademais, Coyle também mencionou ter havido uma série de contratos envolvendo contrapartes estrangeiras, cujo país de origem não ratificou a CISG, e que essa é excluída[172]. Embora não apareçam números precisos, esse comportamento sinaliza uma falta de familiaridade em relação à CISG, e também o medo de um resultado imprevisível das cortes judiciais que decidiriam uma potencial disputa[173]. Essas exclusões poderiam, portanto, ter sido resultado de uma negociação entre as partes.

Por fim, vale referir a existência de centenas de contratos pesquisados em que as partes optaram por excluir a CISG, embora o contrato em questão não envolvesse sequer a compra e venda de mercadorias. Isso demonstra que a amostra pesquisada pode ter falhado em fornecer dados precisos sobre o que Coyle havia procurado encontrar no início de seu estudo, ou seja, '*to better understand the role that the CISG plays in US contract practice*'.

A pesquisa conduzida por John Coyle também revelou dados que sugerem que as empresas solares chinesas raramente optam por não aderir à

[170] J. F. Coyle, *supra* nota 137, p. 216.

[171] J. F. Coyle, *supra* nota 137, p. 217.

[172] *Id.*

[173] Familiaridade com a lei é tema discutido *infra* pp. 60-61.

CISG, o que demonstra que o grau de entusiasmo por este tratado em particular (CISG) pode variar de acordo com a indústria e a nacionalidade[174].

Em 2019, John Coyle empreendeu outro estudo empírico sobre o papel da CISG na prática contratual canadense[175]. A revisão de 216 contratos canadenses indexados no SEDAR[176] (*System for Electronic Document Analysis and Retrieval* – que é o sistema eletrônico para arquivar informações sobre títulos no Canadá) constituiu o principal conjunto de dados dos contratos analisados. Observou-se que todos os contratos pesquisados excluíam a CISG.

Com isso, o autor compilou um conjunto de dados secundário que incluía compra e venda internacional entre empresas canadenses e não-canadenses, as quais continham cláusulas de escolha de lei que não mencionavam a CISG. Concluiu-se que as empresas canadenses são muito menos propensas a excluir a CISG desnecessariamente; muitas vezes essas empresas desconhecem que a seleção da lei de uma província canadense pode acabar resultando na aplicação da CISG; por fim, poucas (se alguma) destas empresas selecionam conscientemente a CISG através da seleção da lei provincial.

Essa pesquisa revelou ainda que os advogados canadenses situados em Quebec podem ser marginalmente mais receptivos à CISG do que os advogados de outras partes do Canadá. As respostas de 9 advogados comerciais – todos os quais trabalhavam em grandes escritórios de advocacia no Quebec – foram coletadas para verificar sobre a prática geral quando se trata da CISG. Suas respostas podem ser divididas em duas categorias. Primeiro, 5 advogados disseram que aconselham seus clientes a excluir a CISG em todos os casos. Segundo, 4 advogados disseram que seus conselhos aos clientes variavam de acordo com o suporte fático do caso. Os participantes geralmente não excluem a CISG nos seguintes cenários: (1) quando a CISG contém disposições vantajosas para seu cliente, como quando uma empresa canadense compra mercadorias de um vendedor estrangeiro; (2) quando o cliente é sofisticado e já utilizou a CISG no passado; ou (3) quando o cliente é desconfiado de ter o contrato regido pela

[174] Ver J. F. Coyle, *supra* nota 137, p. 140.

[175] J. F. Coyle, *supra* nota 138.

[176] Informações sobre o SEDAR estão disponíveis em [https://www.sedar.com/homepage_en.htm].

lei nacional da contraparte baseada em um país com um sistema jurídico menos desenvolvido.

John concluiu assim que, mesmo que esta pesquisa sinalize indícios tentadores de que os advogados que praticam no Quebec podem ser um pouco mais receptivos à CISG do que os advogados que praticam no resto do Canadá, o retrato geral que emerge é de uma nação em que a CISG é excluída por atores sofisticados em quase todos os casos.

Pilar Perales Viscasillas estudou casos regidos pela CISG em tribunais espanhóis e concluiu que '*it is somehow frustrating to see that the Spanish courts do not seem to be aware of the existence of legal literature or cases on the CISG, not even of the Spanish doctrine and case law*'[177]. Pilar Perales Viscasillas observa ainda que '*[...] Sometimes, and this is not the fault of the courts but that of the lawyers, it can be seen that the courts are not at all aware of the existence of the CISG*'[178].

Yehuda Adar[179] pesquisou o status da CISG em Israel e relatou que advogados frequentemente optam por excluir a CISG. O autor ainda relatou uma política bastante ambivalente: '*on one hand, most of the Israeli cases reflect a sympathetic approach towards the idea of a uniform sales law. At other times the courts have ignored the CISG without a suficiente clear reason*'[180]. Da mesma forma, Petra Butler[181] realizou um estudo na Nova Zelândia, concluindo que as empresas raramente escolhem a CISG como a lei aplicável a seus contratos de compra e venda internacional.

Edoardo Ferrante[182] conduziu um estudo concluindo que a exclusão da CISG como lei de regência em contratos de compra e venda internacional é prática comum na Itália. Jorge Oviedo-Albán também atestou uma prática semelhante na Colômbia[183].

[177] P. Perales Viscasillas, 'CISG Case Law in Spain', *in* C. B. Andersen & U. Schroeter (Eds.), *Sharing International Commercial Law across National Boundaries: Festschrift for Albert H. Krtizer on the Occasion of his Eightieth Birthday*, Wildy, Simmonds & Hill Publishing, London, 2008, p. 379.

[178] *Id.*

[179] Y. Adar, 'The CISG in Israel', *in* L. A. DiMatteo (Ed.), *International Sales Law: A Global Challenge*, Cambridge University Press, New York, 2014, pp. 518-538.

[180] Y. Adar, *supra* nota 179, p. 538.

[181] P. Butler, 'New Zealand', *in* L. A. DiMatteo (Ed.), *International Sales Law: A Global Challenge*, Cambridge University Press, New York, 2014, pp. 539-547.

[182] E. Ferrante, 'Italy', *in* L. A. DiMatteo (Ed.), *International Sales Law: A Global Challenge*, Cambridge University Press, New York, 2014, p. 403.

[183] J. Oviedo-Albán, 'La Convención sobre Compraventa Internacional de Mercaderías: antecedentes y desarrollos alternativos', *Foro de Derecho Mercantil*, Vol. 29, 2010, pp. 37-89;

Estudos mais aprofundados foram realizados sobre a jurisprudência da CISG na península dos Balcãs[184], afirmando que a prática de exclusão da aplicação da CISG é comum na região, sobretudo por razões de desconhecimento[185].

Como as principais razões para a exclusão da CISG na Suíça[186], Corinne Widmer-Lüchinger[187] afirma que há muitos advogados que optam por excluir a CISG por falta de certeza, e que seu escopo é limitado. É provável que as partes contratantes prefiram um único conjunto de regras jurídicas para governar seus contratos.

Davies e Snyder[188] também relataram dados coletados entre advogados nos EUA Alemanha e China. As taxas de exclusão da CISG foram as seguintes: 70,8% nos EUA; 72,7% na Alemanha; e 44,4% na China.

Outro estudo alegou que, segundo levantamento feito em 2004, apenas 8% dos advogados alemães preferiram a CISG como lei de regência dos contratos negociados para seus clientes, ao passo que 42% a excluíram expressamente[189].

Com relação à CISG na Austrália, observa-se ainda um número bastante modesto de casos. A base de dados da CISG da *Pace Law School* atualmente registra apenas 39. Outros 5 casos foram mencionados na base de dados *Lexis Advance*, elevando o total para 44. Mesmo assim, dentre eles estão decisões de recurso, incluindo partes que excluem a CISG, e outros ainda apenas mencionam a CISG de passagem por uma razão ou outra.

ver também J. A. Gaviria-Gil, 'The puzzle of the Lack of Colombian Case Law on the CISG', *International Law: Revista Colombiana de Derecho Internacional*, 2015, pp. 289-328.

[184] A análise da jurisprudência da CISG na península dos Balcãs compreendeu os seguintes países: Bósnia e Herzegovina, Bulgária, Croácia, Grécia, FYR Macedônia, Montenegro, Romênia, Sérvia e Eslovênia. V. Pavić & M. Djordjevic, 'The Scope and Sphere of Application of the CISG in the Balkans', *in* J. Stamm (Ed.), *Festscrift für Helmut Rüßmann*, Juris, Saarbrücken, 2013, p. 888.

[185] V. Pavić & M. Djordjevic, *supra* nota 184, p. 893.

[186] Um sumário de jurisprudência suíça sobre a CISG de 2008 a 2013, preparado por P. Landolt, está disponível em [http://www.landoltandkoch.com/medias/landolt_jusletter_cisg.pdf].

[187] C. Widmer-Lüchinger, 'Switzerland', *in* L. A. DiMatteo (Ed.), *International Sales Law: A Global Challenge*, Cambridge University Press, New York, 2014, pp. 466-485.

[188] M. Davies & D. V. Snyder, *International Transactions in Goods: Global Sales in Comparative Context*, Oxford University Press, New York, 2014, pp. 40-42.

[189] S. Kiene, 'German Country Analysis: Part II', *in* L. A. DiMatteo (Ed.), *International Sales Law: A Global Challenge*, Cambridge University Press, New York, 2014, p. 377.

O número de casos que aplicam diretamente CISG parece ser muito menor do que o total de 44[190].

Como observa Ulrich Schroeter, com propriedade, o material empírico sobre a aplicação da CISG como lei de regência é coletado de duas formas: (1) o número de decisões judiciais e sentenças arbitrais aplicando a CISG; e (2) pesquisas entre advogados[191]. Embora acreditemos haver muito valor nesses esforços, concordamos com o raciocínio de Ulrich Schroeter de que algumas dessas pesquisas existentes não reúnem poder estatístico[192]. As razões para isso são o pequeno corte demográfico ou amostragem insuficiente, ou o foco geográfico analisado é limitado.

Esses estudos foram determinantes no mapeamento e na medição da popularidade da CISG, em mercados locais e em determinadas jurisdições. Também foram de grande valor na divulgação, pela primeira vez, de críticas comuns à CISG, como sua '*falta de certeza*' e '*incompletude*' a respeito de seu conjunto de regras jurídicas.

Embora a incidência de exclusão de aplicação da CISG não possa ser negligenciada e deva ser mais discutida e investigada, um ponto de conexão ou convergência entre todos esses estudos é o de que a '*falta de familiaridade*'[193] com a CISG e, talvez, um 'medo do desconhecido'[194] expliquem as razões subjacentes para as exclusões. No entanto, a alegação de que a CISG é '*amplamente excluída*' não encontra suporte em evidências empíricas. Algumas tendências gerais, sobretudo de uma relação de interdependência com a tática do '*jogar em casa*', foram identificadas nessas pesquisas.

190 B. Hayward, 'CISG as the Applicable Law: The Curious Case of Australia' *in* Sooksripaisarnkit, P. & and Garimella S.R. (eds), *Contracts for the International Sale of Goods: A Multidisciplinary Perspective*, Sweet & Maxwell, Hong Kong, 2019, p. 167.

191 U. Schroeter, 'Empirical Evidence of Courts' and Counsels' Approach to the CISG (with Some Remarks on Professional Liability)', *in* L. A. DiMatteo (Ed.), *International Sales Law: A Global Challenge*, Cambridge University Press, New York, 2014, p. 650.

192 U. Schroeter, 'Empirical Evidence of Courts' and Counsels' Approach to the CISG (with Some Remarks on Professional Liability)', *supra* nota 191, p. 651.

193 Os custos para se familiarizar com a CISG têm sido discutidos há muito tempo como uma das razões para a sua exclusão. Ver, por exemplo J. S. Ziegel, 'The Future of the International Sales Convention from a Common Law Perspective', *New Zealand Bus. L. Quarterly*, Vol. 6, 2000, pp. 336-346.

194 Este 'medo do desconhecido' é explorado no Capítulo 1.2.4.4 *infra*.

Com relação a este particular tema da familiaridade com a lei, Martin Khoeler foi muito feliz ao descrever a '*falta de familiaridade*'[195] como um '*círculo vicioso autogerador*'[196], e acrescentaríamos que isso sinalizava que novos estudos deveriam ser realizados para revelar as razões e motivos subjacentes à exclusão de aplicação da CISG.

Sobre este tópico, Ulrich Schroeter levanta, ainda, uma questão atual de responsabilidade profissional, incluindo negligência de advogados, que excluiríam a CISG em seu próprio interesse, a fim de evitar lidar com regras desconhecidas[197] e conclui que '*an attorney's ignorance of the CISG exposes him or her to the risk of professional liability, given the deep and easily accessible body of case law and scholarship on the CISG*'[198]. Seria essa talvez uma das forças motrizes por trás das exclusões de aplicação da CISG? Seria a 'falta de familiaridade' a 'máscara' que esconderia outras razões, tais como a negligência? Este é um assunto sério, o qual merece ser investigado[199].

Entretanto, os estudos discutidos neste capítulo falharam em fornecer uma lista abrangente das principais críticas sobre a CISG e das caraterísticas ou atributos preferidos de um conjunto de regras jurídicas mais desejável para reger a compra de venda transfronteiriça. A partir dos resultados coletados acima, várias perguntas permanecem sem resposta: até que ponto a CISG é incompleta, incapaz de fornecer soluções jurídicas para disputas surgidas no âmbito da compra e venda internacional? A remissão à lei doméstica para colmatar lacunas seria um sinal de '*fraqueza*' da CISG? Estão as partes plenamente cientes das disposições da CISG em relação às etapas anteriores a esta remissão? Como podemos ver, a '*incompletude*' e '*falta de segurança jurídica*' neste contexto são conceitos vagos e

[195] H. Flechtner afirma que o investimento para familiarizar-se é amortizado no decorrer do tempo, 'Changing the Opt-Out Tradition in the United States', *University of Pittsburgh Legal Studies Research Paper Series* No. 2010-10, disponível em [https://papers.ssrn.com/abstract=1571281]. Ver também a discussão sobre custos de aprendizado (informação), ou custos para se tornar proficiente, em L. Spagnolo, *CISG Exclusion and Legal Efficiency, supra* nota 141, p. 155.

[196] M. Koehler, *supra* nota 40

[197] U. Schroeter, "Empirical Evidence of Courts' and Counsels' Approach to the CISG (with Some Remarks on Professional Liability)', *supra* nota 191, p. 663.

[198] M. Koehler, *supra* nota 40.

[199] Em futura pesquisa, o autor também buscará abordar as preocupações quanto à responsabilidade profissional no contexto das exclusões de aplicação da CISG. Ver também, nesse sentido, Capítulo 5.2 *infra*.

indeterminados, os quais clamam por esclarecimentos e um estudo mais atento sobre o tema.

1.1.2. Triagem dos resultados, ou o que aprendemos com esses estudos?

1.1.2.1. Sobreposições e tendências gerais

Como vimos até agora, os estudos realizados têm sido, sem dúvida, úteis para identificar, avaliar e melhorar métodos de resolução de disputas transfronteiriças. Os estudos prévios também lograram identificar, com acurácia, as preocupações e escolhas de grande parcela do mercado quanto aos mecanismos de resolução de disputas, por exemplo, o temor de um judiciário '*demasiado arbitrário*' ou '*demasiado protecionista*'[200], além de percepções negativas acerca da qualidade da prestação jurisdicional[201]. Da mesma forma, os estudos prévios forneceram guias indicativos dos benefícios, riscos e erros de escolha do foro, permitindo às partes contratantes que tomassem precauções a fim de encontrar o método mais adequado para a resolução de suas disputas[202]. Além disso, alguns estudos foram capazes de identificar as leis preferidas e princípios gerais que desempenharam papel de relevo na escolha da lei aplicável [203].

Os estudos mais recentes sobre percepções e práticas da CISG foram igualmente importantes para identificar dados sobre a sua exclusão e de preferências sobre a lei aplicável de um modo geral. Esses estudos foram também fundamentais para estimular e fomentar pesquisas adicionais nesta área, em particular, para explorar as causas de exclusão de aplicação da CISG, as razões pelas quais certas leis são preferidas, além de características e atributos substanciais objeto de predileção ou aversão.

Contudo, os dados obtidos em pesquisas anteriores são pouco convincentes para esclarecer as intrincadas preocupações e questões enfrentadas pelas partes contratantes sobre problemas relacionados à escolha de lei aplicável. Não encontramos respostas a questionamentos, tais como quais os fatores que desencadeiam e impulsionam a decisão em torno da lei aplicável, e por que certas leis são preferidas em detrimento de outras. Da mesma forma, desconhece-se as características ou atributos mais dese-

[200] Ver *supra* nota 30.

[201] *Id.*

[202] Ver *supra* nota 73.

[203] Ver, nesse sentido, Capítulo 1.1.2 *supra*.

jáveis no contexto de leis aplicáveis. Da mesma forma, os mecanismos para melhorar e otimizar as decisões de escolha da lei são pouco explorados.

Os dados coletados nos estudos acima abordam, de forma superficial, as preferências gerais em torno de determinada lei, mas não abordam as particularidades dessa escolha. A maioria dos contratos objeto dos estudos analisados acima continha cláusula arbitral, o que pode auxiliar na revelação de um determinado conjunto de preferências, mas não a interação entre a escolha da lei aplicável e a eleição do foro. Mais importante, os estudos acima não revelam os fatores determinantes à escolha da lei aplicável em escala global.

1.1.2.2. As bases para um estudo global

Vale lembrar que a escolha da lei aplicável é de extrema importância em qualquer negociação; essa escolha regerá a 'vida' do contrato em sua plenitude, definirá como as partes contratantes se comportarão durante a execução das obrigações estabelecidas no contrato, e as permitirá a definição e adoção de estratégias negociais.

Apesar de sua importância inquestionável, há dado escassos sobre como essa decisão é tomada, e os principais fatores subjacentes à escolha da lei aplicável. Também são pouco exploradas as alternativas disponíveis para a melhorar e otimizar.

Além disso, a conexão e o papel do direito, da economia e da psicologia nos processos decisórios é, muitas vezes, sub-explorado e, possivelmente, subestimado. Infelizmente, em um mundo de contratos dinâmico, globalizado e complexo, abordagens interdisciplinares são raramente estudadas. Portanto, não parece haver qualquer resposta para as questões práticas abaixo:

- As partes contratantes maximizam seu próprio bem-estar?
- São as partes, de um modo geral, agentes auto interessados buscando alcançar resultados eficientes?
- Tal premissa dependeria do contexto e dos estímulos externos?
- Fatores emocionais desempenham algum papel na escolha da lei aplicável?
- Essas emoções podem ofuscar ou iluminar o juízo dessas escolhas? Se sim, até que ponto?
- Como evitar, controlar ou minimizar os efeitos desses fatores emocionais?

- Como podem as partes buscar influenciar e melhorar a escolha da lei aplicável?

Para abordar essas questões, bem como estabelecer possíveis correlações entre elas, entendíamos que uma investigação empírica ajudaria a oferecer elementos para identificar as nuances do processo de escolha da lei aplicável e, sobretudo, melhorar esse processo. Portanto, reconhecendo a lacuna existente na literatura atual, surgiu a Pesquisa Global sobre a Escolha de Lei (a '*Pesquisa*').

1.2. A Pesquisa Global sobre a Escolha de Lei

A Pesquisa adotou uma abordagem bastante diversificada e interdisciplinar. Para proporcionar uma análise multifacetada da escolha da lei aplicável, a Pesquisa incorporou elementos de direito, economia e psicologia. Objetivou-se desvendar, compreender e, também, combater – controlar ou melhorar – eventuais imperfeições e incongruências verificadas no processo da tomada de decisão em torno da lei aplicável a contratos de compra e venda internacional. Ao fazê-lo, buscou-se facilitar a tomada de decisões mais racionais e eficientes. Portanto, decidimos investigar o inexplorado 'mundo subconsciente das partes contratantes'.

Os leitores não devem, portanto, se surpreender com o desenho do questionário objeto da Pesquisa: determinadas questões, de maneira deliberada, mesclaram perspectivas jurídicas e econômicas, bem como considerações sobre a escolha da lei aplicável e da eleição de foro.

De fato, a Pesquisa buscou revelar os interesses e preferências das partes, diante de uma completa lista de escolhas. Este método, esperava-se, forneceria dados sobre os motivos desencadeadores de tais escolhas. A Pesquisa também pretendeu investigar se houve (e, em caso afirmativo, por que, e em que medida) qualquer interação entre considerações de escolha de foro e de escolha da lei aplicável. A ideia por trás do desenho do questionário foi investigar plenamente como as decisões são tomadas e quais fatores desempenham um papel determinante nas negociações entre as partes.

Na tentativa de alcançar os objetivos propugnados, a Pesquisa deliberadamente ofereceu respostas pré-determinadas aos participantes, as quais se repetiam no decorrer de todo o questionário. O objetivo foi avaliar o nível de racionalidade no processo de tomada de decisão e melhor identificar os gatilhos subjacentes a essas escolhas.

Tanto as perguntas quanto as respostas foram cuidadosamente desenhadas, permitindo aos participantes igualmente indicar opções não listadas, na modalidade de comentário adicional, ou até mesmo ao oportunizar que se fizesse referência a questões anteriores. Para fins metodológicos – e para testar até que ponto os vieses cognitivos seriam ou não relevantes – ofereceu-se respostas similares, embora não idênticas, em diferentes questões.

O questionário foi concebido para incluir as áreas mais sensíveis e de potencial preocupação no contexto da negociação de contratos. Isso auxiliaria os participantes na identificação dos principais gatilhos associados a essas sensibilidades e preocupações, sua ordem de prevalência e importância. A redação das respostas, bem como sua ordem de exibição em cada pergunta, variou. Tudo isso na tentativa de evitar – ou pelo menos minimizar – o uso de atalhos mentais, por exemplo a heurística da disponibilidade, o que ofuscaria a precisão dos resultados. De acordo com a heurística da disponibilidade, a tomada de decisão é, muitas vezes, baseada em ato ou fato mais facilmente lembrado em um dado momento. Julgamentos são influenciados pela facilidade com que os eventos pretéritos são lembrados[204].

Ao se fazer uma leitura apressada das perguntas e respostas da Pesquisa, pode-se, equivocamente, concluir que o questionário adotou uma estrutura coerente, contudo capaz de ter auxiliado os participantes a tomar decisões racionais. No entanto, essa não foi a intenção da Pesquisa, pelas seguintes razões:

Em primeiro lugar, as respostas às perguntas continham elementos racionais e intuitivos, passíveis de serem encontrados em qualquer contexto de tomada de decisão.

Em segundo lugar, os participantes tiveram ampla liberdade para escolher suas respostas e até mesmo indicar respostas não pré-determinadas.

Finalmente, a Pesquisa continha respostas pré-determinadas para ajudar os participantes a revelar dados que, de outra forma, provavelmente não seriam apuráveis.

A Pesquisa ofereceu aos Participantes sete (7) perguntas, em relação às quais forneceu-se uma lista de opções; e uma (1) pergunta posicionada

[204] A. Tversky & D. Kahneman, 'Judgment under uncertainty: Heuristics and biases', *supra* nota 35, pp. 1124-1131.

ao final do questionário. A pergunta final foi elaborada para auxiliar os participantes a recordar memórias remotas e fornecer uma melhor compreensão em torno do cenário de exclusão da aplicação de leis. O questionário 'sob medida' representou uma das características marcantes desta Pesquisa em relação a outros estudos realizados.

Em síntese, a Pesquisa foi um convite para explorar o palpitante e ainda não desbravado mundo da mente das partes contratantes; idiossincrático e aparentemente guiado por múltiplos estímulos. Na discussão seguinte, abriremos – e tentaremos compreender – a 'caixa preta' dos processos decisórios em transações transfronteiriças.

1.2.1. Objetivos da Pesquisa

Nas negociações contratuais, as partes podem frequentemente escolher a lei aplicável em virtude de experiências positivas e negativas relacionadas ao parceiro de negociação e/ou à transação. As partes podem atribuir um rótulo a essa experiência e avaliá-la de acordo com os resultados anteriormente alcançados. No entanto, essas avaliações nem sempre são precisas, podendo ser ofuscadas por fatores emocionais. Há elementos racionais e não racionais envolvidos nessa escolha? Como podemos verificar esses elementos?

A lei aplicável estabelece padrões, define os efeitos dos atos e omissões das partes contratantes, além de ditar e orientar a conduta das partes no decorrer da vida de um contrato[205]. Por exemplo, tais decisões podem incluir cumprir ou não as obrigações pactuadas, permanecer em silêncio em relação a uma oferta, requerer indenizações ou mitigar prejuízo, reunir provas, trocar e comunicar informações, gerenciar, transferir ou alocar riscos, comportar-se de maneira oportunística, adotar táticas recalcitrantes e dispender recursos para resolver litígios.

Os fatores acima devem ser avaliados pelas partes e levados em consideração ao avaliar os prós e contras da lei aplicável.

Sob uma perspectiva puramente racional, as partes contratantes tomam decisões valendo-se de uma estratégia compensatória. Ou seja, identificam e avaliam todas as opções disponíveis, ponderando todos os aspectos

[205] Ver A. W. Katz, 'Contract Formation and Interpretation', *in* Peter Newman (Ed.), *The New Palgrave Dictionary of Economics and the Law,* Macmillan, London, 1998, p. 2, disponível em: [http://ssrn.com/abstract=69534].

relevantes de cada opção e, em seguida, selecionam aquela que reputam mais favorável[206]. Isso exige que as partes contratantes infiram fatos aplicando princípios de lógica dedutiva a todas as informações conhecidas e relevantes. Ao optarem por uma lei aplicável, as partes processariam todas as informações disponíveis, fariam escolhas e adotariam comportamento de forma calculada para maximizar sua utilidade esperada, ou seja, potencializando o diferencial entre benefícios e custos esperados[207]. Entretanto, as dificuldades residem na tentativa de se especificar e precificar, da forma mais exata possível, os atributos valorizados no processo de negociação[208].

Por outro lado, sob uma abordagem heurística[209], ou um processo intuitivo, a escolha da lei aplicável pode ser baseada em experiências anteriores (boas ou ruins), de modo que as partes contratantes utilizam atalhos mentais para tomar decisões devido à limitação das informações disponíveis. Nesses cenários, uma determinada escolha seria realizada de acordo com seu sucesso ou fracasso, em ambientes do mundo real, e não de acordo com

[206] C. Guthrie, 'Law, Information, and Choice: Capitalizing on Heuristic Habits of Thought', *in* G. Gigerenzer & C. Engel (Eds.), *Heuristics and the Law*, MIT Press, Cambridge MA, 2006, p. 427.

[207] R. B. Korobkin, *'The Problems with Heuristics for Law (February 1, 2004)', UCLA School of Law, Law & Econ Research Paper No. 4-1*, p. 2, disponível em: [http://papers.ssrn.com/sol3/papers.cfm?abstract_id=496462].

[208] Douglass C. North usa um exemplo bastante trivial para explicar os meandros de nossas escolhas contratuais diárias: "*[...] take something as simple as the purchase of oranges for orange juice. What I would really like to purchase is a quantity of juice with a tart flavor and a certain amount of vitamin C; but the amount of juice, the flavor and vitamin C are all valued attributes that are costly to measure separately. Instead, we buy oranges by number or by weight; and these are poor surrogates for what we really are looking for. To the degree that any valued attribute is too costly to be able to measure perfectly then, we have some dissipation of income as a result of a failure to be able to measure it*". E o autor observa que "*as long as some of these valued attributes are imperfectly measured*", 'The New Institutional Economics: A Symposium'. *Zeitschrift für die gesamte Staatswissenschaft / Journal of Institutional and Theoretical Economics* Bd. 140, H. 1, 1984, p. 9.

[209] R. B. Korobkin, *supra* nota 207. Em conexão, ver ainda M. I. Fraidin, 'Decision-Making in Dependency Court: Heuristics, Cognitive Biases, and Accountability', *Cleveland State Law Review*, Vol. 60, 2013, pp. 913-974, ao referir que '*[...] heuristics devices include 'availability' and 'representativeness', among other 'mental shortcuts'...The availability heuristic allows a decision-maker to reach a decision by immediate, reflexive reference to a different situation that comes readily to mind... The 'representativeness' heuristic similarly reflects a decision-maker's substitution of one item for another. A decision-maker who relies on the representativeness heuristic assesses a probability 'by the degree to which A is representative of B, that is, by the degree to which A resembles B'... 'Affect' or the good or bad feelings generated by a person or event, is another heuristic that sometimes drives decision-making*') (pp. 919-920).

regras lógicas e matemáticas[210]. A tomada de decisões baseada em heurísticas é, sim, um processo cognitivo simplificado quando as partes se deparam com variáveis incertas ou indeterminadas.

Embora o processo da escolha de lei aplicável raramente possa ser considerado como uma escolha racional, existem muitos fatores, incluindo jurídicos, econômicos e até mesmo psicológicos, suscetíveis de a influenciar e orientar.

É precisamente isso que a Pesquisa buscou alcançar: uma discussão absolutamente crítica em torno das preferências das partes, na negociação de contratos internacionais. A Pesquisa reuniu estratégias e escolhas das partes, e suas considerações de ordem jurídica e econômica. Além de revelar os elementos subjacentes à determinação da lei aplicável, e no intuito de medir o grau de racionalidade das partes contratantes, a Pesquisa também buscou descobrir as características que tornariam uma certa lei contratual mais atraente do que outras.

Por fim, a Pesquisa oferece aos leitores, incluindo partes contratantes, profissionais do direito e demais interessados, material empírico relativo às preferências das partes nas negociações de compra e venda internacional. A Pesquisa pretende jogar luzes sobre as táticas comerciais adotadas pelas partes nas negociações internacionais, incluindo também uma avaliação a respeito das principais preocupações associadas à lei aplicável, além das vantagens e desvantagens da escolha da lei doméstica e de regimes jurídicos neutros para reger os contratos de compra e venda internacional.

1.2.2. Perfil dos participantes

Os participantes foram selecionados com base em sua experiência profissional, tradição jurídica e localização geográfica. Participaram da Pesquisa advogados e consultores jurídicos com significativa experiência em contratos de compra e venda internacional. Para identificar o perfil mais adequado, observou-se a especialização na matéria, experiência e local de residência.

Dentre os participantes, estão tanto advogados de escritórios quanto advogados de empresas, cuja principal função era negociar contratos de

[210] Para mais informações sobre heurísticas e processos de escolha de lei aplicável, ver L. Spagnolo, 'Green Eggs and Ham: the CISG, Path Dependence, and the Behavioural Economics of Lawyers', *supra* nota 147, p. 438; L. Spagnolo, *CISG Exclusion and Legal Efficiency, supra* nota 141, pp. 189-194.

compra e venda internacional e /ou prestar assessoria em disputas envolvendo operações transfronteiriças. No entanto, como o objetivo era captar e entender como a lei aplicável é escolhida em diversas áreas, também participaram da Pesquisa advogados que reuniam experiência em outras áreas jurídicas[211]. O requisito mínimo era o de 10 anos de atuação profissional. Ademais, buscou-se um equilíbrio geográfico entre os participantes.

Os participantes eram advogados de destaque no tema[212] em seus respectivos países. Todos os profissionais convidados a participar da Pesquisa foram cuidadosamente selecionados com base nos critérios acima estabelecidos.

Por fim, advogados com especialização em outras áreas jurídicas também participaram da Pesquisa, de sorte a oferecer uma visão interdisciplinar e internacional do processo de escolha da lei aplicável. No entanto, a Pesquisa não teve como objetivo investigar resultados por setor da indústria ou contrastar diferentes áreas jurídicas.

O questionário foi, portanto, enviado a especialistas experientes, reconhecidos e versados em negociação de contratos de compra e venda internacional.

1.2.3. Método

A Pesquisa consistiu em um questionário online acessível apenas por convite. O conteúdo da Pesquisa estava disponível por meio de um *link* de acesso que guiava o participante para oito perguntas. Os participantes foram convidados a participar da Pesquisa entre julho e setembro de 2014.

No convite online, o participante era informado dos objetivos da Pesquisa, bem como de sua estrutura, estimativa de tempo necessário para completá-la, e do *link* de acesso.

Após ser direcionado para a página da web da Pesquisa, o participante era primeiramente informado dos objetivos da Pesquisa. Posteriormente, como pedido preliminar, o participante era convidado a indicar a sua jurisdição de residência.

211 Apesar de alguns participantes reunirem experiência em determinadas áreas jurídicas, tais como construção, energia, e propriedade intelectual, o requisito-chave para participar foi a exigência de reunir experiência na tomada de decisões em contratos de compra e venda internacional e/ou prestar assessoria em disputas envolvendo compra e venda transfronteiriças. Consequentemente, os participantes estavam muito bem familiarizados com questões relativas à escolha de lei aplicável a contratos de compra e venda internacionais.

212 O termo *advogados* neste contexto refere-se a advogados de escritórios e de empresas.

Ao completar o questionário, o participante podia especificar escolhas, preferências e/ou preocupações não contempladas nas respostas pré-determinadas, e/ou elaborar comentários a respeito do processo de tomada de decisão sobre a lei aplicável.

O questionário oferecia uma lista de preferências não-exaustiva, composta de fatores jurídicos e econômicos potencialmente relevantes para a escolha da lei aplicável, com algumas variantes de termos para adequação e objetivos metodológicos. Em todas as perguntas, oferecia-se ao participante a opção de um campo em branco para identificar, ou especificar, outras escolhas, preferências e/ou preocupações em torno da lei aplicável.

Estimou-se que cada participante levaria cerca de 10 minutos para responder o questionário.

As 8 perguntas continham respostas pré-estabelecidas, distribuídas em ordem aleatória a cada participante.

As perguntas 1 e 4 permitiam ao participante selecionar apenas três respostas ou preferências – buscou-se assim melhor avaliar as principais considerações jurídicas e econômicas. O participante poderia especificar no campo em branco escolhas, preferências e/ou preocupações não listadas. As perguntas 2, 3, 5, 6, e 7 permitiam ao participante selecionar número ilimitado de opções, preferências e/preocupações – a Pesquisa pretendia oferecer aos participantes mais alternativas, permitindo assim extrair inferências acerca das preferências das partes sobre o tema. Finalmente, a pergunta 8 poderia ser ignorada ou selecionada pelo participante. A razão para a exclusão ou opção por *opt-out* poderia ser revelada ou omitida, a critério de quem respondia. As perguntas 1 a 8 são reproduzidas mais à frente neste capítulo.

1.2.4. Resultados da Pesquisa

Responderam à Pesquisa 228 participantes[213] de 93 jurisdições[214]. Os participantes residiam na Europa, Ásia, Américas e Caribe, África e Oceania,

[213] Os endereços IP dos participantes foram verificados para confirmar o número exato. Embora exista certa margem de erro, pois alguns participantes podem ter utilizado um servidor proxy, o autor considera isso improvável e, se isso ocorreu, o impacto foi mínimo.

[214] Das 93 jurisdições, 35 delas, ou 37%, não eram Estados contratantes da CISG no momento da Pesquisa. A lista dessas jurisdições (em nenhuma ordem particular) é a seguinte: Camarões; Moçambique; Namíbia; Nigéria; Zimbábue; Barbados; Bermudas; Bolívia (Estado Plurinacional da); *Guatemala; Jamaica; Nicarágua; Panamá; Venezuela (República Bolivariana da); África do Sul; Tanzânia (República da); Camboja; Indonésia; Índia; Irã (República Islâmica do); *Azerbaijão; Kuwait; *Bahrein; Macau; Malásia; Mianmar; Nepal; Filipinas; Arábia Saudita;

e representavam 40 das maiores economias mundiais, além de pertencerem a jurisdições listadas no top 100, de acordo com os números do Banco Mundial, que avaliam o crescimento econômico por meio do produto interno bruto[215].

O gráfico abaixo apresenta a distribuição de jurisdições por região geográfica[216].

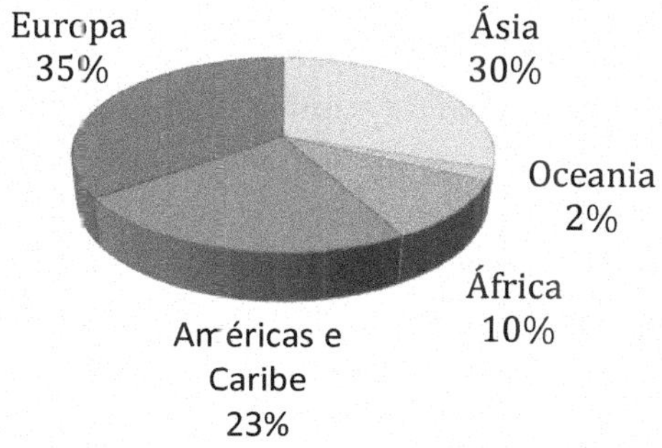

Sri Lanka; Tailândia; Emirados Árabes Unidos; *Vietnã; *Portugal; Malta; e Irlanda. Destes 35, em cinco jurisdições (*), a CISG entrou em vigor posteriormente ao lançamento da Pesquisa: Bahrein (outubro de 2014); Azerbaijão (2017); Vietnã (2017); Portugal (2021); e Guatemala (2021). Para fins estatísticos, vale ressaltar também que desses 37%, a distribuição por famílias jurídicas é a seguinte: 30% (direito continental); 25% (common law); e 45% (sistemas jurídicos mistos: continental e costumeiro/religioso). Lista de sistemas jurídicos extraída do *World Factbook of the Central Intelligence Agency Library*, disponível em: [https://www.cia.gov/library/publications/the-world-factbook/fields/2100.html].

[215] Para informações adicionais, consultar [http://data.worldbank.org/indicator].

[216] A lista completa de jurisdições em ordem alfabética: Albânia, Argentina, Armênia, Austrália, Áustria, Azerbaijão, Bahrein, Bangladesh, Barbados, Bielorrússia, Bélgica, Bermudas, Bolívia (Estado Plurinacional), Brasil, Bulgária, Camboja, Camarões, Canadá, Chile, China, Colômbia, Costa Rica, Croácia, Chipre, República Tcheca, Dinamarca, Equador, Egito, El Salvador, Finlândia, França, Alemanha, Grécia, Guatemala, Hong Kong (China), Hungria, Islândia, Índia, Indonésia, Irã (República Islâmica do), Irlanda, Israel, Itália, Jamaica, Japão, Kuwait, Letônia, Luxemburgo, Macau (China), Malásia, Malta, México, Moçambique, Mianmar, Namíbia, Nepal, Países Baixos, Nova Zelândia, Nicarágua, Nigéria, Noruega, Panamá, Paraguai, Peru, Filipinas, Polônia, Portugal, República da Coreia, Romênia, Federação Russa, Arábia Saudita, Sérvia, Cingapura, Eslováquia, Eslovênia, África do Sul, Espanha, Sri Lanka, Suécia, Suíça, Taiwan (Província da China), Tanzânia (República Unida da), Turquia, Ucrânia, Emirados Árabes Unidos, Reino Unido da Grã-Bretanha e Irlanda do Norte, Estados Unidos da América, Uruguai, Venezuela (República Bolivariana da), Vietnã, Zâmbia e Zimbábue. Com exceção de Taiwan, por favor note que o autor classificou as jurisdições de acordo com regiões geográficas estabelecidas pela Divisão de Estatísticas das Nações Unidas. Informações complementares estão disponíveis em: [http://unstats.un.org/unsd/methods/m49/m49regin.htm].

África
Camarões, Egito, Moçambique, Namíbia, Nigéria, África do Sul, Tanzânia (República Unida da), Zâmbia, Zimbábue.

Américas e Caribe
Argentina, Barbados, Bermudas, Bolívia (Estado Plurinacional da), Brasil, Canadá, Colômbia, Costa Rica, Chile, Equador, El Salvador, Guatemala, Jamaica, México, Nicarágua, Panamá, Paraguai, Peru, Estados Unidos da América, Uruguai, Venezuela (República Bolivariana da).

Ásia
Armênia, Azerbaijão, Bahrein, Bangladesh, Camboja, China, Chipre, Hong Kong (China), Indonésia, Índia, Irã (República Islâmica do), Israel, Japão, Kuwait, Macau (China), Malásia, Mianmar, Nepal, Filipinas, República da Coreia, Arábia Saudita, Cingapura, Sri Lanka, Taiwan (Província da China), Tailândia, Turquia, Emirados Árabes Unidos, Vietnã.

Europa
Albânia, Áustria, Bielorrússia, Bélgica, Bulgária, Croácia, República Tcheca, Dinamarca, Finlândia, França, Alemanha, Grécia, Hungria, Islândia, Irlanda, Itália, Letônia, Luxemburgo, Malta, Países Baixos, Noruega, Polônia, Portugal, Romênia, Federação Russa, Sérvia, Eslováquia, Eslovênia, Espanha, Suécia, Suíça, Reino Unido da Grã-Bretanha e Irlanda do Norte, Ucrânia.

Oceania
Austrália, Nova Zelândia.

O gráfico a seguir serve de indicador do âmbito global da Pesquisa:

Survey Results - Global

No quadro abaixo, as áreas em destaque mais escuro indicam o número de jurisdições cobertas pela Pesquisa:

Survey Results - Reach

Como podemos ver, os participantes representaram 40 das maiores economias do mundo, além de jurisdições listadas no ranking das 100 maiores[217]. Naturalmente, há áreas/regiões de pouca representação, predominantemente na África e na Ásia. Isso pode ser explicado pela limitação técnica imposta por pesquisas *online*, cujas bases de dados e sistemas de bloqueio de *e-mails* podem eventualmente obstaculizar a participação de outros tantos profissionais versados na matéria. Da mesma forma, em alguns países, a falta de informação sobre a existência desses profissionais pode ter contribuído para sua falta de representação.

Apesar disso, o mapa acima revela que a Pesquisa oferece, de forma satisfatória, uma amostra relevante de participantes.

Em termos de perfil por função principal desempenhada[218], a Pesquisa obteve a seguinte distribuição de participantes:

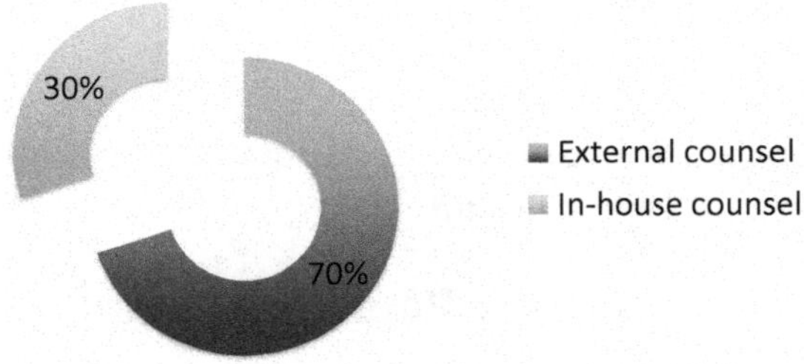

Finalmente, o gráfico a seguir mostra a distribuição dos participantes por tradição jurídica[219]. Por motivos metodológicos – em particular dado que a maioria das jurisdições pertence a estas famílias – listamos apenas dois sistemas jurídicos mais prevalentes: o direito continental (*'civil law'*) e o direito de tradição anglo-saxônica (*'common law'*).

Jurisdições dotadas de um sistema jurídico misto foram classificadas de acordo com a respectiva influência, a saber, direito continental ou *common law*. Na ausência de uma influência claramente determinante, a jurisdição não foi incluída no gráfico anterior.

[217] Pelas razões mencionadas neste parágrafo, determinadas jurisdições não foram representadas, exemplificadamente, Paquistão, Bangladesh, Qatar, Cazaquistão, Marrocos, Angola, dentre outros.

[218] Advogados externos: aqui entendidos como advogados de escritórios.

[219] Lista de sistemas jurídicos por país extraídos do *World Factbook of the Central Intelligence Agency Library*, disponível em: [https://www.cia.gov/library/publications/the-world-factbook/fields/2100.html].

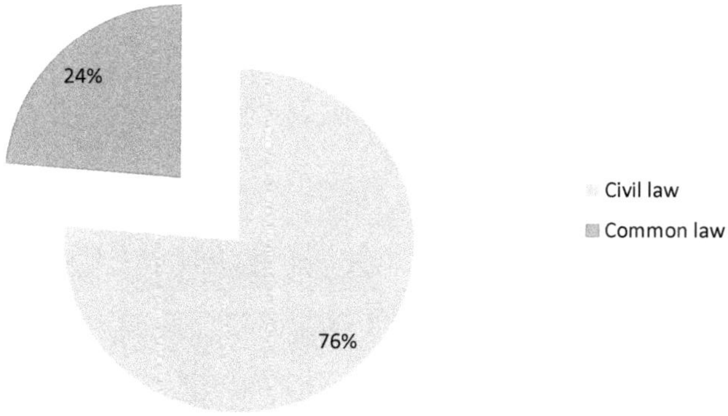

Os leitores não devem se surpreender com a prevalência de jurisdições de *civil law* nos resultados da Pesquisa. De fato, o número de jurisdições de *civil law* em todo o mundo é substancialmente superior ao de *common law*, o que pode, por si só, justificar a discrepância dos números[220].

A Pesquisa não tinha como alvo uma família jurídica específica, pois o seu foco recaía na escolha de lei aplicável em escala mundial. O fato de que a maioria dos participantes residia em jurisdições de direito continental não prejudica o escopo global da Pesquisa. Ademais, buscaremos traçar um paralelo entre as famílias de direito continental e de tradição anglo-saxônica no decorrer deste capítulo, de modo a revelar suas semelhanças e diferenças ao tratar da escolha da lei aplicável.

Passaremos agora para os resultados obtidos nas 8 perguntas, as respostas e comentários adicionais (*'Perguntas da Pesquisa'*). Como mencionado anteriormente, as Perguntas da Pesquisa também serão acompanhadas de uma comparação "pergunta por pergunta" entre os participantes provenientes da tradição de direito continental e e os de tradição anglo-saxônica.

[220] Ver, nesse sentido, *World Factbook of the Central Intelligence Agency Library*, disponível em: [https://www.cia.gov/library/publications/the-world-factbook/fields/2100.html].

1.2.4.1. Considerações jurídicas

Pergunta 1: *When choosing a substantive law to govern an international sales contract, what are your three (3) main legal considerations?*

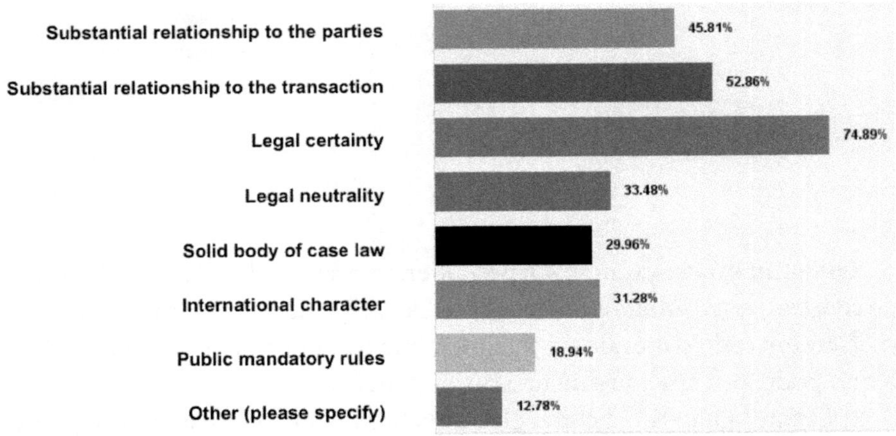

Em relação às principais considerações jurídicas em um processo de tomada de decisão de escolha da lei aplicável, os participantes elegeram segurança jurídica (74,89%), relação material com a transação (52,86%) e relação material com as partes (45,81%).

Os participantes indicaram as seguintes considerações jurídicas adicionais:

- *level of development of the proposed governing law;*
- *degree of familiarity with the law;*
- *cost and time;*
- *clients' interests;*
- *for a sale on credit basis, law of the buyer's jurisdiction;*
- *flexibility;*
- *accessibility to the law;*
- *legal rules easy to ascertain;*
- *"home turf" advantage where possible;*
- *enforceability;*
- *positive effects on the party who seeks advise;*
- *forum for dispute resolution;*
- *independent and corruption-free judiciary;*

- *habit – use of standard contracts;*
- *counsel and client's favorable experiences with and knowledge of the law;*
- *arbitration know-how available;*
- *enforceability of resulting judgment or award; and*
- *familiarity to lawyers acting.*

Abordagens de civil law v. common law

O gráfico abaixo compara os participantes de tradições de direito continental e anglo-saxônica, e mostra suas preferências em relação à pergunta 1.

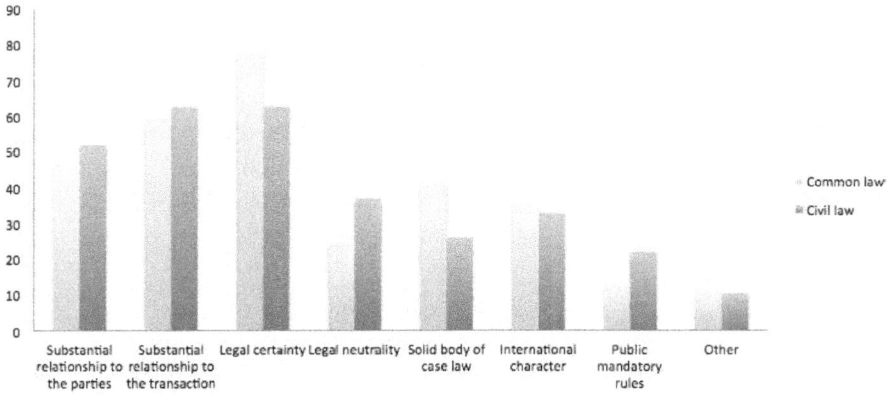

Houve paridade de preferências entre participantes de tradição anglo--saxônica e de direito continental em relação a determinadas opções, tais como o '*caráter internacional*', a '*relação material com as partes*' e a '*relação material com a transação*'. A razão para essas semelhanças pode estar no fato de essas opções serem mais contraintuitivas (não serem facilmente percebidas) do que outras, em qualquer negociação de compra e venda transfronteiriça. É provável que as partes contratantes apreciem o aspecto internacional do contrato, juntamente com uma relação importante estabelecida com e entre as partes.

Em outros termos, é provável que a opção do '*jogar em casa*' ou '*fator local*' seja exercida sempre que possível, aliada a uma boa dose de estratégia, quando se trata de decidir o local de cumprimento das obrigações contratuais.

Notou-se uma aparente disparidade no nível de importância das considerações '*segurança jurídica*' e '*robusta jurisprudência*', ambas as opções sendo preferidas pelos participantes de tradição anglo-saxônica. Essa discrepância confirma suposições de que as partes de tradição anglo-saxônica tenderão a procurar '*segurança jurídica*' (ou pelo menos sua aparência), associada a um corpo de jurisprudência robusto, talvez influenciados por sua doutrina de precedentes vinculantes. É interessante provocar a relação entre essas variáveis independentes. Pode haver uma correlação entre '*segurança jurídica*' e '*jurisprudência robusta*', o que também é confirmado ao longo da Pesquisa[221].

Por fim, e talvez surpreendentemente, vale a pena notar que os participantes de direito continental sinalizaram maior preferência por '*neutralidade jurídica*' do que os participantes de tradição anglo-saxônica. Embora a *neutralidade* possa ter várias facetas[222], as quais investigaremos nos próximos capítulos[223], este dado, tomado isoladamente, mostra que os participantes de direito continental parecem estar mais dispostos a fazer uso de leis de uma jurisdição terceira ou regimes jurídicos neutros para reger seus contratos de compra e venda internacional. Essas inferências e suas razões subjacentes plurais serão exploradas no próximo capítulo.

[221] Ver, por exemplo, os resultados da Pesquisa à Pergunta 7 (Capítulo 1.2.4.3), a respeito da qual os participantes citaram 'robusta jurisprudência' como uma das características mais importantes de uma lei de regência contratual.

[222] Ver C. Fountoulakis, 'The Parties' Choice of 'Neutral Law' in International Sales Contracts', *European Journal of Law Reform*, Vol. VII, Issue 3/4, 2005, pp. 303-329; ver também I. Schwenzer, 'Who Needs a Uniform Contract Law, And Why?', *Villanova Law Review*, Vol. 58, Issue 4, 2013, pp. 723-732.

[223] Consultar Capítulo 5 *infra*.

Pergunta 2: *Under a legal perspective approach, while analyzing the provisions of a substantive law, please indicate the features that may call particular attention and contribute to a decision in favor of the substantive law under analysis:*

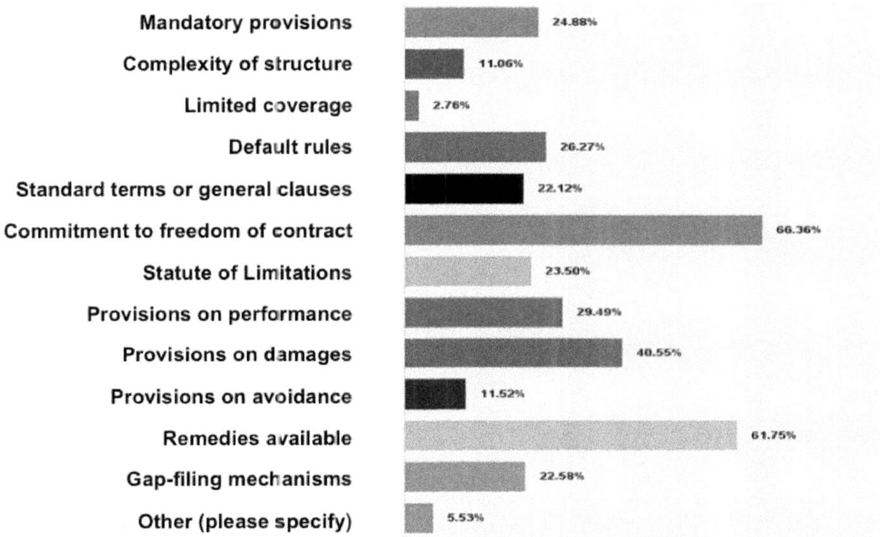

Com relação às características jurídicas positivas da lei aplicável, os participantes apreciam o compromisso com a liberdade contratual (66,36%), os remédios jurídicos disponíveis (61,75%) e as disposições sobre danos (40,55%).

Os participantes indicaram as seguintes considerações jurídicas adicionais:

- *predictability;*
- *enforcement rules and procedure;*
- *familiarity with the law of the jurisdiction by the parties;*
- *cost/convenience of resolving disputes;*
- *language considerations;*
- *depends on whether one is representing seller or buyer. For example: buyer's duties to verify; goods and related time limits; extent of seller's warranty;*
- *whether the jurisdiction has ratified the UN Convention on Contracts for the International Sale of Goods (CISG);*
- *quality of available arbitrators;*
- *provisions on discovery;*

- *contract law rules; and*
- *provisions on limitation of liability.*

Abordagens de civil law v common law

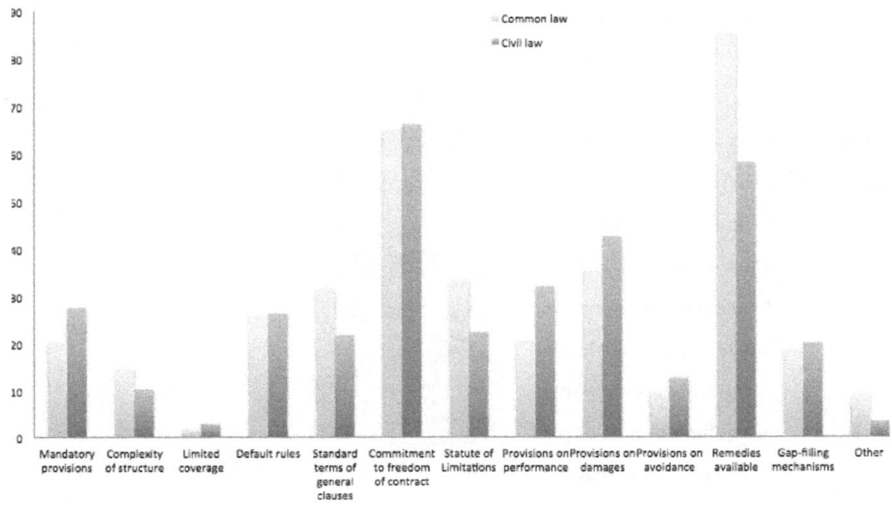

Sem causar surpresa, '*liberdade contratual*', '*regras supletivas*', '*escopo de aplicação limitado*' e '*mecanismos de preenchimento de lacunas*' foram escolhas comuns entre os participantes. Como explicado na pergunta 1 acima, essas opções parecem também ser mais contraintuitivas e se enquadram no '*checklist*' dos participantes, embora em alguns casos essas opções não sejam facilmente acessíveis e, portanto, não sejam completamente examinadas. Por exemplo, a '*liberdade contratual*' encontrada em uma determinada lei contratual sujeita a restrições não facilmente apuradas pelo participante.

A disparidade mais notável na pergunta 2 diz respeito aos '*remédios jurídicos disponíveis*', que a maioria significativa dos participantes de tradição anglo-saxônica considerou como um atributo mais atraente em uma lei contratual do que os participantes de tradição continental. A razão para isso talvez seja porque as partes com formação em *common law* seriam mais treinadas a examinar o 'quadro completo' da lei de regência contratual, de modo a antecipar cenários em que os remédios jurídicos serão fundamentais[224]

[224] A importância dos remédios jurídicos é discutida em detalhes no Capítulo 5.1.9 *infra*.

e talvez determinantes para o destino do contrato, seja para limitar opções para remediar cenários de inexecução ou para oferecer uma ampla gama de ferramentas visando à sobrevivência do contrato.

Pergunta 3: *Under a legal perspective approach, while analyzing the provisions of a substantive law, please indicate the features that may call particular attention and contribute to a decision against the substantive law under analysis:*

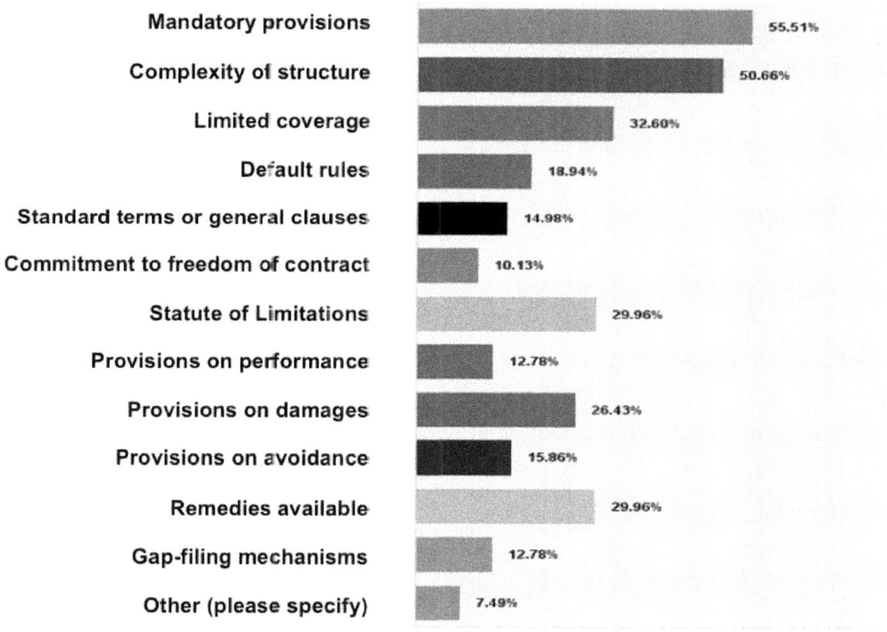

Com relação às características jurídicas negativas da lei aplicável, os participantes elegeram: regras cogentes (55,51%), complexidade da estrutura (50,66%) e escopo de aplicação limitado (32,60%).

Os participantes indicaram as seguintes considerações jurídicas adicionais:

- *restriction of parties' rights under a commercial transaction;*
- *unfamiliarity with the law of the particular jurisdiction;*
- *state of administration of justice in applicable jurisdiction;*
- *cost/convenience of resolving disputes;*
- *language considerations;*
- *lack of qualified and impartial arbitrators in the relevant jurisdiction;*

- *independence and impartiality (or lack thereof) of judiciary;*
- *depends on whether one is representing seller or buyer;*
- *mandatory provisions curtailing the freedom of contract;*
- *lack of case law and doctrine;*
- *law different from that of the place of performance;*
- *potential enforcement issues; and*
- *unpredictability.*

Abordagens de civil law v common law

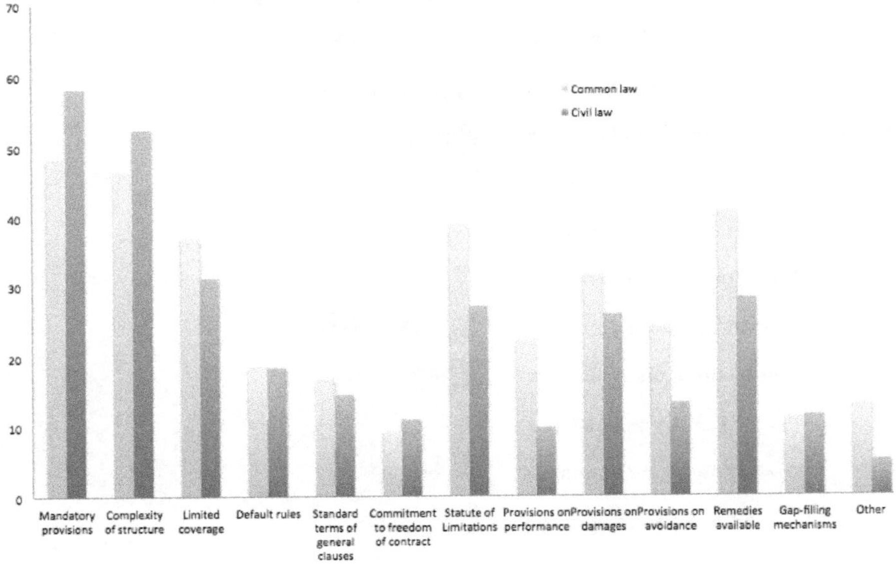

Quanto aos atributos negativos da lei de regência contratual, resultados semelhantes foram obtidos na maioria das opções disponíveis, com exceção de '*regras de prescrição*', '*disposições sobre o cumprimento das obrigações contratuais*', '*disposições sobre a violação das obrigações contratuais*', e '*remédios jurídicos disponíveis*'.

Em todas as opções citadas, os participantes de tradição anglo-saxônica conferiram a esses atributos maior importância do que os participantes de direito continental. Uma vez mais, isso prova que os participantes de tradição anglo-saxônica realizaram uma análise de estratégia jurídica para responder a essa pergunta. Como veremos nos próximos capítulos[225],

[225] Ver Capítulos 3 e 5 *infra*.

essas características da lei de regência contratual ditarão a forma como um contrato é executado e as consequências a ele associadas, inclusive em circunstâncias de violação do contrato desencadeadores de demanda judicial ou arbitral de reparação (por exemplo, preocupações em torno do prazo prescricional).

Do ponto de vista do direito continental, vale ressaltar uma expressiva rejeição a '*estruturas complexas*' e às '*regras cogentes*', que também acompanham a lógica das respostas anteriores. Os participantes de direito continental também estariam dispostos a escolher leis descomplicadas e que não lhes cerceiem direitos quando se trata de gerenciar as ferramentas jurídicas disponíveis.

Vimos até agora que, em geral, os participantes mostram clara racionalidade em suas respostas. Os participantes de *common law* exibem uma abordagem mais estratégica para o tema do que os de *civil law*, embora estes últimos revelem uma consciência crescente em torno da '*neutralidade jurídica*', '*estrutura descomplicada*' e '*liberdade contratual*'.

Na próxima seção, revelaremos e comentaremos as considerações econômicas envolvidas na escolha da lei aplicável. Para contextualizar os leitores, a Pesquisa propôs investigar primeiramente considerações de ordem jurídica e depois econômica, tudo na tentativa de compreender, e tirar conclusões sobre se ambas geralmente andam 'lado a lado', ou se essas escolhas são feitas aleatoriamente e de forma independente e, finalmente, quais são os principais estímulos dessas escolhas e como, e por que, os participantes tomam essas decisões. Os resultados serão apresentados a seguir.

1.2.4.2. Considerações econômicas

Pergunta 4: *When choosing a substantive law to govern an international sales contract, what are your three (3) main economic considerations?*

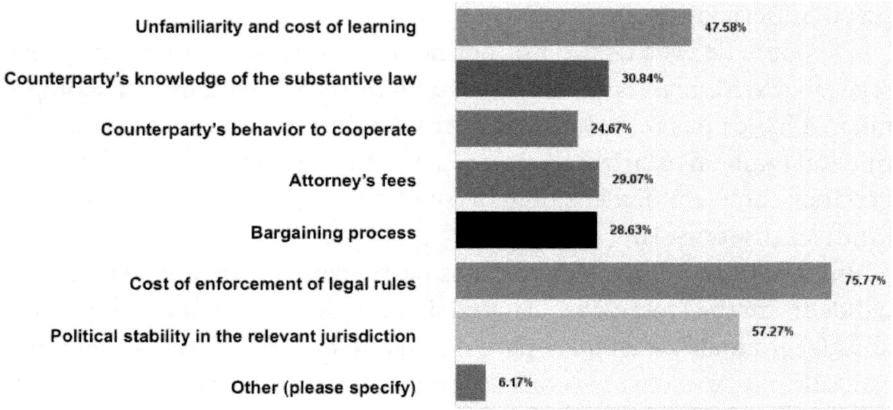

Em relação às principais considerações econômicas em um processo de tomada de decisão de escolha da lei aplicável, os participantes indicaram custo de cumprimento de regras jurídicas (75,77%), estabilidade política na jurisdição relevante (57,27%) e falta de familiaridade e custo de aprendizagem (47,58%) como suas principais preocupações.

Os participantes indicaram as seguintes considerações econômicas adicionais:

- *predictability of outcome coupled with law's recognition of freedom of parties to a contract;*
- *level of education of the judges;*
- *own knowledge of the substantive law;*
- *what courts will decide on potential disputes;*
- *if arbitration is chosen, then this consideration is of minor importance;*
- *depends on whether one is representing seller or buyer;*
- *how to financially secure the transaction;*
- *enforceability;*
- *breadth of available discovery;*
- *relationship to parties transaction; and*
- *similarity of chosen law to law of the client.*

Abordagens de civil law v common law

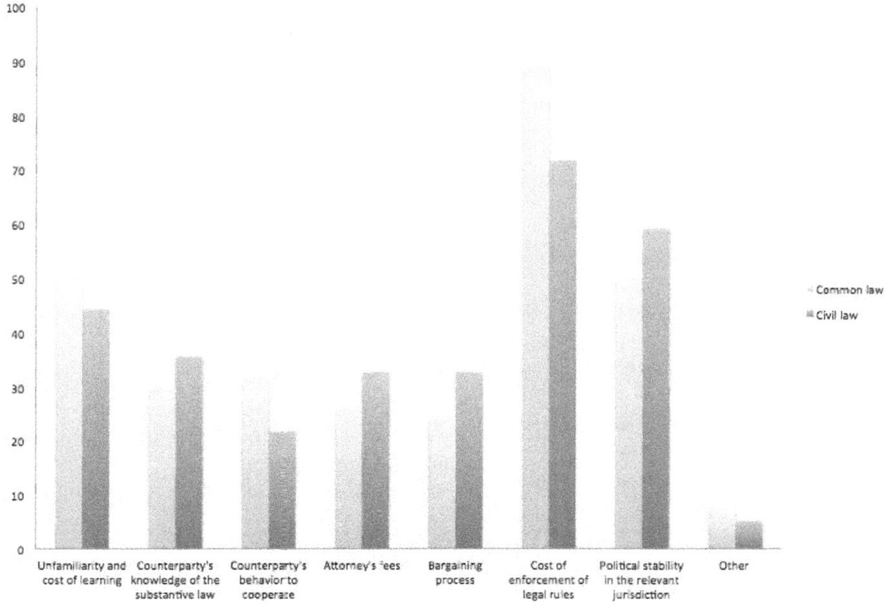

Questionados sobre considerações econômicas, os participantes de tradição anglo-saxônica e de direito continental divergiram notadamente no peso atribuído ao '*custo de cumprimento de regras jurídicas*', '*estabilidade política na jurisdição relevante*' e '*processo de negociação*'.

'*Custo de cumprimento de regras jurídicas*' foi reconhecido como mais importante para os participantes de tradição anglo-saxônica, resultado esse correspondente às inferências anteriores de que esses participantes parecem ter empreendido uma abordagem mais racional, e também consistente com o conjunto de respostas às perguntas 1 a 3 *supra*.

'*Estabilidade política na jurisdição relevante*' e '*processo de negociação*' foram considerações mais importantes para os participantes de direito continental. '*Estabilidade política na jurisdição relevante*' é uma consideração que pode, de alguma forma, estar associada ao '*custo de cumprimento de regras jurídicas*', razão pela qual '*estabilidade política na jurisdição relevante*' também foi selecionada por um número significativo de participantes de tradição anglo-saxônica. Contudo, é possível que os participantes de direito continental avaliaram isso como um elemento decisivo e, portanto, de considerável importância. Também não devemos ignorar a possibilidade de que preferências possam ser rotineiramente influenciadas pelo pólo ou posição da parte – comprador ou fornecedor – e em cenários mais propícios à quebra do contrato.

Pergunta 5: *Under an economic perspective approach, while analyzing the provisions of a substantive law, please indicate the features that may call particular attention and contribute to a decision in favor of the substantive law under analysis:*

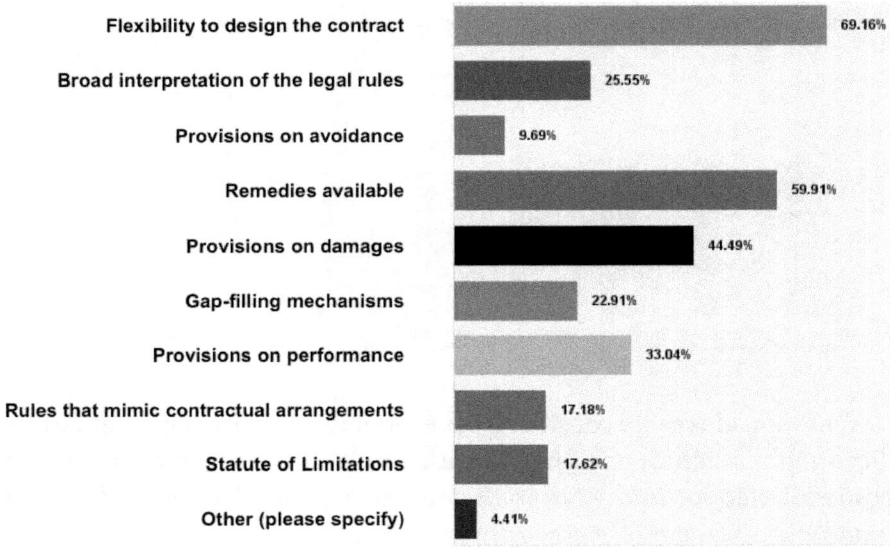

Com relação às características econômicas positivas da lei aplicável, os participantes elegeram: flexibilidade para elaborar o contrato (69,16%), remédios jurídicos disponíveis (59,91%) e disposições sobre danos (44,49%).

Os participantes indicaram as seguintes considerações econômicas adicionais:

- *predictability of approach or interpretation to be taken (respectable system, settled case law);*
- *warranty: the more protective of the buyer, the better (including statute of limitations);*
- *familiarity / unfamiliarity of a party with the law – if a party always needs to retain foreign legal advice whenever a legal issue arises under a contract this increases cost and incentivizes early moving or settlement;*

- *independent and corruption-free judiciary; and*
- *breadth of discovery, strict construction of contractual terms.*

Abordagens de civil law v common law

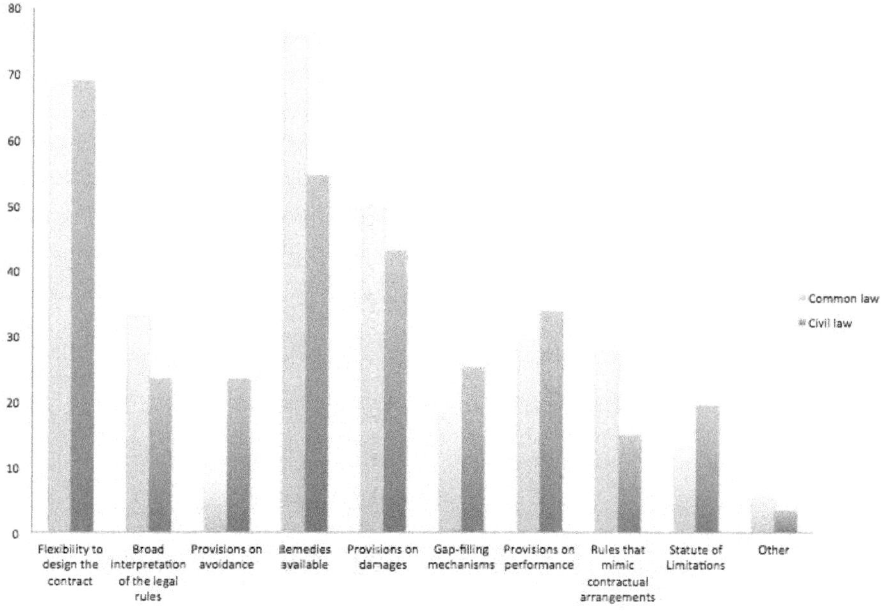

Não nos causa espécie que os *'remédios jurídicos disponíveis'* tenham sido classificados como consideração de maior relevo entre os participantes de tradição anglo-saxônica, em consonância com as demais respostas acima.

Há uma clara discrepância entre os participantes de tradição anglo--saxônica e direito continental em relação às *'disposições sobre a violação de obrigações contratuais'*, consideração essa que encontra maior popularidade entre os participantes de direito continental. Isso não parece totalmente consistente com as respostas à pergunta 3 *supra*, a respeito da qual os participantes de tradição anglo-saxônica indicaram *'disposições sobre a violação de obrigações contratuais'* como uma característica jurídica negativa da lei aplicável de maior relevo em relação aos participantes de direito continental. Isso pode ser explicado pelo fato de que os participantes de direito continental, ao ingressarem na seção da Pesquisa sobre considerações de ordem econômica, passaram a efetivamente empreender uma análise de custo-benefício em torno da escolha de lei aplicável. Essa inferência pode ser confirmada, por exemplo, pelo maior número de respostas indicando *'regras de prescrição'* e *'disposições sobre o cumprimento de obrigações contratuais'*.

Por fim, vale ressaltar a preferência dos participantes de tradição anglo-saxônica por *'ampla interpretação das regras jurídicas'* e *'regras que reproduzem arranjos contratuais'*, reforçando as inferências de que os participantes de tradição anglo-saxônica procurarão regras de fácil compreensão e conteúdo de conformação empresarial.

Pergunta 6: *Under an economic perspective approach, while analyzing the provisions of a substantive law, please indicate the features that may call particular attention and contribute to a decision against the substantive law under analysis:*

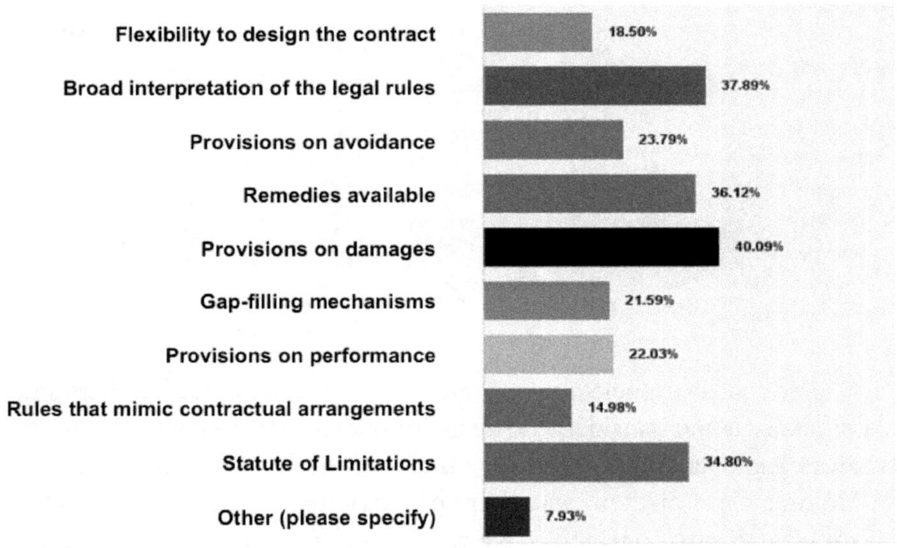

Em relação às características econômicas negativas de uma lei de regência contratual, os participantes citaram: disposições sobre danos (40,09%), ampla interpretação das regras jurídicas (37,89%) e remédios jurídicos disponíveis (36,12%).

Os participantes indicaram as seguintes considerações econômicas adicionais:

- *features that limit the parties' ability freely to negotiate terms, or that automatically imply terms;*
- *unpredictable approach/interpretation;*

- *costly to access;*
- *mandatory indemnities;*
- *unclear gap-filling schemes; no freedom to adapt legal solutions;*
- *mandatory law provision;*
- *too favorable to the counterparty;*
- *from seller's perspective: the more protective of the buyer, the more reason against;*
- *average speed of legal enforcement processes;*
- *difficult enforcement in the jurisdiction;*
- *corrupt judiciary; and*
- *legal uncertainty.*

Abordagens de civil law v common law

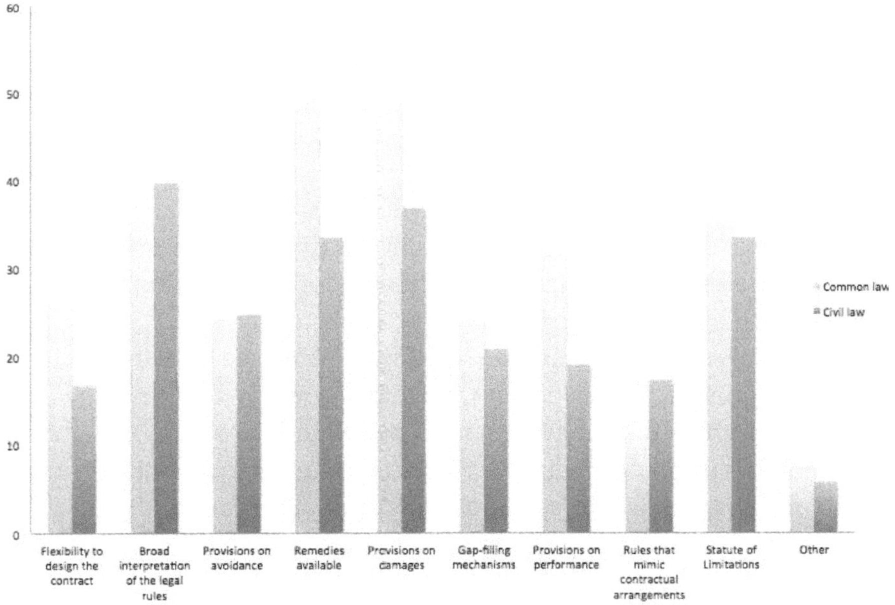

Quanto aos atributos econômicos negativos de uma lei de regência contratual, talvez a discrepância mais notável entre os participantes seja os '*remédios jurídicos disponíveis*', e as '*disposições sobre danos*', atributos esses que os participantes de tradição anglo-saxônica parecem valorizar mais do que os de direito continental. Os resultados também mostram que '*regras que reproduzem arranjos contratuais*' não são populares entre os participantes de direito continental, quem sabe por seu caráter indeterminado.

Os resultados da Pesquisa demonstraram, ainda, que as respostas às seis primeiras perguntas, embora não na mesma ordem de importância ou prioridade, indicaram uma coincidência de escolhas jurídicas e econômicas[226]. Os aspectos coincidentes compreendem as seguintes considerações:

- regras sobre prescrição;
- disposições sobre o cumprimento de obrigações contratuais;
- disposições sobre a violação de obrigações contratuais;
- disposições sobre danos;
- mecanismos de preenchimento de lacunas;
- remédios jurídicos disponíveis; e
- flexibilidade para elaborar o contrato/compromisso com a liberdade contratual.

Os atributos coincidentes da lei de regência contratual, tanto do ponto de vista jurídico quanto econômico, confirmam suposições de que as partes, pelo menos em teoria, olharão para o 'quadro completo' do contrato a fim de então o elaborar tomando em consideração os interesses em jogo. Esse comportamento é influenciado pela posição do cliente no polo contratual – comprador ou fornecedor – e outros fatores, tais como o poder de barganha, os quais serão exaustivamente discutidos neste livro. No entanto, os elementos centrais, ou a 'espinha dorsal', das considerações provavelmente incluirá o conteúdo listado acima.

Vimos que, diante de uma lista de características da lei de regência do contrato é provável que as partes tomem decisões capazes de lhes maximizar o seu próprio bem-estar. Isso pode explicar por que os atributos acima foram agrupados pelos participantes quando solicitados a indicar 'considerações jurídicas' e 'considerações econômicas'.

Em vista do exposto, qual é a 'melhor lei de regência contratual'? Como seria ou em que consistiria a 'lei de regência contratual mais adequada'? Afinal, existe uma tal 'lei'? Se sim, quais são os seus atributos mais desejáveis?

A Pesquisa não teve como objetivo listar ou classificar leis domésticas ou regimes jurídicos neutros, mas, em vez disso, convidou o participante a identificar as características buscadas na lei aplicável. Com isso, a Pesquisa propôs revelar e discutir as características mais desejáveis e tirar conclusões.

[226] L. G. Meira Moser, *supra* nota 6, p. 43.

1.2.4.3. Lei aplicável mais desejável: características

Pergunta 7: *Please indicate the features of a most desirable substantive law:*

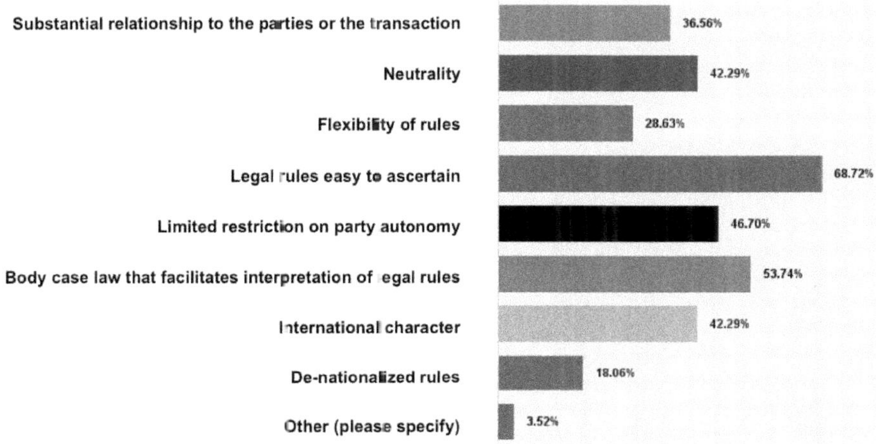

Como mencionado anteriormente, a intenção era determinar e entender os atributos vitais buscados pelos participantes na tomada de tal decisão.

Os resultados foram os seguintes: regras jurídicas de fácil compreensão (68,72%), corpo de jurisprudência orientador da interpretação de regras jurídicas (53,74%), restrição limitada à autonomia privada (46,70%), neutralidade (42,29%) e caráter internacional (42,29%).

Os participantes indicaram as seguintes considerações adicionais:

- *gap-filling mechanisms easy to ascertain;*
- *applicable jurisdiction member of the CISG;*
- *whether or not mandatory rules (are in) favor of one of the parties;*
- *language; and*
- *ability to enforce.*

Abordagens de civil law v common law

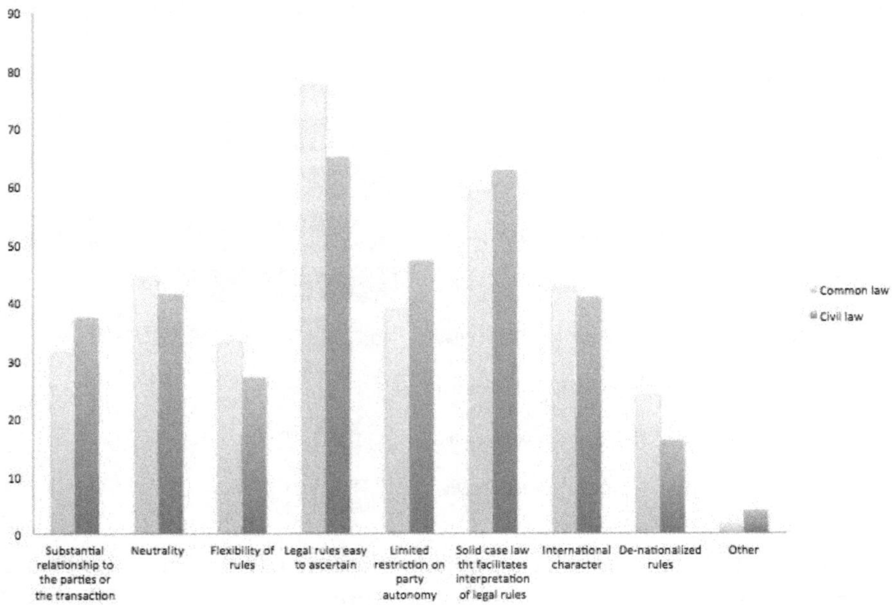

O que pode chamar especial atenção aqui é o desejo dos participantes de direito continental por uma '*jurisprudência robusta*', ligeiramente superior à dos colegas de tradição anglo-saxônica. Isso é particularmente surpreendente, dada a tradição de precedentes não-vinculantes nas jurisdições do direito continental[227].

Os participantes de tradição anglo-saxônica expressaram maior preferência por '*regras desnacionalizadas*' e '*regras jurídicas de fácil compreensão*'. Este é um dado bastante interessante. Seria de se pensar que, com base na preferência por '*regras desnacionalizadas*', o número de exclusões de aplicação da CISG seria significativamente menor entre os participantes de tradição anglo-saxônica, o que não parece ter sido confirmado pelas respostas à Pergunta 8 (discutida abaixo). Essa inconsistência será explorada nos capítulos a seguir.

Parece haver uma correlação entre algumas das variáveis independentes, por exemplo, entre a '*segurança jurídica*' (pergunta 1), que, na pergunta

[227] Ver, por exemplo, T. M. Cooper, 'The Common and the Civil Law. A Scot's View', *Harvard Law Review,* Vol. 63, No. 3, 1950, pp. 468-475.

7 é enquadrada como *'regras jurídicas de fácil compreensão'*, e *'jurisprudência robusta'*. Essas variáveis parecem andar de mãos dadas e podem justificar-se porque, na pergunta 7, a consideração *'jurisprudência robusta'* foi citada como uma das características mais atraentes da lei de regência contratual[228].

Com relação às semelhanças, não houve grandes surpresas, exceto com relação à *'neutralidade'*, a qual encontrou maior receptividade entre os participantes de tradição anglo-saxônica, o que, embora consistente com as respostas à pergunta 7, é inconsistente com as respostas à pergunta 1, onde esse atributo foi mais bem recepcionado entre os participantes de direito continental. Por fim, a consideração *'jurisprudência robusta'*, mais popular entre os participantes de direito continental, surpreende dada a tradição jurídica a qual pertencem.

Pergunta 8: *In your experience in negotiating a substantive law to govern an international sales contract, please indicate if you have undertaken one (or both) of the following approaches and, if so, please specify the reason(s) for that:*

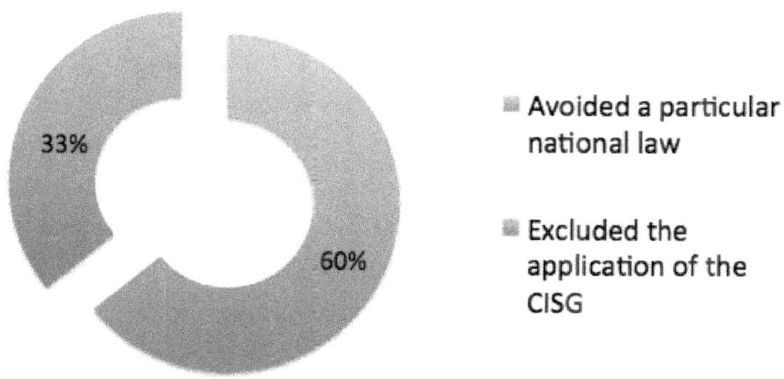

Os participantes foram solicitados a indicar se haviam evitado uma determinada lei doméstica ou se optaram por excluir a CISG em sua experiência profissional. A pergunta 8 (*'P8'*) incluiu, assim, duas opções: 'CISG' ou 'determinada lei doméstica'. Embora os leitores estejam cientes de que a CISG, uma vez cumpridos os requisitos administrativos na jurisdição ratificadora, torna-se 'lei doméstica', o objetivo da P8 era investigar os fatores e elementos racionais e não racionais subjacentes, os quais ditam o comportamento das partes na decisão de evitar uma determinada lei doméstica

[228] Sobre essa correlação, consultar o Capítulo 1.2.4.3 *supra*.

ou optar por excluir a CISG. A P8 foi desenhada para desvendar a atitude das partes em relação ao *'opt-out'*, incluindo cenários nos quais uma determinada lei doméstica foi evitada para (i) impedir a aplicação de uma lei de compra e venda menos confiável e garantir às partes o benefício de uma lei mais aceitável; (ii) evitar uma lei doméstica específica, de modo a escapar da aplicação da CISG (por várias razões, incluindo a falta de confiança de alguns desses participantes na aplicação da CISG pelas cortes judiciais[229]); e (iii) assegurar a aplicação de um dado regime jurídico, a respeito do qual as partes tenham negociado previamente.

Dito isso, este autor entende que alguns participantes podem, de fato, ter evitado uma lei doméstica específica para (indiretamente) optar por escolher ou excluir a CISG. Os comentários dos participantes, que serão discutidos abaixo, comprovam essa inferência: '*doubts on the correct application of the law by the courts*' e '*international sales of goods are international in essence, so a particular national law might bring obligations not conceived for international trade*'. Para esses participantes, uma lei doméstica específica pode ter sido evitada de modo a permitir a aplicação da CISG a esses contratos.

A Pesquisa não buscou mapear a experiência dos participantes durante um período pré-determinado (5 ou 10 anos, por exemplo), tampouco se limitou a demandas judiciais ou arbitrais isoladamente. Este autor reconhece, assim, que a ausência dos elementos de temporalidade e distinção entre contratos sujeitos à arbitragem ou corte judicial pode ter influenciado os resultados da P8. Por exemplo, um participante que havia evitado ou optado por uma determinada lei doméstica há 10 anos poderia hoje ter mudado de ideia, em virtude de uma nova e moderna lei ou regime de venda doméstica, ou mesmo pelo fato de que a jurisdição ratificara a CISG.

A Pesquisa não teve a intenção de mostrar semelhanças e diferenças entre as escolhas em contratos sujeitos à arbitragem ou à justiça comum. No entanto, devemos entender que isso também pode ter afetado os resultados, porquanto alguns dos participantes, embora profissionais experientes em direito comercial internacional, podem ter tido mais experiência com demandas judiciais do que em casos de arbitragem ou vice-versa, e poderiam ter adotado uma prática no passado que, posteriormente, deixou de ser repetida, dada a sua experiência positiva ou negativa com o respectivo método de resolução de disputas.

229 Ver as razões de exclusão da aplicação da CISG no Capítulo 1.2.4.5 *infra*.

Estabelecidas essas ressalvas, os números mostram que 33% dos participantes excluíram a aplicação da CISG, e 60% evitaram uma determinada lei doméstica.

À luz desses números não negligenciáveis, obtidos no gráfico acima, decidimos investigá-los em maior detalhe. Os resultados são discutidos abaixo.

Abordagens de civil law v common law

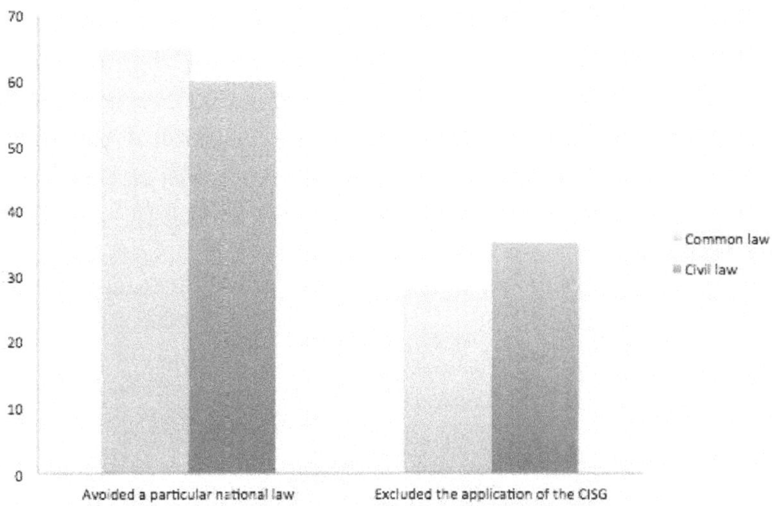

O gráfico acima compara as respostas à P8 entre os participantes de direito continental e os de tradição anglo-saxônica. No tocante à escolha de evitar lei doméstica em particular, os resultados são relativamente uniformes entre as duas famílias jurídicas, com um índice ligeiramente superior entre os participantes de tradição anglo-saxônica.

Entendemos que esse alto índice está em consonância com as preferências indicadas pelos participantes em resposta às sete perguntas anteriores, nas quais os participantes realizaram uma análise dos atributos da lei aplicável e de suas qualidades mais significativas. Não há, portanto, nada de anormal no percentual obtido. No entanto, este autor buscou identificar e compreender as razões pelas quais os participantes decidiram evitar determinadas leis domésticas. Para tanto, o participante era convidado a divulgar ou informar a razão de sua escolha, se assim o desejasse.

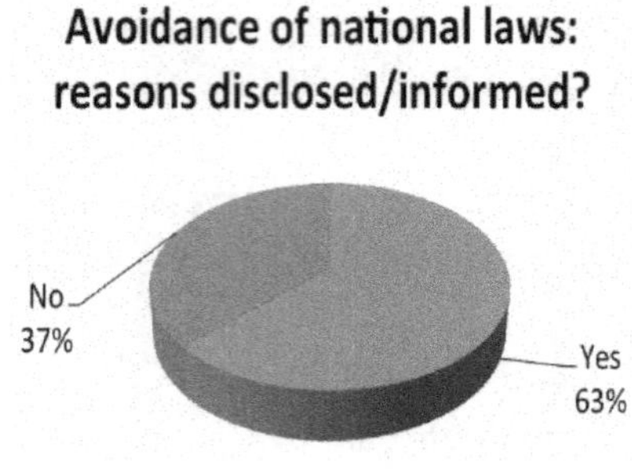

Dos 60% dos participantes que evitaram uma determinada lei doméstica, 37% não divulgaram suas razões. Há uma série de motivos para o anonimato, o que, infelizmente, não serve para análise e estudo mais aprofundados. Entretanto, é possível que a decisão de evitar determinada lei doméstica tenha sido motivada por considerações não jurídicas ou econômicas, e baseada em outros fatores que serão explorados mais tarde neste livro[230].

Esses participantes (37%) pertencem às famílias jurídicas identificadas no gráfico abaixo:

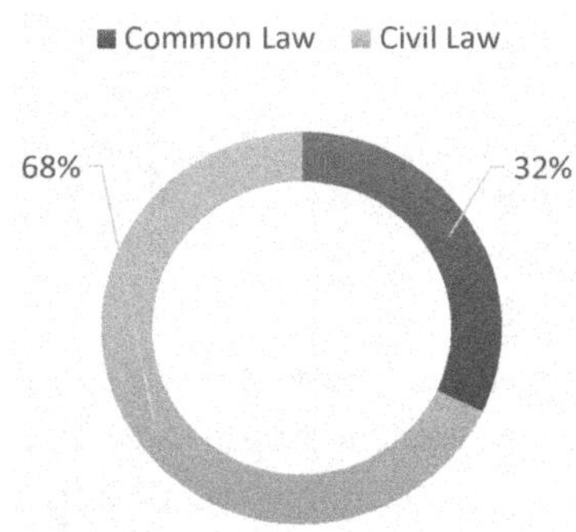

Há prevalência de participantes de direito continental entre aqueles que, por razões não reveladas, evitaram uma determinada lei doméstica. Embora o paralelo entre as duas famílias jurídicas possa sinalizar certas tendências, lamentamos que um percentual tão representativo não possa ser analisado (37%). No entanto, para fins deste livro, voltaremos a atenção ao percentual de exclusão da aplicação da CISG.

[230] Fatores outros que podem influenciar os participantes a excluir a aplicação da CISG serão discutidos no Capítulo 2 *infra*.

No total, 33% dos participantes optaram por excluir a aplicação CISG e, 60%, determinada lei doméstica. Como vimos, os participantes poderiam especificar, na Pesquisa, o motivo para fazê-lo e foram encorajados a assim proceder.

Os participantes poderiam ignorar a P8 (e alguns efetivamente o fizeram). Os 33% que confirmaram haver excluído a aplicação da CISG, de fato representam 33% dos 76,5% da totalidade dos participantes (228). Portanto, 23,5% ignoraram a P8.

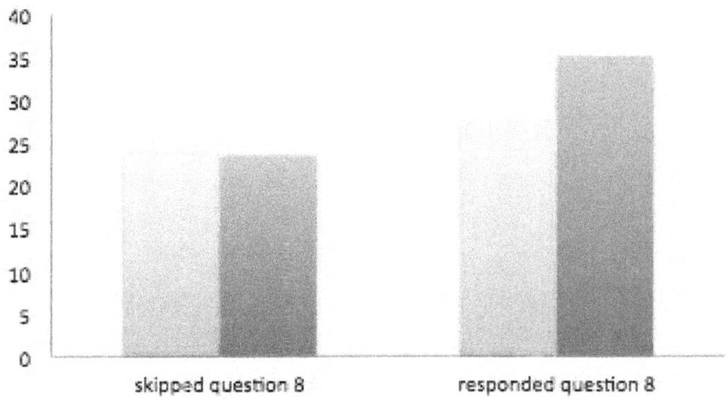

É claro que resta saber se os participantes que 'pularam' ou ignoraram a P8 de fato o fizeram por nunca terem evitado ou excluído determinada lei doméstica ou a CISG, ou se os participantes, simplesmente, decidiram ignorar a pergunta para completar o questionário mais cedo. Poderíamos concluir que tais participantes nunca optaram por excluir a aplicação da CISG ou evitar uma determinada lei doméstica?

Podemos supor que os participantes, familiarizados com os mecanismos de *opt-outs* e exclusão, estavam provavelmente mais inclinados a responder à P8. No entanto, há dois pontos para reflexão aqui: 1) o grupo de participantes, composto de profissionais experientes, entenderia que poderiam evitar ou excluir determinados regimes jurídicos; e (talvez ainda mais instigante) 2) os participantes não foram informados de que poderiam ignorar a P8, ou seja, a opção 'pular' ou 'ignorar' não fez parte do rol de instruções do questionário. Isso nos leva a concluir que alguns dos participantes que ignoraram a P8 (talvez a maioria?) provavelmente nunca optaram por excluir a aplicação da CISG. Pode-se concluir nesse sentido, embora leitores mais céticos possam discordar e entender que isso só seria factível se a P8 contemplasse uma opção adicional clara nesse sentido. Por exemplo, 'nenhuma das opções', o que validaria a conclusão de que os 23,5% dos participantes que não responderam à P8 assim o fizeram deliberadamente, ou seja, por jamais terem excluído a aplicação da CISG.

Diante das considerações acima, decidimos investigar o percentual de exclusão da aplicação da CISG. Para isso, o gráfico abaixo fornece uma divisão dos percentuais entre os participantes que responderam à P8:

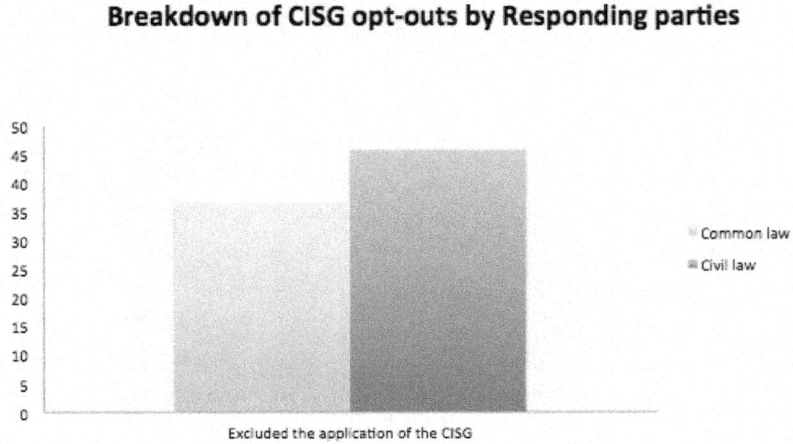

Como podemos ver, quando examinamos as respostas daqueles que não ignoraram a P8, obtem-se um percentual maior de exclusão, com os participantes de direito continental assumindo, ainda que marginalmente, a liderança. Isso também pode indicar percentual relativamente superior de exclusões entre participantes de tradição anglo-saxônica, dado o seu menor número absoluto dentre os participantes[231].

Como mencionado acima[232], a P8 poderia ser ignorada ou, se selecionada pelo participante, o motivo da exclusão ou *opt-out* podia ser divulgado ou omitido. O gráfico a seguir elucida o percentual de razões informadas ou divulgadas pelos participantes da Pesquisa que indicaram ter optado por excluir a aplicação da CISG:

231 24% dos participantes da Pesquisa pertenciam a jurisdições de tradição anglo-saxônica.

232 Ver instruções da Pesquisa no Capítulo 1.2.3 *supra*.

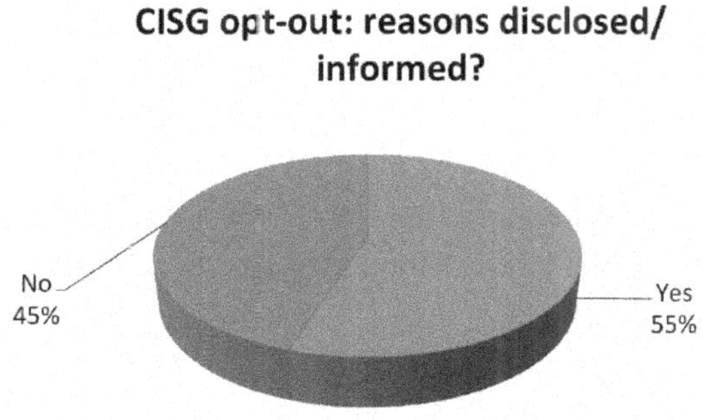

Dos 33% dos participantes que confirmaram haver excluído a aplicação da CISG, 45% não divulgaram seus motivos[233]. Os participantes que decidiram por excluir a aplicação da CISG pertenciam às seguintes famílias jurídicas:

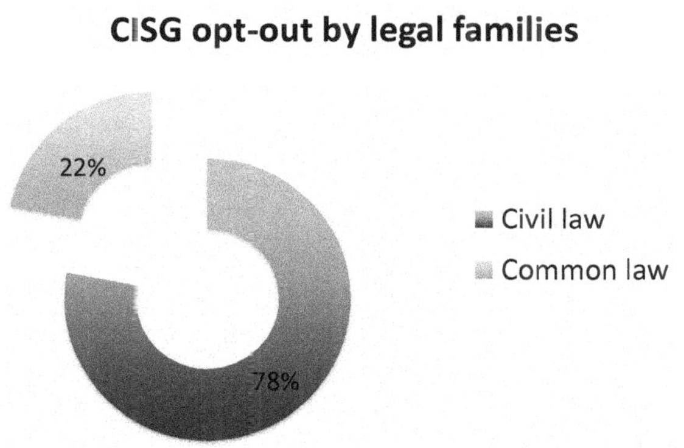

O percentual de razões não reveladas é altamente significativo, mas, infelizmente, não contribui para o que poderia ser uma compreensão mais completa das razões subjacentes à exclusão da aplicação da CISG. Esse alto índice de omissão impede e adia possíveis melhorias e soluções jurídicas, além de obstaculizar uma análise econômica dessas decisões. No entanto, nos capítulos seguintes, tentaremos compreender esse percentual, fazendo uso de ferramentas multidisciplinares, além de oferecer reflexões adicionais a respeito dos que decidiram se omitir, esperando-se assim servir para que partes contratantes possam melhor se aparelhar em futuras decisões sobre a escolha da lei aplicável.

[233] Ver as razões para excluir a aplicação da CISG no Capítulo 1.2.4.5 *infra*.

1.2.4.4. Leis domésticas

Abaixo listamos as razões[234] citadas pelos participantes para evitar determinada lei doméstica[235]. Para fins metodológicos, dividimos os comentários em dois grupos: (i) considerações materiais e (ii) considerações imateriais. Tal classificação é um mero recurso para facilitar a discussão e a compreensão do assunto, e não se destina a limitar as inferências desenvolvidas abaixo.

1.2.4.4.1. Considerações materiais

- *since the national law requires multiple signatures or other arcane contract formation elements;*
- *for contracts involving intellectual property national laws were chosen because of stronger copyright protection for software and less confusion about moral rights;*
- *international sales of goods are international in essence, so a particular national law might bring obligations not conceived for international trade;*
- *it contained a prohibited penalty clause;*
- *it is not adequate to the parties' juridical culture;*
- *difficulty of enforcement;*
- *uncertainty and difficulty in interpretation of that country's law;*
- *in matters of first demand guarantee, a national law was recommended to be avoided as it meant less difficulty in obtaining an order to prevent payment to the beneficiary;*
- *it did not apply to the place of execution of the agreement;*
- *more flexible approach regarding the limitation of liability;*
- *national law was not favorable for specific transactions;*
- *in order to avoid punitive damages and not to be stuck in very costly litigation;*
- *certainty and predictability;*
- *preference for freedom to contract and avoidance of jurisdictions with less developed judicial systems;*

[234] Os participantes que indicaram evitar determinada lei doméstica sem especificar o motivo representaram 37% do total de participantes. Portanto, esta lista compila as razões de 63% dos participantes.

[235] Eliminou-se da lista o conteúdo em duplicidade ou de terminologias ligeiramente diferentes.

- *limited freedom of contract; no reliable gap-filling mechanisms;*
- *certain jurisdictions restrict party autonomy and have introduced mandatory statutory provisions, which is highly undesirable;*
- *unfair terms or higher learning costs of gaining understanding of the law;*
- *the substantive law has unfavorable provisions on time limitation, limitations of liability or other provision which can be unfavorable for our client;*
- *parties needed more flexibility to design their particular contracts;*
- *for reasons of its contents and the remedies available;*
- *to avoid the application of specific mandatory provisions;*
- *generally preferred common law and therefore avoided civil law as being less flexible;*
- *does not meet the positive satisfactory requirements;*
- *lack of available legal framework;*
- *complex and dogmatic interpretation of parties' intention and broad interpretation of mandatory rules which significantly limits contractual freedom;*
- *due to potential invalidity of standard terms;*
- *risk of damages in case of breach of contract;*
- *whenever provisions regarding filling in the gaps are absent from the text or adversely affected by other provisions; and*
- *national law not flexible enough and restricts party autonomy.*

1.2.4.4.2. Considerações imateriais

- *client's request;*
- *particular national law most of the time meant a benefit to only one party, usually the party familiar with such law;*
- *it is considered a "weak law";*
- *it avoids the law of the counterparty's domicile because choosing that law might encourage the counterparty to breach the contract relying on legal advice available in its own country, instead of trying to cooperate in the full performance of the contract;*
- *it demonstrates a lack of knowledge of that national law in order to determine whether that was the best option;*
- *opposing party's law;*
- *the limitations of the substantive law of many under-developed countries;*
- *international organization is involved;*
- *law not developed in the energy sector;*
- *to avoid uncertainty or inconvenience/cost issues;*

- *substantive law not sufficiently developed to govern the main aspects of contractual matters;*
- *extremely costly to use;*
- *"exotic" laws that we always advise against applying;*
- *uncertainty;*
- *cost of enforcement;*
- *doubt concerning the correct application of the law by the courts;*
- *best practice to avoid choosing substantive law from any jurisdiction where the legal system is not stable, neutral and fair, to the extent possible, given the wishes of the parties and the particular circumstances of the transaction;*
- *political and social instability;*
- *uncertain rule of law, protection of national parties by court;*
- *neutral law instead of the law of the counterparty's country;*
- *"neutrality of law" concern;*
- *unpredictable jurisprudence; and*
- *civil law jurisdiction.*

Os percentuais dos principais motivos podem ser resumidos da seguinte forma:

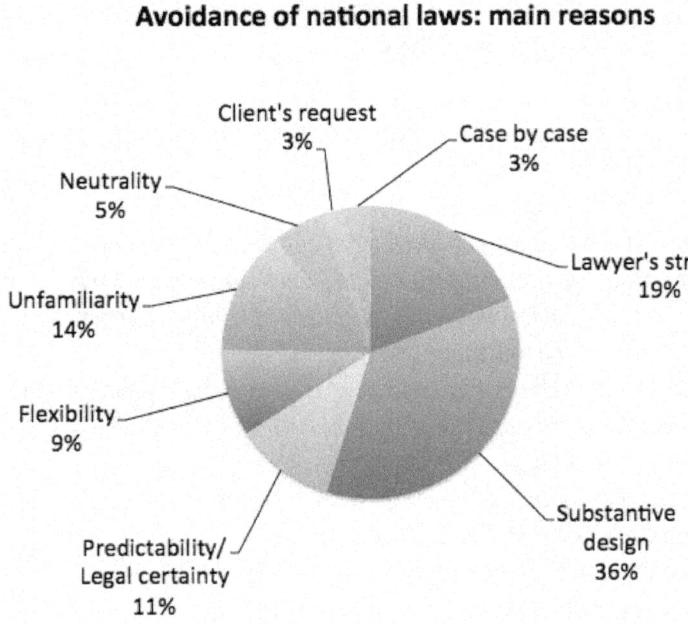

'Conteúdo material' (36%), *'estratégia do advogado'* (19%) e *'falta de familiaridade'* (14%) são as três principais razões divulgadas pelos participantes para evitar determinada lei doméstica.

Para efeitos de completude, analisaremos brevemente as três principais razões.

A razão mais popular para evitar um determinado direito nacional é o *'conteúdo material'* (36%). Isso incorpora respostas relativas a um regime jurídico ineficiente ou indesejável, ou normas indesejáveis encontradas na legislação nacional.

Embora os detalhes desses contratos não tenham sido divulgados, é provável que esses participantes tenham adotado uma abordagem racional na avaliação da eficiência e (não)atratividade de certas regras. Os comentários dos participantes confirmam essa hipótese: *'the substantive law has unfavorable provisions on time limitation, limitations of liability or other provisions which can be unfavorable for our client'*; *'in order to avoid punitive damages and not to be stuck in a very costly litigation'*; e *'more flexible approach regarding the limitation of liability'*. É possível inferir que esses participantes desempenharam esforço laboral de testar regras e avaliar sua adequação jurídica e econômica a um determinado contrato.

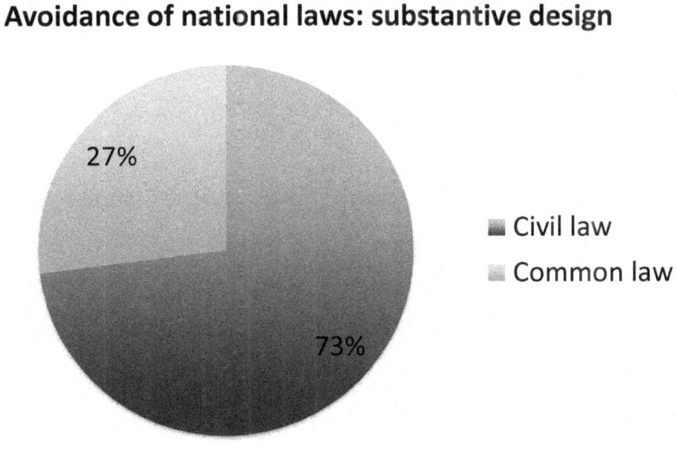

A segunda razão para evitar uma determinada lei doméstica é a *'estratégia do advogado'* (22%) e inclui respostas cujo conteúdo denota que os participantes deliberada e taticamente evitaram uma determinada lei doméstica, seja porque era a lei da contraparte, ou uma lei cujos atributos não correspondiam ou correspondem aos interesses em jogo, ou mesmo como margem de manobra para buscar uma execução mais facilitada das obrigações contratuais. Por exemplo, os seguintes comentários endossam essa suposição: '*it did not apply to the place of execution of the agreement*', '*political and social instability*'; '*cost of enforcement*'; e '*opposing party's law*'.

Alguns desses participantes podem ter evitado determinada lei doméstica porque não havia uma lei de compra e venda confiável, permitindo, desta sorte, fosse aplicado um regime jurídico mais aceitável ou receptivo. Também não devemos ignorar a possibilidade de que alguns participantes possam ter evitado uma lei específica para garantir ou impedir a aplicação da CISG[236]. Isso poderia abranger estratégias, tais como a negociação sobre o local de cumprimento de obrigações contratuais ou a conclusão do contrato, de modo a evitar certas regras de conflito de leis, garantindo que um determinado regime fosse aplicado como a lei de regência do contrato.

A '*estratégia do advogado*' foi reconhecida ao longo da Pesquisa e também é evidenciada no seguinte comentário '*whether the jurisdiction has ratified the UN Convention on Contracts for the International Sale of Goods (CISG)*'[237]. Embora isso possa ser tomado como justificativa para a premissa de que a ratificação da CISG por um determinado Estado é um fator que favorece a escolha dessa lei, o comentário também pode sugerir que a ratificação da CISG é uma razão para sua não escolha.

Na mesma categoria, incluem-se comentários sobre a adequação da cultura jurídica, acessibilidade, caráter internacional, custos, preocupação com a execução das obrigações contratuais, e instabilidade política e social na jurisdição pertinente.

Avoidance of national laws: lawyer's strategy

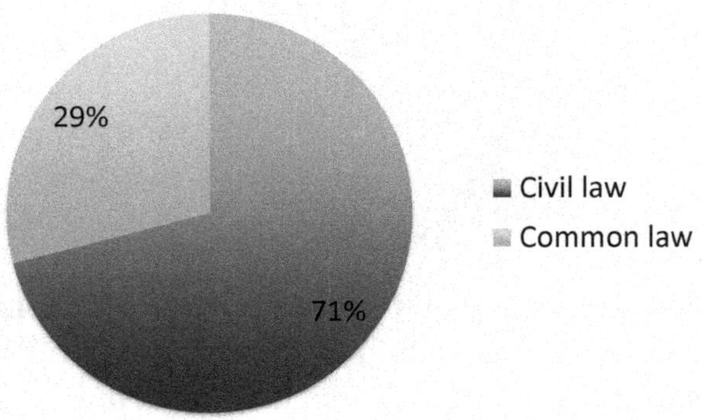

[236] Ver, nesse sentido, o artigo 1 da CISG.

[237] Resposta à Pergunta n. 2 (Capítulo 1.2.4.1).

A terceira razão mais comum para se evitar uma determinada lei nacional é a '*falta de familiaridade*' (14%). Essa categoria inclui comentários, tais como '*a particular national law most of the time meant a benefit to only one party, usually the party familiar with such a law*'.

Pode ser que a '*falta de familiaridade*' esteja relacionada a preocupações com a aplicação de uma determinada lei doméstica por juízes locais. Em outras palavras, o aspecto '*familiaridade*' pode estar ligado ao tomador de decisão. Tal possibilidade é sugerida por este comentário: '*doubts on the correct application of the law by the courts*': desconhecimento dos juízes locais quanto às nuances de uma determinada lei. A atitude positiva dos participantes da Pesquisa em relação à arbitragem corrobora essa inferência[238].

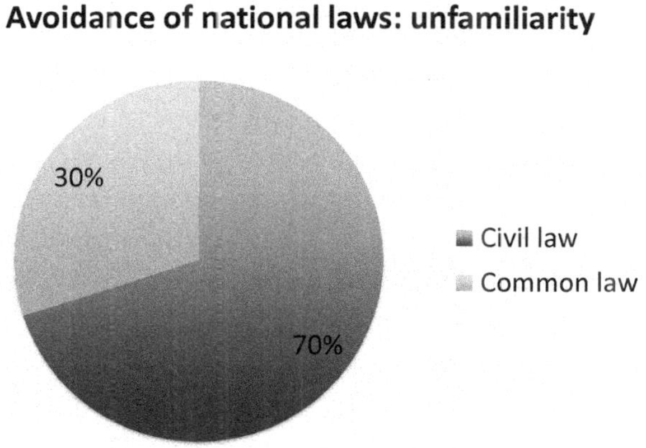

'*Previsibilidade/segurança jurídica*' (11%) é a quarta razão mais comum para se evitar determinada lei doméstica. Os comentários da Pesquisa que se enquadram nessa categoria incluem: '*unpredictable jurisprudence*'; '*uncertain rule of law, protection of national parties by court*'; '*to avoid uncertainty or inconvenience/cost issues*'; '*lack of available legal framework*'; '*certainty and predictability*'; e '*uncertainty and difficulty in interpretation of that country's law*'.

Nesta categoria, alguns participantes expressaram seu temor de que cortes judiciais não estariam adequadamente preparadas para aplicar a lei. Esta pode ser uma lei sobre a qual as partes negociaram, consideraram ou evitaram em razão de preocupações com possíveis resultados indesejados. Mais uma vez, isso também poderia ser interpretado como o '*medo*

[238] Ver, por exemplo, comentários adicionais em relação à Pergunta n. 1 da Pesquisa (Capítulo 1.2.4.1) e à Pergunta n. 4 da Pesquisa (Capítulo 1.2.4.2).

do desconhecido'[239], mas também como a '*falta de familiaridade*' do tomador de decisão com relação ao regime jurídico.

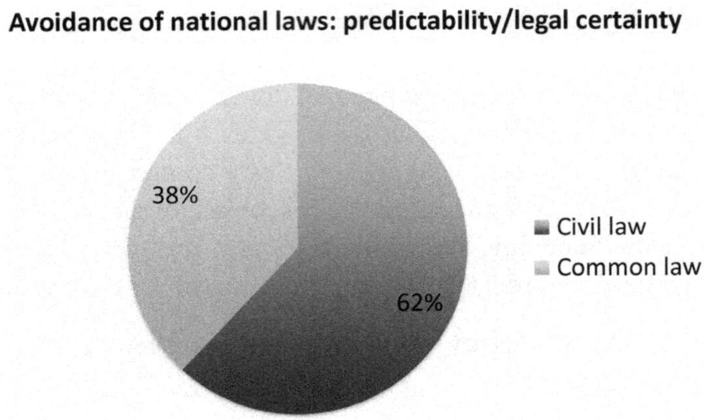

O gráfico acima mostra que, entre advogados de jurisdições de direito continental, '*previsibilidade/segurança jurídica*' foi mais frequentemente citada do que no caso de participantes de tradição anglo-saxônica.

A razão '*flexibilidade*' (9%) foi a quinta preocupação mais citada para evitar uma determinada lei doméstica, e inclui comentários como '*national law not flexible enough and restricts the party autonomy*'; '*generally preferred common law and therefore avoided civil law as being less flexible*'; e '*parties needed more flexibility to design their particular contracts*'.

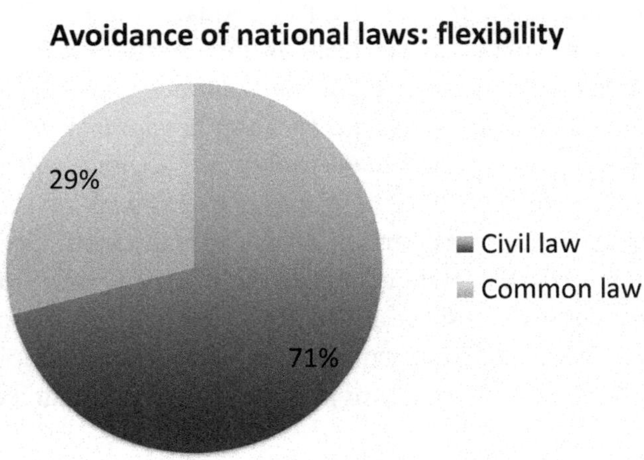

[239] Ver *supra* nota 194.

Para efeitos da nossa discussão acerca das exclusões de aplicação da CISG, vale mencionar também o fator '*neutralidade*', apontado como principal razão citada por 5,7% dos participantes que responderam à P8, na seguinte proporção de participantes de tradição anglo-saxônica e do direito continental:

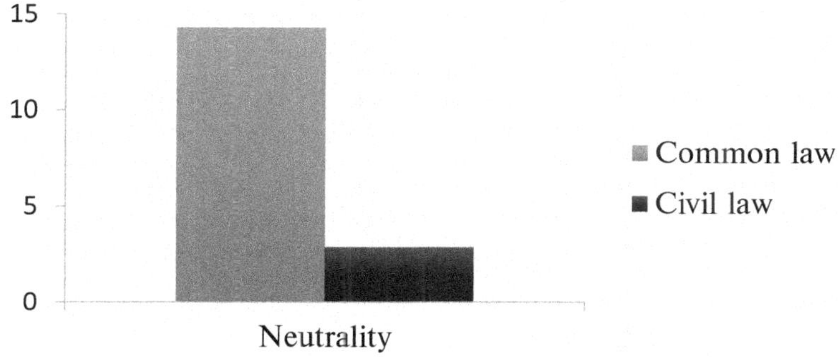

Há uma diferença considerável entre a proporção de participantes de tradição anglo-saxônica e a de direito continental que excluíram a lei doméstica por razões de '*neutralidade*' (14% contra 2,8%, respectivamente). Indiscutivelmente, esses participantes, ao decidirem sobre a lei aplicável aos seus contratos, optaram por um 'regime jurídico neutro'. Não está totalmente claro quais circunstâncias levaram esses participantes a tomar tal decisão, tampouco se isso fazia parte do processo de negociação resultando em uma 'solução de meio termo' ou se isso foi decidido devido a experiências positivas ou negativas.

Outro aspecto a ser observado é a ideia subjacente a uma 'lei neutra', ou seja, se neutra é a lei de um país terceiro ou um marco jurídico neutro, tal como a CISG[240]. Os comentários dos participantes podem confortar a opinião de que certas leis nacionais foram evitadas para permitir que regimes jurídicos neutros operassem plenamente. Estes comentários incluem '*international sales of goods are international in essence, particular national law might bring interpretations of obligations not conceived for international sale*'; '*the parties agreed to have a neutral governing law*'; e '*better to have even a neutral law that the law of the counterparty's country*'.

[240] Ver C. Fountoulakis, *supra* nota 222, pp. 305-307; ver também L. Spagnolo, *CISG Exclusion and Legal Efficiency*, *supra* nota 141, pp. 115-116.

Os percentuais sobre '*neutralidade*' entram em rota de conflito com os resultados obtidos nas respostas à pergunta 1, na qual os participantes oriundos de países de tradição de direito continental indicaram maior preferência por 'neutralidade jurídica'[241] do que os de tradição anglo-saxônica. É provável que o conceito e a dimensão do fatòr '*neutralidade*' não tenham sido cuidadosamente considerados por alguns participantes. No entanto, os resultados da pergunta 8 seguiram a tendência estabelecida na pergunta 7, em que os participantes de tradição anglo-saxônica consideraram a '*neutralidade*' como um dos atributos mais desejáveis na lei aplicável.

As razões para evitar a lei doméstica não são surpreendentes; em particular, '*conteúdo material*' (36%) e '*estratégia do advogado*' (19%). Não esqueçamos que esses participantes, na condição de profissionais experientes, recorrendo a um exercício racional, teriam comparado certos atributos fundamentais na lei doméstica. Isso se confirma por comentários, dentre outros: '*more flexible approach regarding the limitation of liability*'; '*in order to avoid punitive damages and not to be stuck in a very costly litigation*'; e '*the substantive law has unfavorable provisions on time limitation, limitations of liability or other provisions which can be unfavorable for our client*'.

Ademais, os resultados mostram que não apenas elementos racionais impulsionaram essas escolhas. Tais comentários corroboram essa afirmação: '*weak law*' e '*exotic law*' [242].

Afinal, podemos concluir que essas decisões foram cuidadosamente pensadas? O resultado dessas decisões seria diferente se os participantes tivessem conhecimento dos elementos não racionais que afetam rotineiramente nossas decisões? Estas são perguntas que este autor buscará abordar e responder a seguir.

1.2.4.5. A CISG

Listamos abaixo as razões[243] citadas pelos participantes para a exclusão da aplicação da CISG[244]. Para fins metodológicos, também dividimos os comentários em dois grupos: (i) considerações materiais e (ii) considerações imateriais. Tal classificação é um mero recurso para facilitar a dis-

[241] Pergunta n. 1 da Pesquisa (Capítulo 1.2.4.1).

[242] Esses percentuais serão discutidos no Capítulo 2.

[243] Os participantes que excluíram a aplicação da CISG sem especificar motivos somam 45%. Portanto, esta lista compila as razões de 55% dos participantes.

[244] Eliminou-se da lista o conteúdo em duplicidade ou de terminologias ligeiramente diferentes.

cussão e compreensão do assunto, e não se destina a limitar as inferências desenvolvidas abaixo.

1.2.4.5.1. Considerações materiais

- *the CISG was excluded because of the contracts involve service and intellectual property as well as goods, and the CISG is not well suited to those aspects of the transaction and may produce unwanted results;*
- *unconvinced that CISG struck the right balance;*
- *it is a question of balance. If I want balance, I go for the CISG. If I want to enforce obligations strictly, I go for specific national state law;*
- *lack of knowledge of particular body of law and its consequences for contract performance and avoidance;*
- *national law more favorable than CISG;*
- *national law more advantageous to the seller;*
- *the desire is to have the entire agreement between the parties reflected within the four corners of the contract, without importing – perhaps unintentionally – CISG provisions;*
- *less legal certainty; CISG does not cover all issues usually relevant in a contract law dispute;*
- *especially in software-related contracts, counterparties expect the CISG to be excluded;*
- *to make sure specified states apply the law without exception;*
- *uncertain outcome of application in particular by state courts;*
- *the national rules available are more flexible than the CISG;*
- *the CISG can sometimes add to perceived complexity, which may not be favorable to parties, notably also for negotiation of the contract;*
- *if national courts have jurisdiction, application of domestic civil code is more predictable;*
- *lack of safety rules;*
- *lack of a body of case law;*
- *it all depends on who you represent – buyer or seller. Buyer-friendly law is a reason for seller's representatives to avoid this law;*
- *undesirable solutions;*
- *the CISG is excluded whenever we assist a seller. If we assist a buyer, the seller's national law is avoided if the differences between buyer's and seller's national law are considered to be too great ;*

- *provisions were more favorable to the counterparty;*
- *because of the doubts on the application of the said rules since there are no established precedents;*
- *risk of different interpretation of the same rules in different jurisdictions;*
- *excluded the application of the CISG because it may interfere with the contract in an unpractical manner;*
- *principle of good faith;*
- *certain CISG provisions, e.g. that on consequential damages – are not necessarily more advantageous than the available national alternatives.*

1.2.4.5.2. Considerações imateriais

- *lack of familiarity and lower degree of legal certainty;*
- *client's request;*
- *the CISG was considered weighted in favor of buyers;*
- *use of precedent contract that excluded CISG;*
- *the other side refused to have the CISG applied;*
- *The CISG is one-sided;*
- *have only excluded CISG where other party insisted or there was a particular reason;*
- *depending on client's position and interests;*
- *international conventions, especially UN, embody political compromises between a large number of states, representing different interests. Therefore these compromise solutions do not always fit the interests of parties to international sale contracts;*
- *excluded the CISG only in cases where the client prefers arbitration in common law jurisdictions as lawyers and arbitrators in these are familiar with common law;*
- *to avoid uncertainty or inconvenience /cost issues;*
- *no experience;*
- *clients do not like the CISG because it is often excluded ; and*
- *the cost of advising under CISG is greater than under national law.*

Os principais motivos podem ser resumidos da seguinte forma:

'Estratégia do advogado' (23%), *'conteúdo material'* (20%) e *'previsibilidade/segurança jurídica'* (15%) representaram as três principais razões para a exclusão da aplicação da CISG.

Para efeitos metodológicos, vamos estudar detalhadamente as razões para a exclusão da aplicação CISG por família jurídica.

Antes disso, devemos ter em mente a distribuição de famílias jurídicas entre os participantes:

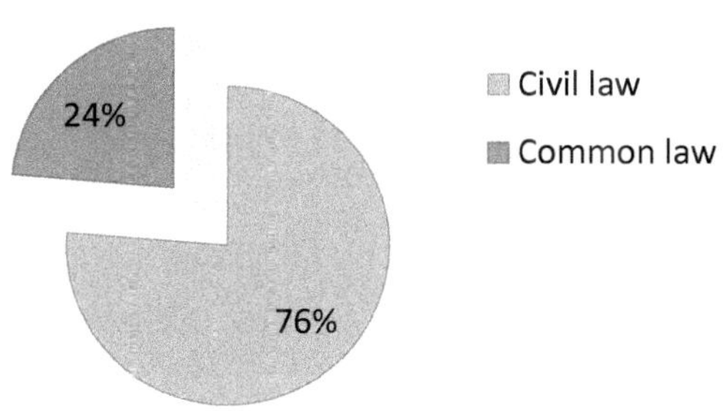

'Estratégia do advogado' (22%) abrange uma ampla gama de respostas conectadas, dentre outros aspectos, ao tipo de contrato; o seu arranjo estrutural, o local de potencial execução das obrigações contratuais, a natureza da provável disputa e o método de resolução de controvérsias pactuado.

Devemos lembrar da existência de um nível de indeterminação associado à consideração *'estratégia do advogado'*, e pode ser que essa razão tenha sido usada para ocultar outros motivos, tais como a falta de familiaridade, temor ou desconhecimento, e até mesmo considerações outras que poderiam constituir motivos para alegações de negligência profissional[245].

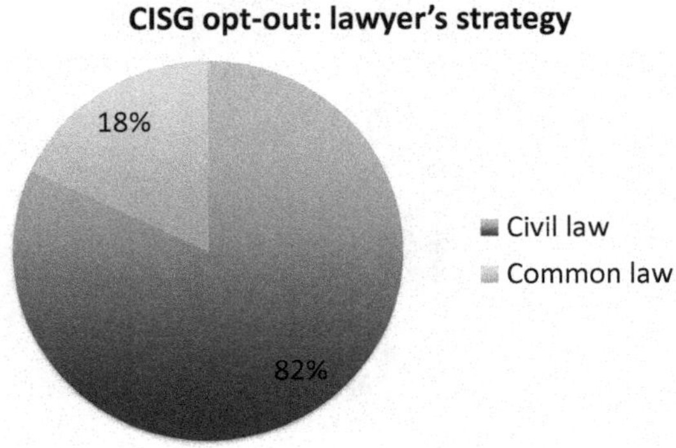

'Conteúdo material' (20%) engloba uma grande variedade de respostas, por exemplo: a lei doméstica pode ser mais vantajosa; a CISG pode ser compreendida como 'parcial'; determinadas regras da CISG são desfavoráveis a esses participantes ou a seus clientes, e preocupações gerais de ordem material ou substantiva.

Curiosamente, nenhum participante aludiu ao fato de a CISG ser *'favorável ao vendedor'*[246] reclamação essa que, no entanto, tem sido discutida em círculos acadêmicos e que parece encontrar adeptos em representantes de países em desenvolvimento[247]. No entanto, os participantes da Pesquisa

[245] Ver, nesse sentido, U. Schroeter, 'Empirical Evidence of Courts' and Counsels' Approach to the CISG (with Some Remarks on Professional Liability)', *supra* nota 191, pp. 650-651; e L. Spagnolo, *CISG Exclusion and Legal Efficiency, supra* nota 141, p. 128.

[246] M. Koehler argumenta que muito se enfatiza no meu acadêmico a pretensa alegação de ser a CISG 'favorável ao vendedor', *supra* nota 40.

[247] I. Schwenzer & P. Hachem, 'The CISG: Successes and Pitfalls', 57 *American Journal of Comparative Law*, Vol. 57, 2009, pp. 475, advertindo que "*representatives of developing countries have argued that the CISG is too seller friendly. This allegation focuses mainly on the obligation of the buyer to examine the goods and give notice of any non-conformity.*").

consideraram a CISG como '*favorável ao comprador*'[248]. Essa percepção de que a CISG ora favoreceria ao comprador e ora ao vendedor parece indicar que a CISG pode atingir o equilíbrio de Pareto entre os dois polos contratuais, pois sugere-se que a CISG '*actually achieves fair and reasonable results for both parties*'[249]. Apesar disso, é importante avaliar o nível de racionalidade por trás dessas opiniões '*favorável ao comprador*' e investigar se estas também não podem ter sido produto de experiência negativa e não crítica propriamente dita às disposições da CISG.

Sobre este tópico, este autor acredita ser difícil rotular um conjunto de regras como favorável ao 'comprador' ou 'vendedor' a menos que todos os seus dispositivos tenham sido testados e em diversos contextos e cenários contratuais. Embora possa haver disposições eximindo uma parte de cumprir determinada obrigação, restringindo ou expandindo seus deveres conforme o caso, este autor afirma que fatores não racionais podem ter desfocado a análise por parte desses participantes.

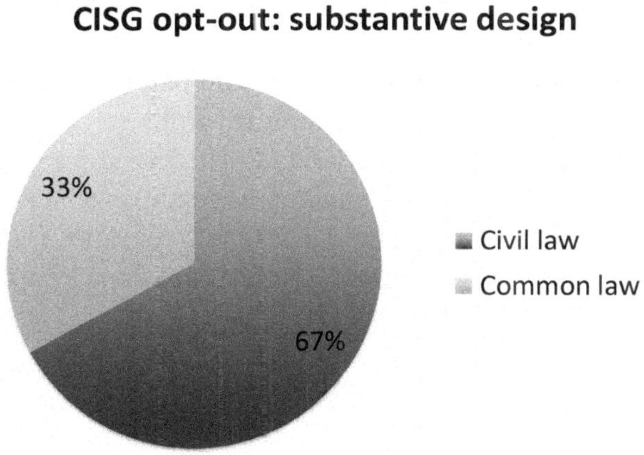

A consideração '*previsibilidade/segurança jurídica*' (15%), embora possa ser enganosamente reputada como autoexplicativa, carrega forte teor de indeterminação e será discutida mais detidamente neste livro. Quão previsível deve ser a lei de regência do contrato? O que isso implicaria e quais seriam

[248] Ver Pergunta n. 8 da Pesquisa e as razões para exclusão de aplicação da CISG no Capítulo 1.2.4.3 *supra*.

[249] I. Schwenzer & P. Hachem, 'The CISG: Successes and Pitfalls', *supra* nota 247, p. 476.

as principais razões subjacentes[250]? A '*segurança jurídica*'[251] é um conceito dissociado de outras preocupações jurídicas e autossuficiente? As partes contestam o grau de segurança jurídica oferecido pela CISG?

Os comentários associados a essas razões são, na visão deste autor, pouco convincentes. Apoiam essa opinião: '*lack of safety rules*' e '*to avoid uncertainty or inconvenience/cost issues*'. Embora possa haver dúvida e hesitação sobre determinados aspectos da CISG (questões de 'custos' também podem estar associadas ao investimento em aprendizagem[252]), há um elemento de notável subjetivismo nesses comentários, além da falta de clareza quanto às razões fundantes da opção por excluir a aplicação da CISG.

O comentário '*uncertainty issues*' pode estar conectado ao temor dos participantes em relação à interpretação da CISG por parte das cortes judiciais, e não necessariamente guardar relação material ao regime jurídico. Em outras palavras, a '*incerteza*' aqui pode estar associada à atividade da corte judicial de aplicar as disposições da CISG de maneira autônoma, e de sua habilidade em realmente apreciar as suas nuances. Esta preocupação pode estar restrita às jurisdições de Estados nos quais a CISG entrou em vigor recentemente, ou nos quais pode haver instabilidade política ou social, ou mesmo aqueles onde registra-se um baixo índice de transações internacionais e, portanto, poderia gerar um ambiente de incerteza entre as partes interessadas. O comentário a seguir corrobora essa presunção: '*uncertain outcome of application in particular by state courts*'. Não nos esqueçamos de que a '*estabilidade política na jurisdição relevante*' foi reconhecida pelos participantes como uma das três principais considerações econômicas na escolha da lei aplicável[253].

[250] Para uma análise sociológica deste tema, ver V. Gessner, *supra* nota 25, p. 142; ver também N. Luhmann, *A Sociological Theory of Law*, traduzida por E. King e M. Albrow, Rutledge e Kegan Paul, London, 2014.

[251] V. Gessner ainda traça uma distinção entre eficiência e segurança jurídica: "*[...] Interactions between state institutions and citizens are (in western democracies) defined by Rechtsstaat or rule of law principles and are to a certain degree independent of characteristics on the actors' levels. The law attempts to define the situation with more or less success; that is, it is more or less efficient. Horizontal relations between citizens (or business undertakings and corporations) on the other hand are very much defined by the actors. They create themselves and, eventually, with the help of support structures, the necessary legal certainty*", 'Globalization and Legal Certainty', *in* V. Gessner & A. C. Budak (Eds.), *Emerging Legal Certainty: Empirical Studies on the Globalization of Law*, Ashgate Publishing Limited, Aldershot, 1998, pp. 248.

[252] Os custos de aprendizagem, ou os custos para se familiarizar com a CISG, serão mais bem explorados no Capítulo 3.4 e no Capítulo 5.

[253] Pergunta n. 4 da Pesquisa (Capítulo 1.2.4.2 *supra*).

'Uncertainty issues' também poderia ser justificada, embora em menor grau, na falta de familiaridade. Estariam essas questões ligadas à falta de familiaridade dos tomadores de decisão com relação às disposições da CISG? Se assim o for, a incerteza aqui estaria relacionada ao resultado 'incerto' fruto de uma decisão judicial que aplica a CISG, ao invés de relacionar-se ao significado ou funcionalidade associados às disposições da CISG.

'Previsibilidade/segurança jurídica' também pode estar ligada à *'falta de familiaridade'* e à *'ausência de jurisprudência robusta'* Essas três considerações estão entrelaçadas e podem fazer parte do que cunhamos de *'medo do desconhecido'*, ou seja, uma 'máscara' de ignorância usada por alguns participantes no trato com a CISG, impulsionada principalmente por fatores emocionais e não racionais, além de casos de negligência profissional[254].

Não podemos descartar a possibilidade de que o *'medo do desconhecido'* represente, na verdade, a principal causa de exclusão da aplicação da CISG. Se admitirmos tal possibilidade, o principal motivo para a exclusão da aplicação CISG não seria devido a elementos racionais, mas sim a fatores não racionais. No entanto, esse número pode ser até mesmo mais representativo se levarmos em conta os percentuais atribuídos às considerações *'análise caso a caso'* (5%) e *'pedido do cliente'* (7%).

Uma ressalva importante a fazer com relação à consideração *'previsibilidade/segurança jurídica'* é o potencial receio de determinados participantes de que cortes judiciais porventura desconheçam a CISG, o que ensejaria erros e resultados indesejados. Tal hipótese é confirmada pelas seguintes referências: *'excluded the CISG only in cases where the client prefers to have arbitration in common law jurisdictions as lawyers and arbitrators in these jurisdictions are familiar with common law'*; *'risk of different interpretation of same rules in different jurisdictions'*; e *'uncertain outcome of application in particular by State courts'*.

Determinados participantes podem também ter optado por excluir a aplicação da CISG por considerarem que é mais previsível obter uma decisão judicial advinda da aplicação do regime jurídico puramente doméstico do que uma decisão judicial aplicando a CISG. Assim, para esses participantes, a *'previsibilidade'* poderia estar vinculada à previsibilidade do resultado da decisão judicial e não necessariamente guardar relação com elementos substantivos da CISG. O seguinte testemunho confirma esta

[254] Ver, nesse sentido, U. Schroeter, 'Empirical Evidence of Courts' and Counsels' Approach to the CISG (with Some Remarks on Professional Liability)', *supra* nota 191, p. 651; e L. Spagnolo, *CISG Exclusion and Legal Efficiency, supra* nota 141, pp. 185-187.

possibilidade: '*if a national courts have jurisdiction, application of domestic civil code is more predictable*'. Esses participantes poderiam estar relutantes em optar pela aplicação da CISG por temerem a sua interpretação autônoma e adequada pelas cortes judiciais.

Algumas das respostas categorizadas como '*estratégia do advogado*' também podem abranger cenários como o descrito acima, ou seja, uma estratégia mencionada por alguns participantes para evitar a aplicação da CISG por cortes judiciais, motivados quem sabe pelo receio de que as cortes judiciais não estivessem suficientemente familiarizadas com este regime jurídico e que, portanto, pudessem produzir resultados indesejados. Para evitar esse cenário, esses participantes tentariam mitigar potenciais prejuízos, optando por excluir a aplicação da CISG. Isso parece estar em consonância com algumas das respostas dos participantes a outras perguntas da Pesquisa: '*independent and corruption-free judiciary*' [255]; '*state of administration of justice in applicable jurisdiction*'[256]; '*level of education of the judges*'[257]; e '*difficult enforcement in the country*'[258].

Também é possível que a arbitragem arrefeça esses temores e incertezas quanto à aplicação da CISG. As seguintes citações corroboram esta assertiva: '*forum for dispute resolution*'[259];'*arbitration know-how available*'[260]; '*quality of available arbitrators*'[261]; '*if arbitration is chosen, then this consideration is of minor importance*'[262]; e '*lack of qualified and impartial arbitrators in the relevant jurisdiction*'[263].

[255] Pergunta n. 5 da Pesquisa (Capítulo 1.2.4.2).
[256] Pergunta n. 3 da Pesquisa (Capítulo 1.2.4.1).
[257] Pergunta n. 4 da Pesquisa (Capítulo 1.2.4.2).
[258] Pergunta n. 6 da Pesquisa (Capítulo 1.2.4.2).
[259] Pergunta n. 1 da Pesquisa (Capítulo 1.2.4.1).
[260] *Id.*
[261] Pergunta n. 2 da Pesquisa (Capítulo 1.2.4.1).
[262] Pergunta n. 4 da Pesquisa (Capítulo 1.2.4.2).
[263] Pergunta n. 3 da Pesquisa (Capítulo 1.2.4.1).

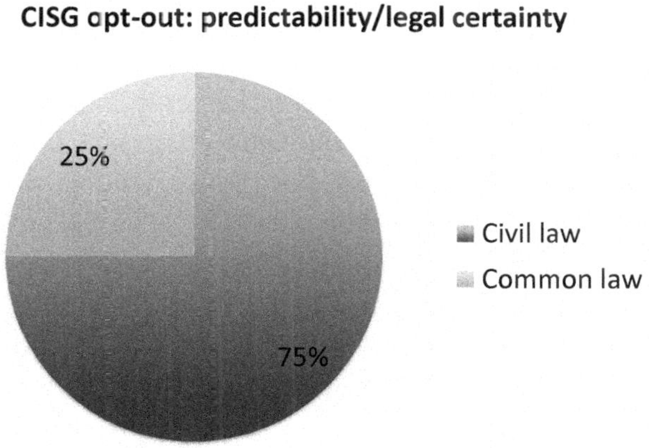

'*Falta de familiaridade*' (11%) também foi citada como motivo para a exclusão de aplicação da CISG, na seguinte proporção:

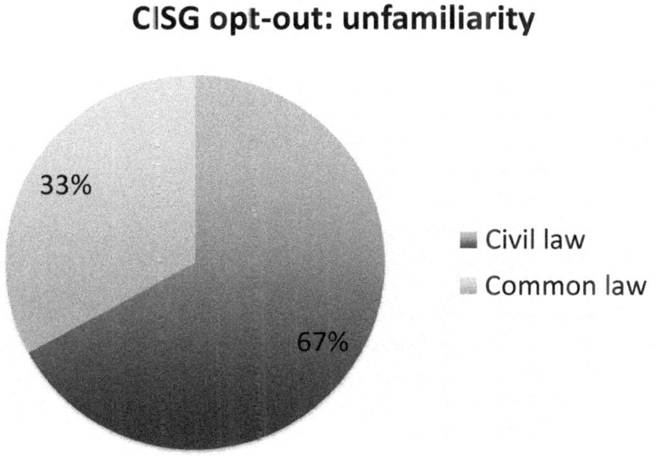

Na opinião deste autor, embora esse percentual reflita o conhecimento dos participantes sobre a CISG, é possível que determinados participantes tenham indicado '*falta de familiaridade*' em relação ao tomador de decisão instado a aplicar as disposições da CISG. Se assim o for, os participantes poderiam ter preferido optar pela exclusão de aplicação da CISG para evitar um resultado imprevisível.

A consideração '*ausência de jurisprudência robusta*' (9%) pode estar associada à ausência de familiaridade com a CISG, seja dos participantes ou das cortes judiciais. O comentário a seguir acompanha esse raciocínio:

'lack of knowledge of particular body of law and its consequences on (sic) contract performance and avoidance'.

O comentário *'ausência de jurisprudência robusta'* também poderia ser interpretado como a ausência de jurisprudência relativa à CISG em uma determinada jurisdição, e não das decisões da CISG em todo o mundo. Em outras palavras, a ausência de jurisprudência estaria associada ao fato de que uma determinada jurisdição possivelmente não tenha enfrentado decisões em que a CISG fora aplicada ou, se o fez, talvez não de maneira satisfatória aos olhos de determinados participantes, o que os teria levado a evitar o risco de um caso potencialmente sujeito à CISG ser decidido por uma corte judicial. Para esses participantes, portanto, determinada jurisdição não reunira suficiente experiência em temas afeitos à CISG a ponto de formar uma jurisprudência sólida. Devido a essa falta de prática com as disposições da CISG, esses participantes podem ter indicado a *'ausência de jurisprudência robusta'* como o principal motivo para excluir a aplicação da CISG.

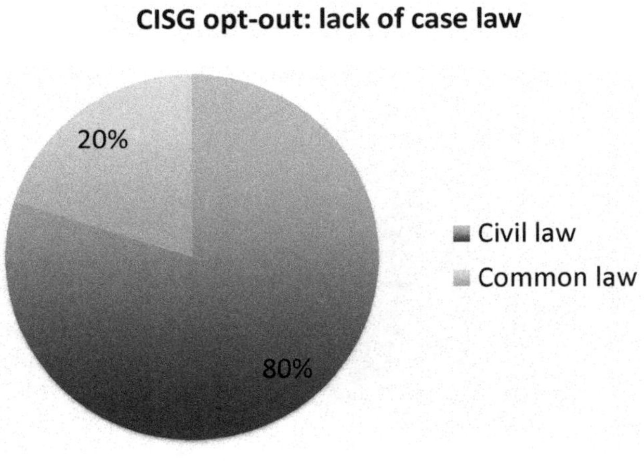

Chama a atenção o fato de que, dentre os participantes que excluíram a aplicação da CISG por *'ausência de jurisprudência robusta'*, 80% eram provenientes de tradição de direito continental. Seria de se pensar o contrário, sobretudo por conta da tradição de precedentes não-vinculantes nessas jurisdições. No entanto, mais uma vez isso pode estar associado ao 'medo do desconhecido', traduzido em falta de familiaridade e outros fatores que serão discutidos em mais detalhes nos próximos capítulos[264]. Por outro

[264] Ver, nesse sentido, Capítulo 2 e Capítulo 3.4.

lado, este resultado também acompanha a lógica da pergunta 7, a respeito da qual o atributo '*jurisprudência robusta*' encontrou maior popularidade entre os participantes de tradição de direito continental.

Podemos igualmente interpretar que a consideração '*ausência de jurisprudência robusta*' circunscrever-se-ia a determinadas jurisdições, de modo que a ausência de casos sobre a CISG em uma determinada jurisdição poderia tê-los motivado a excluir a aplicação da CISG e, portanto, evitar surpresas indesejadas. No entanto, supõe-se ser esta mais uma causa de '*falta de familiaridade*' do tomador de decisão em relação à CISG, e não relacionada com a jurisprudência da CISG em todo o mundo ou com suas disposições.

Quanto ao '*pedido do cliente*' (7%), esse motivo foi mais representativo entre os participantes de tradição anglo-saxônica. Vimos anteriormente que esse motivo carrega forte nível de imprecisão, pois não se sabe a razão que motivou o cliente a solicitar que a CISG não fosse aplicada. Embora possa ser plausível que algumas disposições da CISG não fossem suficientemente atraentes para esses clientes, também não podemos descartar a possibilidade de essas exclusões teriam sido produto de vieses cognitivos[265] e talvez nem mesmo minimamente ponderadas em nível racional.

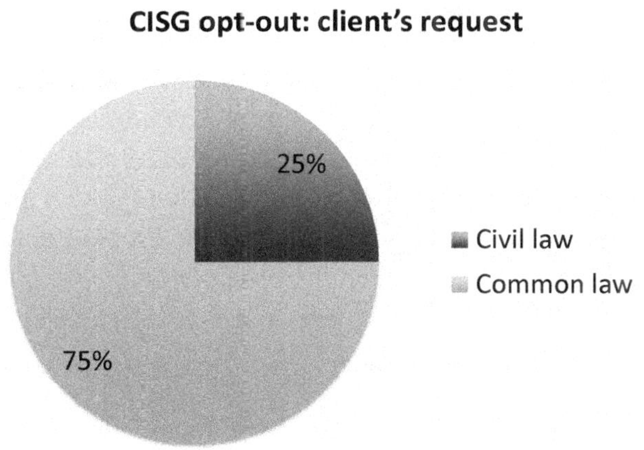

'*Flexibilidade*' (6%) também foi citado como o principal motivo para a exclusão de aplicação CISG. Esse percentual é, de certo modo, surpreendente dada a amplamente reconhecida flexibilidade da CISG[266]. No

[265] O tópico 'heurísticas e vieses cognitivos' é explorado em detalhe no Capítulo 2 *infra*.

[266] Ver, nesse sentido, o Artigo 6 da CISG; U. Schroeter, 'Freedom of Contract: comparing CISG and PECL Provisions', *The Vindobona Journal of International Commercial Law and*

entanto, é possível que a CISG tenha sido comparada com determinada lei doméstica e, ao fazê-lo, as partes optaram por esta última. Essa possibilidade encontra apoio no seguinte comentário: '*it is a question of balance. If I want balance, I go for the CISG. If I want to enforce obligations strictly, I go for specific national state laws*'.

Os participantes que indicaram '*flexibilidade*' como principal motivo para exclusão de aplicação da CISG pertenciam às seguintes famílias jurídicas:

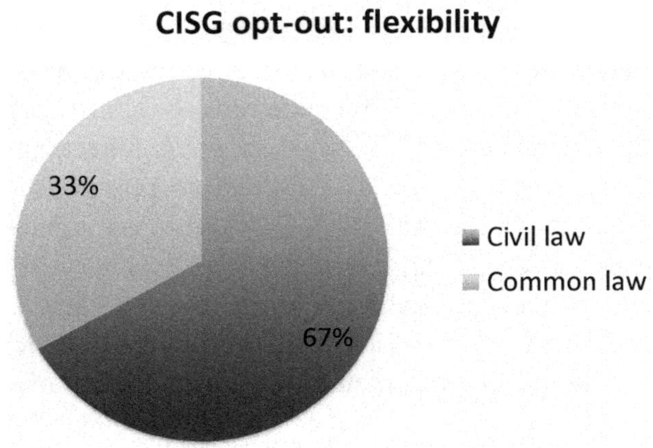

O motivo '*caso a caso*' (5%) atribuído à exclusão de aplicação da CISG deixará o leitor com mais perguntas do que respostas, o que, contudo, esperamos, esclarecer nos capítulos subsequentes. Pode-se entender que, para esses participantes, a CISG não seria a lei de regência mais adequada para aquele determinado contrato transfronteiriço. Não devemos excluir desta análise os casos em que uma '*boa experiência*'[267] com determinadas leis possam ter influenciado o percentual total de exclusão.

Arbitration, Vol. 6, 2002, p. 261; Opinião 16 do Conselho Consultivo da CISG, disponível em: [http://www.cisgac.com/cisgac-opinion-no16/].

[267] Este e outros vieses cognitivos serão discutidos no Capítulo 2 *infra*.

CISG opt-out: case by case basis

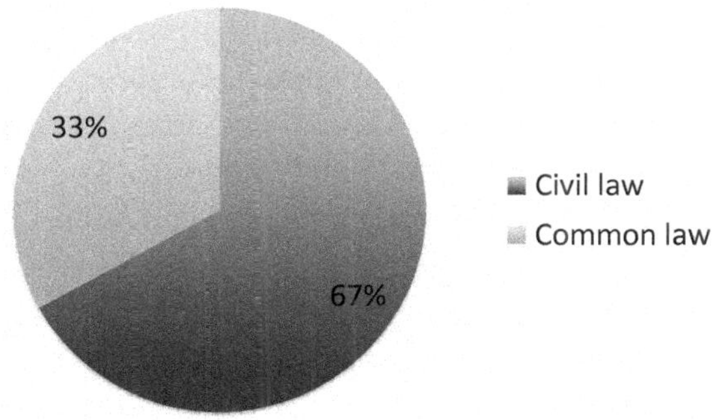

Por fim, o motivo '*matérias atribuídas à PI*' citado por 5% dos participantes:

CISG opt-out: IP matters

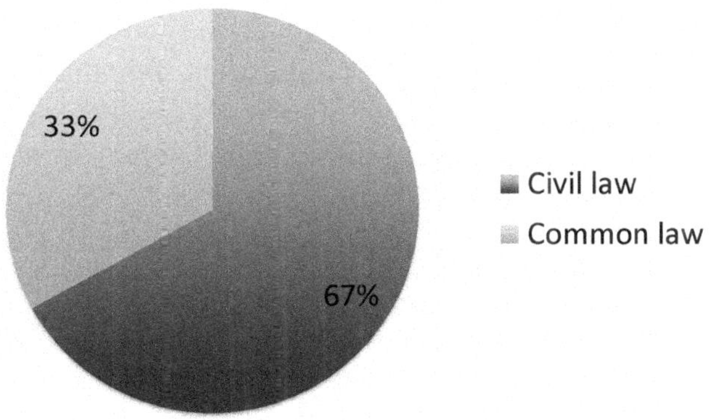

Nesta categoria, devemos considerar contratos envolvendo não só a compra e venda de mercadorias, mas também contratos de serviço aos quais aplicar-se-ia a CISG se o valor da mercadoria objeto do contrato superasse o do serviço contratado[268]. Outra possibilidade aqui é de ter sido a exclusão produto de uma negociação *ex ante* sobre as disposições acerca da validade do contrato, entendendo as partes mais conveniente eleger um único

[268] Artigo 4 da CISG: Esta Convenção regula apenas a formação do contrato de compra e venda e os direitos e obrigações do vendedor e comprador dele emergentes. Salvo disposição expressa em contrário da presente Convenção, esta não diz respeito, especialmente: (a) à validade do contrato ou de qualquer das suas cláusulas, bem como à validade de qualquer uso ou costume; (b) aos efeitos que o contrato possa ter sobre a propriedade das mercadorias vendidas.

conjunto de regras jurídicas. Isso porque a CISG regulamenta a formação do contrato de compra e venda, deveres e obrigações dos compradores e vendedores[269]. Outras justificativas podem incluir o uso de contratos anteriores excluindo a CISG sem um motivo mais fundamentado.

Não devemos esquecer que poucos participantes da Pesquisa reuniam particular experiência em matéria de PI[270]. Portanto, é possível que a ignorância quanto a ativos de propriedade intelectual não serem 'tangíveis', em um conceito mais ortodoxo, poderia ter influenciado essa decisão.

Como os leitores devem estar cientes, as questões de propriedade intelectual são territoriais e regulamentadas internamente. No entanto, a volátil permuta de ativos de propriedade intelectual em todo o mundo[271] coloca em dúvida se os ativos de PI poderiam estar sujeitos à CISG. Embora haja certa resistência por parte de alguns agentes do mercado[272], certas questões ainda permanecem em aberto: poder-se-ia afirmar que contratos internacionais de PI envolvem direitos tangíveis, cujo objeto pode ser considerado como 'mercadoria' e, portanto, qualificado para ser regido pela CISG[273]? Em caso afirmativo, até que ponto? O que deve ser considerado 'compra e venda' e 'mercadoria' no contexto da CISG, no mundo digital e cada mais intangível em que vivemos, e à luz da sofisticada transferência de direitos de *software*[274] ou, por exemplo, dos famigerados *non-fungible tokens* (NFTs)?

Em primeiro lugar, em uma leitura atenta da CISG, uma transação cujo objeto é um *software*, por exemplo, seria classificada como uma 'compra e venda de mercadoria', embora a CISG não contenha uma definição de 'compra e venda' e 'mercadoria'. É bem verdade que os artigos 2 e 3 da

269 I. Schwenzer, & P. Hachem, 'Commentary on the United Nations Convention on the International Sale of Goods (CISG)', I. Schwenzer (Ed.), *supra* nota 109, pp. 76-86, paras. 7-28.

270 Não há dados produzidos em relação a esta matéria, *i.e.* respostas por área do direito.

271 Ver, por exemplo, *World Intellectual Property Indicators 2021*, disponíveis em: [https://www.wipo.int/edocs/pubdocs/en/wipo_pub_941_2021.pdf].

272 Ver B. Zeller, 'Intellectual Property Rights & the CISG Article 42', *Vindobona Journal of International Commercial Law and Arbitration*, Vol. 15, No. 2, 2011, pp. 289-302; S. Green & D. Saidov, 'Software as Goods', *Journal of Business Law*, 2007, pp. 161-181.

273 Ver decisão do tribunal de recurso de Köln, Alemanha, de 26 de agosto 1994, disponível em: [http://cisgw3.law.pace.edu/cases / 940826 g1.html]

274 A esse respeito, J. Ziegel entende que é difícil equiparar a licença de *software* à compra e venda de mercadoria, quando o *software* não está contido em formato tangível, por exemplo, um CD ou que pertença (ou esteja de algum modo vinculado) a um computador, celular, ou outro acessório ou peça de equipamento. Ver 'The Scope of the Convention: Reaching out to Article One and Beyond', *J. Law & Commerce*, Vol. 25, 2005-2006, p. 61.

CISG excluem expressamente certas transações de seu escopo de aplicação (seguramente as transações de *software* não estariam ali contempladas). Além disso, nos termos do artigo 3 (2), da CISG, mesmo em casos em que o valor da mão-de-obra e dos serviços envolvidos excedam o valor da matéria-prima necessária para a fabricação da mercadoria, a transação ainda poderá ser classificada como compra e venda de mercadoria sob a ótica da CISG[275]. Portanto, o fato de que o valor do *software* é atribuído, principalmente, aos esforços intelectuais dos seus desenvolvedores, isso não torna a transação inelegível ao status de compra e venda de mercadoria sujeita à CISG[276]. Suponhamos que o *software* de computador possa ser comparado a um livro, por exemplo, a propriedade da cópia física do livro é transferida para o comprador em razão do contrato e venda, mas não o direito de reproduzir e publicar todo ou parte de seu conteúdo[277].

Dito isto, vale ressaltar que a CISG continua a enfrentar reações impopulares entre os agentes que interagem no ambiente da propriedade intelectual, em particular, quanto à contratos de *software* e acordos de pesquisa & desenvolvimento (P&D)[278].

Por fim, este autor também reconhece que um discreto percentual dos participantes também pode ter excluído a aplicação da CISG por razões não totalmente identificadas e, portanto, não categorizadas. Isso incluiria, por exemplo, as seguintes citações: '*international conventions, especially UN conventions, embody political compromises between a large number of countries, representing different interests. Therefore, these compromise solutions do not*

[275] Ver J. M. Lookosfy, '*In dubio pro conventione? Some thoughts about opt-outs, computer programs and preemption under the 1980 Vienna Sales Convention CISG*', *Duke Journal of Comparative and International Law*, Vol. 13, Special Issue, 2003, pp. 263-289.

[276] F. Diedrich, 'The CISG and Computer Software Revisited', *Vindobona Journal of International Commercial Law and Arbitration, Supplement*, Vol. 6, 2002, pp. 55-75; F. Diedrich, 'Maintaining uniformity in international uniform law via autonomous interpretation: software contracts and the CISG', *Pace Int'l L. Rev.*, Vol. 8, 1996, pp. 303-338.

[277] F. Diedrich, 'The CISG and Computer Software Revisited', *supra* nota 276, p. 56. Ver também I. Schwenzer & P. Hachem, 'Commentary on the United Nations Convention on the International Sale of Goods (CISG)', *supra* nota 109, argumentando que "*if the software is permanently transferred to the other party in all respects except for the copyright and restrictions to its use by third parties and becoming part of the other party's property – as opposed to mere agreements on temporary use against payment of royalties – the contract is a sales contract for the purposes of the CISG*", pp. 34-35, para. 18.

[278] Ver, *e.g.* IPAG (Intellectual Property Agreement Guide) Model Agreements, disponíveis em: [http://www.wipo.int/amc/en/center/specific-sectors/rd/ipag/].

always fit the interests of specific parties in international sale contract'[279]; e '*clients do not like the CISG because people exclude it*'[280]. Embora a primeira citação possa suscitar dúvidas quanto à percepção dos participantes sobre o status da CISG como regime jurídico equilibrado[281], essa também pode ter sido influenciada por outros fatores e experiências negativas ao invés de preocupações de ordem material sobre este regime jurídico, fatores esses que serão explorados adiante neste livro[282].

1.2.4.6. Lei doméstica ou CISG: qual regime fornece soluções jurídicas e econômicas mais adequadas?

Como vimos até aqui, considerações jurídicas e econômicas parecem andar lado a lado na escolha da lei aplicável, com variações dependendo da família jurídica à qual pertence a parte contratante. Também discutimos as razões pelas quais certos regimes jurídicos, incluindo a CISG, foram evitados pelos participantes da Pesquisa e buscamos revelar as causas subjacentes a predileções e resistências.

Resta-nos, portanto, indagar: qual é o regime que fornece soluções mais adequadas: a lei puramente doméstica ou a CISG?[283] O que podemos dizer entre a escolha de uma lei de um país terceiro (considerado por alguns como 'lei neutra') e a CISG? Qual alternativa fornece um *kit* de ferramentas jurídicas mais adequado e por quê?

[279] Resposta à Pergunta n. 8 da Pesquisa (Capítulo 1.2.4.3).

[280] *Id.*

[281] Ver C.P. Gillette & R.E. Scott, 'The Political Economy of International Sales Law', *International Review of Law and Economics*, Vol. 25, 2005, pp. 446-486, argumentando que "*Drafters of Uniform International Sales Law (ISL) must deal with political as well as commercial issues because they must meld different legal, governmental, and economic interests. The theory of uniform law that we elaborate predicts that efforts to accommodate these diverse political considerations will cause the law to be drafted at a high level of abstraction, explicitly to authorize numerous exceptions to the law's uniform application, and implicitly to tolerate significant variation in the interpretation of the (formally) uniform law. Commercial interests, however, require legal certainty and predictability so that parties involved in international trade are able to price the risks, including legal risks, that their contracts entail...Our analysis reveals, however, that the process of drafting ISL has been dominated by individuals concerned with political, rather than commercial interests. As a result, where commercial and political interests conflict, the ISL-creation process has subordinated the former to political concerns*") (p. 447).

[282] Consultar Capítulo 2 *infra*.

[283] É importante ressaltar que a CISG, uma vez preenchidos os requisitos internos de sua admissibilidade, torna-se lei doméstica do Estado contratante. Portanto, a questão diz respeito às soluções puramente domésticas em contraposição às da CISG.

Buscaremos responder a estas perguntas no decorrer deste livro[284] e começaremos com uma comparação das respostas da Pesquisa à Pergunta n. 8:

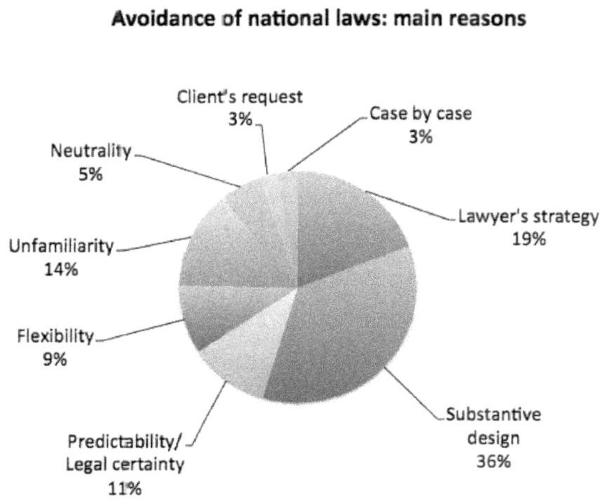

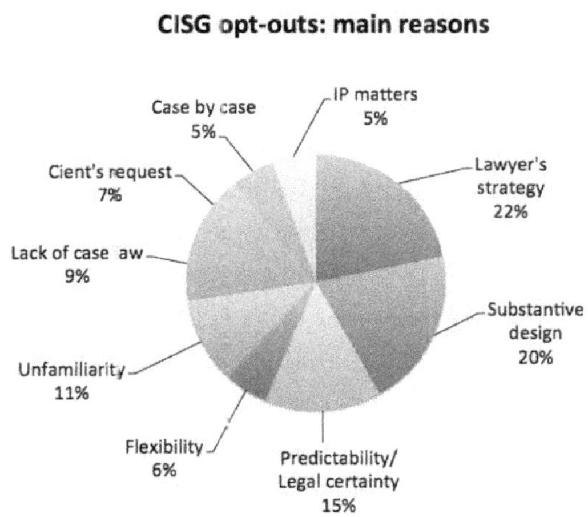

Como podemos ver a partir dos gráficos acima, existe uma significativa dose de estratégia envolvida na escolha da lei aplicável. O motivo '*estratégia do advogado*' alcançou percentuais muito semelhantes entre os participantes: 19% o fizeram para evitar a lei doméstica ao passo que 22% para excluir a aplicação da CISG.

[284] Ver, nesse sentido, Capítulo 5 *infra*.

Esta categoria abrange uma ampla gama de considerações vinculadas à estrutura do contrato, ao local do cumprimento das obrigações pactuadas e à tipologia contratual. Isso também inclui acessibilidade, caráter internacional, custos, preocupações quanto à execução do contrato, e instabilidades política e social na jurisdição pertinente. Reproduzimos, a seguir, comentários dos participantes a esse respeito: '*unconvinced that CISG struck the right balance*'; '*it is a question of balance. If I want balance, I go for the CISG. If I want to enforce obligations strictly, I go for specific national state laws*'; e '*national law more favorable than CISG*'.

Apesar dos comentários acima, não nos parece evidente até que ponto a '*estratégia do advogado*' englobaria elementos predominantemente racionais, ou, ao contrário, se essa categoria poderia ter sido ofuscada ou influenciada pela emoção e outros elementos não racionais: por exemplo, o que significa mais '*favorável*' no contexto da negociação do contrato, quando as posições ainda não estão plenamente definidas e são invariavelmente suscetíveis a fatores externos, não facilmente apurados no início da negociação[285]?

Outras semelhanças entre os motivos para evitar uma lei doméstica e excluir a aplicação da CISG incluíram '*conteúdo material*' (36% e 20% respectivamente), '*falta de familiaridade*' (14% e 11% respectivamente), '*flexibilidade*' (9% e 6% respectivamente) e '*previsibilidade/segurança jurídica*' (11% e 15% respectivamente).

Esses dados são relevantes, pois indicam que os participantes da Pesquisa, salvo pequenas diferenças numéricas, adotaram abordagens muito coincidentes ao tratar da lei puramente doméstica e da CISG. Os motivos para evitar determinada lei e optar por excluir a aplicação da CISG têm, portanto, semelhanças claras. Isso poderia corroborar ilações anteriores de que os participantes da Pesquisa teriam interpretado a Pergunta 8 como cenários contratuais nos quais uma determinada lei doméstica fora evitada para (i) impedir a aplicação de uma lei de compra e venda menos confiável e garantir às partes o benefício de uma lei mais aceitável ou adequada; (ii) evitar uma lei doméstica específica, de modo a escapar da aplicação da CISG (por várias razões, incluindo a falta de confiança de alguns desses participantes na aplicação da CISG pelas cortes judiciais[286]); e (iii) assegurar a aplicação de um dado regime jurídico, a respeito do qual as partes

[285] Essas variáveis serão melhor exploradas no Capítulo 2 *infra*.

[286] Ver razões para exclusão da aplicação CISG no Capítulo 1.2.4.5 *supra*.

tenham negociado. No entanto, devemos lembrar que esses participantes não foram instados a contextualizar suas escolhas com base na cláusula de eleição da jurisdição (cortes judiciais ou arbitragem)[287]. Da mesma forma, a Pesquisa não teve a intenção de mapear a experiência dos participantes dentro de um período pré-determinado (por exemplo, últimos 5 ou 10 anos), o que poderia quem sabe ter gerado outros resultados.

Qual é então a mensagem que os participantes da Pesquisa pretenderam transmitir?

Em primeiro lugar, essa coincidência de causas ou motivos mostra, por um lado, existirem alguns padrões estabelecidos, a partir dos quais os participantes abordam a decisão de escolha da lei aplicável; ou seja, existem características e atributos associados à lei aplicável preferidos entre os participantes. Por outro lado, essa coincidência de causas revelou que, embora certos elementos racionais possam ter sido apreendidos, a escolha de lei aplicável também é influenciada por fatores não racionais, o que pode ter conduzido os participantes da Pesquisa a escolher opções menos adequadas: os elevados percentuais de exclusão por força da '*estratégia do advogado*' podem reforçar essa premissa. Motivos como '*análise caso a caso*' e '*pedido do cliente*' também militam em favor da mesma premissa.

Embora a análise em torno da exclusão de leis domésticas não revele tendências específicas, os dados coletados permitem concluir que a CISG avançou em certas frentes nas quais fora outrora criticada: o motivo '*ausência de jurisprudência robusta*' por exemplo, foi citado por 9%, e '*falta de familiaridade*', mencionada por 11%[288]. Embora esses fatores sejam de grande importância, os percentuais não são alarmantes, e sinalizam uma conscientização gradual acerca da existência da CISG e de suas disposições.

Por outro lado, motivos como '*previsibilidade/segurança jurídica*' (15%) e '*conteúdo material*' (20%) ainda merecem reflexão e podem ser interpretados como o 'nó górdio' da CISG, na medida em que acendem um sinal de alerta em relação ao seu grau de atratividade, popularidade e uso. No entanto, não devemos desconsiderar a possibilidade de que os comentá-

[287] Consultar instruções da Pesquisa no Capítulo 1.2.3 *supra*.

[288] L. Spagnolo relata que a falta de familiaridade com a CISG também parece variar a depender da jurisdição: de cerca de 44% nos EUA, para um percentual muito menor na Alemanha, Áustria e na Suíça, onde foi relatado que menos de 2% dos advogados não tinham conhecimento da CISG. Ver L. Spagnolo, *CISG Exclusion and Legal Efficiency*, *supra* nota 141, pp. 152-153.

rios produzidos nessas categorias também possam ter sido afetados por elementos não racionais, ocultando, destarte, as reais causas e fatores que informam a exclusão de aplicação da CISG.

Em suma, os fatores orientadores das escolhas das partes parecem estar divulgados nos resultados da Pesquisa, embora seu verdadeiro significado e extensão não sejam inteiramente claros: as partes buscam um regime jurídico que lhes forneça liberdade contratual e flexibilidade para estabelecer os deveres, direitos e obrigações das partes no contrato. As partes também buscam um regime jurídico inteligível e de fácil compreensão, portanto facilitador da transação. A neutralidade[289] e o caráter internacional[290] foram apontados por un número significativo de participantes como características desejáveis na lei aplicável.

Os participantes também demonstraram uma tendência de analisar conjuntamente a lei aplicável, a jurisdição (cortes judiciais ou arbitragem) e os mecanismos de execução da decisão resultante[291] (o 'tripé' previsibilidade, custo e tempo), a fim de antecipar os riscos e as medidas jurídicas a serem tomadas no curso de uma potencial disputa[292].

Os participantes também citaram a escolha do foro, incluindo sua adequação e previsibilidade, como uma importante consideração no processo de negociação e tomada de decisão. Os comentários adicionais fornecidos pelos participantes sugerem o temor de resultados indesejados, mecanismos coercitivos ineficientes e de decisões tendenciosas emanadas de cortes judiciais[293]. A arbitragem foi citada como um método de resolução de disputas que minimizaria as preocupações quanto à previsibilidade da aplicação de regras, da sentença resultante do procedimento e da sua exe-

[289] Pergunta n. 7 da Pesquisa (Capítulo 1.2.4.3), cuja resposta revelou que o atributo 'neutralidade' fora selecionado por 42.29% dos participantes.

[290] Pergunta n. 7 da Pesquisa (Capítulo 1.2.4.3), cuja resposta revelou que o atributo 'caráter internacional' fora selecionado por 42.29% dos participantes.

[291] Douglass C. North observa que os custos de cumprimento dos arranjos contratuais fazem parte do cômputo total da medição de valor atribuída ao processo de troca. O autor também nota que *"[...] It is costly to measure performance and people's behavior and therefore performance can be influenced by their conviction about the fairness or justice of contracts"*), D.C. North, *supra* nota 208, p. 10.

[292] L. G. Meira Moser, *supra* nota 6, p. 33.

[293] L. G. Meira Moser, *supra* nota 6, p. 33. Ver, por exemplo, Pergunta n. 1 da Pesquisa (Capítulo 1.2.4.1); Pergunta n. 2 da Pesquisa (Capítulo 1.2.4.1); Pergunta 3 da Pesquisa (Capítulo 1.2.4.1); Pergunta n. 4 da Pesquisa (Capítulo 1.2.4.2); Pergunta n. 5 da Pesquisa (Capítulo 1.2.4.2); Pergunta n. 6 da Pesquisa (Capítulo 1.2.4.2); e Pergunta n. 7 da Pesquisa (Capítulo 1.2.4.3).

cução[294]. Identificamos na Pesquisa pontos de intersecção entre a escolha do foro (cortes judiciais ou arbitragem) e a lei aplicável, de modo que o tema será posteriormente explorado neste livro[295].

Os participantes enfatizaram a importância de determinados atributos na lei aplicável, e a escolha variou de acordo com a posição da parte na transação. Além disso, a experiência – positiva ou negativa – com a contraparte e a lei escolhida também foram apontados como fatores que influenciam a decisão de uma parte sobre a escolha da lei aplicável. Temos visto que fatores não racionais, para o bem ou para o mal, provavelmente desempenharão um papel na escolha da lei que regerá o contrato. Embora admitamos que essas variáveis fazem parte dos processos decisórios, discutiremos como identificar e as controlar para melhorar o bem-estar da parte contratante[296].

Os leitores podem ter sido surpreendidos com determinados resultados da Pesquisa, os quais revelaram incongruências entre teoria e prática – ou seja, uma incompatibilidade entre a intenção das partes e as suas reais escolhas. De fato, em negociações contratuais as partes frequentemente optam por leis aplicáveis com base em negócios anteriores, experiências positivas e negativas com o parceiro de negociação e/ou transação[297]. No processo de escolha da lei aplicável, as partes também podem usar o raciocínio dedutivo. No entanto, não devemos ignorar o fato de que as preferências individuais são altamente singulares e sujeitas a influências subliminares, conduzindo a cenários nos quais as escolhas tomadas nem sempre são racionais. Por exemplo, algumas partes podem simplesmente optar por seguir os passos de uma outra parte[298]; outros podem estar completamente alheios, inconscientes, desinteressados – ou, ainda, não serem suficientemente sofisticados para apreciar a importância da lei aplicável, seja porque não foram representados por advogados ou devido ao comportamento reprovável destes, o que aliás poderia suscitar questões de negligência profissional[299].

[294] Ver, por exemplo, a Pergunta n. 1 da Pesquisa (Capítulo 1.2.4.1); Pergunta n. 2 da Pesquisa (Capítulo 1.2.4.1); Pergunta n. 3 da Pesquisa (Capítulo 1.2.4.1); e Pergunta n. 4 da Pesquisa (Capítulo 1.2.4.2).

[295] Ver, nesse sentido, Capítulo 4 *infra*.

[296] Ver, nesse sentido, Capítulo 2 *infra*.

[297] L. G. Meira Moser, *supra* nota 6, p. 54.

[298] *Id.*

[299] Ver *supra* notas 197 e 199.

Portanto, em alguns casos, podemos não compreender as razões que subjazem às escolhas das partes: os reais motivos podem residir em necessidades e ganhos instantâneos, valências afetivas[300], instintos ou outros fatores sugestivos. A conscientização em torno dos elementos que influenciam as escolhas de tomada de decisão, racionais ou não, pode auxiliar as partes contratantes a tomar precauções e implementar estratégias na tentativa de alcançar benefício mútuo a partir da transação[301]. E é precisamente isso que pretendemos desenvolver nos capítulos subsequentes: em primeiro lugar, apreender e apreciar a ampla gama de vontades das partes e os fatores que influenciam os processos decisórios; em segundo lugar, elaborar e discutir as várias formas de alcançar melhores resultados, filtrando armadilhas e erros cognitivos indesejados, além de focar na racionalidade contratual e como extrair o melhor do contrato ao escolher a lei aplicável mais adequada.

A Pesquisa foi uma das primeiras do gênero a utilizar várias abordagens para revelar os processos de tomada de decisão sobre a lei aplicável. Ao fazê-lo, a Pesquisa, que englobou um grande número de jurisdições, divulgou elementos-chave da discussão das partes contratantes na mesa de negociação. No entanto, certamente há espaço para melhorias para uma futura edição da Pesquisa. Em particular, destaca-se o método e o perfil dos participantes (advogados de empresa, advogados de escritórios, acadêmicos ou tomadores de decisão), o respectivo grau de experiência, contratos com períodos pré-estabelecidos, a ampliação da representatividade de participantes provenientes de determinadas jurisdições, além da opção de oportunizar ao participante propor alterações aos regimes jurídicos existentes.

Para concluir, os resultados da Pesquisa também foram fundamentais para desencadear outras áreas de estudo relacionadas aos processos decisórios, incluindo, mas não se limitando a diversos fatores jurídicos (ou não) capazes de influenciar as decisões de escolha de lei aplicável, e que serão explorados neste livro.

[300] M.I. Fraidin, *supra* nota 209, p. 921, notando que uma escolha entre opções é por vezes baseada no fato de que tal opção gera em nós uma emoção favorável.

[301] L. G. Meira Moser, *supra* nota 6, p. 54.

1.3. Análise Comparativa

1.3.1. Resumo dos resultados

Estudos e pesquisas anteriores certamente foram úteis para sedimentar a posição da arbitragem como o fórum preferido de resolução de disputas originadas de contratos transfronteiriços. Os esforços pretéritos foram fundamentais para revelar as vantagens da arbitragem em relação ao contencioso judicial. Os estudos também indicaram preferências e motivos para a escolha de lei para reger suas transações. Familiaridade, a famigerada tática do '*jogar em casa*', o '*medo do desconhecido*' e a '*semelhança*' com sua própria lei são as principais razões pelas quais as partes contratantes escolhem a lei aplicável.

Inclinações relativas à determinada lei e interações com o foro também foram reconhecidas pelos participantes, no sentido de que estes entendem que esse desempenha certo papel para a escolha da lei aplicável. Nesse sentido, as seguintes respostas sustentam tal afirmação: '*neutralidade*'[302], '*estabilidade política e econômica*'[303] na jurisdição relevante e '*sistema judicial confiável*'[304]. A lei aplicável preferida foi revelada e classificada por esses estudos anteriores[305].

Pesquisas anteriores indicaram, também, que as decisões em torno da escolha de lei aplicável foram influenciadas principalmente pela familiaridade das partes com os regimes jurídicos escolhidos – com preferência dos participantes por sua própria lei e foro – e pela neutralidade da lei[306]. Esses estudos são reconhecidos como pioneiros em relação às principais preocupações de uma parte contratante em uma decisão de escolha de lei aplicável e de foro. No entanto, devemos interpretar os resultados obtidos nessas pesquisas e estudos anteriores com cautela e realismo.

[302] Ver, por exemplo, a Pergunta n. 1 da Pesquisa (Capítulo 1.2.4.1); o estudo de Cuniberti de 2013 sobre as leis mais atraentes (Capítulo 1.1.2); e a Pesquisa da Queen Mary de 2010 (Capítulo 1.1.2).

[303] Pergunta n. 4 da Pesquisa (Capítulo 1.2.4.2).

[304] Ver *supra* nota 293.

[305] Consultar, em particular, no Capítulo 1.1.2 *supra*: (i) o estudo de 2005 pelo *Oxford Institute of European and Comparative Law* em parceria com *Clifford Chance*; (ii) o estudo de S. Voigt de 2008; (iii) estudo de 2008 pelo Oxford Civil Justice Survey, co-conduzido pelo *Oxford Institute of European and Comparative Law* e *Oxford Center for Socio-Legal Studies*; (iv) as entrevistas telefônicas de 2010 *da Law Society of England and Wales*; (v) a Pesquisa da Queen Mary de 2010; e (vi) o estudo de Cuniberti de 2013 sobre as leis mais atraentes.

[306] S. Vogenauer, *supra* nota 20, pp. 39-60.

Essa ressalva é importante porque o escopo da maioria dos estudos mencionados acima foi limitado – em número de países ou regiões – ou se restringia a tipos específicos de contratos, ou, ainda, a dados fornecidos por uma única instituição arbitral. Este autor acredita que os estudos anteriores não são suficientes para traçar generalizações em torno do tema da escolha de lei aplicável, nem permitem uma análise mais aprofundada dos processos decisórios em transações transfronteiriças, principalmente pelas três seguintes razões. Em primeiro lugar, conforme mencionado anteriormente, o escopo desses estudos foi circunscrito principalmente a regiões e tipos específicos de contratos. Por exemplo, alguns dos estudos se concentraram exclusivamente nas exclusões de aplicação da CISG, ao invés de explorar as razões para tal comportamento ou alternativas para mudar esse cenário. Em segundo lugar, o foco das questões, nas pesquisas anteriores, foi bastante geral e impulsionado principalmente por estatística. Em terceiro lugar, as pesquisas não pareciam ser dedicadas às particularidades da lei escolhida, mas sim às tendências gerais relativas à escolha da lei aplicável.

Os fatores internos e externos motivadores das escolhas dos participantes nas pesquisas anteriores permanecem desconhecidos. As principais preocupações das partes não foram exploradas e, da mesma forma, não foram discutidas as alternativas para o aprimoramento das decisões dos agentes negociais. Os esforços anteriores empreendidos, embora louváveis, foram focados principalmente em dados estatísticos e preferências gerais, e não nas causas subjacentes. Isso não permitiu a identificação de erros rotineiros nos processos de tomada de decisão entre os contratantes, resultando, portanto, na ausência de discussão sobre mecanismos que pudessem intervir, modificar e melhorar o desfecho de decisões no contexto da escolha da lei aplicável.

1.3.2. Sopesamento de considerações práticas e jurídicas, e a 'caixa preta'

Apesar da reconhecida importância dos estudos anteriores, aparentemente houve uma lacuna na análise dos processos decisórios das partes contratantes: os dados disponíveis pareciam incapazes de jogar luz sobre os detalhes por trás da decisão da escolha da lei aplicável – as principais características e atributos de uma lei de regência permaneceram inexplorados, e a possível interação do desenho substantivo de uma lei e as preocupações do foro competente também não foram trabalhados. Além disso, não foram investigadas tais considerações sob o aspecto econômico. Acima de tudo, parecia que os estudos anteriores não perguntavam *'como e por que'* as partes contratantes optam por uma lei ao invés de outra, ou por qual razão as excluíam.

A Pesquisa tem o mérito de trazer uma abordagem interdisciplinar: *'sabores'* de direito, economia e psicologia fizeram parte da *'receita'* da Pesquisa, tudo na tentativa de investigar e revelar, na medida do possível, as múltiplas forças motrizes que orientam a escolha de uma parte contratante. A Pesquisa não se limitou a apenas *'revelar'* as forças motrizes. Os objetivos eram duplos, de modo que também buscamos as analisar, a fim de ajudar os leitores a pensar *'fora da caixa'* em contextos internacionais.

A Pesquisa destaca-se por revelar mecanismos para melhorar a eficiência das decisões das partes contratantes. Isso contrasta com estudos anteriores, os quais foram primordialmente orientados por estatísticas. Ao revelar preocupações jurídicas e econômicas, influenciadas por fatores psicológicos, a Pesquisa reforça o conhecimento das partes contratantes sobre as *'regras do jogo'* em um contexto de negociação. Isso permite que as partes identifiquem, quantifiquem ou precifiquem os fatores controláveis e, posteriormente, enfrentem, gerenciem melhor e minimizem os efeitos de fatores menos controláveis. Tudo isso resultará na tomada de decisões mais eficientes para as partes contratantes.

Além de seu valor pragmático, espera-se que a Pesquisa, ao menos em certa medida, tenha abordado com sucesso as principais considerações jurídicas e econômicas das partes que negociam a lei aplicável aos seus contratos de compra e venda internacional. Por isso, visa servir como um *kit* prático de ferramentas para as partes contratantes, consultores jurídicos, profissionais do direito de um modo geral e outros interessados, para a melhor compreensão dos multifacetados mecanismos de escolha da lei aplicável.

A Pesquisa também fornece uma visão sobre a análise de custo-benefício exercida pelos envolvidos na compra e venda transfronteiriça, incluindo táticas de negociação e comportamento estratégico na mesa de negociação da lei de regência contratual na compra e venda transfronteiriça. Por fim, a Pesquisa teve ainda como objetivo revelar a presença de heurísticas e vieses cognitivos na escolha da lei aplicável[307]. Ao expor possíveis *'falhas*

[307] Esse tópico será discutido em detalhe no Capítulo 2 *infra*.

cognitivas' nos processos de tomada de decisão, a Pesquisa oferece aos leitores mecanismos para otimizar suas decisões.

Nos capítulos subsequentes, apoiados em evidências, revelaremos os gatilhos mentais que influenciam os processos decisórios, fatores não racionais que comumente influenciam a forma como as partes abordam esse tema, e as consequências resultantes de suas escolhas. Estabelecido este cenário, discutiremos como os identificar e controlar, trazendo benefícios para a parte contratante, além de mecanismos para mapear os custos de mercado e os riscos aos quais as partes estão (conscientemente ou não) rotineiramente expostas. Além disso, jogaremos luz sobre o desenho peculiar do contrato e os métodos para o gerenciar adequadamente em um contexto internacional, na tentativa de tomar decisões mais acertadas e obter resultados mais eficientes. Finalmente, apresentaremos alternativas para escapar da tática de *'queda de braço'* na compra e venda transfronteiriça e as testaremos para avaliar sua eficácia, visando equipar os profissionais do direito de ferramentas adequadas para facilitar a compra e venda internacional.

Vimos até aqui que as partes contratantes têm preferências jurídicas e econômicas e inclinações a certos aspectos da lei de regência contratual e, provavelmente, a escolherão influenciados por uma miríade de razões. No entanto, como mencionado, as perguntas que buscamos responder neste livro são o porquê as partes decidem da forma como decidem e como o fazem; quais são os principais gatilhos e quanto esforço racional é colocado no processo de decisão a respeito da lei de regência contratual. Ao abordar essas questões, também buscamos descobrir o quanto dessa escolha é baseada em elementos emocionais.

Ao discutir criticamente estudos empíricos de escolha de lei aplicável, esperamos que este capítulo sirva de alicerce para os próximos, permitindo que os leitores entendam melhor os processos de tomada de decisão, apreciando as aptidões teóricas dos contratantes e o complexo mercado no qual se inserem, sua interação e as opções disponíveis mais adequadas para a maximização dos ganhos. No próximo capítulo, exploraremos, portanto, o fascinante e inexplorado *'mundo subconsciente das partes contratantes'*.

2
O INEXPLORADO MUNDO SUBCONSCIENTE DAS PARTES CONTRATANTES

Como outrora argumentamos, a literatura jurídica tem concentrado esforços na tentativa de explicar a escolha da lei, incluindo as decisões conducentes a uma lei de regência, ou, em alguns casos, a múltiplas leis.

No entanto, raro são os esforços dedicados a identificar e revelar, em termos empíricos, as escolhas e preferências das partes em contratos internacionais. Os fatores e os motivos subjacentes capazes de desencadear certas decisões são, muitas vezes, desconhecidos e alheios aos agentes de mercado e leigos em geral. Assim, algumas questões práticas são rotineiramente deixadas sem resposta: como as partes contratantes tomam decisões na prática negocial? O que determina as principais escolhas contratuais, tais como a lei de regência de um contrato relativo a uma compra e venda internacional? Tais decisões fazem parte de um processo racional ou estão baseadas, principalmente, em intuição? Qual o peso atribuído à racionalidade e à intuição e por quê? Podemos controlar essas variáveis? Podemos melhorar essas escolhas[308]?

Para responder a essas perguntas, na primeira parte deste capítulo os leitores são convidados a considerar uma discussão teórica sobre os processos de tomada de decisão racional e intuitivo. Na segunda e última parte deste capítulo, destacaremos os resultados da Pesquisa[309] sob outra pers-

[308] A análise deste tema foi também publicada em L. G. Meira Moser, 'Inside Contracting Parties' Minds: The Decision-making Processes in Cross-border Sales' *J. Int Disp Settlement*, Vol. 8, Issue 2, 2017, pp. 250-279.
[309] Ver mais sobre a Pesquisa no Capítulo 1.2 *supra*.

pectiva. Conforme discutido anteriormente, a Pesquisa incluiu um largo leque de questões[310]; desta sorte, a parte final deste capítulo se concentrará nos resultados pertinentes ao tema desta exposição: 'processos decisórios'.

Argumentaremos que os processos decisórios são rotineiramente influenciados por vieses cognitivos ou erros de estimativas ou probabilidades, levando a irracionalidades e a cenários onde as partes contratantes podem simplesmente '*deixar de lado*' um negócio mais vantajoso. Argumentaremos, ainda, que as emoções podem impedir a tomada de decisão mais benéfica dentro de um determinado contexto comercial.

Assim, ao revelar a desatenção e rotineiro desapego das partes contratantes no tocante à estimativa de probabilidades, valores e precificação de escolhas, analisaremos certas técnicas que permitem tornar essas decisões mais racionais e obter resultados mais eficientes. Essas técnicas poderão, ainda, contribuir para desenvolver mecanismos preventivos que ajudem na identificação de situações em que se sabe que as partes estarão mais predispostas a adotar atalhos cognitivos, de modo que possamos intervir para modificar esses comportamentos e, possivelmente, influenciar o desfecho da decisão.

2.1. Escolhas racionais

Daniel Kahneman, psicólogo agraciado em 2002 com o Prêmio Nobel da Economia, distingue dois sistemas de pensamento por meio dos quais tomamos decisões: o Sistema 1 – o subconsciente, operando de forma rápida e eficaz; e o Sistema 2 – o sistema consciente e direcionado que, não obstante, opera de forma lenta e ineficiente. O Sistema 1 produz impressões e sentimentos, que servem de amparo e base às crenças e escolhas articuladas pelo Sistema 2.

Kahneman assevera que '*o Sistema 1 se sobressai na construção da melhor narrativa possível que incorpore as ideias presentes, mas ele não considera (e não consegue considerar) informações que não possui. A medida do sucesso do Sistema 1 é a coerência da narrativa por ele criada. A quantidade e qualidade da informação em que a narrativa se baseia são, em grande medida, irrelevantes... A combinação de um sistema que procura a coerência, Sistema 1, e o Sistema 2, que é preguiçoso, implica que o Sistema 2 apoiará muitas crenças intuitivas, cujo conteúdo se aproximará das impressões criadas pelo Sistema 1*'[311].

[310] L. G. Meira Moser, *supra* nota 6.

[311] D. Kahneman, *Thinking, F., & Slow*, Straus and Giroux, New York, 2011, pp. 85-86.

Nesta secção, analisaremos o Sistema 2 de Kahneman, isto é, o sistema deliberativo e esforçado, que executa escolhas racionais. Nunca é demais lembrar que, sob uma perspectiva racional, indivíduos tomam decisões utilizando uma estratégia compensatória. Eles identificam e avaliam todas as opções disponíveis, analisam e ponderam todos os atributos relevantes de cada opção, e então escolhem a opção considerada mais favorável[312].

Nesse sentido, os tomadores de decisões avaliariam e comparariam todas as possibilidades disponíveis, e decidiriam pelas que maximizassem o seu bem-estar. Isso ocorre porque a racionalidade é manifestada como uma forma de coerência interna e uma coerência lógica, dentro de um sistema de crenças e preferências[313]. Richard Posner definiu a racionalidade de uma forma bastante singela: '*racionalidade é escolher o melhor meio para atingir o fim de quem o escolhe*'[314]. Naturalmente, este processo requer que as partes contratantes façam inferências sobre determinados fatos por aplicação dos princípios da lógica dedutiva a toda a informação conhecida e relevante. Uma escolha racional implica, portanto, coerência interna; crenças e escolhas têm que fazer sentido e estar logicamente conectadas.

Tversky e Kahneman afirmam que a tomada de decisões sob risco segue um modelo de utilidade esperada. Esse modelo é baseado em uma série de axiomas (por exemplo, a transitividade de preferências), que estabelece os critérios para a tomada de escolhas racionais. As escolhas de um indivíduo correspondentes aos axiomas poderão ser descritas em termos da utilidade dos vários desfechos possíveis. A utilidade de uma perspectiva de risco é igual àquela esperada dos seus desfechos, obtida mediante a ponderação da utilidade de cada desfecho possível e de sua probabilidade. Quando confrontado com uma escolha, um indivíduo racional preferirá a perspectiva que oferece a mais elevada utilidade[315].

312 C. Guthrie, *supra* nota 206, p. 427.

313 B.A. Mellers, A. Schwartz & A.D.J. Cooke, 'Judgment and decision making', *Annual Review of Psychology*, Vol. 49, 1998, pp. 449-450. Sobre o tema, ver também Kahneman, para quem '*The common conception of rationality also requires that preferences or utilities for particular outcomes should be predictive of the experiences of satisfaction or displeasure associated with their occurrences...*', A. Tversky & D. Kahneman, *supra* nota 34, p. 458.

314 R. A. Posner, 'Rational choice, behavioral economics, and the law', *Stanford Law Review*, Vol. 50, 1998, p. 1551.

315 Tversky & Kahneman, *supra* nota 34, p. 453.

2.1.1. Estratégia compensatória e maximização de benefícios

Ao aludirmos à discussão teórica empreendida acima, poder-se-ia aventar que, na escolha da lei aplicável, as partes processam todas as informações disponíveis, fazem escolhas, e executam comportamentos de uma forma calculada, visando maximizar a sua utilidade esperada, isto é, maximizar o diferencial entre os benefícios e os custos projetados[316]. Em outras palavras, as partes contratantes tomariam decisões realizando uma análise de custo-benefício para atingir resultados considerados eficientes à luz da teoria da eficiência de Pareto[317]. Um cenário é considerado 'Pareto eficiente' se for impossível de o alterar de modo a permitir que pelo menos uma pessoa se beneficie (em sua própria avaliação) sem prejudicar a contraparte (novamente, de acordo com a sua própria avaliação)[318]. A ideia é que ambas as partes possam mutuamente beneficiar-se da transação.

Como exemplo prático, imagine-se um cenário em que o contrato de compra e venda – sendo que o fator tempo é essencial – prevê que o vendedor deve entregar os bens no dia X, recebendo Y como pagamento. Porém, outro contrato de compra e venda prevê que se o vendedor entregar os bens um dia antes do dia X, ele receberá como pagamento Y+. Em teoria, o segundo contrato poderá ser mutuamente benéfico: como o fator tempo é essencial, a chegada antecipada dos bens beneficia o comprador e o vendedor receberia pagamento superior.

2.1.2. Lógica dedutiva e limitações de cognição

Conforme mencionado, na lógica da racionalidade, parte-se da premissa de que os agentes econômicos atuam em interesse próprio enquanto operadores de mercado, buscando maximizar o seu bem-estar. Consequentemente, confrontados com uma lista de opções, as partes contratantes, usando o mecanismo da lógica dedutiva, identificam e selecionam as opções

[316] R. B. Korobkin, *supra* nota 207, p. 2.

[317] Ver R. Cooter & T. Ulen, *supra* nota 2, p. 44. Adicionalmente, ver B. E. Hermalin, A. W. Katz & R. Craswell, 'The Law and Economics of Contracts', *in* A. M. Polinsky & S. Shavell (Eds.), *Handbook of Law and Economics*, Elsevier, New York, 2007, p. 16 (observando que, '*as a welfare criterion, Pareto efficiency evaluates a proposed allocation among a set of actors by asking whether there exists a second allocation that (i) none of the actors prefer less than the proposed allocation and (ii) at least one of the actors actually prefers to the proposed allocation. If no such second allocation exists, the proposed allocation is deemed efficient*').

[318] R. Cooter & T. Ulen, *supra* nota 2, p. 44.

que apresentam qualidades[319] que as levariam a resultados mais desejados, isto é, geram o máximo montante de lucro. Para executar estas ações, as partes contratantes efetuam inferências precisas e lógicas a partir da informação que lhes é disponibilizada.

No entanto, a análise e comparação de todas as opções disponíveis somente seria factível mediante extraordinário dispêndio de energia e tempo. Isso poderá ser inatingível em certos contextos decisórios, somado a limitadas habilidades de processamento de informações de um indivíduo, em tais cenários, parece ser aparentemente inapropriado que as decisões sejam tomadas de acordo com o modelo do Sistema 2 de Kahneman, onde a mente é mais lenta, opera com base em regras, é analítica e controlada, e onde a razão domina. Decisões tomadas de acordo com o modelo do Sistema 2 requerem um nível de esforço cognitivo que poderá não ser compatível com certos contextos, à exemplo do que ocorre na decisão acerca da lei de regência de contratos internacionais.

Consequentemente, enquanto escolhem a lei para governar o contrato, as partes raramente avaliam os seus pormenores, e, ao invés, seguem os passos de outros indivíduos quando confrontados com a mesma situação. Isto poderá explicar as razões pelas quais certas leis são escolhidas de acordo com a neutralidade política da jurisdição na qual estão inseridas, por exemplo, a lei suíça[320].

O raciocínio subjacente também pode ser entendido através do trabalho de Korobkin, ao assinalar que '*...indivíduos são compreendidos não como implacáveis otimizadores, mas como seres humanos de racionalidade enviesada composta de energia e atenção cognitiva limitadas, e se valem de uma cacofonia de atalhos heurísticos*'[321]. Na mesma linha de pensamento, Zajonc sintetiza: '*Por vezes iludimo-nos a pensar que procedemos de uma forma racional e que pesamos todos os prós e contras das várias alternativas. No entanto, este é provavelmente um*

[319] No entanto, como D. C. North aconselha: '*To the degree that any valued attribute is too costly to be able to measure perfectly then, we have some dissipation of income as a result of a failure to be able to measure it*', *supra* nota 208, p. 9.

[320] Ver os resultados empíricos relacionados com a escolha da lei aplicável em contratos transnacionais: S. Voigt, *supra* nota 65; S. Vogenauer, *supra* nota 66.

[321] R. Korobkin, 'What comes after victory for behavioral law and economics', *U. Ill. L. Rev.*, No. 5, 2011, p. 1660 (tradução não oficial de: '*individuals are understood not as ruthless optimizers, but as boundedly rational human beings who have a limited supply of cognitive energy and attention and rely on a cacophony of heuristic cues*').

caso raro. Na maioria das vezes, a informação recebida acerca das alternativas serve-nos menos para tomar uma decisão e mais para a justificarmos posteriormente.'[322].

Essas limitações cognitivas são atribuídas à 'racionalidade enviesada' do ser humano, um conceito primeiramente introduzido por Herbert Simon[323]. Esse conceito refere-se ao fato que as capacidades cognitivas não são infinitas; somos, lamentavelmente, falíveis e suscetíveis a erros no processamento e avaliação de informações. Conforme mencionado, Kahneman distingue dois modelos de pensamento por meio dos quais tomamos decisões. Já se expôs sobre o Sistema 2, que trata do pensamento consciente e direcionado. Kahneman defende que a diferença nos esforços empreendidos oferece o indicador mais útil sobre como um específico processo deve ser alocado ao Sistema 1 ou ao Sistema 2. Consequentemente, em situações em que há restrições temporais, financeiras e de energia, como as decisões sobre a lei aplicável, a decisão parecer ser mais afeita ao Sistema 1, apesar de não ser necessariamente uma decisão consciente da parte contratante.

Kahneman explica que assim o é porque '*nós respondemos ao mundo de maneiras as quais não estamos conscientes e não controlamos. As operações do Sistema 1 são rápidas, não exigem grandes esforços, são associativas e frequentemente com grande carga emocional; estão também governadas pelo hábito, portanto são difíceis tanto de modificá-las quanto de controlá-las*'[324]. O Sistema 1 vai apreendendo associações entre ideias (por exemplo, um indivíduo que associa a lei suíça como uma boa escolha de lei de regência do contrato porque um colega de trabalho obteve recente experiência de sucesso com a lei suíça, ou que associa a lei inglesa no âmbito de uma escolha de lei de regência como mais eficiente dado os numerosos relatórios publicados que descrevem a eficiência das cortes inglesas); e também vai desenvolvendo habilidades

[322] R. B. Zajonc, 'Feeling and thinking: Preferences need no inferences', *American psychologist*, Vol. 35, No. 2, 1980, p. 155 (tradução não oficial de: '*We sometimes delude ourselves that we proceed in a rational manner and weigh all the pros and cons of the various alternatives. But this is probably seldom the case. Most of the time, information collected about alternatives serves us less for making a decision than for justifying it afterward*'). Ver também J. Plamper, *The history of emotions: An Introduction*. Oxford University Press, Oxford, 2015.

[323] H. A. Simon, 'A Behavioral Model of Rational Choice', *Quarterly Journal of Economics*, Vol. 69, 1955, pp. 99-118.

[324] Entrevista disponível em [http://www.strategy-business.com/article/03409?gko=7a903] (tradução não oficial de: '*we respond to the world in ways that we're not conscious of, that we don't control. The operations of System 1 are fast, effortless, associative, and often emotionally charged; they're also governed by habit, so they're difficult either to modify or to control*').

como ler e entender as nuances de contextos sociais. Este conhecimento é arquivado na memória e consultado de maneira não intencional e sem esforço. No nosso exemplo, a associação da lei suíça com sucesso anterior não equivale à ideia de sucesso.

Como já referido, vários das ações mentais governadas pelo Sistema 1 são completamente involuntárias: por exemplo, o indivíduo no exemplo acima que subordina a sua escolha pela lei inglesa à eficiência das cortes inglesas, sem mais considerações. O Sistema 1 é rápido e eficiente, contudo, alerta Kahneman ser esse sistema incapaz de estimar os valores e probabilidades associados com cada opção disponível. Portanto, para ativar o Sistema 1 e executar decisões em tempo, apoiamo-nos na intuição[325].

2.2. Intuição

No âmbito de um processo decisório intuitivo[326], quando confrontados com informação limitada, os indivíduos utilizam atalhos mentais para tomar decisões. Em tais cenários, a decisão será tomada com base no sucesso ou fracasso num ambiente de mundo real, e não de acordo com regras lógicas e/ou matemáticas[327]. É um processo cognitivo simplificado para tomar decisões diante de incertezas.

[325] R. Korobkin & C. Guthrie, *supra* nota 33, p. 798.

[326] *Id.* Sobre este ponto, ver também M.I. Fraidin, *supra* nota 209, referindo que '*[...] heuristics devices include 'availability' and 'representativeness', among other 'mental shortcuts' [...] The availability heuristic allows a decision-maker to reach a decision by immediate, reflexive reference to a different situation that comes readily to mind [...] The 'representativeness' heuristic similarly reflects a decision-maker's substitution of one item for another. A decision-maker who relies on the representativeness heuristic assesses a probability 'by the degree to which A is representative of B, that is, by the degree to which A resembles B' [...] 'Affect' or the good or bad feelings generated by a person or event, is another heuristic that sometimes drives decision-making*'. (pp. 919-920).

[327] Para mais informação sobre heurística e processos de escolha da lei aplicável, ver L. Spagnolo, 'Green Eggs and Ham: the CISG, Path Dependence, and the Behavioural Economics of Lawyers', *supra* nota 147 e L. Spagnolo, *CISG Exclusion and Legal Efficiency, supra* nota 141. Para um estudo sobre heurística e arbitragem internacional, ver L. Reed, 'The 2013 Hong Kong International Arbitration Centre Kaplan Lecture – Arbitral Decision-Making: Art, Science or Sport?', *Journal of International Arbitration*, Vol. 30, Issue 2, 2013, pp. 85-99. No mesmo sentido, embora alterando o foco para aspectos de direito e economia, Dr. Schultz identifica fatores extrajurídicos que podem influenciar o processo decisório na arbitragem. Ver ainda T. Schultz, 'Arbitral Decision-Making: Legal Realism and Law & Economics', *J. Int. Disp. Settlement*, Vol. 6, Issue 2, 2015, pp. 231-151. Finalmente, discutindo a abordagem

Os canais pelos quais a intuição flui livremente são comumente chamados de heurísticas. Uma das vantagens de se utilizar esses canais, ou atalhos mentais, é o efeito 'catalisador' e de 'economia decisória': gasta-se menos tempo para tomar uma decisão quando comparamos com os 'processos convencionais', o que pode ser particularmente atraente para a parte que os utiliza. Assim, esses atalhos mentais são apropriados em situações de limitação de tempo[328].

Por exemplo, num contexto de negócios, no qual os agentes de mercado operam sob pressão, com prazos e agendas apertadas, a escolha da lei aplicável pode ser alocada para a fase final das negociações. Essa opção, apesar de equivocada, é frequentemente considerada um 'detalhe periférico no desenho do contrato', sendo tratada como a cláusula da 'meia noite', no feliz anglicismo '*midnight clause*'.

2.2.1. Heurísticas

As heurísticas podem ser definidas como atalhos mentais que utilizamos para a tomada de decisões. Tversky e Kahneman identificaram vários mecanismos de heurística que frequentemente utilizamos para tomar decisões: 'disponibilidade' e 'representatividade'. Outros estudos identificaram igualmente atalhos mentais que influenciam decisões de forma semelhante, tais como a 'dependência do afeto', ou 'sentimentos gerados durante a tomada de decisão pela pessoa ou narrativa'[329].

No que respeita aos mecanismos por detrás desses atalhos, Kahneman argumenta que o conceito central de julgamentos intuitivos e preferências é a acessibilidade – a facilidade (ou esforço) com que determinados conteúdos nos vêm à mente. Kahneman explica, ainda, que a acessibilidade de

comportamental do processo decisório na arbitragem, ver S. Brekoulakis, 'Systemic Bias and the Institution of International Arbitration: A New Approach to Arbitral Decision-Making', *J. Int. Disp. Settlement*, Vol. 4, Issue 3, 2013, pp. 553-585.

[328] J. A. Maule & G. P. Hodgkinson, *supra* nota 32, p. 70. Nesse ponto, consultar também K. Hall, 'Why Good Intentions are Often Not Enough: The Potential for Ethical Blindness in Legal Decision-Making (November 4, 2009)', *in* R. Mortensen, et al. (Eds.), *Alternative Perspectives on Lawyers and Legal Ethics: Reimagining the Profession*, Routledge, London, 2010, cujo conteúdo está disponível em: [http://ssrn.com/abstract=1500137]. K. Hall argumenta que "*in the context of developing models of the ways in which people comprehend language, process information, utilize memory, develop judgments, make decisions and evaluate behavior, it has become increasingly clear that large parts of these mental processes occur outside of the view of the individuals involved*" (p. 3).

[329] M.I. Fraidin, *supra* nota 209, p. 919.

um pensamento é determinada, conjuntamente, pelas caraterísticas dos mecanismos cognitivos que o produzem e pelas características dos estímulos e eventos que os acionam[330].

Assim, é possível afirmar que os diferentes aspectos (substantivos) de, ou impressões sobre determinada lei de regência, bem como de seus atributos, podem ser explicados através da respectiva acessibilidade. Além disso, os determinantes da acessibilidade se subsumem às noções de estímulos salientes, atenção seletiva, treino específico, ativação por associação e efeito '*priming*' [331] ou 'pré-ativação' (considerado como um efeito ocorrente no momento de recepção de estímulos que afetam a percepção, o julgamento e/ou comportamento das partes, ainda que estas não os recordem ou percebam sua influência).

Oferecemos a seguir uma lista não-exaustiva de heurísticas relevantes[332]:

- **Heurística da representatividade:** a representatividade envolve concluir pela probabilidade de um evento com base na semelhança entre o evento em análise e/ou outras ocorrências.
- **Heurística da ancoragem e ajuste:** avaliamos um problema partindo de um ponto de referência inicial – com frequência um ponto que nos é sugerido – mas em relação ao qual não realizamos ajustes suficientes. Ancoragem e ajuste referem-se à tendência de os julgamentos favorecerem um valor a que se chegou inicialmente sem cômputo ou apenas com cômputo parcial.
- **Heurística da disponibilidade**: uma decisão é frequentemente tomada com base naquilo que mais facilmente se recorda, em um

[330] D. Kahneman, 'A perspective on judgment and choice: mapping bounded rationality', *American Psychologist*, Vol. 58(9), 2003, p. 699.

[331] D. Kahneman, *supra* nota 330, p. 699.

[332] A. Tversky & D. Kahneman, *supra* nota 34. Ver ainda J. A. Maule & G. P. Hodgkinson, *supra* nota 32, p. 69. Três heurísticas de julgamento foram citadas no trabalho de 1974, a saber: representatividade, disponibilidade, e ancoragem e ajuste, acompanhadas de uma dúzia de outros vieses, incluindo previsão não-regressiva, tendência de desconsiderar informação geral e focar em informação específica (pertencente a um caso específico), excesso de confiança e superestimativa da frequência de eventos fáceis de recordar. Alguns dos vieses foram identificados por erros sistemáticos em estimativas conhecidas e fatos estatísticos. Outros vieses foram identificados por discrepâncias sistemáticas identificadas entre as regularidades dos julgamentos intuitivos e os princípios da teoria da probabilidade, inferência bayesiana ou análise de regressão. Ver D. Kahneman, 'A perspective on judgment and choice: mapping bounded rationality', *supra* nota 330, p. 710.

dado momento. Isso se refere à forma como os julgamentos de probabilidade ou frequência são influenciados pela facilidade com que eventos pretérios ou memórias são lembrados ou acionados.

O emprego da heurística gera, rotineiramente, vieses cognitivos, levando indivíduos a distorcerem a realidade. Por conseguinte, indivíduos farão suposições ou generalizarão conclusões baseados na incompletude de fatos e informação. Exemplificamos alguns destes atalhos:

- **Efeito de enquadramento**: as diferenças na forma como uma pergunta é colocada podem gerar respostas muito diferentes. Tversky e Kahneman argumentam que se usa o termo "enquadramento decisório" para se referir à concepção do indivíduo que toma a decisão dos atos, resultados e contingências associados a uma escolha particular. O enquadramento adotado por esse indivíduo é controlado, em parte, pela formulação do problema e, em parte, pelas normas, hábitos, e suas características pessoais[333].
- **Efeito halo**: a partir do momento em que uma boa ou má impressão é formada, tal impressão é comumente intensificada de forma generalizada ou exagerada[334].

Viés *'status quo'*: os indivíduos tendem a preferir uma opção consistente com o atual estado das coisas[335].

Além da não-exaustiva lista de heurísticas acima, deve-se mencionar que esses atalhos são influenciados por experiências reais, moldadas em grande parte pela carga afetiva que lhes é atribuída.

2.2.2. Afeto

Preferências não são criadas no vácuo: dependem de um contexto de estímulos. Esse poderá incluir o ambiente como um todo ou, ou, ainda, poderá abarcar um contexto mais amplo, baseado em experiências passadas e presentes do indivíduo tomador de decisões[336].

333 A. Tversky & D. Kahneman, *supra* nota 34, p. 453.

334 J. A. Maule & G. P. Hodgkinson, *supra* nota 32, p. 69.

335 R. Korobkin & C. Guthrie, *supra* nota 33, p. 805.

336 K. Hall, *supra* nota 328, argumentando que '*because we are not able to consult a memory of our decision making processes, we unconsciously draw upon theories that are based on cultural or sub-cultural*

Os mecanismos de heurística demonstram que somos influenciados por experiências (passadas) e pela vontade de tentar modificar as situações do presente. É provável que indivíduos façam julgamentos relativamente a fatos existentes e a probabilidades futuras, de modo a reafirmarem suas crenças pré-existentes[337].

No entanto, a percepção é seletiva e a memória está sujeita a variáveis externas; assim, os resultados tipicamente atribuídos a certas alternativas poderão ser equivocadamente analisados[338]. Isso ocorre porque as decisões são invariavelmente tomadas sem um total conhecimento das suas respectivas consequências. Ademais, decisões tomadas em um contexto de incerteza reclamam a avaliação de dois atributos: o quanto se almeja os possíveis resultados e a probabilidade de sua ocorrência[339].

explanations of events, experience and observation to explain our actions') (p. 5). Para uma discussão sobre aspectos culturais, ver V. Gessner, *supra* nota 25.

[337] R. Korobkin & C. Guthrie, *supra* nota 33, p. 800, alegando que '*this tendency will often result in judgments compromised by what is called the 'self-serving' or 'egocentric' bias'*).

[338] Cooter et al. discutem outro viés cognitivo chamado de 'efeito do falso consenso', que tem lugar quando '*um indivíduo que projeta o seu próprio comportamento na sociedade superestima o número de pessoas que se comportam como ele. Este viés está relacionado intimamente com o que a literatura da psicologia intitula de efeito do falso consenso (EFC), e que se refere a situações em que o indivíduo erroneamente pensa que os outros concordam com ele. De acordo com o EFC, as pessoas tendem a superestimar o apoio social das suas próprias posições e subestimam o apoio social vindo de pessoas que têm opiniões opostas. Tudo indica que atores da sociedade tendem a formar uma ideia de falso consenso sobre uma parcela comum do seu próprio comportamento. Vários mecanismos psicológicos podem causar este viés 'tal-como-eu'. Um desses mecanismos é cognitivo: o indivíduo tem em conta posições com as quais concorda e ignora posições com as quais discorda. A atenção seletiva permite que a posição preferida domine o seu pensamento. As pessoas têm igualmente tendência para se associar com outras com quem partilham de forma geral as suas crenças, atitudes e valores*' (tradução não oficial de: '*an individual who projects his own behavior onto society overestimates how many others behave like he does. This bias is closely related to what the psychology literature calls the false consensus effect (FCE), which refers to a situation where people mistakenly think that others agree with them. According to the FCE, people tend to overestimate the social support of their own views and underestimate the social support for people who hold opposing views. Evidence suggests that social observers tend to form a false consensus with respect to the relative commonness of their own behavior. Several psychological mechanisms could cause just-like-me bias. One such mechanism is cognitive: a person may attend to positions with which he agrees and dismiss positions with which he disagrees. Selective attention allows his preferred position to dominate his consciousness. People also tend to associate with others who share their general beliefs, attitudes, and values.*', R. D. Cooter, M. Feldman & Y. Feldman, 'The misperception of norms: The psychology of bias and the economics of equilibrium', *Review of Law & Economics*, Vol. 4, Issue 3, 2008, pp. 897-898.

[339] A. Tversky & C.R. Fox, 'Weighing risk and uncertainty', *Psychological Review*, Vol. 102, No. 2, 1995, p. 269.

Nesse sentido, as partes contratantes podem ter simpatia, antipatia, sensibilidade ou maior inclinação relativamente a determinada lei. Incluídos nessa '*balança*' estão os gostos, aversões, predileções ou preconceitos, preferências, atitudes, impressões, aparências externas e sentimentos. Todos esses são importantes indicadores de percepção das partes contratantes. Certamente, muitas dessas percepções são o resultado de experiências de sucesso ou fracasso.

Na discussão sobre processos decisórios, as reações afetivas desempenham papel-chave. Isso porque as preferências, em geral, não se limitam simplesmente a calcular a combinação de preferências e ponderações. As atitudes constituem unidades de informação dotadas de afeto ou utilidades anexadas a si mesmas[340]. De acordo com os modelos prevalentes sobre afeto, uma reação afetiva, como gostar, não gostar, preferir, avaliar ou experimentar prazer ou descontentamento, é baseada num processo cognitivo anterior. Nesse processo são realizadas uma série de discriminações de conteúdo e identificação de qualidades, examinadas de acordo com seu valor e ponderadas pela respectiva contribuição. Finalizada essa tarefa analítica, o somatório dos componentes poderá gerar um julgamento afetivo[341].

Da mesma forma, antes de uma parte contratante decidir por essa ou aquela lei de regência, deverá ser reunido determinado conhecimento sobre tal lei, ou, ao menos, sobre alguns de seus traços distintivos. Assim, essas reações afetivas e o resgate do afeto ocorrem sem esforço. Reações afetivas a um estímulo poderão ser adquiridas em virtude de experiências com esse estímulo, embora ocorram desacompanhadas de um reconhecimento consciente[342].

De forma semelhante a essa ideia, Kahneman argumenta que a valência afetiva é uma avaliação natural e, portanto, é candidata a ser substituída por várias reações que manifestam atitudes. O autor refere ainda existir prova convincente no sentido de afirmar que cada estímulo evoca uma avaliação afetiva, e que essa nem sempre ocorre de modo consciente[343]. "Valência"

[340] R. B. Zajonc, *supra* nota 322, p. 158.

[341] R. B. Zajonc, *supra* nota 322, argumenta, ainda, que os julgamentos afetivos podem ser bastante independentes e preceder os tipos de operações perceptivas e cognitivas comumente presumidas como base desses julgamentos afetivos (p. 151).

[342] R. B. Zajonc, *supra* nota 322, p. 163.

[343] D. Kahneman, 'A perspective on judgment and choice: mapping bounded rationality', *supra* nota 330, p. 710. Há também estudos sobre percepção de risco nas preferências individuais.

é o que a psicologia define como o grau de atração ou aversão que o indivíduo sente em relação a um objeto ou evento específico.

A esse respeito, sentimentos positivos podem promover comportamentos que procuram a variedade, ao mesmo tempo em que podem levar o indivíduo a superestimar a probabilidade de eventos favoráveis e a subestimar a probabilidade de eventos desfavoráveis. Por outro lado, experiências negativas podem produzir um estreitamento de atenção e falha na busca por novas alternativas. Efeitos de enquadramento, contextos de estímulo, ambientes e modos de resposta podem influenciar de forma profunda as decisões e as preferências, de modo que poderão variar dependendo de cada um desses fatores[344].

Como já tratado, há uma clara relação entre afeto e cognição. Imagens associadas a sentimentos positivos e negativos guiam a formação de juízos e processos decisórios. A heurística de afetos é mobilizada para realizar essas avaliações, ou seja, as representações de objetos e eventos na mente das pessoas estão rotuladas em vários graus de afeto[345].

Em psicologia, 'saliência' se refere à facilidade em recordar eventos vívidos e recentes. Psicólogos têm concluído que as pessoas tendem a superestimar a probabilidade de eventos salientes e subestimar a probabilidade de eventos não salientes[346].

Além disso, nos processos decisórios ou de julgamento, as pessoas consultam ou têm por referência uma 'piscina de emoções'[347], na feliz expressão (*'affect pool'*) cunhada por P. Slovic e outros, cujo teor conteria todos os rótulos positivos e negativos, consciente ou inconscientemente associados com as representações. Tal como a imaginação, memória e similaridade servem como atalhos para julgamentos de probabilidade (por exemplo heurísticas de disponibilidade e de representatividade), razão pela qual o afeto pode servir de base para decisões importantes. Uma impressão afe-

Essa abordagem considera risco como uma construção multidimensional que inclui dimensões de temor, falta de familiaridade, falta de controle. Ver, nesse sentido, B.A. Mellers, A. Schwartz & A.D.J. Cooke, 'Judgment and decision-making', *supra* nota 313, p. 451.

344 B.A. Mellers, A. Schwartz & A.D.J. Cooke, 'Judgment and decision-making', *supra* nota 313, pp. 454-455.

345 R. D. Cooter, M. Feldman & Y. Feldman, *supra* nota 338, p. 896.

346 *Id.*

347 P. Slovic *et al.*, 'The Affect Heuristic', *in* T. Gilovich, D. Griffin & Daniel Kahneman, *Heuristics and biases: The psychology of intuitive judgment*, Cambridge University Press, Cambridge, 2002, pp. 400-401.

tiva facilmente disponível pode ser um recurso mais rápido e eficiente do que ponderar os prós e contras ou lembrar de exemplos relevantes, especialmente quando o julgamento ou decisão são complexos ou os recursos mentais são limitados[348].

Além disso, os indivíduos podem também estar influenciados pelo viés do 'status quo', de forma que tendem a realizar uma decisão consistente com o estado atual das coisas[349]. Isso também pode explicar a razão pela qual as partes contratantes tendem a manter certa prática, como a exclusão de determinadas leis ou a utilização de contratos-padrão, nos quais leis aplicáveis podem estar pré-definidas ou estabelecidas sem qualquer outra consideração[350].

2.2.3. O dilema do 'sabor do sorvete'

A análise teórica desenvolvida acima aplica-se à analogia do 'sabor do sorvete'[351]. Vejamos. Na hipótese de que um indivíduo geralmente aprecie sorvete, uma pergunta que surge (para o leitor) é se este mesmo indivíduo já pensou em como escolher um determinado sabor de sorvete? Pode ser a consistência, a cor, as calorias, os nutrientes (ou sua preparação e cultivo), questões de ordem ética, religiosa, ambiental, ou, até mesmo, parte de uma determinada dieta. Alternativamente, um indivíduo pode escolher um sabor porque escolheu (ou não) um sabor específico no passado, ou foi ensinado a escolher um ao invés de outros; a escolha pode ter sido influenciada por alguém que o recomendara, ou porque o indivíduo simplesmente gostou do sabor na última vez em que o experimentou. Talvez esse indivíduo não tenha qualquer ideia sobre o processo cognitivo subjacente à escolha do sabor do sorvete.

Os leitores podem estar se questionando neste momento: até que ponto essa analogia tem a ver com escolhas em contratos de compra e venda internacional? A resposta (que pode ser encontrada na discussão a seguir) pode ser surpreendente.

[348] *Id.*

[349] R. Korobkin & C. Guthrie, *supra* nota 33, p. 805.

[350] Ver, em relação à exclusão da CISG, L. Spagnolo, *CISG Exclusion and Legal Efficiency*, *supra* nota 141, pp. 191-192.

[351] Esta analogia foi primeiramente usada pelo autor por ocasião da sua apresentação na conferência celebratória dos 35 anos da CISG em Basel em 2015, '35 Years and Beyond'.

2.3. Pesquisa global sobre a escolha de lei

O objetivo da Pesquisa[352] foi oferecer um diagnóstico completo das preferências das partes no contexto de negociações em contratos internacionais. A pesquisa buscou mapear e discutir as estratégias e escolhas das partes quando da decisão e análise da lei regência de contratos de compra e venda internacional. A Pesquisa também buscou apurar as precauções das partes e suas considerações de ordem jurídica e econômica quando da eleição da lei de regência.

2.3.1. Destaques dos resultados da pesquisa

Como são tomadas as principais decisões em um contrato, tal como a decisão sobre a lei que rege os contratos de compra e venda internacional? O que desencadeia essa decisão? Ela é construída sob os alicerces de processos racionais ou é baseada em processos intuitivos? Podemos qualificar e quantificar os componentes racionais e intuitivos dessa decisão? Como podemos influenciar e melhorar essa escolha?

Não parece haver uma resposta uníssona a todas essas perguntas. No entanto, trataremos a seguir de algumas peculiaridades identificadas nas respostas dos participantes.

2.3.1.1. Escolhas racionais

A primeira observação diz respeito ao método da Pesquisa.

Nas perguntas da Pesquisa em que os participantes foram expostos a uma lista bem estruturada e lógica de opções, os resultados pareciam indicar que os participantes tomaram suas decisões acerca da lei regente com base em uma estratégia compensatória, ou seja, os participantes pesaram os prós e contras e escolheram as respostas capazes de (teoricamente falando) maximizar seu bem-estar em uma transação.

Nesse sentido, há evidências de uma decisão internamente coerente, laboriosa e esforçada por parte de alguns dos participantes. Nestas circunstâncias, as crenças e escolhas dos participantes estavam logicamente conectadas, por exemplo, quando expressavam suas opiniões sobre atributos jurídicas (pouco) atraentes de (uma) lei contratual de regência. Como três principais características jurídicas atraentes[353], os participantes indi-

[352] A Pesquisa foi primeiramente publicada em L. G. Meira Moser, *supra* nota 6.

[353] Pergunta n. 2 da Pesquisa (Capítulo 1.2.4.1).

caram: compromisso com a liberdade contratual (66,36%); remédios jurídicos disponíveis (61,75%); e disposições sobre danos (40,55%). Por outro lado, como características pouco atraentes[354], os participantes indicaram: regras cogentes (55,51%); complexidade da estrutura (50,66%); e escopo de aplicação limitado (32,60%). Parece plausível que o Sistema 2 de Kahneman tenha desempenhado um papel nesse processo de tomada de decisão, e decisões racionais foram efetivamente tomadas, na medida em que os participantes tentaram conscientemente escolher as opções suscetíveis de maximizar seu bem-estar.

Explicamos ser o Sistema 1 caracterizado pela velocidade. Ele conduz nossas vidas em razão da sua eficiência, contudo, rotineiramente, apresenta erros em sua execução. O Sistema 2 é lento e demanda um investimento de atenção e tempo, porquanto é deliberativo e esforçado.

Embora não seja possível descartar completamente o papel de processos intuitivos (pelo menos em algumas delas) nessas escolhas (dado que processos mentais inconscientes representam uma maioria significativa de atos[355]), é provavelmente seguro afirmar que os participantes, quando expostos a uma lista bem estruturada e lógica de opções, realizaram uma análise bastante racional da lista disponível, avaliaram os benefícios e riscos das opções e, em seguida, escolheram as que melhor se adequavam às suas exigências.

Isso é corroborado pelas inferências lógicas realizadas pelos participantes. Por exemplo, os participantes expressaram preocupações quanto ao regime jurídico aplicável ao contrato de compra e venda internacional, bem como à sua aplicação e a resultante decisão. Isso demonstra terem empreendido algum tipo de esforço em seus processos de tomada de decisão, antecipando estratégias jurídicas e possíveis cenários em que certas disposições poderiam servir aos seus interesses; por exemplo, preocupações com os remédios jurídicos disponíveis e as disposições sobre danos (respostas à pergunta 2 da Pesquisa[356]).

Alguns dos comentários e respostas adicionais fornecidos pelos participantes confirmaram que os agentes do mercado são auto interessados e visam maximizar seus benefícios em uma transação. Para ilustrar isso, selecionamos as seguintes considerações ou comentários:

[354] Pergunta n. 3 da Pesquisa (Capítulo 1.2.4.1).

[355] K. Hall, *supra* nota 328, p. 4.

[356] Pergunta n. 2 da Pesquisa (Capítulo 1.2.4.1).

- explorar a vantagem do *'fator local'* sempre que possível;
- depende se o cliente representado é o comprador ou o vendedor;
- demasiado favorável à contraparte;
- para a venda a crédito, a lei da jurisdição do comprador;
- sob a perspectiva do vendedor: quanto maior proteção ao comprador, maior razão em rechaçar a sua aplicação;
- previsibilidade do resultado aliada ao princípio da liberdade de contratar consagrado na lei;
- custo/conveniência para resolver disputas; e
- execução de decisão judicial ou arbitral.

As considerações supra listadas parecem indicar que os participantes realizaram um trabalho mental laborioso para indicar suas principais considerações jurídicas e econômicas ao escolher a lei de regência do contrato. Os participantes ponderaram escolhas estrategicamente e definiram suas preferências a fim de minimizar riscos e maximizar os ganhos advindos da transação. Parece-nos que os participantes fizeram uso do Sistema 2 em seu processo de tomada de decisão.

2.3.1.2. Escolhas intuitivas

A última das perguntas da Pesquisa exigia simplesmente uma resposta 'sim ou não' e (opcional) 'por quê'. Em tal situação, sem o apoio de respostas pré-estabelecidas, os dados coletados sugerem que os participantes utilizaram mais julgamentos intuitivos para responder, incluindo o resgate a experiências de sucesso ou fracasso, ou 'instinto'.

Além disso, em análise holística, notamos certas incongruências entre as preferências das partes e as suas escolhas reais, de forma que parece ter havido uma distorção de preferências refletidas nas respostas dos participantes. Essas inconsistências serão exploradas na sequência deste capítulo.

A seguir, pretende-se demonstrar como fatores externos podem distorcer as preferências. Trataremos, portanto, das razões pelas quais as partes contratantes tomam certas decisões e, em seguida, avaliaremos se as escolhas tomadas foram realmente eficientes à luz das razões articuladas pelos participantes em suas respostas.

As considerações selecionadas abaixo, extraídas de diferentes perguntas da Pesquisa, servirão de base para uma investigação mais profunda sobre a temática:

- nível de desenvolvimento da lei potencialmente aplicável;
- efeitos positivos para a parte que busca aconselhamento;
- aconselhamento e experiências favoráveis do cliente;
- semelhança entre a lei escolhida e a lei do cliente;
- é considerada uma 'lei fraca';
- as limitações das leis materiais de muitos países subdesenvolvidos;
- lei não desenvolvida suficientemente para reger os principais aspectos das questões contratuais;
- lei não desenvolvida no setor de energia;
- leis 'exóticas' a respeito das quais sempre se aconselha a sua não aplicação;
- soluções indesejáveis;
- os clientes não gostam da CISG porque as pessoas a excluem;
- sem experiência; e
- uso de contrato precedente que excluiu a CISG.

As respostas reproduzidas acima carregam múltiplos significados cujo teor será útil aos leitores que desejam entender o processo de tomada de decisão sobre a lei aplicável.

Como uma observação preliminar, na visão deste autor, as respostas articuladas acima são produto de vieses cognitivos ou erros em estimativas ou probabilidades, levando a cenários de racionalidade difusa e rarefeita. Por consequência, em tais circunstâncias, as partes contratantes podem simplesmente '*deixar de lado*' a melhor escolha em razão de vieses cognitivos. Além disso, as emoções podem ser vilãs de decisões mais ajustadas e acertadas no contexto de negócios.

Portanto, a análise a seguir objetiva fornecer aos leitores alternativas para enfrentar, controlar ou minimizar os efeitos dos vieses cognitivos na escolha de lei aplicável a contratos de compra e venda internacional, bem como oferecer ferramentas para otimizar essas decisões.

Para fins metodológicos, as citações acima serão organizadas em grupos separados, nos quais serão analisados os gatilhos e as idiossincrasias cognitivas por trás dessas escolhas, observando-se as discussões teóricas no início deste capítulo.

2.3.1.2.1. Grupo de (pré)-julgadores

Vamos chamar o primeiro grupo de '*Grupo de (pré)-julgadores*'.

O primeiro grupo engloba as seguintes respostas: '*nível de desenvolvimento da potencial lei aplicável*', '*as limitações da lei material de muitos países subdesenvolvidos*', '*lei material não suficientemente desenvolvida para reger os principais aspectos das questões contratuais*', '*lei não desenvolvida no setor de energia*', '*lei fraca*' e '*lei exótica*'.

a) Perfil

Esse grupo é composto por uma série de considerações dotadas de (pré-) julgamentos, discutivelmente relacionados com o desenho substantivo e características específicas de uma lei contratual de regência. Neste grupo, as potenciais leis de regência foram rotuladas como 'exóticas', 'fracas' e 'substancialmente limitadas'. No entanto, qual o significado desses adjetivos no contexto jurídico? Esta pode ser uma primeira indagação.

Poder-se-ia concluir que essas leis não foram suficientemente 'testadas' ou 'usadas' de um modo geral ou em contextos específicos? Ou melhor, será que tais leis não produziram resultados 'desejáveis' ou 'eficientes'? Em ambos os casos, seriam essas ilações baseadas em percepções da coletividade? Como isso foi medido ou quantificado por esses participantes?

Por exemplo, um dos participantes analisou a lei de regência em relação a um contexto específico e respondeu: '*lei não desenvolvida no setor de energia*', de forma que se percebe ter esse indivíduo limitado sua avaliação da lei em relação a uma determinada indústria (energia). Além disso, não resulta claro se essas leis de regência foram consideradas no tocante a disposições da compra e venda internacional (mote da Pesquisa) ou interpretadas em um sentido mais holístico. A abordagem da Pesquisa se concentrou na compra e venda internacional, mas não podemos descartar a possibilidade de que a experiência (in)exitosa com uma determinada lei, em outras áreas, possa influenciar a escolha da lei de regência aplicável à compra e venda transfronteiriça.

Alternativamente, essas considerações podem, de alguma forma, estar ligadas à percepção de certa '*pré-disposição*' de uma lei, por exemplo, uma lei que, teoricamente, ofereça disposições mais benéficas ao comprador ou vendedor[357]. Se assim o for, deve-se ter em mente que as partes contra-

[357] Ver, nesse sentido, uma discussão sobre esta aparente contradição, visto que as partes se referem à CISG como favorável ao comprador e ao vendedor, *supra* notas 247 e 248.

tantes desempenham papéis diversos no decurso de uma relação contratual; portanto, certas disposições de lei originalmente entendidas como desfavoráveis podem subitamente se tornar atraentes no desenvolver da relação contratual.

Stefan Vogenauer afirma que nenhuma das partes contratantes sabe antecipadamente se está em melhor posição sob um ou outro regime[358]. Gary Born defende que os esforços das partes na negociação em torno da aplicação de uma lei que será mais vantajosa são muitas vezes utópicos, considerando a dificuldade de se prever, antecipadamente, quais problemas surgirão em disputa futura e de que lado a parte estará posicionada[359].

Além das explicações apresentadas acima, não se pode desconsiderar o fato de que as respostas do '*Grupo de (pré)-julgadores*' foram motivadas pelo nível de desenvolvimento socioeconômico do país em que a lei foi construída ou desenvolvida.

É provável que as respostas deste grupo tenham sido produto de vícios ou erros cognitivos. Assim, as decisões que surgiram em razão desses vieses cognitivos podem não ser necessariamente uma escolha que fora antecipada pelos participantes quando da tomada de decisão em torno da lei aplicável.

Conforme discutido no início deste capítulo, ao escolher uma lei de regência, as partes contratantes tendem, por vezes, a buscar resposta na '*piscina de emoções*', onde residem os rótulos ou identificadores positivos e negativos, consciente ou inconscientemente associados a certas opções. Nessa busca dentro da "*piscina de emoções*", são realizadas, de pronto, associações, e o resultado disso é a valência atribuída ao identificador ou rótulo particular. Essa operação pode ser muito mais fácil do que comparar os

[358] S. Vogenauer, *supra* nota 20, p. 21.

[359] Sobre o assunto ver G. Born, *International Commercial Arbitration*, Kluwer Law International, Alphen aan den Rijn, 2014, p. 2645, o qual estabelece que as partes desejam uma lei material estável e um procedimento único e neutro. Born explica que esses objetivos são particularmente importantes em matérias comerciais internacionais, onde as diferenças entre leis e procedimentos nacionais podem ser significativas, onde a necessidade de previsibilidade e estabilidade é particularmente relevante, e onde é agudo o risco de ações legislativas ou judiciais arbitrárias ou discriminatórias. Na mesma linha, I. Schwenzer afirma que, ao concordar com a arbitragem, muitas das imponderabilidades relativas à escolha da lei e à aplicação da lei estrangeira podem ser contornadas. Ver I. Schwenzer, 'Who Needs a Uniform Contract Law, And Why?', *supra* nota 222, p. 724.

prós e contras, ou recordar experiências remotas, especialmente quando a decisão é complexa ou os recursos mentais são limitados[360].

No entanto, como adverte Kahneman, embora todo estímulo evoque uma avaliação afetiva, isso nem sempre é consciente[361]. Portanto, em contextos complexos, que exigem trabalho deliberativo do tomador de decisão, tal como a escolha de uma lei contratual de regência, a busca dentro dessa '*piscina de emoções*' pode levar a erros de avaliação sistemáticos.

A esse respeito, as respostas do '*Grupo de (pré)-julgadores*' podem ter sido motivadas por '*valências afetivas*'[362]. Nesse caso, participantes podem ter lançado mão do recurso de valências para avaliar a lei aplicável. Isso também pode explicar, por exemplo, o fato de que 37% dos participantes não informaram, ou divulgaram, as razões para evitar uma lei nacional específica[363].

b) Abordagem prática

É importante pensar se, do ponto de vista prático, existe uma maneira de controlar ou minimizar os efeitos da dependência de uma parte contratante a um viés cognitivo em particular.

A impopularidade de certas leis raramente é explicada racionalmente. Estudos sugerem que uma maior exposição à lei, combinada com o acesso mais amplo aos seus pormenores, possa ajudar a responder a essa questão. Zajonc explicou, em artigo seminal, que a exposição pode gerar um '*sentimento de simpatia*'[364]. O autor apresentou evidências empíricas, nas quais melodias reproduzidas cinco vezes foram mais apreciadas do que melodias nunca ouvidas, embora os ouvintes não pudessem distingui-las em termos de familiaridade. Assim, uma maior exposição à lei aplicável pode representar um primeiro passo para superar o '*medo do desconhecido*'[365].

Uma consideração adicional diz respeito à popularidade de certas "leis desenvolvidas por estados politicamente neutros". Christiana Fountou-

[360] P. Slovic *et al.*, *supra* nota 347, pp. 400-401.

[361] D. Kahneman, 'A perspective on judgment and choice: mapping bounded rationality', *supra* nota 330, p. 710.

[362] M.I. Fraidin, *supra* nota 209, p. 921, notando que por vezes a escolha entre várias opções é baseada na emoção mais agradável que aquela opção gera no indivíduo que está prestes a tomar a decisão.

[363] Para mais informações, ver Capítulo 1.2.4.3 *supra*.

[364] R. B. Zajonc, *supra* nota 322, p. 163.

[365] Ver, relativamente a este ponto, o Capítulo 1.2.4.3 *supra*, discutindo este '*medo do desconhecido*' e a sua relação com a exclusão de aplicação da CISG.

lakis argumenta que é uma falácia popular[366] designar a lei de um Estado politicamente neutro para reger um contrato internacional, cujos termos foram cuidadosamente redigidos e negociados sob outra lei, talvez de uma maneira diferente da lei do Estado politicamente neutro. Dessa forma, outra maneira de minimizar os efeitos dos vieses cognitivos é investigar as razões secundárias de se optar, ou de excluir, determinada lei de regência, pois certas exclusões e ponderações negativas associadas às leis contratuais podem ser produto de imperfeições cognitivas.

Como observação final, reputamos relevante considerar a presença da heurística de ancoragem e ajuste nas considerações deste grupo, de acordo com a qual indivíduos avaliam uma escolha partindo de um ponto de referência inicial – muitas vezes sugerido a nós – contudo, posteriormente, fazem ajustes insuficientes. Um exemplo mundano desse viés cognitivo pode ser encontrado em menus de restaurantes, em que produtos exces-

[366] C. Fountoulakis, *supra* nota 222, p. 306 *et seq*. Nessa linha de pensamento, Schwenzer e Hachem afirmam que *'as partes, recorrendo ao que acreditam ser uma 'lei neutra, muitas vezes confundem a neutralidade política com a adequação da lei escolhida para transações internacionais'* (tradução não oficial de: *'parties, resorting to what they believe is a 'neutral law, often confuse political neutrality with suitability of the chosen law for international transactions'*). Segundo os autores, *'se as partes escolherem uma terceira lei (neutra), elas podem se deparar com cenário mais adverso do que se tivessem escolhido uma de suas leis domésticas. Para começar, as partes terão de investigar o direito estrangeiro. Além disso, a tarefa de fazer a prova do direito estrangeiro invocado é ainda mais onerosa.'* (tradução não oficial de: *'if the parties choose such a third (neutral) law, they may be even worse off than if they had chosen one of their home laws. To begin with, they have to investigate this foreign law. Furthermore, the trouble and costs in proving it are even more burdensome'*). Ver I. Schwenzer & P. Hachem, *supra* nota 247, p. 465. Para ilustrar que uma lei doméstica de compra e venda pode ser imprevisível e não adequada a contratos internacionais, os autores oferecem como exemplo a lei suíça: *'Primeiro, se o vendedor não entrega bens em conformidade com o contrato, a Suprema Corte Suíça distingue entre peius (bens inferiores) e aliud (bens diferentes). No caso do primeiro, o comprador deve notificar imediatamente o vendedor (de acordo com o Artigo 201 do Código Suíço das Obrigações (CO)) para preservar quaisquer remédios por quebra de contrato com o prazo de prescrição de um ano (Art. 201 CO); no caso de aliud, o comprador pode exigir o cumprimento do contrato por dez anos após a sua conclusão, independentemente de ter ou não notificado sobre o seu descumprimento. E pode ser extremamente difícil estabelecer uma linha divisória clara entre peius* e *aliud'* (tradução não oficial de: *'First, if the seller does not deliver goods in conformity with the contract, the Swiss Supreme Court distinguishes between peius (inferior goods) and aliud (different goods). In case of the former, the buyer must give prompt notice to the seller (according to Article 201 of the Swiss Code of Obligations (CO)) to preserve any remedies for breach of contract with a one year limitation period (Art. 201 CO); in case of the latter, the buyer can demand performance for ten years after the conclusion of the contract regardless whether it gave notice of nonperformance or not. And it can be extremely difficult to predict where the line between peius and aliud will be drawn in a particular case'*) (p. 465).

sivamente onerosos são deliberadamente listados para fazer com que o preço de outro produto pareça razoável.

No caso em questão, embora tenhamos dados limitados fornecidos por esses participantes, é provável que as partes contratantes tenham sugerido outras leis de regência na mesa de negociação. Os participantes podem ter avaliado as diferentes leis a partir de um ponto de referência inicial – provavelmente um conjunto de leis – resultando em ajustes equivocados ou insuficientes. Esses ajustes podem ter produzido os rótulos atribuídos às considerações acima. Entendemos que isso pode ter ocorrido, pois o exercício comparativo, frequentemente, leva a inconsistências, dadas as diferentes variáveis em jogo, as quais nem sempre são facilmente identificáveis.

Sugerimos uma abordagem em duas etapas como alternativa para combater e/ou controlar melhor esse viés. Primeiro, é importante alertar as partes contratantes de que, devido a limitações de tempo e cognição, corre-se o risco de que ajustes insuficientes sejam realizados no decorrer de uma escolha da lei de regência. Por mais singelo que possa soar, reconhecer a existência desses vieses é, portanto, um '*mecanismo mitigador*' e milita em favor da racionalização. Tem-se argumentado que esse processo mental consciente pode ser azeitado pelo uso repetido: quanto mais desenvolvemos e usamos racionalizações particulares, mais elas se tornam habituais e integram os nossos processos cognitivos[367]. Em segundo lugar, as partes contratantes devem entender que ajustes exigem atividade laboriosa e esforçada, cuja implementação não pode ser obstaculizada por atalhos mentais. Como tal, é aconselhável estabelecer uma estrutura elaborada para tomar decisões na esfera dos negócios, com o objetivo de catalisar o alcance de decisões mais racionais e filtrar os vieses cognitivos. Tais estruturas podem tomar a forma de exercícios métricos, em que a parte contratante usa um sistema de pontos para ranquear leis com base em critérios preestabelecidos, ou o sistema de *checklists* para antecipar as considerações mais sensíveis em determinado contrato ou setor e selecionar a(s) que lhe(s) são mais vantajosa(s).

De mais a mais, parece-nos que os participantes do '*grupo de (pré)julgadores*' tomaram decisões com base no Sistema 1, embora acreditando que o Sistema 2 estivesse em operação. Entendemos que contextos como a lei de regência exigem o uso do Sistema deliberativo e reflexivo 2, sem o qual

[367] K. Hall, *supra* nota 328, p. 8.

corre-se o risco de obtermos resultados ineficientes. No entanto, embora as decisões possam ser tomadas no Sistema 1, há ferramentas capazes de restringir ou filtrar os erros cognitivos produzidos por este Sistema.

2.3.1.2.2. 'Grupo de empiristas'

Decidimos classificar o segundo grupo de *'Grupo de empiristas'*. Esse segundo grupo engloba as seguintes respostas: *'efeitos positivos sobre a parte que busca aconselhamento'*, *'soluções indesejáveis'* e *'experiências favoráveis do advogado e do cliente'*.

Essas considerações se enquadram em uma categoria podendo também ser denominada de *'julgamento por experiência'*. Em outras palavras, os participantes podem ter usado certas leis em seus contratos no passado e atribuído uma *'nota'* ou *'rótulo'* a essa experiência.

a) Perfil

As respostas dos participantes deste grupo indicam que essas decisões foram derivadas de experiências colhidas na vida real. Nesse grupo, as experiências relacionadas às leis contratuais aplicáveis foram rotuladas como *'positivas'*, *'indesejáveis'* e *'favoráveis'*.

Embora as *'notas'* ou *'rótulos'* atribuídos a essas experiências sejam facilmente identificáveis, não parece claro se as experiências individuais se relacionam ao resultado final ou às características da própria lei. Por exemplo, *'soluções indesejáveis'* podem ser classificadas dessa forma porque o tomador de decisões negou um pedido, ou uma decisão judicial ou arbitral fora desfavorável, ou, alternativamente, deparou-se com uma lacuna em determinado ordenamento jurídico.

Além disso, parece que dispositivos heurísticos também podem ter guiado essas escolhas. As heurísticas da "representatividade" e da "disponibilidade" podem auxiliar na explicação dessas respostas. Vejamos:

- **Representatividade**: a representatividade envolve julgar a probabilidade de um evento com base na similaridade entre esse evento e o conhecimento sobre ocorrências semelhantes.
- **Disponibilidade**: a tomada de decisão é muitas vezes baseada no que é mais facilmente lembrado em um determinado momento. Refere-se à maneira como os julgamentos de probabilidade ou frequência, são influenciados pela facilidade com que exemplos pretérios ou memórias são lembrados ou acionados.

Mellers (et al.) afirmam que '*baseamos muitas de nossas decisões em regras ou heurísticas, que transmitem informações sobre quem somos e como interagimos com outros. Essas decisões podem ter envolvido elementos de negociação em algum momento, mas elas se tornaram aplicações 'genéricas' para determinadas situações. Independentemente da função da regra, esse processo minimiza o esforço e nos permite focar a atenção em outros assuntos*'[368].

Por exemplo, uma experiência positiva ou negativa, com uma determinada lei contratual pode ficar registrada na memória de uma das partes contratantes e orientará prontamente a sua escolha. Além disso, o julgamento da probabilidade de sucesso ou fracasso de um contrato pode estar baseado em um caso similar no passado em que a mesma lei fora escolhida.

No entanto, uma ressalva a ser feita é que, embora a função de ambos seja minimizar o esforço empreendido, esses atalhos frequentemente levam as partes ao terreno da irracionalidade – devido a erros sistemáticos nas estimativas, ou mesmo na comparação com experiências anteriores, as partes contratantes podem negligenciar ou '*deixar de lado*' um negócio mais vantajoso.

b) Abordagem prática

De que forma é possível, então, minimizar ou controlar os efeitos desses atalhos heurísticos? Provavelmente é seguro afirmar que, estar ciente da sua existência, e de que suas rotas nem sempre conduzem ao melhor caminho, é um bom começo. As partes contratantes devem antecipar essas variáveis e tentar corrigi-las ou explorá-las, conforme apropriado.

Isso pode ser alcançado, em primeiro lugar, observando-se que boas e más experiências passadas estão sujeitas a diferentes perspectivas e sentimentos internos que moldam as percepções de uma parte contratante. Além disso, a percepção é seletiva e a memória está sujeita a variáveis externas, mormente o contexto da experiência colhida no passado. No entanto, é importante notar que um resultado indesejável, ou solução fornecida por uma determinada lei aplicada no passado, pode se revelar vantajosa em um contexto de negócios diferente. As partes contratantes devem ser alertadas sobre isso.

[368] B.A. Mellers, A. Schwartz & A.D.J. Cooke, *supra* nota 313, pp. 459-460 (tradução não oficial de: '*we base many of our decision on rules or heuristics that convey information about who we are and how we interact with others. These decisions may have involved tradeoffs at one point, but they have become "generic" applications of rules to situations. Regardless of the function of the rule, this process minimizes effort and allows us to turn our attention to other matters*').

Nessa mesma linha de raciocínio, ao interpretarem o conceito de felicidade, Kahneman e Riis aludem a "dois eus"[369]. Isso também pode colaborar a entender algumas das conotações classificadas como '*boas*' ou '*ruins*'. Afirmam os autores existir o '*eu da experiência*', o qual vive e para quem o tempo é fundamental; e o eu '*auto-avaliador*', o qual avalia a experiência, mantém escores e registros.

Kahneman e Riis afirmam ainda: '*A principal descoberta dessa linha de pesquisa foi a de que episódios são avaliados pelo valor de um momento representativo, que pode ser o sentimento associado ao final ou à média ponderada do momento final – o mais intenso – isso tem sido chamado de regra do ápice/fim. Como está implícito nessa regra que a avaliação dos episódios é notavelmente insensível à sua duração, esse fenômeno tem sido chamado de negligência de duração*'[370].

Portanto, parece que a totalidade de um evento é geralmente representada por uma única memória, e tendemos a pontuar ou atribuir escores a eventos ao nos depararmos com o seu desfecho. No entanto, isso pode resultar em escolhas inadequadas. Por exemplo, a lembrança desagradável de uma negociação complexa em torno de uma determinada lei contratual pode fazer com que aquela parte a evitar um contrato futuro, composto de diferentes variáveis, que não podem ser antecipadas no momento da

[369] D. Kahneman & J. Riis, 'Living, and thinking about it: Two perspectives on life', *in* F. A. Huppert, N. Baylis & B. Keverne (Eds.), *The Science of Well-Being*, Oxford University Press, Oxford, 2005, pp. 285-304. Para ilustrar os vieses que resultam do domínio do eu 'auto--avaliador', os autores exemplificam: '*... considere um amante de música que ouça alegremente uma demorada sinfonia num disco de vinil arranhado perto do seu fim, produzindo então um ruído chocante. Tais incidentes são frequentemente classificados pela impressão de que o final 'arruinou toda a experiência'. Mas, de fato, a experiência não foi arruinada, apenas a memória dela. A experiência da sinfonia foi quase inteiramente boa, e o final ruim não desfez o prazer da meia hora anterior. A confusão da experiência com a memória que nos faz acreditar que uma experiência passada pode ser arruinada é uma ilusão cognitiva convincente. O eu auto-avaliador às vezes está simplesmente equivocado*' (tradução não oficial de: '*... consider a music lover who listens raptly to a long symphony on a disk that is scratched near the end, producing a shocking sound. Such incidents are often described by the statement that the bad ending 'ruined the whole experience'. But, in fact, the experience was not ruined, only the memory of it. The experience of the symphony was almost entirely good, and the bad end did not undo the pleasure of the preceding half hour. The confusion of experience with memory that makes us believe a past experience can be ruined is a compelling cognitive illusion. The remembering self is sometimes simply wrong.*') (p. 285).

[370] D. Kahneman & J. Riis, *supra* nota 369, p. 286 (tradução não oficial de: '*The principal finding of this line of research was that episodes are scored by the value of a representative moment, which can be the feeling associated with its end or a weighted average of the ending moment – the most intense one-this has been called the peak/end rule. As implied by the peak/end rule, the evaluation of episodes is remarkably insensitive to their durations-this phenomenon has been called duration neglect*').

escolha. Como Kahneman e Riis explicam, a avaliação desse episódio é insensível à sua duração e é guiada pelo valor atribuído a ele[371].

Se mudarmos o discurso para o contexto de aplicação de uma determinada lei, pode-se pensar em um exemplo bastante singelo. Suponha-se que a lei X tenha sido escolhida para reger um contrato transnacional. Uma disputa surgiu e uma das partes requereu danos em razão de uma violação do contrato. A requerida alegou que o pedido de indenização deveria ser recusado ou, a título subsidiário, reduzido, uma vez que a requerente não mitigara seu próprio prejuízo. A requerente desconhecia a existência do dever de mitigação de perdas na lei de regência e na jurisprudência relevante. O desconhecimento da requerente pode afetar o resultado do caso; não obstante, as partes terão de preparar seus argumentos e coletar provas para o desenlace da disputa. De um modo geral, embora se trabalhe aqui com um exemplo não complexo, a lei contratual aplicável não deve ser vista como uma '*má escolha*'. No entanto, como a avaliação de eventos é insensível à sua duração, e não necessariamente sensível à sua intensidade, essa escolha pode ser vista como '*má*' pela requerente[372].

Portanto, '*más experiências*' [373] em relação a uma determinada lei provavelmente serão vinculadas a episódios momentâneos de frustração de expectativas em relação à sua aplicação, mas ainda assim não constituir necessariamente uma '*má experiência*' ou má escolha de um modo geral. Além disso, diferenças na forma como uma questão é colocada podem gerar respostas muito diferentes (nota: o efeito de enquadramento). Isso também se aplica no que diz respeito à forma como uma determinada experiência é lembrada e avaliada por um dos contratantes.

Suponha-se a conversa entre a parte contratante e seu representante legal em torno da escolha de uma lei que tenha sido usada em um caso passado. O advogado da parte pode valer-se de enquadramentos diferentes para abordar este tópico, por exemplo: '*Em nosso último caso, os nossos pedi-*

[371] D. Kahneman & J. Riis, *supra* nota 369, p. 286.

[372] Outros exemplos podem incluir alterações legislativas e decisões judiciais recentes, e outras '*surpresas*' que podem não ser desfavoráveis à parte contratante a longo prazo, mas podem, à primeira vista, lhe gerar uma percepção negativa.

[373] A afirmação '*solução indesejável*' também poderia encontrar fundamento em disposição que parecia ser mais favorável e acabou desfavorecendo a parte contratante no deslinde da disputa. Ver Pergunta n. 8 da Pesquisa (Capítulo 1.2.4.3). Para os motivos que fundamentaram as escolhas dos participantes, consultar o Capítulo 1.2.4.3 *supra*.

dos foram julgados improcedentes por força das peculiaridades desta lei no tocante ao tratamento sobre indenização por não-conformidade da mercadoria. Será que devemos considerar outras leis?' Ou *'Na última vez em que usamos esta lei, nosso pedido indenizatório foi negado. Quem sabe evitamos utilizá-la desta vez?'*. No primeiro exemplo, o advogado oferece elementos para avaliar o contexto, permitindo que a parte empreenda um trabalho mental mais complexo. No segundo e último exemplo, por outro lado, a questão é bastante retórica e focada principalmente no resultado, a *'rejeição'* do pedido, lembrando a parte contratante do resultado final.

Como visto, o uso de diferentes estruturas, traduzidas em palavras, tons e construção de linguagem podem envolver ou desviar uma parte contratante de um ponderado processo de avaliação. Isso pode interferir, e nem sempre positivamente, na escolha da lei aplicável.

2.3.1.2.3. 'Grupo de seguidores do rebanho'

Resolvemos chamar o último grupo de *'seguidores do rebanho'*, o qual incorpora as seguintes respostas: *'os clientes não gostam da CISG porque as pessoas a excluem'*, *'nenhuma experiência'*, *'semelhança da lei escolhida com a lei do cliente'* e *'uso de contrato precedente que excluiu a CISG'*.

a) Perfil

Conforme discutido, preferências não se criam no vácuo; estas dependem do contexto de estímulos. Este poderá incluir o ambiente externo em geral ou um estímulo mais local. Poderá também incluir um contexto mais amplo, baseado nas experiências passadas e presentes do decisor. Dessa forma, as considerações neste grupo parecem reafirmar as suposições anteriores de serem os indivíduos altamente influenciados pelo *'habitat'*, neste caso, pelos ambientes legal e comercial.

Por exemplo, a afirmação *'os clientes não gostam a CISG, porque as pessoas a excluem'* fornece elementos para uma análise mais profunda sobre os processos decisórios: alguns indivíduos são altamente influenciados por uma percepção ou generalização criada que pode sequer ser correspondente à realidade. Em situações como essas, as partes optarão por, simplesmente (e perigosamente), seguir os passos de outra parte.

Na mesma linha de pensamento, *'sem experiência'*, *'semelhança da lei escolhida com a lei do cliente'* e *'uso de contrato precedente que excluiu a CISG'* também demonstram os processos de pensamento por trás dos *'seguidores do rebanho*'. Esses indivíduos provavelmente não investigarão as opções disponíveis nem questionarão as razões de decisões anteriores. Em vez disso, por conveniência, eles podem simplesmente escolher uma lei que se assemelhe à lei da sede ou residência do cliente.

No entanto, em alguns casos, o percentual dessa percepção de '*rebanho*' pode não ser tão alta quanto se imagina. Em um de seus influentes artigos sobre processos de tomada de decisão, Kahneman identificou e descreveu uma dúzia de vieses cognitivos, inclusive um deles por meio do qual superestimamos a frequência de eventos fáceis de recordar. Como o autor explica, esse viés foi identificado por '*erros sistemáticos nas estimativas de quantidades conhecidas e fatos estatísticos*'[374]. Assim, malgrado o fato de que as partes contratantes podem acreditar estarem seguindo uma certa tendência estatística em uma decisão, isso pode não ser necessariamente o caso.

b) Abordagem prática

A superestimativa de um evento, conforme afirma Kahneman, pode servir de explicação para algumas das respostas deste grupo. Ademais, o '*efeito halo*' também pode ser aplicável a essas situações, de acordo com o qual, uma vez que uma impressão boa ou ruim é formada, essa impressão é geralmente estendida de maneira mais geral e exagerada[375]. Por exemplo, um episódio ou evento de exclusão de uma lei de regência, ou discussões em torno dela, podem ser suficientes para que a parte contratante forme uma impressão negativa sobre essa determinada lei e não a utilize.

Na mesma linha, outro aspecto do processo de tomada de decisão é o efeito '*status quo*'. Isso significa que indivíduos tenderão a preferir uma opção se ela for consistente com o estado atual das coisas[376]. Isso pode explicar a resposta '*sem experiência*' e também esclarecer por que as partes contratantes tendem a usar contratos-padrão, nos quais certas leis de regência já foram discutidas e pré-definidas.

As partes contratantes também podem delegar a decisão para aqueles que reputam estar em posição privilegiada ou de maior '*status*' em relação

[374] D. Kahneman, 'A perspective on judgment and choice: mapping bounded rationality', *supra* nota 330, p. 710.

[375] J. A. Maule & G. P. Hodgkinson, *supra* nota 32, p. 69.

[376] R. Korobkin & C. Guthrie, *supra* nota 33, p. 805.

a si próprios (a heurística da *'razão única'*)[377]. Poderíamos inserir neste contexto a resposta: *'uso de contrato precedente que excluiu a CISG'*.

Ademais, a citação *'semelhança da lei escolhida com a lei do cliente'* prova que a similaridade serve como um atalho para esses julgamentos, e as partes contratantes tenderão a, por meio do dispositivo da representatividade, identificar características semelhantes às suas próprias leis para então as escolher.

Finalmente, não deve ser ignorado o efeito da heurística da disponibilidade [378] na afirmação *'os clientes não gostam da CISG porque as pessoas a excluem'*. De acordo com essa heurística, a frequência de exclusão pode ter sido avaliada pela facilidade com que é recordada, cuja ocorrência é geralmente evocada entre conhecidos[379]. Essa operação mental de recuperação[380] pode capturar eventos anteriores.

A heurística da disponibilidade parece se encaixar nessa citação, onde o 'mal-estar' gerado por uma exclusão anterior influenciou o processo de tomada de decisão[381]. Em outras palavras, esse participante imitou a decisão tomada por outros (o que a doutrina chama de *'heurística da imitação'*), optando por excluir a aplicação da CISG. Portanto, experiências recentes de exclusão, ou pré-negociações em torno dela, poderiam ter significado que esse participante considerou tal cenário como uma *'prática habitual'*.

As suposições acima podem levar à conclusão de que esses participantes também podem ter superestimado a frequência de exclusão de aplicação da CISG. O mesmo raciocínio poderia se aplicar ao uso de um contrato precedente excluindo a CISG. Além disso, as partes contratantes são tipicamente avessas a riscos[382] e, como tal, tenderão a seguir o *'grupo'* – seja qual for o *'grupo'* a que pertencem (ou desejam pertencer). Destarte, o comentário *'sem experiência'* poderia ser traduzido por *'território desconhecido! É melhor prevenir do que remediar'*. Sem causar espécie ao leitor, também não deve ser

[377] Ver C. Guthrie, *supra* nota 206, p. 431.

[378] Ver *supra* nota 35.

[379] A. Tversky & D. Kahneman, 'Judgment under uncertainty: Heuristics and biases', *supra* nota 35, p. 1127, referindo que o recurso à heurística da disponibilidade resulta em imperfeições tais a fiel recuperação dos episódios, a eficácia da busca, a imaginação e a correlação ilusória.

[380] A. Tversky & D. Kahneman, ''Judgment under uncertainty: Heuristics and biases', *supra* nota 35, p. 1128.

[381] Ver M. I. Fraidin, *supra* nota 209, p. 919-920.

[382] R. Cooter & T. Ulen, *supra* nota 2, p. 46.

desconsiderada a possibilidade de as partes contratantes terem simpatias e antipatias, sensibilidades e predileções em relação a uma determinada lei. Tudo isso poderia ter sido construído por percepções pessoais, na prática, ou em abstrato.

Dito isto, quais são os mecanismos disponíveis para lidar com esses vieses? Em primeiro lugar, estar ciente do *'grupo'*, ou pelo menos de sua direção ou gatilhos, pode ser uma maneira de controlar os efeitos desses vieses. Conforme discutido anteriormente, a conscientização é um ator-chave no processo de otimização das decisões, dada a sua função de *'mitigação de viés cognitivo'*.

Como uma maneira adicional de minimizar os vieses cognitivos, poderíamos utilizar uma abordagem colaborativa para identificar esses vieses nos integrantes do *'grupo'*. Quando estamos cientes dos vieses cognitivos presentes na outra parte de uma negociação contratual, podemos mais facilmente evitá-los em nossa própria abordagem para a tomada de decisões, ou assegurar que o outro lado esteja ciente e devidamente informado sobre isso. Assim o é porque, devido ao *'viés da cegueira'*[383], pode ser mais fácil identificar falhas cognitivas em outra pessoa do que em nós mesmos. Esse processo pode se mostrar mais eficiente do que identificar nossos próprios vieses cognitivos.

Como etapa final, sugere-se o estabelecimento de uma estrutura para tomar decisões no ambiente dos negócios, de modo a ampliar o conhecimento dos elementos racionais em jogo, controlando ou evitando a interferência de vieses cognitivos. Conforme mencionado anteriormente, tais estruturas podem tomar a forma de exercícios métricos, em que o contratante utiliza pontos para ranquear leis com base em critérios preestabelecidos ou o sistema de *checklists* para antecipar as considerações mais sensíveis em determinado contrato ou setor e selecionar a(a) que lhe(s) são mais vantajosas. Esses mecanismos podem auxiliar na tentativa de melhorar a racionalidade de uma decisão; ou, alternativamente, usar uma determinada decisão para os melhores interesses de uma das partes contratantes.

Como nota final, a análise das considerações selecionadas nesta seção também pode servir de advertência para as partes contratantes que intera-

383 Ver D. Kahneman, 'Bias, Blindness and How We Truly Think', disponível em: [http://www.bloombergview.com/articles/2011-10-24/bias-blindness-and-how-we-truly-think-part-1-daniel-kahneman]

gem diariamente no mercado. Isso porque, por um lado, os agentes negociais podem e devem tomar decisões usando processos racionais, ou seja, uma análise laboriosa das opções disponíveis com o objetivo de obter os melhores resultados a partir da transação. Por outro lado, os agentes negociais podem enfrentar problemas ao tomar decisões sobre eventos futuros e, em geral, são bastante impacientes e avessas ao risco quando o fazem.

Os resultados empíricos discutidos neste capítulo sugerem que, embora as partes possam e devam executar uma análise custo-benefício em contratos de compra e venda internacional – antecipando comportamentos, táticas e possíveis batalhas jurídicas – erros cognitivos desempenham um papel significativo no processo decisório. Observou-se que as partes contratantes nem sempre refletem de forma plena sobre todas as opções disponíveis quando excluem ou escolhem determinada lei, e que tal comportamento poderá levar a surpresas desagradáveis e decisões ineficientes.

Apesar disso, este capítulo demonstrou existirem benefícios práticos em compreender as escolhas das partes contratantes, invariavelmente sujeitas a '*imponderabilidades*'. Primeiro, o conhecimento de heurísticas e vieses cognitivos auxilia as partes contratantes na melhor compreensão dos riscos a que estão rotineiramente expostas no contexto de tomada de decisões. Além destes riscos, o '*alerta da conscienciallização*' serve como lembrete às partes contratantes de que elas poderão negligenciar um negócio mais vantajoso em determinados contextos comerciais.

Um melhor conhecimento dos mecanismos subjacentes aos processos de tomada de decisão poderá contribuir para que as partes contratantes criem canais para intervir nessas situações, antecipar o comportamento da contraparte e reorientar o seu próprio comportamento, de modo a alinhá-lo com os interesses contratuais em jogo.

Identificar, quantificar e compreender os vieses cognitivos e processos decisórios idiossincráticos poderá servir de apoio para que as partes contratantes melhorem a racionalidade das suas decisões. Isso, por sua vez, permitirá que essas se utilizem de pontos fortes e fracos de ambos os contratantes. As decisões tomadas poderão então levar a resultados otimizados, prevenindo desfechos surpreendentes e erros que possam custar caro[384].

No próximo capítulo exploraremos os '*custos de bastidor*', ou seja, a ampla gama de custos gerados aos agentes que interagem no mercado. A dis-

[384] Ver ainda L. G. Meira Moser, *supra* nota 308.

cussão será dedicada aos detalhes da interação entre o mercado e os seus agentes: desde a interação e fricção decorrentes de obstáculos culturais e linguísticos, até os meandros das informações assimétricas relativas ao contrato e ao mercado; observando-se, nesse exercício, as limitações cognitivas, o poder de barganha e os custos de aprendizagem que afetam as partes contratantes.

3
DISTORÇÕES E IMPERFEIÇÕES DO MERCADO: O 'ESTADO DA ARTE'

Historicamente, os contratos foram concebidos como instrumentos de troca e distribuição de riquezas[385]. Por auxiliarem na execução desses processos, os contratos têm sido vistos como vanguardistas no desenvolvimento dos mercados, em todo o mundo.

Nos tempos modernos, os contratos assumiram um papel ainda mais crucial em razão de um mercado onde a diversidade de contextos jurídicos e culturais[386] é a regra. Com efeito, o clima de volatilidade financeira associado a indivíduos heterogêneos e com preferências idiossincráticas determina que os agentes do mercado precisem confiar em ferramentas eficientes para regular e facilitar as transações em nível internacional. Como podem as partes desenvolver e gerir eficazmente estes instrumentos? Quantos obstáculos a serem enfrentados existem em seu caminho? Como podemos identificá-los e regulá-los adequadamente? Qual é o custo

[385] Para uma análise da evolução das noções do contrato, ver Joan Miquel, '*Derecho privado romano*', Marcial Pons Ediciones Jurídicas, Madrid, 1992; Michel Villey, Le Droit Romain, Presses Universitaires de France, Paris, 1949; Juan de Churruca, '*Introducción histórica al Derecho Romano*', Universidad de Deusto, Bilbao, 1994.

[386] Ver, nesse contexto, V. Gessner, *supra* nota 25, também argumentando que '*[...] Another crucial difference is to be found in communication where Far Eastern cultures are at one end and Western cultures at the other end of the continuum. Japanese and Chinese verbal interaction very much relies on the contexto of the speech situation and very little has to be made explicit. The opposite position is held by cultures like the German or Scandinavian tradition where very little seems to be assumed and all the rest must therefore be linguistically expressed –leading to the so-called Teutonic style of discussion where a critical statement is not perceived as an offense but rather the rule of the game. High context cultures are necessarily static whereas low context cultures facilitate rapid changes in private, economic and political life*' (p. 133).

envolvido neste processo? O objetivo da discussão a seguir é o de abordar tais questões.

Em primeiro lugar, e antes de mais nada, a fim de se valer de uma estrutura capaz de estabelecer os deveres, direitos e obrigações das partes, é necessário ponderar sobre os custos envolvidos[387].

A primeira parte deste capítulo tratará, portanto, das particularidades do mercado, tais quais o campo de atuação no qual as partes interagem por meio de contratos. Posteriormente, serão examinadas as falhas de mercado tendentes a influenciar na inclusão de cláusulas de escolha da lei aplicável nas operações transnacionais. Neste aspecto, os leitores serão beneficiados com alternativas de como evitar algumas distorções de mercado – ou, pelo menos, minimizar seus efeitos – e, em consequência, tornar a tomada de decisões mais eficiente. Na segunda parte deste capítulo, mediante informações coletadas em um estudo empírico, os leitores serão convidados a analisar as alternativas jurídicas e econômicas com as quais os contratantes, provavelmente, se depararão ao decidir sobre as cláusulas de escolha da lei aplicável. Ao fazê-lo, os leitores terão uma visão prática, além de uma ampla percepção das principais preocupações dos contratantes quando da negociação em operações de compra e venda internacional.

A disciplina dos contratos envolvendo partes provenientes (ou não) de diferentes sistemas jurídicos impõe dificuldades devido às regras do direito internacional privado e aos distintos métodos de resolução de conflitos, tudo isso associado a barreiras culturais, linguísticas e geográficas. À primeira vista, estes últimos fatores podem ser considerados como os principais entraves com os quais os contratantes se deparam em negociações internacionais. Não obstante, todos estes aspectos são altamente sensíveis e podem interferir no sucesso de um contrato.

[387] Existem outras distorções de mercado que não serão objeto deste capítulo, por exemplo, externalidades, risco moral e poder de mercado. Vale mencionar que as externalidades são os efeitos produzidos por terceiros alheios à relação negocial subjacente, e a questão está em saber se as partes internalizam os custos incorridos. Em contratos de compra e venda internacional, ao escolherem a lei ou ao utilizarem cláusulas de eleição de foro, as partes internalizam os custos, pois podem precisar provar fatos e regras jurídicas perante jurisdições menos ou mais familiarizadas com a lei aplicável. Portanto, em situações em que a lei escolhida difere da lei do foro, embora à primeira vista ela possa ser vista como uma externalidade, na medida em que os legisladores precisariam averiguar novas regras jurídicas, as partes internalizam estes custos fornecendo traduções juramentadas, pareceres jurídicos, etc. No que diz respeito às externalidades, ver B. E. Hermalin, A. W. Katz & R. Craswell, *supra* nota 317, p. 24 *et seq.*

Em primeiro lugar, a distância geográfica é uma realidade a ser inevitavelmente enfrentada pelas partes. Naturalmente, há obstáculos concretos, tais como a grande dificuldade de se ter um *meeting of minds* (ou entendimento) presencial para negociar um contrato. Isto impede a construção de uma relação negocial mais sólida e de um relacionamento com a contraparte, bem como o surgimento de um sentimento de empatia com o potencial parceiro comercial, algo às vezes reconhecido e utilizado como uma vantagem em contextos comerciais. Contudo, negociações internacionais entre jurisdições distintas são realizadas cotidianamente e a distância geográfica é facilmente superada, ou, ao menos mitigada, por meio de avanços tecnológicos, tais como a *internet* e, particularmente, videoconferências e bases de dados *on-line*, os quais permitem às partes interagir, compartilhar informações, armazenar e trocar documentos. Importante observar, neste ponto, que a pandemia da COVID-19 contribui para acelerar e 'democratizar' o uso de reuniões e audiências virtuais, assim como o consumo de plataformas de compartilhamento de dados. Portanto, o aspecto ou elemento virtual da negociação do contrato internacional e da resolução de uma disputa internacional deixou de ser exceção e, em muitos casos, passou a ser a regra.

Os aspectos culturais e linguísticos são, indiscutivelmente, mais difíceis de administrar, uma vez que a maneira como um contratante se comporta pode variar de acordo com os padrões de comportamento pré-existentes em sua cultura. Certos gestos, palavras e maneirismos podem interferir em um negócio ao serem interpretados, correta ou erroneamente, pelo potencial parceiro comercial. Isto também pode abranger o comportamento dos contratantes nas reuniões pré-negociais e durante a execução do contrato. Da mesma forma, as diferenças linguísticas podem se traduzir em declarações e entendimentos equivocados, resultando em decisões inadequadas e ineficientes.

Caso as partes antecipem essas adversidades nas etapas iniciais da negociação, os obstáculos acima mencionados podem ser efetivamente superados ou, no mínimo, melhor geridos. De fato, neste ambiente multifacetado e em evolução, os mecanismos de escolha da lei aplicável desempenham um papel primordial. No entanto, a escolha da lei pode ser extremamente complexa quando as partes têm de analisar uma multiplicidade de critérios[388].

[388] Em relação ao tópico, L. Spagnolo defende que '*Improvements in predictability of the identity of the law to be applied and its correct application enables more accurate risk allocation within contracts,*

Esses podem incluir: conexões com uma lei estrangeira, conexão material com a lei proposta ou aplicável, restrições à autonomia das partes quando a escolha da lei aplicável afeta regras cogentes, conexão material com as partes ou a transação, e regras de conflito de leis desconhecidas, confusas ou herméticas. Todos os elementos acima se interrelacionam e têm um papel a desempenhar no mesmo lugar: o mercado.

O mercado é o palco no qual os agentes interagem por meio de contratos regidos por um arcabouço normativo. Como em qualquer situação, o mercado é repleto de distorções e imperfeições. Desta sorte, as partes precisarão, primeiramente, identificá-las e, posteriormente, se valer de ferramentas eficientes para melhor usufruir dos benefícios das transações. Na discussão a seguir, vamos nos concentrar nas distorções e imperfeições do mercado, as quais devem ser levadas em consideração pelas partes que buscam realizar transações internacionais eficazes.

3.1. Racionalidade limitada

É indiscutível que as partes contratantes, como agentes do mercado, almejando maximizar seus ganhos com a transação, ambicionam ter seus contratos regidos por uma estrutura jurídica abrangente, previsível, acessível e comercialmente orientada[389]. No entanto, as limitações inerentes – ou a chamada "*racionalidade limitada*" – podem prejudicar a maximização dos ganhos. Esta é uma das falhas do mercado a ser analisada mais detalhadamente neste capítulo.

A racionalidade limitada é um conceito introduzido pioneiramente por Herbert Simon[390]. Esse conceito transmite a ideia de que os seres humanos têm capacidades cognitivas limitadas para antecipar eventos e registrá-los por escrito. As pessoas cometem erros o tempo todo; não conseguem prever e ponderar todas as opções disponíveis, assim como as possíveis alternativas e soluções para questões cotidianas e contingências rotineiras. Isto naturalmente se aplica também ao contexto da negociação de contratos. Ademais, as pessoas geralmente são significativamente impacientes quando se trata de redigir um contrato e explorar soluções racionais para

reduces wasteful precautionary investments, and decreases anticipated litigation costs since there will be less postcontractual 'wriggle room' for argument about the identity of the applicable law in the event of litigation". Ver L. Spagnolo, nota 141, *supra*, p. 122.

[389] Nesse sentido, ver G. Born, *supra* nota 359, p. 2746.

[390] H. A. Simon, *supra* nota 323, p. 69.

a tomada de decisões. Em razão disso, simplesmente deixamos de identificar ou prever riscos – falha essa que, invariavelmente, resulta em escolhas equivocadas e erros dispendiosos.

Erros dessa natureza são cometidos porque *'armadilhas cognitivas'* impedem as pessoas de ver, buscar, usar ou compartilhar informações relevantes, acessíveis e discerníveis durante a tomada de decisões [391]. No entanto, a verdade é que, ainda que as pessoas tivessem em posse de mais ou diferentes informações, não seriam capazes de processá-las devido às limitações que nos são inerentes[392].

Além das limitações cognitivas, os agentes do mercado também são heterogêneos e complexos; têm inclinações e preferências idiossincráticas, muitas vezes não acessíveis a qualquer outra pessoa, além de serem constantemente influenciados por fatores exógenos[393].

3.1.1. Agentes do mercado

Alicerçado em um acordo de vontades, o contrato é um instrumento de troca[394], desenvolvido para gerar e distribuir riquezas. Sob uma perspectiva econômica, os contratos são constituídos por agentes do mercado, intencionalmente maximizadores de sua própria riqueza. Sob o ponto de vista jurídico, um contrato, tradicionalmente, resulta de um conjunto ampliado de comunicações[395], podendo incluir propostas, contrapropostas e outras trocas de informação, tudo sempre regido por um elaborado arcabouço normativo, determinando quando, como e em que termos as obrigações contratuais são constituídas[396]. Consequentemente, a lei escolhida desempenha um papel essencial na interpretação e aplicação dos ter-

391 Informações adicionais disponíveis em: [www.12manage.com/description_bounded_rationality.html#rsl], p. 1.

392 *Id.*

393 As forças propulsoras por trás dessas escolhas são discutidas mais detidamente no Capítulo 2 *supra*.

394 Ver E. A. Farnsworth, '*Contracts*', 4th ed., Aspen, New York, 2004, p. 5, argumentando que o instrumento de troca entre indivíduos aloca os recursos de acordo com as negociações entre eles.

395 Ver A. W. Katz, *supra* nota 205, argumentando que, talvez mais importante do que quaisquer regras jurídicas materiais, é o extenso corpo de doutrina que rege a mecânica processual da troca e que determina quando e como as comunicações das partes interagem para criar uma obrigação vinculante, p. 2.

396 B. E. Hermalin, A. W. Katz & R. Craswell, *supra* nota 317, p. 52.

mos contratualmente acordados e também aqueles que as partes excluem (des)intencionalmente.

Nesse contexto, argumenta-se que a lei aplicável deve ter por objetivo proporcionar canais de comunicação claros para que as partes saibam em que situação se encontram[397]. Os autores Hermalin, Katz e Craswell explicam que a lei aplicável ao contrato persegue esta tarefa de duas maneiras distintas. Primeiramente, ela estabelece formas e premissas confiáveis a serem utilizadas pelas partes ao negociar seus contratos. Em segundo lugar, ela aloca o risco de uma má comunicação, de modo a encorajar as partes a se precaverem e se assegurarem contra mal-entendidos[398].

Contratantes tomam decisões recorrendo a uma análise de custo-benefício para alcançar o estado de eficiência de Pareto[399]. A ideia é que ambas as partes desfrutem de benefícios mútuos com a transação. Esta é uma espécie de abordagem de '*balança*', onde os prós e os contras são medidos – prevalecendo os mais preponderantes. Por exemplo, suponhamos que uma empresa esteja disposta a implementar novas tecnologias para atrair clientes de todo o mundo. Isto implicará em custos diretos, tais como o preço do novo dispositivo tecnológico, por exemplo, um *software,* além dos custos de instalação e treinamento. No entanto, com esta nova tecnologia, a empresa melhorará a entrega e o desempenho ao se comunicar mais facilmente com potenciais clientes, e poderá desenvolver canais sofisticados para escolher os parceiros comerciais. Isso também poderia ter um efeito positivo sobre os atuais empregados da empresa, os quais considerarão esse comportamento como uma indicação de perspicácia comercial e progresso do negócio.

Se mudarmos o exemplo para um caso de escolha da lei aplicável em uma compra e venda transnacional, podemos imaginar o cenário em que, pela primeira vez, uma empresa tenha escolhido uma lei aplicável espe-

[397] *Id.*, p. 57.

[398] Da mesma forma que a responsabilidade civil atribui a responsabilidade por acidentes ao que evita o menor custo e ao segurador do menor custo. Ver B. E. Hermalin, A. W. Katz & R. Craswell, *supra* nota 317, p. 57.

[399] Ver R. Cooter & T. Ulen, *supra* nota 2, p.44. Além disso, ver B. E. Hermalin, A. W. Katz & R. Craswell, *supra* nota 317, p. 16 (observando isso como um critério de riquezas, a eficiência de Pareto avalia uma alocação proposta entre um conjunto de agentes perguntando se existe uma segunda alocação a qual (i) nenhum dos atores prefere menos do que a alocação proposta e (ii) pelo menos um dos atores realmente prefere a proposta de alocação. Caso não exista tal segunda alocação, a alocação proposta é considerada eficiente).

cífica. Certamente, haverá custos diretamente envolvidos, como discutiremos nos próximos parágrafos. Na mesma equação, haverá '*custos de treinamento*' associados a ela. No entanto, os benefícios da escolha dessa determinada lei podem os compensar. Tenha-se, por exemplo, um caso em que a empresa é um vendedor de mercadorias e, sob a lei escolhida, a disposição sobre danos por quebra de contrato favorece ligeiramente o vendedor ao atribuir ao comprador certos encargos em caso de violação contratual. Como a empresa provavelmente utilizará o modelo contratual contendo essa lei em diversas operações similares ainda em preparação, isto pode vir a ser uma boa escolha.

Confirmando essa suposição, as respostas e comentários fornecidos nos trabalhos empíricos apresentados no primeiro capítulo deste livro[400] sugerem que as partes, sob um ponto de vista econômico, analisam os riscos estimados advindos de uma possível disputa logo no início da operação. As partes também consideram formas de financiar e assegurar a transação, precificam o custo do aprendizado de uma lei desconhecida ou menos familiar, apreciam as dificuldades de executar uma decisão em jurisdições hostis, além das armadilhas processuais que podem enfrentar, tais como uma tumultuada fase probatória, prazos dilatórios, mecanismos de pagamento confusos ou pouco claros, e devedores recalcitrantes[401]. Os participantes dos estudos empíricos também indicaram que as escolhas e preferências econômicas variam de acordo com a posição na transação: comprador ou vendedor; tal como em um jogo, onde as prioridades, escolhas e preferências serão definidas de acordo com os melhores incentivos[402].

Nesse cenário ideal, os contratantes ponderariam os custos envolvidos em qualquer transação e se comportariam de forma bastante racional, visando usufruir de seus benefícios. Lamentavelmente, isto nem sempre acontece na prática. Esta é precisamente a razão pela qual pretendemos revelar os gatilhos e imperfeições que podem impedir as partes de tomar melhores decisões e evitar erros dispendiosos[403], na fase de negociação do contrato de compra e venda internacional.

Em primeiro lugar, é preciso considerar que decisões irracionais são tomadas porque as partes têm preferências idiossincráticas, dificilmente

[400] Para mais detalhes, consultar o Capítulo 1 *supra*.

[401] L. G. Meira Moser, nota 6, *supra*, p. 38.

[402] L. G. Meira Moser, nota 6, *supra*, p. 38.

[403] Debatemos este tema mais detidamente no Capítulo 2 *supra*.

apreciadas ou compreendidas pela contraparte. Por exemplo, as partes geralmente incluem em seus contratos cláusulas descritivas do objeto do contrato, ou que regulam os principais riscos afetando o valor das obrigações acordadas. Os termos podem descrever as mercadorias a serem entregues, a data, o preço e meios de entrega, ou identificar a parte que arcará com os riscos decorrentes do contrato. Os termos também podem exonerar o vendedor de suas obrigações diante da ocorrência de uma greve ou evento similar – circunstância imprevisível ou força maior – ou mesmo permitir a renegociação do contrato sob certas condições (cláusula de *hardship*, por exemplo).

As preferências das partes são altamente singulares, e sujeitas a fatores externos, não facilmente acessíveis a outra parte durante o período de negociação. Além disso, os juízos das partes, dentre outras coisas, são frequentemente embaçados por limitações cognitivas. Conforme discutido, as partes têm capacidades cognitivas limitadas, tanto para antecipar fatos e eventos, quanto para traduzi-los em disposições contratuais. Como consequência, os contratos são naturalmente incompletos. Dito isso, é prejudicial omitir falhas ou lacunas contratuais? Afinal de contas, há apenas desvantagens em adotar essa abordagem?

3.1.2. Comportamento oportunista

As partes podem omitir falhas contratuais ou lacunas em um contrato devido a um comportamento oportunista. O comportamento oportunista é um dos fundamentos da racionalidade limitada. Pode ser definido como '*...self-interest seeking with guile*'[404], significando que, dadas as circunstâncias, os agentes do mercado podem servir aos seus próprios interesses e não aos do outro contratante. Nesse sentido, Oliver Williamson argumenta não ser necessário que todos os agentes sejam considerados oportunistas em grau idêntico: basta que aqueles que o são em menor grau sejam difíceis de determinar *ex ante* e que, mesmo entre os menos oportunistas, a maioria tenha seu preço[405].

Na teoria do direito contratual, o comportamento oportunista está frequentemente associado à realização de atos guiados por motivos fraudu-

[404] O. E. Williamson, '*Transaction-Cost Economics*: The Governance of Contractual Relations', The Journal of Law and Economics, Vol. 22, Issue 2, 1979, p. 234.

[405] *Id.* Para uma discussão completa sobre oportunismo, ver O. E. Williamson, '*Market and Hierarchies*: Analysis and Antitrust Implications', Free Press, New York, 1975, pp. 7-10; e pp. 26-30.

lentos, muitas vezes em desacordo com o estado de espírito normal de uma parte, visando, simplesmente, obter vantagem de uma determinada situação. Em cenários como o descrito, as partes podem se comportar de forma inconsistente com suas crenças e intenções pré-existentes a fim de se beneficiar de uma posição conjuntural nas negociações contratuais. Outra forma de interpretar é sob a perspectiva de que essa seria uma parte adaptável, de forma altamente flexível, às circunstâncias em alteração, motivada por interesse próprio[406].

Existem diferentes tipos de comportamentos oportunistas. Um deles é chamado de 'oportunismo *ex ante*' ou inicial, onde uma parte explorará eventual assimetria informacional pré-contratual, como discutiremos em mais detalhes em um dos subcapítulos a seguir[407]. O outro tipo de comportamento oportunista, 'oportunismo '*ex post*', refere-se à exploração da assimetria informacional ao não absorver suas consequências totais (também chamado de *moral hazard*)[408]. Usemos exemplos de 'oportunismo *ex post*' para esclarecer essa definição.

Uma apólice de seguro saúde estabelece que o segurado pode solicitar o reembolso de despesas relacionadas a medicamentos para fins terapêuticos até um determinado valor. O segurado, observando que seu sinistro é significativamente menor do que a provisão, decide incluir no pedido de reembolso um produto de beleza barato, presumindo que a seguradora não o investigaria.

Outro exemplo: uma pessoa aluga um carro e contrata um seguro total para o caso de ocorrência de danos, o que significa que outra pessoa pagará pelo que quer que aconteça com o carro. Durante todo o período de aluguel, essa pessoa dirige mais velozmente e se comporta de forma menos prudente do que o normal, pois sabe que outra pessoa arcará com as consequências e, neste exemplo, pagará o prejuízo.

Se utilizarmos como exemplo de comportamento aquele relativo à escolha da lei aplicável ao contrato, poderíamos pensar em uma parte detentora de maior conhecimento de casos similares aos que estão sendo tratados, ou que tenha tido experiência semelhante, invocando a mesma lei e em circunstâncias análogas. A consequência disso é que as partes não confiarão

406 Mais informações disponíveis em [www.12manage.com/description_bounded_rationality.html#rsl], p. 2.

407 Ver Capítulo 3.2.2 *infra*.

408 Sobre o tema *moral hazard*, consultar R. Cooter & T. Ulen, *supra* nota 2, p. 48.

umas nas outras, temendo que a outra, que detém maior experiência, possa estar em posse de mais informações sobre uma determinada circunstância contratual ou sobre a lei reguladora (do contrato). A partir disso, a possibilidade de que as partes maximizem os ganhos com a transação é reduzida[409].

Uma maneira de evitar ou, pelo menos, minimizar os efeitos de tal comportamento é escolher ferramentas jurídicas eficientes para interagir com a contraparte. O que isso significa?

Ferramentas eficientes são instrumentos jurídicos capazes de reduzir potenciais assimetrias, fornecendo uma estrutura jurídica equilibrada, como, por exemplo, o uso de regimes jurídicos neutros. No entanto, observa-se que a existência de um equilíbrio entre o comprador e o vendedor pode não ser alcançável, ou nem mesmo desejado. Isso porque, conforme discutido anteriormente, as partes que transacionam no mercado transfronteiriço podem ter inclinações para certas leis. À primeira vista, uma parte poderia acreditar que uma lei mais favorável ao comprador ou ao vendedor a ajudaria. Entretanto, à medida em que o contrato é executado, podem surgir variáveis não previstas originalmente[410], gerando impacto no seu destino. Por exemplo, no caso de circunstâncias reveladas durante a execução de um contrato, tais como obstáculos dispendiosos à entrega da mercadoria (entrega tardia inesperada devido a problemas de transporte ou questões administrativas) ou ao pagamento do preço. Assim sendo, em geral, as partes optariam idealmente por uma lei que ponderasse igualitariamente algumas disposições-chave entre compradores e vendedores[411].

[409] Em relação ao comportamento oportunista, ver também o 'dilema do prisioneiro' e o 'problema do livre-arbítrio', disponível em R. Cooter & T. Ulen, *supra* nota 2, p. 48.

[410] Sobre o tema, consultar J. Flood & F. Sosa argumentando que *'[...] The basic problem of any exchange lies in the insecurity that characterizes any interaction. Most institutional approaches view the problem of opportunism as the central problem in any exchange situation. There is always the danger that parties will not behave in cooperative ways, because they prefer to do what renders the highest profit to them. Thus, mechanisms are necessary to develop stable expectations with regard to the behavior of interaction partners', 'Lawyers, Law Firms, and the Stabilization of Transnational Business'*, Northwestern Journal of International Law & Business, Vol. 28, issue 3, 2007, p. 490. Os autores continuam *'[...] Interaction between two human beings involves the problem of double contingency: in order to coordinate interaction, ego has to be able to expect the behavior of alter as well as the expectations alter has with regard to ego's behavior. It is therefore at the reflexive level of 'expectations of expectations' that the problem of orientation of behavior, as well as the strategies for handling disappointments, has to be defined and solved'*, p. 450.

[411] L. G. Meira Moser, nota 6, *supra*, p. 37.

3.1.3. Incompletude contratual

3.1.3.1. Por que um contrato completo pode ser dispendioso?

Em teoria, um contrato completo não apenas levaria em conta todos os riscos possíveis, mas também os custos de transação[412] – incluindo os custos de negociação e elaboração[413] do contrato, especialmente em uma perspectiva internacional[414] e de previsão de eventos improváveis. Isto significa que todos os contratos são incompletos. Além disso, as partes podem escolher, ou evitar certos termos e disposições, por razões estratégicas, por exemplo, na tentativa de explorar um maior poder de barganha[415] ou explorar uma assimetria informacional[416]. Portanto, como regra e conforme ilustrado no capítulo anterior, os contratos são incompletos.

No entanto, não se deve olvidar os nichos internacionais especializados, nos quais os contratos celebrados podem exigir conhecimentos técnicos e multidisciplinares. A isto se soma a possibilidade de que um contrato internacional possa envolver múltiplas variáveis: barreiras linguísticas e

[412] Ver R. Coase, *'The Problem of Social Cost'*, Journal of Law and Economics, Vol. 3, 1960. pp. 1-44. Estudiosos desenvolveram o 'Teorema de Coase', cenário de acordo com o qual (i) as partes são racionais em seus próprios interesses individuais; (ii) não há custos de transação; e (iii) há um mercado para todas as mercadorias, envolvendo direitos de propriedade bem definidos; as transações de mercado levarão a uma alocação eficiente (maximizando o bem-estar), independentemente da atribuição inicial de direitos.

[413] A versão final do contrato pode estar sujeita a uma série de variáveis, as quais G. Cordero-Moss observa ser *'a mixture of legal analysis, the exercise of bargaining power, deference to widespread contract practice, reliance on one's own drafting experience, the need for standardisation, the need for efficiency and the assumption of risk. The proportion of the various components may vary, and in some situations, the assumed risk is well considered, whereas in other situations, it may remind one more of recklessness than of the assumption of calculated risk'*, G. Cordero-Moss, *'International Commercial Contracts*: Applicable Sources and Enforceability', Cambridge University Press, Cambridge, 2014, p. 25.

[414] J. Basedow, *'Lex Mercatoria and the Private International Law of Contracts in Economic Perspective'*, Uniform Law Review, Vol. 12, issue 4, 2007, pp. 697-713, *'[...] It has to be recalled that the primary objective of the regulation of cross-border contracts is the reduction of transaction costs generated by the constitutional uncertainty of foreign trade. These costs have various reasons: uncertainty about the applicable law, the fragmentary nature of that law, in particular the absence of rules on certain issues relevant for the contract at hand, difficult access to legal literature of the applicable law, language problems, the lack of precision inherent in the foreign legal language relevant to the case at hand, the difficulty of obtaining advice on the foreign law, etc. In cases linked to several legal systems, these costs may be multiplied'* (p. 710).

[415] O tópico do poder de barganha será melhor explorado no Capítulo 3.3 *infra*.

[416] Para maiores informações e exemplos práticos, consultar Capítulo 3.2 *infra*.

culturais e uma legislação estrangeira provavelmente não relacionada a uma (ou ambas) as partes[417]. Qualquer variável não passível de ser solucionada contratualmente gera custos de transação[418]. Assim, deve-se considerar cuidadosamente os métodos de escolha da lei contratual e as regras de conflito de leis, a fim de evitar incertezas, possíveis disputas e resultados indesejados.

3.1.3.2. Quando menos é mais?

Na elaboração do contrato, deve-se refletir, além dos custos, sobre as consequências do advento de fato ou circunstância prevista no contrato, caso venha surgir um conflito relativo a cláusulas contratuais. Por razões estratégicas, pode não ser uma má ideia ter menos elementos em um contrato ou deixar indeterminações a serem interpretadas e decididas por um juiz ou árbitro. Essa estratégia pode ser considerada positiva, por exemplo, em certos tipos de contrato, mais expostos a fatores exógenos em sua execução; alternativamente, essa estratégia pode beneficiar as partes com menos experiência em um determinado setor.

Os subcapítulos a seguir concentrar-se-ão em duas distorções ou imperfeições adicionais do mercado, que interferem na eficiência de Pareto[419], a saber, a assimetria de informação e o poder de barganha. Estas falhas, se identificadas e solucionadas com sucesso, guiam as partes em direção a sua intenção, proporcionando, destarte, resultados eficientes e, na medida do possível, benefícios mútuos.

3.2. Assimetria de informação

Já vimos que os agentes do mercado podem se valer da assimetria informacional para se comportar de forma oportunista[420]. Mas o que é assimetria informacional? Ela aparece sempre que certa informação não for passível de observação ou verificação em um contrato[421]. Na negociação

[417] Os custos de investigar a lei estrangeira e prová-la são ainda mais onerosos. Ver I. Schwenzer & P. Hachem, *supra* nota 247, p. 465.

[418] L. G. Meira Moser, nota 6, *supra*, p. 21.

[419] Um cenário é considerado Pareto-eficiente se for impossível mudá-lo de forma a melhorar a posição de uma das partes (em sua própria estimativa) sem piorar a posição da contraparte (novamente, em sua própria estimativa). Ver R. Cooter & T. Ulen, *supra* nota 2, p. 44 *et seq.*

[420] Ver, por exemplo, J. Flood & F. Sosa, nota 410, *supra*, pp. 490-491.

[421] Ver A. Schwartz & R. E. Scott, *'Contract Theory and the Limits of Contract Law'*, Yale Law Journal, Vol. 113, 2003, p. 556.

de contratos, tem-se uma infinidade de cenários onde informações-chave podem ser consideradas assimétricas, seja na opinião de ambas as partes; de uma parte em relação à outra; ou de ambas as partes em relação ao julgador. Pode também ocorrer casos nos quais a parte detentora das informações não as queira divulgar por razões estratégicas, ou, simplesmente, não esteja ciente de seu conteúdo completo. Diferentes cenários serão discutidos sem detalhes na sequência.

3.2.1. Lacunas contratuais

Como já discutimos nos capítulos anteriores, um contrato representa uma ferramenta que permite o intercâmbio de riqueza entre indivíduos. Ele proporciona aos contratantes os estímulos para agir de modo a favorecer o seu adimplemento. A eficiência de um contrato pode variar[422] de acordo com os incentivos em jogo que servirão para facilitar a realização dos seus objetivos. Nesse contexto, A. Katz defende que o efeito mais importante da lei reguladora do contrato pode residir nos incentivos por ela proporcionados para a aquisição e divulgação de informações ao tempo da negociação. Os procedimentos mecânicos da lei aplicável ao contrato regulamentam tal comportamento de duas maneiras. Em primeiro lugar, condicionam a existência de um contrato executável à presença, ou não, de informação e à quantidade de informação divulgada; em segundo lugar, tornam a perspectiva informacional das partes relevante para a interpretação dos termos específicos de seu contrato[423].

Não há dúvida de que os termos contratuais dependem do que as partes pretendem alcançar, das informações compartilhadas sobre o negócio, dos custos de transação, das características gerais de sua indústria, das interações de conhecimento, tais como informações assimétricas e poder de barganha desigual, e do sistema jurídico em vigor[424]. Estas assimetrias de informação estão intimamente ligadas à incompletude contratual[425].

[422] As ideias sobre eficiência foram desenvolvidas, originalmente, por Adam Smith, indicando que a divisão do trabalho cria eficiência e traz crescimento econômico. Ver A. Smith, '*The Wealth of Nations*', 5ª edição, Methuen & Co., Ltd, Londres, 1904, disponível em: [www.econlib.org/library/Smith/smWN.html].

[423] Ver A. W. Katz, *supra* nota 205, p. 7.

[424] Ver E. A. Posner, *'Economic Analysis of Contract Law after Three Decades: Success or Failure?'*, *University of Chicago Law & Economics, Olin Working Paper No.* 14, 2002.

[425] A incompletude contratual é também explicada pela racionalidade limitada, ou seja, nossa limitação cognitiva em prever (ou, prever erroneamente) todas as contingências possíveis

A literatura jurídica explica isso como uma falha em prever ou antecipar eventos que as partes poderiam desejar fossem contingências, mas que não podem servir como tais, porque não verificáveis ou passíveis de serem comprovadas por um juiz ou árbitro em qualquer disputa relativa ao contrato[426]. Existem diferentes conjuntos de assimetrias de informação, a serem explorados mais detidamente a seguir.

3.2.1.1. O custo de antecipar eventos

Uma das assimetrias informacionais mais comuns diz respeito à incompletude contratual e está ligada a limitações cognitivas na redação e registro de todas as contingências e probabilidades que envolvem um determinado contrato[427]. A antecipação de eventos pode ser onerosa e nem sempre será precisa, porquanto, na maioria das vezes, um evento desencadeia outro não previsto no contrato.

Por exemplo, suponhamos que uma campanha de *marketing* esteja em vias de ser lançada. De acordo com o contrato, a campanha de *marketing* envolve, dentre outras obrigações, a organização de eventos ao ar livre. Uma das disposições contratuais estabelece: '*Verificando-se condições climáticas favoráveis, o contratante A deverá organizar um evento semanal ao ar livre durante o mês de agosto na cidade X*'. Com respeito a esta cláusula e sua execução, nada mais foi acordado a não ser '*condições climáticas favoráveis*'.

À luz do exposto acima, surgem múltiplas questões: por exemplo, esses eventos podem ocorrer em caso de chuva leve ou se o tempo estiver nublado? ou se chover de manhã, mas estiver ensolarado à tarde? ou se for um dia ensolarado, mas o solo, todavia, estiver molhado, após dois dias de chuva forte? ou se a chuva começar durante o evento?

Como podemos ver, várias perguntas podem derivar de uma condição indeterminada (ou pouco determinada), quando o contrato foi concluído. No entanto, é improvável – e talvez impossível em muitos casos – que as partes antecipem todas as hipóteses possíveis de afetar um contrato devido aos custos de descrição.

que afetam um contrato. Para referência à racionalidade limitada como a ideia de que as habilidades cognitivas humanas não são infinitas, ver H. A. Simon, *supra* nota 323, pp. 99-118; e C. Jolls, C. R. Sunstein & R. Thaler, '*A Behavioral Approach to Law and Economics*', Stanford Law Review, Vol. 50, issue 5, 1998, p. 1477.

[426] Ver B. E. Hermalin, A. W. Katz & R. Craswell, *supra* nota 317, p. 64; L. G. Meira Moser, *supra* nota 6, p. 20.

[427] Ver B. E. Hermalin, A. W. Katz & R. Craswell, *supra* nota 317, p. 64.

3.2.1.2. Custos de descrição

Os custos de descrição são aqueles decorrentes de um relatório completo acerca de um determinado fato ou evento e as consequências a ele associadas. A descrição de eventos nem sempre constitui uma tarefa fácil e as descrições nos contratos raramente são precisas. Um exemplo desta complexidade é ilustrado abaixo e pode ajudar os leitores a entender este conceito.

Utilizemos um exemplo bastante trivial, que poderia servir como parâmetro para outros contratos. A parte A encomenda da parte B barras de chocolate amargo. O contrato estabelece: '*A parte B deve entregar à parte A barras de chocolate amargo na data X*'. Nenhum detalhe adicional foi estabelecido no contrato. O que inicialmente parece uma tarefa singela pode de repente se tornar um quebra-cabeça. A parte B se depara com múltiplas perguntas: em termos da descrição do chocolate: '60, 70, 85, 90...; qual é o percentual de cacau correta esperada pela parte A?'; em termos de consistência: 'a parte A prefere chocolate amargo cremoso ou simples? ...', 'com ou sem açúcar?', 'com ou sem adição de determinados ingredientes ou sabores?'; e em termos de sua origem: 'de uma marca conhecida ou não?', 'o que seria uma marca conhecida?', 'nacional ou importado', 'mais ou menos acessível financeiramente', 'preferência em termos de país de origem?', 'livre de algum alergênico?', e a lista continua.

Esse exemplo trivial mostra que raramente somos precisos, porque não estipulamos todas as alternativas possíveis. Na verdade, as descrições são demoradas, demandam um trabalho mental extenuante; logo, são onerosas.

Como então as partes lidam com essas situações diárias? Elas confiarão nas habilidades e no julgamento daqueles a quem foi atribuída a tarefa de interpretar, mas ponderando os custos da execução da decisão se o responsável por ela não apresentar o resultado esperado. Consequentemente, as partes se esforçarão para eleger a 'audição' ou 'espectador' mais adequados[428], isto é, o fórum para 'ouvir' possíveis disputas.

3.2.1.3. Custos de cumprimento das obrigações contratuais e o recurso ao 'teria sido desejado'

Os custos de cumprimento das obrigações contratuais são os custos advindos de se obter a adequada aplicação das disposições contratuais e da lei

[428] A discussão sobre as opções de jurisdição está disponível no Capítulo 4 *infra*.

que os rege. No exemplo anterior, é provável que a parte A tenha ponderado os custos de '*fazer valer*' uma descrição incorreta. A parte A pode ter simplesmente confiado no julgamento razoável da parte B (que pode usar atalhos mentais para tomar a série de decisões referidas no exemplo acima[429]). Portanto, quando se trata de contratos de maior complexidade, o custo de '*fazer valer*' o contrato assume função instrumental. Ele determinará quem ouvirá e decidirá sobre possíveis disputas relativas à execução ou à pré-execução de uma determinada divergência contratual.

No cálculo dos custos de cumprimento das obrigações contratuais, as habilidades de avaliação e expertise desempenham papel fundamental. Isso provavelmente será primordial, pois as partes tenderão a atribuir uma disputa contratual a um intérprete capaz de verificar e avaliar fatos e eventos com grande precisão de detalhes. O intérprete precisará investigar se tal evento ou fato ocorreu e então atribuir ou associar uma consequência a ele com base nas disposições contratuais acordadas pelas partes, incluindo a lei que as rege.

Os custos de avaliação e especialização podem estender seus efeitos para além dos limites dos aspectos jurídicos de uma disputa específica. Por exemplo, em uma disputa relativa à conformidade de mercadorias, espera-se que o juiz (ou árbitro) seja especializado nesse setor em particular e, portanto, capaz de identificar o evento alegado – conformidade ou não conformidade de mercadorias – e então decidir sobre as consequências do mesmo. Se o juiz (ou árbitro) não possuir tais conhecimentos, há uma forte possibilidade de que haja um aumento nos custos de cumprimento das obrigações contratuais devido à necessidade de esforço e tempo adicionais para demonstrar, em nosso exemplo, a (não)conformidade.

Assim, torna-se imperativo considerar e avaliar os custos de especialização quando as partes decidem sobre uma cláusula de resolução de disputa e, em sua ausência, a escolha de eleição de foro. Uma vez que isso tenha sido ponderado, as partes poderão agir com menores preocupações e se concentrar mais em outros aspectos do contrato.

Alternativamente, os contratantes podem se valer do recurso ao '*teria sido desejado*'. Isso ocorre quando as partes confiam na habilidade e julgamento de um terceiro, um juiz ou um árbitro (em caso de arbitragem) como intérprete, ou seja, o interlocutor entre as partes. Tal recurso exige

[429] O tópico de heurísticas é melhor explorado no Capítulo 2 *supra*.

experiência suficiente do intérprete para ler os fatos diante dele e aplicar os comandos normativos disponíveis.

Como discutido anteriormente, uma das vantagens da manutenção de lacunas contratuais é a indeterminabilidade dos gatilhos contratuais. Pode acontecer que o recurso ao '*teria sido desejado*' possa beneficiar uma das partes, especialmente porque as posições das partes no decorrer de um contrato podem mudar. Portanto, uma certa disposição que parecesse vantajosa pode se revelar menos atraente no desenlace do contrato.

3.2.2. Assimetria *inter partes*

3.2.2.1. Conhecimento da parte em relação à mercadoria

Um conjunto de informações assimétricas pode ser analisado na relação *inter partes*[430]: conhecimento ou *expertise* do vendedor ou do comprador em relação às mercadorias comercializadas. Por exemplo, mediante relatórios internos ou inspeção prévia, o vendedor pode estar ciente das especificidades relativas à eficiência ou ao valor de depreciação de uma determinada máquina objeto do contrato, mas estas informações não estariam disponíveis ao comprador.

Também poderia se pensar em outro exemplo de assimetria, de acordo com a qual um dos contratantes detenha mais experiência ou melhor conhecimento da lei escolhida ou aplicável. Em tal cenário, a parte com maior conhecimento tem uma vantagem e, provavelmente, a explorará, na medida em que possa desfrutar de resultados eficientes[431]. Isso pode incluir, por exemplo, uma decisão de cumprir certas obrigações ou inadimplir o contrato, de permanecer em silêncio ou inerte ou de adotar medidas ou se abster. Em outros casos, a assimetria só existe entre as partes e um julgador, nomeadamente uma corte judicial ou tribunal arbitral (por exemplo,

[430] De acordo com S. Shavell, um exemplo ideal é onde um contratante escolhe um termo ineficiente para que este se disfarce de outro termo e assim ganhe alguma vantagem no preço. A avaliação ótima do termo pode ser a de anulá-lo para obter resultado eficiente, mesmo que essa interpretação não seja a melhor, em geral, para o grupo de indivíduos que redige o contrato. Por exemplo, alguns indivíduos que obtêm hipotecas com taxas que flutuam sem limite de juros podem subestimar a probabilidade de um grande aumento na taxa de mercado. Ao incluir uma cláusula de *opt-out*, eles impedem que os tribunais interpretem seus contratos de hipoteca, de forma a protegê-los de variações extremas no mercado. Ver S. Shavell, '*On the Writing and the Interpretation of Contracts*', Journal of Law, Economics and Organizations – JLEO, Vol. 2, issue 2, 2006. p. 310.

[431] L. G. Meira Moser, *supra* nota 6, pp. 20-21.

quando um comerciante experiente afirma ter seu fornecedor entregue mercadorias não-conformes, contudo, a não conformidade não é aparente para um leigo no assunto)[432].

3.2.2.2. Conhecimento da contraparte sobre a potencial lei aplicável ao contrato

O conhecimento superior de uma das partes em relação à lei, que, potencialmente, regerá o contrato certamente impõe desafios a outra. Embora o conhecimento tenha vários graus de complexidade, isto certamente deve representar uma vantagem para quem que o possui. É provável que o agente negocial se comporte de tal forma que maximize seus benefícios com a transação. Aqui, também, deve-se levar em consideração a possibilidade de uma parte ter conhecimento de um regime jurídico similar ou de uma família jurídica semelhante; por exemplo, em um contrato entre partes pertencentes às jurisdições de *civil law* e de *common law*, a escolha da lei de um país terceiro (de tradição de direito continental ou anglo-saxônica).

3.2.2.3. Assimetria informacional estratégica

Finalmente, pode-se pensar em 'assimetria informacional estratégica'[433], um cenário no qual uma parte decide taticamente reter informações a fim de evitar termos menos benéficos que resultariam do seu compartilhamento[434]. Normalmente, o regime jurídico escolhido ajudará a reduzir o nível de assimetria de informações, impondo regras sobre a divulgação de documentos e os deveres das partes nesse aspecto. Pode-se, também, em fase mais avançada de execução do contrato, alocar o ônus sobre a parte que está em posição de vantagem, ou, no exemplo das mercadorias comercializadas, normas sobre o dever de inspeção, tudo na tentativa de equalizar o desequilíbrio entre vendedor e comprador[435].

[432] Ver A. W. Katz, '*Contractual Incompleteness*: A Transactional Perspective', Case Western Reserve Law Review, Vol. 56, Edição 1, 2005, pp. 169-186, p. 174; L. G. Meira Moser, nota 6, *supra*, pp. 20-21.

[433] Ver L. A. DiMatteo & D. Ostas, 'Comparative Efficiency in International Sales Law', American University International Law Journal, Vol. 26, Issue 2, 2011, p. 409.

[434] Ver L. G. Meira Moser, nota 6, *supra*, p. 21.

[435] Pode-se ler o Artigo 35(3) da CISG como um incentivo para o vendedor divulgar informações que, de outra forma, o tornariam responsável pelo fornecimento de bens não-conformes. O artigo 35 da CISG estabelece:

De acordo com Avery Katz, a maioria das regras supletivas ajudam a resolver pelo menos alguns problemas oriundos da assimetria informacional. Os compradores sem poder de barganha hesitarão em despender recursos lendo e avaliando termos contratuais desconhecidos, pois tais despesas são específicas da relação, e podem ser expropriadas *ex post* pelo vendedor. Se todas as disposições do contrato forem interpretadas literalmente, os vendedores que desejarem oferecer termos de alta qualidade não poderão prometer, de forma plausível, que não acrescentarão cláusulas de isenção de responsabilidade[436]. Deve-se observar aqui que, embora não possam ser consideradas como *deal-breakers*, as regras supletivas foram citadas como características relevantes na lei que regerá o contrato[437].

Além da assimetria informacional, os contratantes também terão de lidar com o poder de barganha, outra distorção de mercado a ser enfrentada se as partes pretenderem alcançar resultados eficientes e evitar decisões inadequadas.

3.3. Poder de barganha

O poder de barganha consiste na capacidade do contratante de negociar contratos, ditar condições e impor suas próprias preferências e escolhas

(1) O vendedor deverá entregar mercadorias na quantidade, qualidade e tipo previstos no contrato, acondicionadas ou embaladas na forma nele estabelecida.
(2) Salvo se as partes houverem acordado de outro modo, as mercadorias não serão consideradas conformes ao contrato salvo se:
(a) forem adequadas ao uso para o qual mercadorias do mesmo tipo normalmente se destinam;
(b) forem adequadas a algum uso especial que, expressa ou implicitamente, tenha sido informado ao vendedor no momento da conclusão do contrato, salvo se das circunstâncias resultar que o comprador não confiou na competência e julgamento do vendedor, ou que não era razoável fazê-lo;
(c) possuírem as qualidades das amostras ou modelos de mercadorias que o vendedor tiver apresentado ao comprador;
(d) estiverem embaladas ou acondicionadas na forma habitual para tais mercadorias ou, à falta desta, de modo apropriado à sua conservação e proteção.
(3) O vendedor não será responsável por qualquer desconformidade das mercadorias em virtude do disposto nas alíneas (a) a (d) do parágrafo anterior, se, no momento da conclusão do contrato, o comprador sabia ou não podia ignorar tal desconformidade.

[436] Ver A. W. Katz, *surap* nota 205, p. 9.

[437] Por exemplo, 26,27% dos participantes da Pesquisa vêem as 'regras supletivas' como características positivas, em oposição a 18,94% que as consideram negativas. Estes percentuais nos levam a acreditar que as 'regras supletivas', embora não de importância vital, certamente desempenham um papel na decisão sobre a lei aplicável. Ver Capítulo 1.2.4.1 *supra*.

sobre a contraparte. Em contextos internacionais, o poder de barganha certamente entrará em jogo quando da decisão acerca da lei aplicável ao contrato. É por isso que os processos de escolha da lei aplicável são de grande relevância e requerem uma análise empírica para uma discussão mais profunda[438].

3.3.1. Jogar 'em casa', jogar 'na casa do adversário' ou jogar em um 'campo neutro': a chamada 'queda de braço'

Os agentes do mercado, racionais e auto interessados, frequentemente não estão dispostos a se submeterem à lei da contraparte[439]. As razões subjacentes a esse fato incluem o melhor conhecimento da referida lei pela contraparte (que pode influenciar o resultado de uma controvérsia e desequilibrar a paridade de armas em uma potencial disputa jurídica), uma lei nacional mais favorável ao vendedor/comprador, ou o temor de um sistema judicial parcial e tendencioso (e com mecanismos coercitivos ineficientes), o que poderia culminar em comportamentos oportunistas e dificuldades de cumprimento das obrigações contratuais.

De fato, os contratantes frequentemente enfrentam o enigma: '*jogar em casa*', '*jogar na casa do adversário*'ou jogar em um '*campo neutro*'?[440]

[438] Ver, nesse sentido, o Capítulo 1 *supra*.

[439] Como explica C. Fountoulakis, as partes estão familiarizadas com suas próprias leis e estão convencidas de que pouparão custos consideráveis ao escolherem a sua própria lei, por não ser necessário investigar os meandros da legislação estrangeira. Além disso, se seu próprio regime jurídico governar o contrato, não será necessário consultar especialistas estrangeiros, de modo que as partes poderiam confiar em sua habitual e bem familiarizada equipe de consultores jurídicos. A autora vai mais além e afirma que as partes envolvidas em um contrato internacional vão se esforçar para verem aplicada sua própria lei, mesmo que essa lei não seja tão adequada para a transação em questão. Ver C. Fountoulakis, nota 222, p. 304.

[440] Para mais referências sobre a neutralidade e liberdade dos tribunais arbitrais, ver O. Lando, '*The Law Applicable to the Merits of the Dispute*', Kluwer Law International, Vol. 2, Issue 2, 1986, pp. 104-115. O. Lando aprofunda os detalhes das escolhas da lei, incluindo "*[a] escolha da lex mercatoria como o regime jurídico para reger o contrato*". (p. 107); Ver também J. D. M. Lew QC, defendendo "*princípios da lex mercatoria desconectados de qualquer sistema jurídico*" (p. 144), '*The Law Applicable to the Form and Substance of the Arbitration Clause*', *in* Albert Jan van den Berg (Ed.), '*Improving the Efficiency of Arbitration Agreements and Awards*: 40 Years of Application of the New York Convention', ICCA Congress Series, Vol. 9, Kluwer Law International, Alphen aan den Rijn, 1999, pp. 114-145. A *contrario sensu*, Lord Mustill, mostrando ceticismo, assim definira a *lex mercatoria* "*[T]hus, so the theory runs, those appointed to decide international comercial disputes ought to apply, not any one domestic law of contract or sale of goods or carriage by sea, chosen in accordance with recognised theories of the conflicts of laws, but a single law which is the law of the international trading*

O exercício do poder de barganha é como uma queda de braço: o contratante que tem mais meios – ou força – é mais propenso a ter sua voz ouvida (ou o braço menos lesionado) na mesa de negociações. Tal circunstância, obviamente, não significa que o resultado de uma possível disputa será favorável a esta parte. Entretanto, isso pode indicar a disponibilidade de ferramentas suficientes – ou está bem equipada – para persuadir a contraparte e impor certas disposições contratuais.

3.3.2. Relação material com as partes ou a transação

Se o contexto permitir, os contratantes provavelmente escolherão uma lei que guarde relação material consigo ou com a transação. Essa suposição encontra apoio em estudos empíricos discutidos anteriormente[441]e se enquadra na categoria de 'familiaridade'. Em verdade, o que é frequentemente pactuado em contratos cotidianos/rotineiros é a escolha de 'lei neutra' a partir da eleição de uma lei de jurisdição terceira. No entanto, o quão 'neutra' é a lei de uma jurisdição terceira?

3.3.2.1. O recurso a uma jurisdição terceira – um cavalo de Tróia?

A par da queda-de-braço (ou o chamado poder de barganha), as partes podem se sentir tentadas a recorrer à lei de uma jurisdição terceira em uma tentativa de equilibrar forças. No entanto, a lei de uma jurisdição terceira, acordada pelas partes como aplicável, ou mediante cláusula de eleição foro[442] pode, ainda assim, levar a resultados imprevisíveis e indesejáveis[443]. Isso porque é possível se deparar com uma lei estrangeira a ser

community as a whole" (p. 51). Ver Lord Mustill, '*Arbitration*: History and Background' Journal of International Arbitration, Vol. 6, Edição 2, 1989, pp. 43-56. Para mais referências sobre o tópico, ver F. Galgano, *Lex mercatoria*. Il mulino, Bolonha 2001; e P. Fouchard, E. Gaillard & B. Goldman, Traité de l'arbitrage commercial international, Litec, Paris, 1996.

[441] Ver, nesse sentido, Capítulo 1.1.2 *supra*.

[442] Como L. Spagnolo exemplifica, se uma cláusula de eleição de foro não atingir o resultado pretendido, ela pode afetar a eficácia da cláusula de escolha da lei aplicável. A lei escolhida pode, inesperadamente, se tornar uma lei estrangeira para ser provada como fato e aplicada por um tribunal não familiarizado com essa lei; exercício esse tanto dispendioso quanto arriscado. Ver L. Spagnolo, nota 147 *supra*, p. 437; L. Spagnolo, '*CISG Exclusion and Legal Efficiency*', nota 141 *supra*, pp. 191-192.

[443] Para exemplos adicionais, ver também C. Fountoulakis, nota 222, *supra*, p. 308, observando que a lei comercial suíça diferencia meticulosamente entre 'entrega' e 'não entrega' das mercadorias comercializadas.

aplicada por um tribunal não familiarizado com aquela lei, ou uma lei que restringe a liberdade de contratar e impõe um conjunto de termos contratuais pré-determinados como regra cogente, e cuja não aplicação requer o consentimento expresso dos contratantes. Esses fatores podem acabar entrando em conflito ou modificar algumas das disposições contratuais negociadas. Pode, inclusive, haver um cenário no qual uma parte esteja ciente das disposições de uma lei terceira específica (e que seja vantajosa para seus próprios interesses) e a sugira à contraparte, como se fosse instituidora de compromisso neutro – tal escolha então revelando-se um verdadeiro '*cavalo de Tróia*'[444].

É importante fazermos uma distinção entre regras neutras que se referem a '*regras de uma jurisdição terceira*' e as que referem a um '*regime jurídico neutro*'[445].

Como mencionado, a lei de uma jurisdição terceira, ainda que hipoteticamente não conectada a uma das partes, ainda assim é capaz de conduzir a resultados imprevisíveis e indesejáveis[446]. Isso se deve aos custos transacionais incorridos, juntamente com as incertezas e a 'fisiologia' da lei doméstica – ou seja, uma vocação para regular contratos executáveis no âmbito das fronteiras nacionais.

3.3.2.2. Regimes jurídicos neutros – uma saída?

Os regimes jurídicos neutros são fruto de um esforço conciliatório entre diferentes famílias jurídicas e foram criados para fomentar e facilitar transações transfronteiriças. São regimes jurídicos "neutros", no sentido de que nenhuma das partes está diretamente associada a eles, e, portanto, nenhuma das partes contratantes tem, em princípio, uma vantagem particular ao aplicá-los, podendo-se dizer que os contratantes estarão, destarte, negociando quase sem assimetrias[447].

A fim de evitar preocupações com a lei aplicável[448], e impedir que as partes adotem estratégias que possam prejudicar a transação, leis uniformes, tais como a Convenção das Nações Unidas sobre Contratos de Com-

[444] C. Fountoulakis, nota 222, *supra*, p. 312.

[445] Sobre o tema, consultar L. G. Meira Moser, *supra* nota 6, p. 28.

[446] I. Schwenzer & P. Hachem, *supra* nota 247, p. 464.

[447] C. Fountoulakis, *supra* nota 222, p. 314; L. G. Meira Moser, *supra* nota 6, p. 28.

[448] Para maiores referências sobre este assunto, ver E. Muñoz & L. G. Meira Moser '*Brazil's Adhesion to the CISG* – Consequences for Trade in China and Latin-America', *in* I. Schwenzer

pra e Venda Internacional de Mercadorias (CISG)[449] fornecem disposições padrão sobre os principais aspectos do contrato[450], concebidas para enfrentar algumas distorções ou falhas do mercado[451] – precisamente os riscos jurídicos e os custos transacionais[452] associados à lei escolhida para reger o contrato de compra e venda internacional. Isso, consequentemente, permite às partes maximizar seus ganhos com a transação.

Para aquelas partes cujos Estados aderiram a regimes jurídicos neutros[453], os custos de transação resultantes da incerteza sobre a lei aplicável

& L. Spagnolo (Eds.), *Globalization versus Regionalization – 4th Annual MAA Schlechtriem CISG Conference*, leven International Publishing, Haia, 2013, pp. 79-96.

449 Para promover a uniformidade nesta área do direito, a CISG foi criada sob os auspícios da Comissão das Nações Unidas para o Direito Comercial Internacional (UNCITRAL), o órgão das Nações Unidas responsável pela elaboração leis modelo para a padronização e/ou harmonização do comércio internacional. Ver *'1980-United Nations Convention on Contracts for the International Sale of Goods*, United Nations Commission on International Trade Law', disponível em: [www.uncitral.org/uncitral/uncitral_texts/sale_goods/1980CISG.html].

450 Como L. A. DiMatteo & D. Ostas argumentam, o emprego de um *common core* e de melhores regras resultou em uma fusão interessante de regras de *common* e *civil law*. A CISG consiste em regras que podem ser caracterizadas como: (1) regras coerentes tanto com as tradições jurídicas de *common* e de *civil law*; (2) regras que reconhecem a superioridade de uma dada regra de *common* e de *civil law* – pelo menos para o bem das transações internacionais; (3) regras que foram criadas para serem neutras em relação aos arcabouços normativos nacionais; (4) regras que abdicam da lei nacional ao se recusarem expressamente a legislar sobre determinadas matérias; e (5) regras que se encaixam em uma das três primeiras categorias, mas que estão sujeitas a modificações dada a preferência da CISG pela interpretação original ou autônoma de suas regras (pp. 376-377). Ver L. A. DiMatteo & D. Ostas, *supra* nota 433, pp. 371-439.

451 De acordo com R. Coase, 'mercado' pode ser entendido como uma instituição que existe para facilitar o intercâmbio de bens e serviços, reduzindo assim os custos quando as operações de troca são realizadas. Ver R. Coase, *'The Firm, the Market and the Law'*, University of Chicago Press, Chicago, 1998, p. 7.

452 Ver, nesse sentido, F. de Ly, destacando os custos e a gestão de contratos transculturais e transacionais como vantagens da CISG *'The Relevance of the Vienna Convention for International Sales Contracts* – Should We Stop it Out?', Business Law International, Edição 3, 2003, pp. 241-249, 241, 246.

453 A CISG extrai modelos de *civil law* e elementos de *commom law* capazes de harmonizar o comércio entre países de diferentes tradições jurídicas. Ver C. Samson, *'L'harmonisation du droit de la vente internationale de merchandises entre pays de droit civil et pays de common law', Contemporary Law*: Canadian Reports to the 1990 International Congress of Comparative Law', 1990, pp. 100-125; B. Goldman, *'Frontières du droit et lex mercatoria'*, Archives de philosophie du droit, Vol. 9, 1964, p. 177 e seguintes; E. Gaillard, *'Trente ans de lex mercatória.* Pour une application sélective de la méthode des principes généraux du droit', Journal du Droit International, No. I, 1995, pp. 5-30; B. Oppetit, *'La notion de source du droit et le droit du commerce Internacional'*, Archives

ao contrato podem ser consideravelmente reduzidos[454]. Em primeiro lugar, a desavença sobre a lei contratual aplicável não mais existiria, e, portanto, não há necessidade de determinação sobre este assunto[455] – economizando-se, assim, eventuais custos de uma barganha. Em segundo lugar, a lei aplicável não é estranha a nenhuma das partes e, dessa forma, eliminam-se os custos de aprendizagem[456].

Nos estudos empíricos empreendidos e discutidos no Capítulo 1 deste livro[457], a preferência dos participantes pela neutralidade jurídica corrobora a análise de custo-benefício. Isso se opõe à opção pelo conjunto de regras domésticas de uma parte contratante, o que pode gerar mais custos transacionais e assimetrias informacionais entre as partes. Ao escolher um regime jurídico neutro, em teoria, as partes partem de pontos de partida idênticos e, embora isso nem sempre aconteça, tende-se a gerar resultados mais favoráveis e mutuamente benéficos.

Finalmente, os regimes jurídicos neutros estão preparados para responder às preocupações econômicas de forma bastante eficaz: custos, instabilidade política e desconhecimento seriam minimizados pelo seu uso, pois ambas as partes se afastarão de regras identificadas ou estreitamente ligadas a qualquer um dos contratantes (muito provavelmente reduzindo a zero o desequilíbrio em relação aos custos e ao desconhecimento). Com relação à estabilidade política, aplica-se o mesmo raciocínio. A estabilidade

of Philosophy of Law, Vol. 27, 1982, pp. 43-53; B. Oppetit, *'Autour du contrat internacional'*, Droits, Vol. 12, 1990, pp. 107-115; P. Schlechriem & C. Witz, *'Convention de Vienne sur les Contrats de Vente Internationale de Marchandises'*, Dalloz, Paris 2008; e consultar também I. Schwenzer & P. Hachem, I. Schwenzer (Ed.), *supra* nota 109.

454 Ver A. W. Katz, *'The Strategic Structure of Offer and Acceptance: Game Theory and the Law of Contract Formation'*, Michigan Law Review, Vol. 89, Issue 2, 1990, pp. 215-295.

455 Ver, nesse sentido, O. Lando, observando que *'when foreign law is applicable, it must be ascertained. This ascertainment is manageable when the parties or the court have good access to reliable sources of information on the foreign law. In general, the law of a country which belongs to the same family of laws and which is expressed in the same or a related language can be ascertained... Even if you have good access to a foreign legal system it may be a task to learn exactly what the rule is"*, e acrescenta que *"It is also difficult to get information on the law of a country which belongs to an alien family of laws. Obtaining reliable information about the contents of such a foreign law is often cumbersome, time-consuming and costly. The difficulties increase when the language is unknown, and become almost insurmountable when the foreign law is uncertain, as for instance when the relevant case law is obscure and contradictory. So far as is known no country has managed to develop rules and procedures for the ascertainment of foreign law which are at the same time efficient, fast and inexpensive'*, *'Some Features of the Law of Contract in the Third Millennium'*, Scandinavian Studies in Law, Vol. 40, 2000, p. 347.

456 G. Cuniberti, *supra* nota 58, p. 10.

457 Ver Capítulo 1 *supra*.

política na jurisdição pertinente pode resultar em mudanças legislativas, cenário esse de incerteza que as partes tentarão definitivamente evitar a todo custo (por exemplo, 74,89% dos participantes da Pesquisa selecionaram 'segurança jurídica' como consideração-chave [458]).

3.4. Custos de transação

Outra distorção de mercado com a qual as partes se depararão são os custos de transação. Eles refletem o ônus que as partes suportam quando contratam, isto é, os custos incorridos na negociação, elaboração e execução de um contrato[459]. Uma das preocupações mais sensíveis relacionadas a tais custos diz respeito à decisão de quanto será investido na negociação, previsão de comportamentos, escolha de parceiros, preparação e gestão do contrato[460], além dos honorários advocatícios, custos de elaboração e impressão, custos de pesquisa dos efeitos e probabilidade de uma contingência, e os custos para as partes e tribunais para verificar se aquela contingência ocorreu[461]. Não se pode esquecer que uma compra e venda internacional pode envolver múltiplas variáveis adicionais: barreiras linguísticas e culturais, lei estrangeira, na maioria das vezes, não familiar a uma das (ou ambas as) partes[462], e demais variáveis não passíveis de serem transpostas para o contrato e que possam gerar custos de transação.

Essa equação[463] leva em conta, ainda, os esforços das partes na busca por mercadorias disponíveis no mercado, a análise comparativa do preço

[458] A respeito do tema, consultar o Capítulo 1.2.4.1 e seguintes, *supra*.

[459] D. C. North, *supra* nota 208, p. 9.

[460] Ver A. Schwartz & R. E. Scott, *supra* nota 421, pp. 562-568. A busca por parceiros comerciais envolve publicidade, comunicação, viagens e tempo das partes; aquisição e divulgação de informações sobre ovalor da troca: os custos de divulgação incluirão os custos de comunicação – o tempo que leva para os compradores lerem e processarem as informações ou o custo potencial de não se atentarem a outras informações mais importantes. Ver B. E. Hermalin, A. W. Katz & R. Craswell, *supra* nota 317, pp. 53-54; L. G. Meira Moser, *supra* nota 6, p. 21. Quanto à administração de contratos, ver também J. Gordley, '*Mistake in Contract Formation*', The American Journal of Comparative Law, Vol. 52, Issue 2, 2004, pp. 433- 468.

[461] Ver I. Ayres & R. Gertner, '*Filing Gaps in Incomplete Contracts*: An Economic Theory of Default Rules.' Yale Law Journal, Vol. 99, 1989-1990, p. 93.

[462] Os custos para se investigar uma lei estrangeira e testá-la são ainda mais onerosos. Ver I. Schwenzer & P. Hachem, *supra* nota 247, p. 465.

[463] Ver R. Sefton-Green, citando Helmut Wanger, para quem a lista de custos potenciais incorpora mais do que aqueles de natureza puramente transacional: (i) coleta de informações; (ii) disputas judiciais; (iii) estabelecimento de incentivos para facilitar ações judiciais; e (iv)

e da qualidade desejada e o cumprimento ou adimplemento integral, as garantias no caso de inadimplência, e o empenho na elaboração de instrumentos contratuais que descrevam clara e efetivamente os direitos, deveres e obrigações das partes[464].

Consequentemente, se o regime jurídico não oferecer um grau adequado de certeza e previsibilidade[465], torna-se difícil realizar transações econômicas, porque tal implementação pode envolver o dispêndio de mais recursos devido ao elevado risco. Portanto, um maior grau de previsibilidade jurídica pode levar a uma diminuição dos custos de transação. Uma lei doméstica, por exemplo, pode não reduzir suficientemente os custos de transação[466] de contratos internacionais devido às distinções entre as disposições regentes da matéria contratual em diferentes jurisdições. Se as regras são diferentes nas jurisdições contratantes, as partes não podem confiar em um regime jurídico comum para reger seus contratos[467]. Portanto, elas terão que negociar e, consequentemente, aumentar os custos de transação[468].

outros, por exemplo, os direitos de reparação e reclamação dos consumidores, inclusive em contratos internacionais, viagem, tempo (custos de oportunidade), despesas postais, encargos bancários e custos ligados à transferência do pagamento da zona do euro para fora da zona do euro (ou vice-versa), custos de aborrecimento (utilidade negativa), e custos de tradução. Além disso, R. Sefton-Green questiona se os custos da incerteza jurídica são realmente mensuráveis e argumenta que o *"custo de reduzir os custos também deve ser considerado"*, R. Sefton-Green, *'Choice, Certainty and Diversity*: Why More is Less', European Review of Contract Law, Vol. 7, Issue 2, 2011, p. 139.

464 Remédios jurídicos, quando considerados inevitáveis para satisfazer uma pretensão, entram também nesta equação. Ver A. Schwartz & R. E. Scott, *supra* nota 421, pp. 565-568.

465 Ver R. Posner, argumentando que a função mais importante do direito contratual é proporcionar um remédio jurídico para a quebra do contrato, a fim de aumentar a utilidade da contratação como método de organização da atividade econômica, e essa função independe da existência de qualquer incerteza sobre as disposições do contrato. Ver R. Posner, *'The Law and Economics of Contract Interpretation'*, University of Chicago Law & Economics, Olin Working Paper No. 229, 2004, disponível em: [http://ssrn.com/abstract=610983].

466 A expressão 'custos de transação/transacionais' é referida por R. Coase como os custos das transações de mercado, *supra* nota 412. Ver também R. Coase, *'The Nature of the Firm'*, Economica, Vol. 4, issue 16, 1937, pp. 390 391: *'[t]he costs of negotiating and concluding a separate contract for each exchange transaction which takes place on a market must also be taken into account'*.

467 Para o argumento de que as diferentes leis domésticas são percebidas como um obstáculo ao comércio internacional, ver I. Schwenzer, *supra* nota 222, pp. 723-732.

468 A esse respeito, ver G. Born, *supra* nota 359, p. 2616, observando que *'dada a significativa diferença de tratamento de diversas questões nos diferentes sistemas jurídicos, a escolha da lei aplicável não só é importante, mas às vezes decisiva em disputas comerciais internacionais'*. Born se aprofunda no assunto, afirmando que *'[...] caso uma lei ainda incipiente for potencialmente aplicável, se uma*

Além disso, preocupações sobre custos, tais como, por exemplo, o que será investido para prever resultados decorrentes da escolha e aplicação de leis domésticas menos conhecidas, afetarão o comportamento das partes no curso da negociação e execução dos contratos, bem como na preparação e gestão dos instrumentos jurídicos relevantes. Incertezas dessa natureza são traduzidas em custos transacionais. Naturalmente, uma maior incerteza em torno do sucesso de uma transação traduzir-se-á em custos mais elevados.

3.4.1. A escolha de uma lei desconhecida ou menos familiar para reger o contrato

Como dito anteriormente, contratos são naturalmente incompletos. O esforço e o custo de antecipar possíveis contingências, negociar a sua solução (assumindo que ela seja antecipada), e então descrevê-las adequadamente nos contratos pode não ser proporcionalmente benéfico[469]. Além disso, os custos de cumprimento das obrigações contratuais, mesmo que a contingência possa ser prevista no corpo do contrato, podem superar os benefícios da transação, tornando um contrato completo, em última instância, ineficiente. As regras supletivas[470] existem, pois, para ajudar a preencher lacunas contratuais[471].

Em primeiro lugar, é preciso enfatizar os aspectos de acessibilidade e compreensibilidade da lei reguladora do contrato. Em relação à acessibilidade, as considerações linguísticas representam um obstáculo merecedor de certa reflexão[472]. Isso poderia ser elucidado pelas assimetrias informacionais entre as partes e o custo resultante do aprendizado (assu-

transação envolver um Estado que possa estar sujeito a mudanças políticas significativas, ou se houver necessidades particulares de certeza ou exequibilidade, então uma cláusula expressa de escolha da lei será, muitas vezes, um pré-requisito essencial para proceder com uma transação', p. 2745.

469 Ver S. Shavell, *'Economic Analysis of Contract Law'*, Harvard Law and Economics Discussion Paper No. 403, 2003, p. 6, disponível em [http://ssrn.com/abstract=382040].

470 Ver L. A. DiMatteo & D. Ostas, *supra* nota 433, p. 375, argumentando que, de modo geral, uma das mais importantes funções de qualquer regime jurídico de direito contratual é oferecer às partes regras supletivas que não exigem barganha.

471 Ver S. Shavell, *supra* nota 469, pp. 6-7.

472 Por exemplo, alguns dos participantes da Pesquisa selecionaram *'considerações linguísticas'* como um aspecto jurídico positivo da lei que regerá o contrato. Da mesma forma, alguns participantes citaram *'idioma'* como um aspecto adicional a ser considerado nas leis comumente mais desejadas para reger contratos comerciais. Ver os resultados da Pesquisa no Capítulo 1.2.4.1 *supra*.

mindo que um dos contratantes esteja familiarizado com aquele idioma). Contudo, não está claro se essa consideração também incluiria a escolha do foro (se for o caso, tratando-se de cortes judiciais, a língua seria um obstáculo para a possível resolução da disputa e para a sua execução, isso ademais dos custos gerais inclusos). Se as partes escolhessem um método privado de resolução de disputas esta preocupação seria minimizada, pois o(s) árbitro(s) nomeado(s) estaria(ão) familiarizado(s) com aquele idioma, além do idioma da contraparte[473].

De qualquer forma, com relação a esta preocupação particular (observando que isto não inclui a lei em si, mas apenas o idioma no qual se encontra a lei), ao se afastar da lei de uma jurisdição terceira, as partes reduziriam, em teoria, a possível assimetria informacional relacionada ao idioma. Se as partes decidirem eleger a lei doméstica de uma jurisdição terceira, isto não significa necessariamente que não haverá assimetria informacional na matéria: os idiomas têm semelhanças fonéticas e gramaticais e a proximidade geográfica da parte com a própria lei da jurisdição terceira não deve ser desconsiderada[474].

Regimes jurídicos neutros – originalmente neutros e não identificados com nenhum dos contratantes – melhor corrigiriam essa distorção do mercado, fornecendo às partes o respectivo conjunto normativo em vários idiomas oficiais, facilitando o seu acesso[475].

Sobre a questão dos aspectos linguísticos e do direito contratual uniforme, Ingeborg Schwenzer explica que existem três cenários distintos nas relações contratuais. No primeiro grupo, as partes provêm de países onde se fala o mesmo idioma e, portanto, em geral, esses países pertenceriam a mesma família jurídica (com pequenas diferenças que podem ser insignificantes). Neste grupo, dificilmente haveria a necessidade de uma unificação do direito contratual, pois as partes ainda prefeririam a lei que lhes é mais familiar.

No segundo grupo, uma empresa com um enorme poder de barganha contrata com uma parte economicamente mais vulnerável. Em tal cenário, a poderosa empresa normalmente poderá impor o que quiser ao seu parceiro contratual. No entanto, neste caso, podem ser encontrados problemas para determinar e provar a lei escolhida.

[473] L. G. Meira Moser, *supra* nota 6, p. 34.

[474] *Id.*

[475] *Id.*

Finalmente, o terceiro grupo é composto de partes provindas de países onde são falados idiomas diferentes, ou casos em que ambos os contratantes advêm de uma jurisdição de *common law* ou de *civil law*. Em tal cenário, se nenhuma das partes tem o poder econômico de impor sua própria lei a outra, elas, frequentemente, concordarão com uma terceira lei[476]. Schwenzer explica que esta terceira lei pode ser um regime jurídico familiar a ambas as partes e pode ter influenciado, de uma certa forma, o direito do país de origem de ambos os contratantes. No entanto, se não existir um elemento comum, as partes, muito provavelmente, recorrerão a uma 'lei neutra', confundindo, desta sorte, a neutralidade política com a adequação da lei escolhida para a transação internacional[477].

Ao endossar a mesma observação, Christina Fountoulakis conclui consistir em uma falácia popular designar a lei de um Estado politicamente neutro para um contrato internacional cujos termos foram cuidadosamente elaborados e negociados sob outra lei, talvez bem diferente da lei desse Estado politicamente neutro[478].

A *contrario sensu*, as consequências esperadas de um contrato incompleto podem não ser tão prejudiciais para os contratantes, pois eles podem querer confiar ao julgador a tarefa de interpretar certas variáveis e aspectos do contrato[479]; o conhecido recurso ao '*teria sido desejado*'[480].

[476] Ver I. Schwenzer, *supra* nota 222, p. 724.

[477] *Id.*, p. 725.

[478] Ver C. Fountoulakis, *supra* nota 222, p. 306 *et seq.*; L. G. Meira Moser, *supra* nota 6, p. 35.

[479] A política interna de não antecipar ou prever certas variáveis que podem perturbar as bases do contrato pode justificar a razão de ser das cláusulas de readaptação ou renegociação das bases do contrato, no mais das vezes cumuladas com uma cláusula arbitral. Assim o é porque as partes podem preferir delegar a 'determinação' de incertezas contratuais a árbitros experimentados naquele tipo de contrato e setor da indústria. Para uma análise mais detida sobre cláusula de renegociação das bases contratuais, consultar R. Fabre, '*Les clauses d'adaptation dans les contrats*', *Revue Trimestrielle de Droit Civil*, Vol. 82, 1983, pp.1-30; B. *Oppetit, 'L'adaptation des contrats internationaux aux changements de circonstances: la clause de hardship' Journal du Droit International, No. 4, 1974. p. 797; H. Ullmann, 'Droit et Pratique des clauses de hardship dans le système juridique américain', Revue de Droit et des Affaires Internationaux, n. 7, 1988, pp. 889-904; and M. Sornarajah, 'Supremacy of the renegotiation clause in international contracts', Journal of International Arbitration, Vol. 5, Issue 2, 1988, pp. 97-114.*

[480] Ver I. Ayres & R. Gertner, *supra* nota 461, observando que a estratégia é uma fonte de incompletude contratual, na medida em que uma parte poderia reter taticamente informações que aumentariam o cômputo de ganhos da contratação (*the 'size of the pie'*), a fim de aumentar sua parte nos ganhos da contratação (*her 'share of the pie'*) (pp. 93-94); ver também B. E.

Portanto, todos os regimes de direito contratual devem oferecer regras dispositivas para regular as questões sobre as quais as partes não negociam especificamente[481]. A este respeito, se uma determinada lei aplicável for acompanhada de regras dispositivas ou termos implícitos, as partes podem preferir usar os termos padrão, de modo a reduzir os custos transnacionais, comparativamente com partes que preferissem contratar fora do regime jurídico ao qual estariam, em tese, legalmente submetidos[482].

3.4.2. O custo de aprendizagem

Em geral, é provável que os maiores custos de uma negociação sejam aqueles necessários para a própria redação das cláusulas contratuais. Embora isso nem sempre possa ser confirmado na prática, as partes precisam ventilar hipóteses, calcular probabilidades, imaginar possíveis benefícios e custos, negociar aditamentos e alterações, redigir o contrato e submetê-lo ao escrutínio de advogados. Assim, o custo de elaboração de um contrato será sempre maior que zero, de modo que os contratos nunca serão completos. Apenas algumas disposições serão escritas – precisamente as disposições em que o benefício estimado excede seu custo esperado. De todo modo, quanto mais cuidadosamente for redigido o contrato, mais fácil será para as partes resolverem uma eventual controvérsia sobre seu significado[483].

Na equação relativa ao *'custo de aprendizagem'*, não devemos ignorar o custo da previsão de resultados. Esse tipo de *'jogo de adivinhação'* é altamente indesejável em qualquer contrato, e é provável que gere mais incertezas, aumentando os custos de cumprimento das obrigações contratuais em um estágio posterior. Na verdade, como vimos no início deste livro, os estudos empíricos indicaram uma valorização geral da familiaridade com a lei contratual aplicável. Isso pode ser associado à principal consideração econômica *'custo de aprendizagem'*, além de considerações acerca da lei ser mais favorável ao comprador ou ao vendedor e do fórum de resolução de disputas.

Hermalin, A. W. Katz & R. Craswell, *supra* nota 317, p. 65, observando que é mais provável que os tribunais reajam a uma lacuna, tentando preenchê-la com um termo objetivamente razoável, ou com seu melhor palpite sobre o que as partes teriam desejado se tivessem negociado sobre a eventualidade ou contingência em questão.

481 Ver B. E. Hermalin, A. W. Katz & R. Craswell, *supra* nota 317, p. 15.

482 Ver A. Kronman, *'Paternalism and the Law of Contracts'*, Yale Law Journal, Vol. 92, issue 5, 1983, p. 766.

483 Ver R. Posner, *supra* nota 465, p. 42.

O custo de se tornar proficiente em um determinado sistema jurídico pode muito bem representar um obstáculo[484]. A proficiência não é facilmente alcançada; existem diferentes níveis de conhecimento e de compreensão da lei, que devem ser levados em considerações pelos contratantes. Os estudos e pesquisas realizados e explorados no Capítulo 1[485] nos ajudam a concluir que um regime jurídico neutro seria mais adequado aos cenários descritos acima. Isso porque a flexibilidade e acessibilidade dos regimes jurídicos neutros buscam promover a uniformidade de sua aplicação e, acima de tudo, facilitar a troca transfronteiriça.

Discutimos até aqui os aspectos teóricos de distorções e falhas de mercado. Também foi dada ênfase à interação entre as partes e o mercado, por meio de contratos, e os riscos aos quais as partes estão rotineiramente expostas durante a negociação de contratos internacionais.

É vital compreender e apreciar os riscos que podem representar entraves à relação contratual e espera-se que este capítulo tenha oferecido uma perspectiva desta questão. Outro assunto de grande preocupação na elaboração de um contrato, que pode não necessariamente se enquadrar na 'equação' da escolha da lei, mas que, no entanto, desempenha um papel vital nesta decisão é a escolha do foro, ou seja, o tipo de jurisdição (corte judicial ou tribunal arbitral) mais adequado para ouvir disputas contratuais transfronteiriças. Espera-se que o capítulo seguinte jogue luzes sobre estas questões, bem como forneça informações sobre a interação entre a escolha da lei e a do foro.

[484] Como observa L. Spagnolo, os custos de informação geram exclusões, apesar do fato de que a exigência alternativa de familiaridade com múltiplas leis comerciais internacionais traz inerentemente um custo informacional igual ou maior. O que impulsiona as exclusões é a percepção do custo de informação, o qual guarda alguma conexão com o custo real, mas pode ser distorcido por vieses cognitivos. Ver L. Spagnolo, *supra* nota 141, p. 155. Uma análise desses vieses cognitivos pode ser encontrada no Capítulo 2 *supra*.

[485] Consultar o Capítulo 1 *supra*.

4
A ESCOLHA DA 'AUDIÇÃO' OU 'ESPECTADOR' MAIS ADEQUADOS, OU O DILEMA DA JURISDIÇÃO

Como as partes escolhem a sua audição ou espectador em uma negociação de compra e venda transnacional? Como elas decidem qual é o foro adequado[486] para resolver uma disputa em potencial e por quê? Quais são os principais fatores que influenciam essa escolha? Existe uma conexão entre, de um lado, a eleição do foro e, de outro, a definição da lei aplicável de que deveríamos ter consciência? Quais conclusões podem ser obtidas a partir dessas hipóteses? Como podemos melhorar essa escolha?

Para responder a essas questões, este capítulo examinará discussões teóricas e material empírico. Os leitores recordarão que, no Capítulo 1, foram apresentados estudos sobre a escolha da lei aplicável ao redor do mundo, incluindo a *Global Empirical Survey on Choice of Law* (ou Pesquisa Global sobre a Escolha de Lei, referida neste livro como 'Pesquisa')[487]. Como vimos nos capítulos antecedentes, a Pesquisa buscou identificar as principais ponderações de ordem jurídica e econômica originadas nas mesas de negociação de contratos de compra e venda internacional. Como a Pesquisa abarcou um largo espectro de questões – e o foco não foi a eleição de foro, mas a escolha da lei aplicável –, o presente capítulo analisará as respostas e comentários referentes à eleição de foro. Outras fontes empíricas serão discutidas na primeira parte deste capítulo. Na segunda e última parte deste capítulo, os leitores serão convidados a apreciar uma análise teórica sobre as cláusulas de eleição de foro e as cláusulas compromissórias, com o objetivo de aferir a popularidade desses dois métodos de reso-

[486] 'Foro' (ou *forum*, no original) é utilizado aqui para referir-se à arbitragem ou corte judicial.
[487] Ver Capítulo 1.2.4.1 *supra*.

lução de disputas internacionais, nominalmente o contencioso judicial e a arbitragem internacional. Também serão apresentadas as preocupações usuais e as alternativas para superar obstáculos a escolhas mais eficientes. Tal análise compreende as principais preocupações e as forças propulsoras por trás dessa escolha, apoiada no material empírico analisado no início deste capítulo.

4.1. Estudos sobre a eleição de foro

Examinando os estudos discutidos até agora[488], outras questões podem surgir: qual o peso atribuído a essa escolha em uma compra e venda transnacional? Existe alguma conexão entre eleição de foro (corte judicial ou arbitragem) e escolha da lei aplicável? Se sim, as partes têm consciência do que isso acarreta? Se não, as partes têm consciência das alternativas disponíveis para complementar e aproximar essas escolhas? Possíveis respostas a essas perguntas, e reflexões sobre elas, serão investigadas detidamente neste capítulo[489].

Nos próximos parágrafos, examinaremos dados pertinentes à escolha de jurisdição em transações internacionais, objetivando revelar as principais preocupações e abordagens geralmente escolhidas em mecanismos internacionais de resolução de disputas. A discussão também questiona se existe uma interconexão entre a escolha do foro e a da lei contratual aplicável e, se sim, quais são as razões subjacentes. Começaremos pelos estudos conduzidos pela *School of International Arbitration (SIA), Queen Mary, University of London.*

4.1.1. SIA International Arbitration Studies

Queen Mary, University of London, desenvolveu seu primeiro estudo empírico sobre arbitragem internacional em 2006, em parceria com a *Pricewatercoopers Company* (PWC). O objetivo do primeiro projeto de pesquisa, '*2006 International Arbitration Study: Corporate Attitudes and Practices*'[490], foi

[488] Por razões metodológicas, os estudos sobre eleição de foro discutidos aqui são parte de estudos selecionados no Capítulo 1. Da mesma forma, esses estudos não buscam ser exaustivos, mas sim restritos às diretrizes metodológicas estabelecidas no Capítulo 1.

[489] Uma análise dessa interação foi primeiro publicada em L. G. Meira Moser, '*Arbitration and Choice of Law in Cross-Border Transactions: A Potential Interplay?*', *ASA Bulletin*, Vol. 34, Issue 1, 2016, pp. 94-111.

[490] Os dados da pesquisa estão disponíveis em: [http://www.arbitration.qmul.ac.uk/media/arbitration/docs/IAstudy_2006.pdf].

revelar a tomada de decisões corporativas em favor da arbitragem internacional, como forma de resolver disputas transnacionais. Os resultados indicaram que a arbitragem obteve um significativo grau de popularidade entre os agentes do mercado.

Por exemplo, os participantes, ao serem solicitados a informar o(s) mecanismo(s) preferido(s) para resolver disputas transnacionais, responderam nos seguintes termos: 44% arbitragem internacional & outros ADR's; 29% arbitragem internacional; 16% mediação internacional & outros ADR's; e 11% contencioso transnacional[491]. Àquela época, já 73% dos participantes preferiam utilizar a arbitragem internacional em substituição ao contencioso judicial para resolver disputas transnacionais[492]. Como esperado, as vantagens incluíam flexibilidade, exequibilidade e confidencialidade[493]. As desvantagens, por outro lado, incluíam tempo e custo[494].

Em 2008, a *Queen Mary, University of London*, e a *Pricewatercoopers Company* (PWC) realizaram outra pesquisa, envolvendo empresas com atuação em negócios internacionais (*'International Arbitration: Corporate Attitudes and Practices 2008'*), a fim de indexar dados sobre o uso da arbitragem como mecanismo de resolução de disputas[495]. Os resultados revelaram um nível muito alto de cumprimento voluntário de decisões arbitrais (84% dos participantes indicaram que a parte contrária havia cumprido integralmente a decisão em mais de 76% dos casos[496]), e demonstraram que as partes buscaram evitar aguardar o término do procedimento arbitral, a fim de preservar boas relações comerciais. Adicionalmente, 86% dos participantes afirmaram estar *'satisfeitos'* com a arbitragem[497].

Esse estudo é certamente útil ao demonstrar o reconhecimento de uma 'cultura de arbitragem' em contratos transnacionais, no sentido de a arbitragem consistir em um mecanismo utilizado por partes sofisticadas, que preferem um foro especializado para resolver disputas contratuais com os

[491] *2006 International Arbitration Study: Corporate Attitudes and Practices*, p. 5, Gráfico 2.

[492] *Id.*, 73% como o total de preferência apenas por 'arbitragem internacional' (29%) ou por uma combinação com outros mecanismos ADR (44%).

[493] *2006 International Arbitration Study: Corporate Attitudes and Practices*, p. 6, Gráfico 3.

[494] *Id.*, p. 7, Gráfico 4.

[495] Os resultados da pesquisa estão disponíveis em [http://www.pwc.co.uk/assets/pdf/pwc-international-arbitration-2008.pdf].

[496] *2008 International Arbitration: Corporate attitudes and practices, p. 8, Gráfico 6.*

[497] *Id., p. 5, Gráfico 2.*

seus parceiros comerciais. Como veremos a seguir, assim o é porque a arbitragem tende a criar condições equitativas para a manutenção de relações comerciais, disponibilizando uma plataforma de resolução de disputas eficiente e econômica, qualidades muitas vezes indisponíveis em cortes judiciais. Os resultados desse estudo reforçaram a ideia da arbitragem como um mecanismo eficiente para a resolução de disputas.

Os dados também demonstraram que apenas 6%[498] dos participantes utilizaram as cortes judiciais para forçar o cumprimento da decisão arbitral. Esse resultado confirma o efeito disciplinador das sanções extra-jurídicas[499], e a motivação das partes em manter relações negociais (27%[500]). Esses vetores guiam o comportamento dos agentes de mercado. Ademais, o principal motivo indicado para evitar uma decisão arbitral e buscar um acordo foi a preservação das relações comerciais, o que reforça a noção de que a arbitragem tende a encorajar a preservação de laços comerciais. Além disso, em 43%[501] dos casos, a disputa teve fim antes da primeira audiência, confirmando a hipótese de que a arbitragem também tende a encorajar uma composição entre as partes, ou incentivar a antecipação de um acordo. Pode ser que existam diversas razões para isso: na medida em que a disputa se encaminha para a audiência, as partes precisam provisionar custos e provavelmente terão que investir tempo e dinheiro na preparação de petições, memoriais e sustentações orais, contratação de advogados e de peritos, incorrer em custos não planejados, dentre outros. O risco da imposição de uma decisão (provisória ou não), que tenha força vinculante entre as partes, também pode influenciar e encorajar um acordo antes da primeira audiência.

Além de oferecer um mecanismo de resolução de disputas capaz de, ao menos potencialmente, preservar relações comerciais entre as partes, a arbitragem tende a acelerar a resolução de disputas e, ainda mais relevante, a viabilizar o cumprimento do que é decidido entre as partes. A expertise dos árbitros na matéria debatida, a flexibilidade do procedimento e a possibilidade da confidencialidade de uma informação também reduzem os custos de transação.

[498] *2008 International Arbitration: Corporate attitudes and practices, p. 5, Gráfico 3.*

[499] A discussão é explorada a seguir no Capítulo 4.3.1 infra.

[500] *2008 International Arbitration: Corporate attitudes and pratices, p. 7, Gráfico 5.*

[501] *Id., p. 7, Gráfico 4.*

Em sequência à pesquisa de 2008, em 2010, a *Queen Mary, University of London*, conduziu outro estudo intitulado '*Choices in International Arbitration*', dessa vez com a parceria do escritório de advocacia White & Case LLP[502]. Na edição de 2010, a pesquisa enfocou, no entanto, nos fatores-chave que influenciam a tomada de decisão em favor da arbitragem internacional no âmbito empresarial. A pesquisa revelou técnicas corporativas e políticas internas sobre matérias de resolução de disputas, incluindo a maximização da efetividade de procedimentos arbitrais e percepções em torno da confidencialidade.

Os dados obtidos na pesquisa confirmaram algumas das proposições referidas anteriormente, em particular aquelas relativas à frequente utilização da arbitragem em transações internacionais, e as suas destacadas vantagens em comparação com o contencioso judicial. Sobre isso, vale menção o número de empresas que declararam possuir uma política interna de resolução de disputas (68%[503]) e a importância da confidencialidade em arbitragem internacional (62% dos participantes consideraram 'muito relevante', seguido de 24% que consideraram 'relevante'[504]). Mais uma vez, a pesquisa revelou ser a arbitragem um método amplamente utilizado para a resolução de disputas internacionais.

Em 2013, a *Queen Mary, University of London*, e a *PricewaterhouseCoopers Company* (PWC) elaboraram uma nova pesquisa, intitulada '*Corporate Choices in International Arbitration: Industry Perspectives*'[505]. A pesquisa teve enfoque nas percepções setoriais sobre a arbitragem em importantes segmentos econômicos, a saber energia, construção e serviços financeiros. Os resultados indicaram que, em linha com as conclusões anteriores, 52%[506] dos participantes percebiam a arbitragem como o melhor mecanismo de resolução de disputas. As conclusões da pesquisa têm o mérito de oferecer uma visão geral acerca do nível de popularidade da arbitragem por segmento econômico. Por exemplo, nos setores de energia e construção,

[502] Os dados da pesquisa estão disponíveis em: [http://www.arbitration.qmul.ac.uk/media/arbitration/docs/2010_InternationalArbitrationSurveyReport.pdf].

[503] *2010 Choices in International Arbitration*, p. 5, Gráfico 1.

[504] *Id.*, p. 29, Gráfico 25.

[505] Os dados da pesquisa estão disponíveis em: [https://www.pwc.com/gx/en/arbitration-dispute-resolution/assets/pwc-international-arbitration-study.pdf].

[506] *2013 Corporate Choices in International Arbitration – Industry perspectives*, p. 6, Gráfico 1.

de acordo com a pesquisa de 2013, constatou-se ser a arbitragem o mecanismo preferido de resolução de disputas[507].

Finalmente, quanto às desvantagens da arbitragem, a lista de fatores obtida na pesquisa de 2013 incluía: custos e morosidade, seguidos por uma impressão de falta de decisões claras e precisas, e por uma carência de árbitros com as *expertises* necessárias[508].

Em suma, os dados obtidos na pesquisa mostraram que, de modo geral, a arbitragem continuara sendo o método de resolução de disputas preferido, embora remanescessem preocupações quanto aos custos da arbitragem e à morosidade do procedimento.

A preferência por arbitragem em disputas transnacionais também foi reconhecida em pesquisas mais recentes. Em 2015, a *Queen Mary, University of London*, conduziu nova pesquisa internacional, intitulada '*Improvements and Innovations in International Arbitration*', em parceria com o escritório de advocacia White & Case LLP[509]. A pesquisa buscou determinar a visão da comunidade arbitral como um todo ao indagar sobre as melhorias e inovações nos procedimentos arbitrais.

Os resultados da pesquisa indicaram que a arbitragem é o método preferido de a resolução de disputas para 90% dos participantes[510]. Quanto às melhores e piores características da arbitragem internacional, os resultados não foram surpreendentes: a exequibilidade das decisões (65%), a possibilidade de evitar regimes jurídicos específicos ou cortes estatais (64%) e um empate entre a flexibilidade (38%) e a seleção de árbitros (38%) formavam a lista 'top 3' de preferências. Outras considerações relevantes incluíam a confidencialidade e a privacidade (33%) e a neutralidade (25%)[511]. As três piores características da arbitragem internacional citadas foram os custos (68%), a falta de sanções efetivas durante o procedimento arbitral (46%) e a falta de transparência sobre a eficiência dos árbitros (39%). Participantes também destacaram a morosidade (36%) e as intervenções de cortes judiciais (25%)[512].

507 *Id.*, p. 7, Gráfico 3.

508 *Id.*, p. 9, Gráfico 6.

509 Os dados da pesquisa estão disponíveis em: [http://www.arbitration.qmul.ac.uk/media/arbitration/docs/2015_International_Arbitration_Survey.pdf].

510 *2015 Improvements and Innovations in International Arbitration*, p. 5, Gráfico 1.

511 *Id.*, p. 6, Gráfico 2.

512 *Id.*, p. 7, Gráfico 3.

Em 2016, a *Queen Mary, University of London* e o escritório de advocacia Pinsent Masons LLP organizaram nova pesquisa, a mais extensa sobre setores econômicos em arbitragem internacional, intitulada '*Preempting and Resolving Technology, Media and Telecoms disputes*'[513]. A pesquisa teve como enfoque as percepções setoriais a respeito dos ADR's no segmento de tecnologia, mídia e telecomunicações (TMT). Em linha com as conclusões anteriores, 92% dos participantes indicaram que a arbitragem internacional é adequada para as disputas no setor TMT, e 43% dos participantes elencaram a arbitragem como o mecanismo de resolução de disputas preferido. Os resultados da pesquisa confirmaram, ainda, que a popularidade da arbitragem depende do setor econômico envolvido. Por exemplo, no setor de TI, 50% dos advogados internos referiram que o contencioso judicial é o mecanismo de resolução de disputas mais fomentado (a arbitragem obteve 27%). Em contrapartida, participantes oriundos do setor de energia, construção, e manufatura avaliaram a arbitragem como o mecanismo de resolução de disputas mais fomentado[514].

Entre 2018 e 2021, a *Queen Mary, University of London* desenvolveu três outras pesquisas no âmbito da arbitragem comercial internacional[515]. De notar, em particular, a pesquisa mais recente, de 2021, desenvolvida em parceria com o escritório de advocacia *White & Case LLP,* intitulada '*2021 International Arbitration Survey: Adapting Arbitration to a Changing World*'[516]. A pesquisa buscou explorar os caminhos percorridos pela arbitragem internacional para se adaptar às mudanças de demanda e novas contingências advindas da pandemia da COVID-19. Para o propósito restrito deste capítulo, notamos que a arbitragem internacional lidera, com larga margem (preferência entre 90% dos participantes), o *ranking* de métodos de resolução de disputas internacionais.

Tendo em vista os resultados apresentados acima, parece inquestionável que a arbitragem é o mecanismo de resolução de disputas preferido mundo

[513] Os dados da pesquisa estão disponíveis em: [http://www.arbitration.qmul.ac.uk/media/arbitration/docs/Fixing_Tech_report_online_singles.pdf].

[514] Uma síntese dos resultados pode ser localizada em G. Moser, '2016 Queen Mary International Dispute Resolution Survey: Unveiling Technology, Media and Telecoms (TMT) Disputes', *Kluwer Arbitration Blog*, 15 December 2016, disponível em [http://arbitrationblog.kluwerarbitration.com/2016/12/15/post-queen-mary-ip-survey/].

[515] Consultar pesquisas de 2018 a 2021 em [https://arbitration.qmul.ac.uk/research/].

[516] Os dados da pesquisa estão disponíveis em [https://arbitration.qmul.ac.uk/media/arbitration/docs/LON0320037-QMUL-International-Arbitration-Survey-2021_19_WEB.pdf].

afora para questões internacionais[517], embora existam críticas e sugestões de melhorias, particularmente quanto à rapidez e custo, fatores reiteradamente referidos nos estudos e pesquisas discutidos acima. Enquanto vimos que existe evidência suficiente de que a arbitragem é uma escolha popular em transações internacionais, o quão popular ela é em disputas de compra e venda internacionais? Para responder a essa pergunta, analisaremos a base de dados da CISG da *Pace Law School.*

4.1.2. Base de dados da CISG da Pace Law School

Albert Kritzer[518], professor associado da *Pace University School of Law* e fundador do Instituto Internacional de Direito Comercial, falecido em 2010, criou uma base autônoma de websites sobre a CISG, bem como a base de dados da CISG da *Pace Law School* (base de dados da CISG)[519], além de co-fundador da mais bem-sucedida competição acadêmica jurídica do mundo, o *Willem C. Vis International Commercial Arbitration Moot*[520].

A base de dados da CISG compila doutrina e comentários internacionais em tópicos relacionados ao direito internacional privado, à CISG e demais regimes jurídicos neutros sobre compra e e venda internacional de mercadorias[521]. Mantém um arquivo de decisões judiciais e arbitrais coletadas em cerca de setenta países onde disputas originárias de contratos de compra e venda internacional de mercadorias resultou na aplicação da CISG, e estão disponibilizadas no idioma inglês[522].

[517] Ver J.D.M. Lew QC, 'Achieving the Dream: Autonomous Arbitration', *Arbitration International*, Vol. 22, Issue 2, 2006, p. 185, observando que '*[...] International arbitration, before neutral arbitrators, in a third country, with non-national or international procedures being followed, has become the essential mechanism for the settlement of all kinds of international business disputes...*'.

[518] *Remembering our Colleague Professor Albert H. Kritzer*, disponível em: [http://www.cisg.law.pace.edu/cisg/Albert_Kritzer.html].

[519] *Id.*

[520] Detalhes sobre o Vis Moot, incluindo sua história e demais informações. estão disponíveis em [https://vismoot.pace.edu/]. Ver também E.E. Bergsten, 'The Willem C. Vis International Commercial Arbitration Moot and the Teaching of International Commercial Arbitration', *Arbitration Internacional*, Vol. 22, Issue 2, 2006, pp. 309-314; E.E. Bergsten, 'Experimental Education through the Vis Moot', *Journal of Law & Commerce*, Vol. 34, No. 1, 2015, pp. 1-15; L.G. Meira Moser, 'Albert H. Kritzer, the 1980 UN Convention (CISG), and the Vis Moot: An Inseparable Relationship', *Pace International Law Review*, Vol. 24, 2012, pp. 258-265.

[521] Albert H. Kritzer, base de dados da CISG, disponível em [www.cisg.law.pace.edu].

[522] L.G. Meira Moser, *supra* nota 520, p. 262.

A base de dados da CISG recebeu a aprovação de vários acadêmicos mundo afora e compilou mais de 3.000 decisões traduzidas para o inglês[523]. Inesgotável fonte de pesquisa, a base de dados serve como um corpo consultivo para decisões judiciais e arbitrais advindas de contratos governados pela CISG[524].

A base de dados da CISG[525] apresenta evidências de que a arbitragem é o mecanismo de resolução de disputas preferido em contratos de compra e venda internacional. Em janeiro de 2018[526], a plataforma exibia links para 3.152 decisões estatais e arbitrais sobre a CISG. Desse total (3.152), 891 eram sentenças arbitrais, totalizando 28% do total da base de dados da CISG. Ademais, aventa-se que, a partir de uma consulta às bases de dados da CISG, Unilex[527] e CISG online[528], 26% dos casos advindos de contratos governados pela CISG são decididos por tribunais arbitrais[529].

Em março de 2022, a plataforma CISG-online exibia 5715 decisões estatais e arbitrais sobre a CISG, dentre as quais 830 sentenças arbitrais[530]. Podemos afirmar, confiantemente, que existem hoje aproximadamente 6,000 decisões estatais e arbitrais sobre a CISG listadas e indexadas nas diversas bases de dados[531].

523 Albert H. Kritzer, *supra* nota 521.

524 F. Ferrari (Ed.), *supra* nota 37.

525 Albert H. Kritzer, *supra* nota 496.

526 Consulta realizada em 5 de janeiro de 2018.

527 Base de dados da Unilex disponível em [www.unilex.info].

528 Base de dados da CISG-online disponível em [www.cisg-online.org]. A Professora Ingeborg Schwenzer administrou a base de dados <https://cisg-online.ch> de 2002 a 2018. A nova plataforma CISG-online foi desenvolvida e é atualmente administrada pelo Professor Ulrich Schroeter e sua equipe da Universidade da Basileia.

529 N. Schmidt-Ahrendts, 'CISG and Arbitration', *Belgrade Law Review*, No. 3, Ano LIX (2011), pp. 212-213. Ver também, no mesmo sentido, L. Mistelis, *supra* nota 119 no Capítulo 1, pp. 387-388, o qual chegou às mesmas conclusões a respeito das decisões arbitrais pré-2008, apontando que '*if it is true that significantly less than 5% of arbitration awards get published then one could assume that there are between 4250 and 5000 awards on the CISG...That makes arbitration the main forum for the resolution of disputes arising out of international sales contracts under the CISG*'.

530 Consulta realizada em 13 de março de 2022, junto à base de dados da *CISG-online*, disponível em: [www.cisg-online.org].

531 O número exato é difícil de calcular e, de todo modo, varia regularmente. No dia13 de março de 2022, por exemplo, a base de dados da CISG listava 4522 decisões e a *CISG-online*, 5715. Observe-se que, embora haja sobreposição de decisões listadas e indexadas em ambas as bases de dados, há decisões presentes em apenas uma dessas bases de dados. Portanto, o número real deve ultrapassar 6000.

Embora esse percentual pode não ser representativo à primeira vista, uma observação deve ser feita: decisões arbitrais são normalmente confidenciais e, desse modo, o número publicado nessas bases de dados nos permite conjecturar que a aplicação da CISG em disputas arbitrais mundo afora pode ser significativamente mais representativa[532]. Esse dado pode indicar a popularidade da arbitragem em contratos governados pela CISG, e sugerir ser este mecanismo mais utilizado para interpretar contratos sujeitos à CISG do que o contencioso judicial[533].

Discutidas as preferências e percepções das partes, com um foco especial em arbitragem, devemos, a seguir, explorar os detalhes da Pesquisa. Participantes da Pesquisa não foram solicitados a divulgar se as suas decisões foram tomadas no contexto de contratos submetidos à arbitragem ou às cortes judiciais[534]. Desse modo, objetivamos revelar fatores-chave na escolha de uma determinada jurisdição (quer judicial ou arbitral), em uma tentativa de determinar se as partes fazem escolhas eficientes. Existe uma forma de aprimorar essas escolhas? Com esse fim, convidamos os leitores a explorar algumas das complexidades extraídas da Pesquisa[535].

4.1.3. A Pesquisa Global sobre Escolha de Lei

Como indicado no início deste capítulo, as respostas e comentários dos participantes da Pesquisa (com exceção das perguntas 7 e 8[536]) serão discutidos a seguir.

As perguntas 1 a 3 da Pesquisa[537] buscaram identificar – explorar e discutir – a importância das considerações jurídicas ao se escolher a lei aplicável ao contrato.

[532] Ver N. Schmidt-Ahrendts, *supra* nota 529, p. 213, relatando que, em uma consulta realizada perante a ICC, de 3000 casos selecionados aleatoriamente, em 155 deles a CISG fora aplicada, o que o autor considerou surpreendentemente alto dado que a pesquisa envolveu qualquer tipo de disputa e não apenas disputas relacionadas à compra e venda de mercadorias.

[533] D. Taylor, 'Reflections on a Critical Aspect of CISG-Governed International Sale of Goods Transactions: The Impact of the Hague Convention on Choice of Court Agreements on Forum Selection', *International Trade and Business Law Review*, Vol. 15, 2012, p. 49.

[534] Consultar as instruções da Pesquisa no Capítulo 1.2.3 *supra*.

[535] Ver análise completa da Pesquisa no Capítulo 1.2.4.1 *supra*.

[536] A Pergunta n. 7 da Pesquisa diz respeito à lei aplicável mais desejável, e a Pergunta n. 8 lida com a exclusão da aplicação de regimes jurídicos. Informações adicionais estão disponíveis no Capítulo 1.2.4.3 *supra*.

[537] Para uma análise detalhada das respostas e dos percentuais, consultar Capítulo 1.2.4.1 *supra*.

Como referido no Capítulo 1[538], a Pesquisa não buscou e, desse modo, não solicitou aos participantes que diferenciassem a negociação de contratos com cláusula compromissória ou com cláusula de eleição de foro. Portanto, ainda que possamos construir inferências baseadas nas respostas e nos comentários obtidos pelos participantes, não é possível obter dados precisos sobre a interação entre o método de resolução de disputas utilizado e a escolha da lei aplicável.

Apesar disso, como vimos, os participantes apontaram que a escolha da jurisdição, incluindo a sua adequação e previsibilidade, é um fator importante no processo de tomada de decisões em uma negociação contratual. Isso é confirmado pelos comentários dos participantes os quais revelaram um temor de resultados indesejados, além de preocupações sobre a ineficiência de mecanismos coercitivos e a parcialidade de decisões de cortes judiciais[539]. A arbitragem também foi citada como uma instância que minimizaria preocupações sobre a previsibilidade da aplicação de regras, da sentença proferida e da sua exequibilidade[540].

Dito isso, nas perguntas 1 a 3 da Pesquisa, os participantes foram solicitados a primeiramente indicar as três (3) principais considerações jurídicas e, posteriormente, os aspectos positivos e negativos associados à lei contratual aplicável.

Reproduzimos a seguir as respostas que reclamam especial atenção no contexto de nossa discussão sobre questões jurisdicionais:

- para uma compra e venda a crédito, a lei da jurisdição do comprador;
- explorar a vantagem do "fator local" sempre que possível;
- exequibilidade;
- foro para a resolução da disputa;
- independência e não corruptibilidade do Judiciário;
- exequibilidade da decisão judicial ou arbitral;
- custos/conveniência para resolver as disputas;

538 Ver Capítulo 1.2.4.1 *supra*.

539 Ver, *e.g.*, Pergunta n. 3 da Pesquisa (Capítulo 1.2.4.1); Pergunta n. 4 da Pesquisa (Capítulo 1.2.4.2); Pergunta n. 5 da Pesquisa (Capítulo 1.2.4.2); Pergunta n. 6 da Pesquisa (Capítulo 1.2.4.2); e Pergunta n. 7 da Pesquisa (Capítulo 1.2.4.3).

540 Ver, *e.g.*, Pergunta n. 1 da Pesquisa (Capítulo 1.2.4.1); Pergunta n. 2 da Pesquisa (Capítulo 1.2.4.1); Pergunta n. 3 da Pesquisa (Capítulo 1.2.4.1); e Pergunta n. 4 da Pesquisa (Capítulo 1.2.4.2).

- ratificação da Convenção das Nações Unidas sobre Contratos de Compra e Venda Internacional de Mercadorias (CISG) pela jurisdição pertinente;
- qualidade dos árbitros disponíveis;
- qualidade da administração da justiça na jurisdição aplicável;
- falta de árbitros qualificados e imparciais na jurisdição relevante;
- independência e imparcialidade (ou falta de) no Judiciário; e
- potenciais problemas na execução de sentenças.

As perguntas 4 a 6 da Pesquisa[541], por sua vez, buscaram identificar, explorar e discutir as considerações econômicas dos participantes ao escolher a lei aplicável em uma compra e venda internacional. A Pesquisa também buscou revelar se existiam sobreposições de considerações jurídicas e econômicas e, em caso positivo, o que isso poderia representar na prática. Os participantes foram solicitados a indicar, em primeiro lugar, as três (3) principais considerações econômicas e então os aspectos positivos e negativos da lei contratual aplicável.

As três principais considerações econômicas citadas foram os custos de cumprimento das regras jurídicas (75,77%), a estabilidade política da jurisdição relevante (57,27%), e a falta de familiaridade e os custos de aprendizagem (47,58%).

Reproduzimos, a seguir, as respostas que reclamam especial atenção no contexto de nossa discussão sobre questões jurisdicionais:

- nível de formação dos juízes;
- o que as cortes decidirão em potenciais disputas;
- se a arbitragem é escolhida, então essa consideração é de menor importância;
- exequibilidade;
- previsibilidade da abordagem ou de sua interpretação (sistema respeitável, jurisprudência consolidada);
- independência e não corruptibilidade do Judiciário;
- tempo médio de duração do processo de execução de sentença;
- dificuldade de execução de sentenças na jurisdição pertinente; e
- Judiciário corrupto.

[541] Uma análise detalhada das respostas e dos percentuais está disponível no Capítulo 1.2.4.2 *supra*.

As respostas da Pesquisa e os comentários reproduzidos acima confirmam que, ao escolher a lei aplicável ao contrato, certa atenção é destinada à eleição de foro. Destarte, essas escolhas são, de fato, complementares e, em certa medida, tomadas concomitantemente. No entanto, como mencionado anteriormente, a Pesquisa não explorou totalmente as diferenças entre escolhas dos participantes no contexto de contratos submetidos à arbitragem ou a uma corte judicial. Não obstante, as respostas e os comentários sinalizam que, para alguns participantes, a escolha da lei aplicável pode ter peso diferente caso uma cláusula compromissória também fizer parte das negociações. O que isso significa, talvez, ainda não esteja totalmente evidente, mas devemos discutir como as partes podem alcançar decisões acerca da lei aplicável de maneira mais eficiente por meio de um pensamento crítico sobre a eleição de foro (cortes judiciais ou arbitragem).

Embora não seja possível estimar o número de participantes que responderam a essas perguntas tendo em vista contratos submetidos a cláusulas compromissórias[542], alguns deles expressaram seu entendimento sobre o tema, afirmando que "*se a arbitragem é escolhida, então essa consideração é de menor importância*"[543]. Isso indica que considerações a respeito da escolha da lei podem vir a ser condicionadas à existência de uma cláusula de eleição de foro ou de uma cláusula compromissória no contrato. Para apoiar esse raciocínio, os comentários acima mostram existir um temor geral entre alguns participantes de que o foro escolhido não seja independente. Aparentemente, determinados participantes entendem que a opção pela arbitragem aumentaria a incidência de cumprimento às cláusulas de lei aplicável e da efetiva aplicação da lei escolhida[544].

As preocupações dos participantes quanto ao foro adequado para resolver uma disputa futura são traduzidas em incerteza quanto ao resultado (tempo, custos e barreiras de exequibilidade) e também quanto à independência e à imparcialidade na atuação das cortes judiciais. Essa preocupação é sintetizada pela seguinte resposta: '*o que as cortes decidirão em potenciais disputas*'[545].

542 Ver *supra* nota 539.

543 Resposta à Pergunta n. 4 da Pesquisa (Capítulo 1.2.4.2).

544 Ver I. Schwenzer, *supra* nota 222, p. 724, defendendo, *inter alia*, que ao se optar por arbitragem, muito do 'imponderável' associado a cláusulas de escolha de lei aplicável e de eleição de foro seria contornado.

545 Resposta à Pergunta n. 4 da Pesquisa (Capítulo 1.2.4.2).

Por outro lado, litigar em uma determinada corte pode não ser um impeditivo para alguns participantes, desde que exista certeza quanto à lei aplicável. Essa suposição é confirmada pelas seguintes respostas: '*ratificação da Convenção das Nações Unidas sobre Contratos de Compra e Venda Internacional de Mercadorias (CISG) pela jurisdição pertinente*'[546] e '*para uma compra e venda a crédito, lei da jurisdição do comprador*'[547].

Alguns participantes podem decidir litigar em uma determinada jurisdição por razões táticas: '*tempo médio de duração do processo de execução de sentença*'[548]; '*para uma compra e venda a crédito, a lei da jurisdição do comprador*'[549]; e '*explorar a vantagem do 'fator local' sempre que possível*'[550].

Os temores e as preocupações dos participantes podem sinalizar que, para alguns, a certeza do cumprimento da cláusula de eleição de foro[551] pode mitigar as preocupações sobre a execução da sentença, na medida em que a corte escolhida não declinaria da competência, mas sim, a depender do caso, a aceitaria e aplicaria as regras sobre conflito de leis ou aceitaria a escolha das partes quanto à lei aplicável. Essa certeza jurídica poderia, da mesma forma, aumentar a incidência de uso da CISG e reduzir casos em que as partes a derrogam por temor que outra corte judicial, diversa daquela escolhida pelas partes, mantenha sua competência para conhecer do caso.

Em suma, não é surpresa que algumas jurisdições sejam (ou ao menos pareçam ser) mais populares do que outras, devido a mecanismos adjudicatórios, já que nem todas as cortes reconhecem a competência com base na escolha das partes. Desse modo, escolhas jurisdicionais têm, sem dúvida, relevância ao se decidir a lei que governa o contrato. Se os participantes temem que algumas cortes judiciais não sejam totalmente equipadas para lidar com discussões complexas, ou que, talvez, não sejam totalmente imparciais e independentes ao manter escolhas contratuais, qual seria o divisor de águas? Como os agentes do mercado podem tomar decisões de maneira mais eficiente.

Para responder a essas perguntas, passaremos agora a discutir questões teóricas sobre as cláusulas de jurisdição, entretanto apoiados nas evidên-

546 Resposta à Pergunta n. 2 da Pesquisa (Capítulo 1.2.4.1).

547 Resposta à Pergunta n. 1 da Pesquisa (Capítulo 1.2.4.1).

548 Resposta à Pergunta n. 6 da Pesquisa (Capítulo 1.2.4.2).

549 Resposta à Pergunta n. 1 da Pesquisa (Capítulo 1.2.4.1).

550 *Id.*

551 A Convenção de Haia sobre Escolha de Foro é objeto de discussão do Capítulo 4.2.3 *infra*.

cias trabalhadas anteriormente. O propósito dos próximos parágrafos é explorar sinergias entre as cláusulas de eleição de foro e de escolha da lei aplicável. Esboçaremos, em momento posterior, as principais diferenças entre a cláusula de eleição de foro e a cláusula compromissória, objetivando revelar, além de outras funções, as eventuais interações que esses mecanismos possam estabelecer com a escolha da lei aplicável.

4.2. Cláusula de eleição de foro

Uma cláusula de eleição de foro implica que as cortes de um determinado país terão jurisdição no caso de qualquer disputa originária de um contrato que vincula as partes. A cláusula confere poder a uma jurisdição, escolhida pelas partes, para julgar a disputa. Isso tem crucial importância, já que as partes podem investir tempo e recursos debatendo questões jurisdicionais, de modo a atrasar a resolução da disputa. Entretanto, o cumprimento de uma cláusula de eleição de foro pode representar um obstáculo às partes. Por que as partes ainda optam por uma cláusula de eleição de foro?

Embora a arbitragem seja reiteradamente citada como a melhor opção de mecanismo adjudicativo em disputas internacionais, não podemos nos esquecer de que nem todos os agentes do mercado estão propensos ao uso da arbitragem. E assim o é por diversas razões, incluindo a sofisticação dos agentes, custos e conveniência da disputa, cultura jurídica, tipo de contrato, relação com o contrato e com as partes. Dessa maneira, também é necessário considerar como aquelas partes, que podem não utilizar a arbitragem, abordam a escolha da lei aplicável, e como elas veem essa escolha sob uma perspectiva diferente. Devemos também nos perguntar se esses agentes tomam decisões racionais.

4.2.1. As barreiras à escolha de cortes judiciais

As partes contratantes frequentemente estão preocupadas com a adequação do foro de uma disputa em potencial, e com a execução das leis e das decisões resultantes. As partes estão, em geral, conscientes dos riscos envolvidos se um litígio se tornar a única alternativa para dar cumprimento a um contrato. Elas estão propensas a antecipar o comportamento da contraparte, incluindo táticas recalcitrantes ou dilatórias, um julgamento possivelmente tendencioso por parte das cortes judiciais e, ainda, preocupações quanto ao modo de cumprimento da decisão[552].

[552] L.G. Meira Moser, *supra* nota 6, p. 28.

O foro apropriado para dirimir potenciais disputas foi indicado como um ponto de preocupação para um número significativo de participantes da Pesquisa. As suas inquietações variam desde a falta de imparcialidade e independência para julgar até mesmo as incertezas quanto à efetividade dos mecanismos coercitivos.

Preocupações quanto à adequação do foro podem ser explicadas pela seguinte premissa: contratos são naturalmente incompletos[553]. Como são incompletos, o papel da lei aplicável será interpretar os termos acordados pelas partes, preencher as lacunas deixadas e completar os termos do contrato de acordo com o regime jurídico regente, a jurisprudência, os usos e as práticas. No entanto, a aplicação da lei será um exercício para o julgador pertencente ao foro designado para dirimir a disputa. As partes tendem a assegurar que a sua disputa seja decidida por um foro mais receptivo e responsivo[554] às suas preferências e preocupações no contexto negocial[555].

A conscientização e, até certo ponto, a incerteza com relação à jurisdição são aparentes nos seguintes pontos mencionados pelos participantes da Pesquisa:

- exequibilidade;
- foro para a resolução da disputa;
- independência e não corruptibilidade do Judiciário;
- disponibilidade de um *know-how* de arbitragem;
- execução da decisão judicial ou arbitral;
- previsibilidade;

[553] Ver S. Shavell, *supra* nota 469.

[554] A. Katz, defendendo que '*[...] In the arena of international sales contracts, it is relatively easy for the parties to opt out of substantive interpretative regimes if they wish, either through explicit choice of governing law, or through forum clauses that will ensure that any dispute is heard by a tribunal that is more responsive to their business concerns. The rules and culture of international private law have long taken a liberal attitude toward the parties' contractual choice of applicable law; and the CISG follows in this tradition, specifically authorizing parties in Article 6 to exclude the application of the entire convention from their contract, or, less drastically, to derogate from or vary the effect of any of its provisions, including the trade usage provision of Article 9(2)...*', 'The Relative Costs in Incorporating Trade Usage in Domestic versus International Sales Contracts: Comments on Clayton Gillette, Intitutional Design and International Usages under the CISG', *Chicago Journal of International Law*, Vol. 5, Issue 1, 2004, pp. 183-184.

[555] Estudos sugerem que árbitros são vistos como *experts* mais bem equipados para verificar as dimensões de contratos comerciais do que juízes estatais. Ver, por exemplo, A. Dixit, 'Arbitration and Information', Working Paper, Princeton University, Princeton, NJ, 2003.

- cumprimento das regras e procedimentos;
- familiaridade das partes com a lei da jurisdição pertinente;
- custos/conveniência para resolver litígios;
- qualidade dos árbitros disponíveis;
- qualidade da administração da justiça na jurisdição aplicável;
- falta de árbitros qualificados e imparciais na jurisdição relevante;
- independência e imparcialidade (ou falta de) do Judiciário;
- potenciais problemas de execução de sentenças;
- nível de formação dos juízes;
- o que as cortes decidirão em potenciais disputas;
- se a arbitragem é escolhida, então essa consideração é de menor importância;
- previsibilidade da abordagem ou de sua interpretação (sistema respeitável, jurisprudência consolidada);
- imprevisibilidade da abordagem/ interpretação;
- tempo médio de duração do processo de execução de sentença;
- dificuldade de execução de sentenças na jurisdição pertinente; e
- Judiciário corrupto.

É indiscutível que a escolha do foro tem sido, há muito tempo, um tópico aclamado entre pesquisadores. As principais vantagens dos mecanismos adjudicatórios privados em relação às cortes judiciais foram amplamente exploradas, e, mesmo assim, o tema continua a despertar fascínio e a intrigar leitores leigos, profissionais e acadêmicos de todo o mundo. Como os dados empíricos acima referidos demonstram, é possível argumentar que a arbitragem, escolha popular para a adjudicação privada, tornou-se o método preferido de resolução de disputas em cenários internacionais. No entanto, o nosso objetivo é investigar este assunto mais detalhadamente a fim de responder às seguintes questões: quais os requisitos que definem a popularidade da jurisdição de um corte judicial? O que desencadeia a escolha de uma jurisdição sobre a outra? O que poderia melhorar a utilização de cláusulas de eleição de foro? Devemos começar explorando as principais preocupações e forças motrizes das cláusulas de eleição de foro.

4.2.1.1. Custos e conveniência

Dado que as partes (como agentes racionais) tenderão a entabular contratos que garantam-lhes benefícios mútuos, delinearemos os custos e a conveniência decorrentes do apelo às cortes judiciais para a resolução de disputas internacionais. Ao decidir o método mais eficiente de resolução de disputas, é essencial que as partes considerem a conveniência do foro e os 'custos de cumprimento das obrigações contratuais', ou seja, os custos de execução do que fora contratualmente acordado. Em outras palavras, ao optarem por um determinado tribunal estatal, as partes devem avaliar os custos incorridos para que os seus deveres, direitos e obrigações previstos no contrato sejam devidamente respeitados. Esta não é uma equação tão simples como se poderia imaginar, mas, a partir de perspectivas jurídicas e econômicas, devemos considerar os custos de execução do contrato.

Em determinadas jurisdições, há uma falta de remédios e medidas céleres, aliadas a um 'ativismo judicial', ou seja, mecanismos processuais herméticos permitindo ao juiz influenciar a lei doméstica[556]. Isso inclui confiar que o Judiciário desempenhará funções que não são apenas decisórias, desviando-se assim do paradigma de que justiça é reativa, neutra, técnica e programada[557].

Nesses cenários, juízes talvez adotem uma abordagem intervencionista baseada em uma ideologia política ou em um desejo de corrigir a desigualdade do poder de barganha entre as partes. Juízes de cortes estatais podem isentar uma parte de cumprir certas obrigações contratuais, ou mesmo modificar e adaptar o contrato a fim de alinhá-lo a uma determinada política pública. Consequentemente, as partes devem refletir e ponderar sobre as suas escolhas em potenciais disputas, utilizando uma análise de custo-benefício numa abordagem realista (e racional) da conduta processual.

Particularmente em um contexto de cláusulas de lei aplicável, pode ser que essas jurisdições não estejam dispostas, por essas razões, a manter um acordo acerca da lei aplicável, e, desse modo, deixarão as partes em um estado de vácuo ou incerteza jurídica, altamente indesejável e oneroso em ambientes comerciais. Desse modo, sempre se deve considerar a 'receptividade' da jurisdição às preferências comerciais e às preocupações de uma

[556] N. Garoupa, 'A análise econômica do direito como instrumento de reforço da independência do Judiciário', *Revista de Direito Bancário e do Mercado de Capitais*, No. 37, 2007, p. 84.

[557] J.E. Faria, 'O judiciário e seus dilemas', *Revista do Advogado, Associação dos Advogados de São Paulo*, No. 56, 1999, p. 66; C.M. da Silva Velloso, 'Problemas e soluções na prestação da Justiça', *Revista dos Tribunais*, Vol. 664, 1991, pp. 215-235; J.E. Faria, 'A crise do poder judiciário no Brasil', *Justiça e Democracia*, No. 1, 1996, pp. 18-64.

parte.[558] As partes devem estar cientes dos riscos envolvidos na escolha de um sistema judicial com o qual elas não tenham experiência ou familiaridade, evitando surpresas desagradáveis e erros dispendiosos.

4.2.1.2. Risco de vieses ou parcialidade

Um outro aspecto importante que deve ser levado em conta ao considerar as cortes judiciais é o medo de favoritismos. É uma regra velada que juízes de certas jurisdições tenderão a favorecer a parte mais fraca em nome da justiça, política nacional ou políticas públicas, ideologia, e até mesmo inclinação pessoal. Se uma das partes pertence àquela jurisdição, o temor de favoritismo aumenta.

Esse temor é compreensível e poderíamos usar um exemplo bastante singelo para ilustrá-lo: um jogo de futebol entre times de países diferentes. Seria inconcebível que o jogo contasse com um árbitro de um desses países. Em algumas ligas nacionais e campeonatos (*e.g.* Brasil), árbitros podem ser escolhidos de estados e regiões diferentes, dentro do mesmo país, a fim de evitar vieses e afastar o medo de favoritismos[559].

Na mesma linha de raciocínio, William Park aponta que a maior confiabilidade frequentemente observada em decisões arbitrais, em contraste com julgamentos de cortes estatais, é originária das diferentes noções de '*direito*' em transações comerciais. O cálculo do dever simplesmente não é o mesmo entre juízes e árbitros: '(...) *Bearing obligations to the citizenry as a whole, judges may seek to implement societal values that sometimes trump private agreements. Although responsible judges will master existing authority before taking the law in new directions, many traditions allow appellate judges to overrule precedent*'[560].

W. Park segue '*as creatures of the parties' consent, arbitrators must show special fidelity to shared expectations expressed in contract or treaty, fixing their eyes on existing norms rather than proposals for the law as it should be...the arbitrator may look to enhance shared ex ante expectations or the parties themselves, applying the law on an 'as is' basis. By contrast, appellate judge might explore principles that*

[558] Ver, nesse sentido, os esforços empíricos discutidos no Capítulo 1 *supra*.

[559] Para reflexões filosóficas sobre ser e parecer bom, ver J. Driver, 'Ceaser's Wife: On the Moral Significance of Appearing Good', *The Journal of Philosophy*, Vol. 89, No. 7, 1992, pp. 331-343.

[560] W.W. Park, 'The Predictability Paradox – Arbitrators and Applicable Law', *Dossier XI of the ICC Institute of World Business Law: The Application of Substantive Law by International Arbitrators*, 2014, pp. 60-61.

push law into new directions, so as to promote certainty from the perspective of emerging policy'[561].

Outra faceta da jurisdição das cortes judiciais é o risco de vieses ou parcialidade quando o sistema jurídico nacional é escolhido. Por exemplo, em um contrato internacional, a primazia do acordo das partes pode levar árbitros a concluir que os litigantes quiseram invocar apenas parte de um determinado regime jurídico doméstico. Contrariamente, o juiz pode se sentir inclinado a aplicar as normas do seu próprio Estado mais amplamente, talvez inspirado por um impulso de moldar essas normas para refletir as preocupações de mudança de políticas do foro[562].

Por último, mas certamente não menos importante, existem também preocupações quanto à observância dessas escolhas, pelas mesmas razões acima referidas, e que poderiam prejudicar acordos das partes e conduzir a mais custos e a resultados ineficientes. Nesses casos, a corte judicial eleita pelas partes declinaria da jurisdição, deixando-as em um vácuo acerca de qual corte teria a jurisdição para dirimir a disputa e qual daria observância às escolhas contratuais. Como vimos, essas incertezas geram custos.[563]

4.2.1.3. Incertezas políticas e econômicas

Instabilidade política e econômica em certas jurisdições tende a impor obstáculos à utilização das respectivas cortes judiciais e, consequentemente, da sua legislação interna. Essas incertezas são rotineiramente consideradas uma espécie de 'subdesenvolvimento' do sistema judicial[564], ou uma falta de consistência e, portanto, de adequação aos contratos internacionais.

Muitas destas suspeitas têm a sua origem em alterações legislativas. Em certas jurisdições, os órgãos legislativos aprovam constantemente novas leis, empreendem reformas; aprovam frequentemente novos códigos e regulamentos, exigindo que os seus jurisdicionados estejam constantemente atualizados e, portanto, submetidos a um nível de incerteza – o que, muitas vezes, não é tolerado no contexto comercial. O mesmo se aplica aos códigos e regulamentos processuais, cujas disposições podem ser revogadas e alteradas num curto espaço de tempo. Como já vimos, incertezas

[561] *Id.*

[562] W.W. Park, *supra* nota 560, p. 65.

[563] Ver S. Shavell, *supra* nota 469.

[564] Para uma explicação mais profunda sobre os fatores que desencadeiam essas escolhas, as limitações cognitivas e as heurísticas, consultar Capítulo 2 *supra*.

podem significar custos. Contextos internacionais são complexos e a adição dessa incerteza pode tornar impraticável toda a sua operação.

Outro ponto de preocupação reside na estabilidade financeira. Os inconvenientes econômicos, em determinadas jurisdições, servem como um aviso às partes para não escolherem esse sistema judicial. A instabilidade econômica pode levar a mudanças indesejáveis, afetando os órgãos legislativo e judicial de uma dada jurisdição. Isso instaura um sentimento de incerteza nas partes contratantes, as quais são (ou deveriam ser) agentes racionais (apesar dos vieses cognitivos[565]) e, na maior parte das vezes, avessos ao risco[566]. Por conseguinte, as partes provavelmente evitarão jurisdições sujeitas a sanções econômicas e/ou que tenham suportado, recentemente, crises ou contratempos econômicos.

Vimos que a principal preocupação das partes reside geralmente na incerteza sobre se as cortes judiciais manteriam ou respeitariam uma cláusula de eleição de foro e, consequentemente, se uma lei de regência pode ser aplicada em conformidade com o acordo das partes. Diante disso, podemos suscitar questionamentos: será que certas leis não são utilizadas por receio de que uma determinada corte judicial não respeite as escolhas contratuais? Seriam certas cortes evitadas, simplesmente, devido a uma falta de mecanismos para fortalecer a jurisdição? Como podemos nos assegurar de que a cláusula de eleição de foro seja devidamente observada? O que seria um divisor de águas para esses agentes? Estariam se aproximando os ventos da mudança?

4.2.2. Convenção da Haia sobre Escolha de Foro

Quando uma disputa internacional é iminente, há uma miríade de questões que surgem: onde devo ajuizar uma ação? Quais são os riscos e custos envolvidos na hipótese de uma corte declinar sua competência? Qual é o destino do contrato no caso de procedimentos paralelos? E se as cortes não observarem a cláusula eleição de foro? Essas questões se referem ao conflito de normas de jurisdição, reguladas por códigos, atos, protocolos ou regulamentos de processo civil[567], sendo que a maior complexidade é

565 *Id.*

566 L.G. Meira Moser, *supra* nota 6, p. 27.

567 Na União Europeia, o *Brussels Council Regulation on Jurisdiction and the Recognition of Judgements in Civil and Commercial Matters (Brussels II)* e a Convenção de Lugano de 2007, ratificada pela UE, Dinamarca, Islândia, Noruega e Suíça. Mais informações disponíveis em [http://eur-lex.europa.eu].

encontrada quando tais questões ultrapassam as fronteiras das regras circunscritas a um determinado país[568].

Existem inúmeras razões pelas quais as partes iniciam procedimentos nas cortes de um país. Essas incluem, mas não se limitam a diferenças no procedimento e regras acerca da fase probatória, eficiência e celeridade dos procedimentos judiciais, familiaridade com um dado sistema, idioma a ser utilizado[569], reputação da corte, '*qualidade e habilidade do judiciário e da profissão jurídica*', custo dos procedimentos judiciais, facilidade de execução do julgamento, '*ambiente jurídico*', diferenças nas regras de conflito de leis, dentre outros[570]. Esses são pontos de preocupação tendo em vista que a lei do foro irá impor às partes um regime jurídico prevendo certas regras a serem seguidas[571], as quais poderão limitar a autonomia das partes em uma disputa contratual. Também já foi referido[572] que as partes tendem a preferir cortes judiciais quando a lei doméstica é clara e quando tutelas de urgência provavelmente serão relevantes para a resolução da disputa[573].

Lembremos que, se um contrato não contém uma cláusula de eleição de foro, a questão acerca da jurisdição será regulada pela regra de direito internacional privado em cada jurisdição em que a parte intente litigar[574]. Geralmente, a parte sempre poderá ser demandada no país onde tenha sua sede registrada, onde realize a sua atividade principal, ou, ainda, no país onde a sua atividade principal deveria ser realizada. As cortes pode-

568 Ver, nesse sentido, L.G. Meira Moser, 'CISG in Brazilian Courts: A Promising Start – Case Commentary on Inversiones Metalmecánicas I.C.A. v. Voges Metalurgia Ltda.', *Internationales Handelsrecht*, Vol. 16, Issue 4, 2016, pp. 133-136.

569 Essa consideração (idioma) não é exclusiva para a escolha de jurisdição. A importância do idioma nos contratos sujeitos à arbitragem, e a sua interação com o devido processo das partes, é também discutido por S. Tung, 'The Importance of Languages in International Arbitration and How They Impact Parties' Due Process Rights', *Contemporary Asia Arbitration Journal*, Vol. 10, Issue 1, 2017, pp. 113-132.

570 L. Silberman & F. Ferrari, 'Getting to the Law Applicable to the Merits in International Arbitration and the Consequences of Getting It Wrong', *NYU Law and Economics Research Paper*, No. 10-40, 2010, pp. 1-34.

571 L. Silberman & F. Ferrari, *supra* nota 570.

572 C. R. Drahozal, 'Private Ordering and International Commercial Arbitration', *Penn State Law Review*, Vol. 113, p. 1050.

573 Apesar disso, as instituições de arbitragem mais utilizadas mundialmente elaboraram regras para acelerar o procedimento arbitral, incluindo o mecanismo do árbitro de emergência. Ver e.g., a *London Court of International Arbitration* (LCIA) [www.lcia.org] e a *International Court of Arbitration of the International Chamber of Commerce* (ICC) [https://iccwbo.org].

574 G. Cordero-Moss, *supra* nota 413, p. 157.

rão ainda reconhecer sua competência se, a partir da cognição destas, haja suficiente conexão com a relação comercial[575]. Isso cria uma atmosfera de incerteza, sem dúvida indesejável para os agentes do mercado, resultando em maiores custos de transação[576].

Um candidato a divisor de águas[577] para as preocupações acerca da escolha de jurisdição é a Convenção da Haia sobre Escolha de Foro (*a Convenção da Haia*), concluída em 2005 e vigente a partir de 1º de outubro de 2015[578]. Conforme a Convenção da Haia, a cláusula de eleição de foro pactuada entre as partes é aplicável[579] e resulta em julgamentos executáveis por todas as partes contratantes. A intenção da Convenção da Haia é a de que as partes dos Estados signatários se sintam mais confiantes ao negociar umas com as outras e ao utilizar as respectivas cortes[580].

4.2.2.1. Características principais

A Convenção da Haia reúne três pilares fundamentais: o Artigo 5[581], o qual prevê que a corte escolhida deve julgar a disputa; o Artigo 6[582], que

[575] *Id.*

[576] Ver discussão sobre custos de transação no Capítulo 3.4 *supra*.

[577] Alguns autores argumentam que '*The real game-changer could be the Judgments Convention. By providing for the mutual enforcement of court judgments not limited to exclusive jurisdiction clauses, the Judgments Convention, if ratified by a large number of States, could have a wide-ranging impact on the world of international disputes as we know it. If States recognize the value in ratifying the Judgments Convention, it could undoubtedly give international arbitration – and the New York Convention – a run for their money, as it would provide an alternative global instrument that meets the practical needs of international litigation*', S. Jhangiani & R. Amin, 'The Hague Convention on Choice of Court Agreements: A Rival to the New York Convention and a 'Game-Changer' for International Disputes?', *Kluwer Arbitration Blog*, 23 de setembro de 2016, disponível em: [http://kluwerarbitrationblog.com/2016/09/23/the-hague-convention-on-choice-ofcourt-agreements-a-rival-to-the-new-york-convention-and-a-game-changer-for-international-disputes/% 5D].

[578] Informações adicionais estão disponíveis no website da Conferência da Haia de Direito Internacional Privado [https://www.hcch.net/en/home].

[579] O texto completo da Convenção de Haia está disponível em: [https://www.hcch.net/en/instruments/conventions/full-text/? cid=98].

[580] G. Rowan e outros, 'Hague Choice of Court Convention: Gaining Momentum', disponível em: [https://uk.practicallaw.thomsonreuters.com/7-619-7898?transitionType=Default&contextData=(sc.Default)&firstPage= true&bhcp=1].

[581] O texto completo da Convenção está disponível em: [https://www.hcch.net/en/instruments/conventions/full-text/? cid=98].

[582] *Id.*

impede que qualquer corte, não escolhida pelas partes, prossiga com uma audiência (a corte deve suspender ou encerrar o procedimento), de forma que o outro Estado signatário deve se abster de impor a sua jurisdição sob a demanda; e o Artigo 8[583], de acordo com o qual a decisão proferida pela corte escolhida deve ser reconhecida e executada pelas cortes dos Estados signatários[584].

A título ilustrativo, imaginemos que um comprador mexicano e um fornecedor alemão firmaram um contrato de compra e venda[585]. As partes elegeram as cortes do México para julgar qualquer disputa contratual, mas a parte alemã instaurou um procedimento na Alemanha. Neste caso, as cortes alemãs serão obrigadas a suspender ou encerrar tais procedimentos de acordo com as obrigações previstas na Convenção da Haia. Dessa forma, uma vez que a corte mexicana profira um julgamento, a corte alemã será obrigada a executá-lo.

Agora, imaginemos que o mesmo comprador mexicano firmou um contrato de compra e venda com um fornecedor brasileiro[586]. As partes elegeram as cortes do México para julgar quaisquer disputas contratuais. Se há o surgimento de uma disputa, a Convenção da Haia será aplicável ao contrato e preverá que a corte mexicana reconheça a sua jurisdição. Entretanto, a não ser que – e até que – o Brasil se torne um Estado signatário, a Convenção da Haia não impedirá uma corte brasileira de reconhecer a sua competência sobre eventual disputa e nem irá obrigar que uma corte brasileira execute o julgamento emanado da corte mexicana.

Imaginemos que o Brasil aderiu à Convenção da Haia e que a parte brasileira tenha seus principais ativos em países africanos. A parte mexicana obteve um julgamento favorável na corte mexicana e deseja executar tal julgamento na África. Se o país no qual a parte mexicana pretende bus-

583 *Id.*

584 Poderá haver algum atrito nos casos em que um Estado signatário tenha feito reserva nos termos do Artigo 19 da Convenção da Haia, o qual permite que uma corte de um Estado membro decline da competência para conhecer do litígio caso este não detenha conexão com a disputa ou com as partes. Na visão deste autor, esta é uma previsão lastimável e conduzida na contramão da natureza dos contratos e disputas transnacionais, i.e., a busca por um foro neutro para o julgamento de disputas transfronteiriças. Dito isso, nenhum dos Estados membros realizou tal reserva. Entretanto, o Artigo 32 da Convenção da Haia autoriza os Estados membros a realizarem (e modificarem) a reserva referente ao Artigo 19 a qualquer momento.

585 Nesse exemplo, a Alemanha e o México são Estados signatários.

586 O Brasil não é atualmente um Estado signatário.

car execução não aderiu à Convenção da Haia até o momento da execução, a lei doméstica será aplicada para determinar se o julgamento pode ser executado.

O objetivo a longo prazo da Convenção da Haia, segundo alguns autores[587], é o de criar um regime legal internacional para escolha de foro similar[588] ao que fora estabelecido no âmbito da arbitragem com o advento da Convenção de Nova Iorque sobre o Reconhecimento e a Execução de Sentenças Arbitrais Estrangeiras (Convenção de NY de 1958[589]). Por sua vez, isso colocaria as decisões judiciais em uma posição equânime com as sentenças arbitrais, quando se fala em exequibilidade universal[590]. Enquanto a exequibilidade é, de fato, uma das maiores vantagens geralmente apontadas pelos entusiastas e usuários da arbitragem[591], alguns autores são céticos[592] sobre se a Convenção da Haia ganhará *momentum* e, talvez, passe a representar uma ameaça à popularidade da arbitragem, ao mesmo tempo em que reconhecem que isso será ditado pela própria trajetória a ser tomada pela arbitragem internacional[593].

[587] C. T. Kotuby Jr. e outros, 'The Hague Choice of Court Convention Takes Effect, and With It Greater Certainty for International Transactions', *Jones Day Publications*, 2015, disponível em [www.jonesday.com/the-haguechoice-of-court-convention-takes-effect-and-with-it-greater-certainty-for-international-transactions-10-29 -2015/].

[588] M. Hwang SC descreveu a Convenção da Haia como 'um tipo de miniversão da Convenção de Nova Iorque para a execução de decisões judiciais', M. Hwang SC, 'Commercial Courts and International Arbitration – Competitors or Partners?', *Arbitration International*, Vol. 31, Issue 2, 2015, pp. 193-212.

[589] O texto da Convenção de NY de 1958 está disponível em: [www.uncitral.org/pdf/english/texts/arbitration/NYconv/New-York-Convention-E.pdf].

[590] O Chief Justice Sundaresh Menon de Cingapura descreveu a Convenção da Haia como 'divisor de águas na execução internacional de julgamentos de cortes', discurso disponível em: [www.supremecourt.gov.sg/docs/default-source/default-document-library/media-room/opening-lecture—difc-lecture-series-2015.PDF].

Para uma visão crítica sobre a Convenção da Haia, consultar G. Born, 'The Hague Convention on Choice of Court Agreemenrs: a critical assessment', *University of Pennsylvania Law Review* 169, no. 8, 2021, pp. 2079-2126.

[591] Ver, e.g., 2015 Queen Mary, University of London Survey, 'Improvements and Innovations in International Arbitration', *supra* nota 509.

[592] D. Taylor, *supra* nota 533, p. 59, argumentando que '*international arbitration needs to retain an identity and features separate and distinct from international litigation, with clear advantages such as flexibility of procedure, privacy, neutrality and, when possible, lower cost and greater speed*'.

[593] M. Rea & M. C. Marotti, 'What Is All the Fuss? The Potential Impact of the Hague Convention on the Choice of Court Agreement on International Arbitration', *Kluwer Arbitration*

Apesar do número ainda modesto de Estados signatários[594], qualquer parte pode se beneficiar da Convenção da Haia. Se uma parte decide ter uma disputa contratual submetida a uma corte de um Estado signatário, a esta escolha será dado pleno efeito, e o julgamento dela resultante será exequível em todos os outros Estados signatários.[595] Disso resulta uma maior certeza e flexibilidade das partes em relação a sua 'audição' ou 'espectador' e aos possíveis resultados advindos de tal escolha. Além disso, o Artigo 3(a) da Convenção da Haia prevê que a escolha do foro pode ser minutada com a finalidade de resolução de disputas que *'tenham surgido ou possam surgir'*[596] sugerindo que uma escolha de foro exclusiva também possa ser implementada após o surgimento da disputa.

Quais seriam as implicações da Convenção da Haia no processo de decisão acerca da escolha da lei aplicável?

4.2.2.2. Sinergia com a escolha da lei aplicável?

Uma das dificuldades na utilização da cláusula de eleição de foro é o processo de barganha para que se chegue à decisão acerca de qual corte parece adequada a ambas as partes. Temos visto que tal decisão seria tomada mediante uma *'queda de braço'*[597], mas que, usualmente, as partes decidem por escolher a corte de um país terceiro para a solução de potenciais disputas, podendo não ser esta a melhor opção.

A Convenção de Haia, entretanto, garante a necessária segurança jurídica às partes de que a escolha da jurisdição será respeitada, e que o julgamento resultante produzirá efeitos jurídicos em qualquer dos Estados signatários. Esse marco jurídico é bem-vindo no contexto de compra e venda internacional e, na visão deste autor, reúne o potencial de fortalecer a sinergia com a racionalidade da escolha da lei contratual aplicável.

Blog, 16 de junho de 2017, disponível em [http://kluwerarbitrationblog.com/2017/06/16/fuss-potential-impact-hague-convention-choice-court-agreement-international-arbitration/]. Ver também G. Born, *supra* nota 590.

594 A Convenção da Haia conta com 37 membros signatários até março de 2022. Informações adicionais estão disponíveis em [https://www.hcch.net/en/instruments/conventions/status-table/?cid=98].

595 *'The Hague Choice of Court Convention Takes Effect, and With It Greater Certainty for International Transactions'*, disponível em [www.jonesday.com/the-hague-choice-of-court-convention-takes-effect-andwith-it-greater-certainty-for-international-transactions-10-29-2015].

596 Artigo 3 da Convenção de Haia.

597 Consultar, nesse sentido, *supra* nota 28.

Por exemplo, se partes advindas de Estados signatários tanto da Convenção da Haia[598] quanto da CISG[599] decidem litigar em uma de suas jurisdições, a CISG será aplicada de forma automática como lei aplicável ao contrato[600]. Em tal cenário, além de evitar um litígio em relação a questões jurisdicionais não acordadas, as partes não precisarão negociar sobre a lei aplicável ao contrato, diminuindo assim os custos de transação. Mesmo que o país de origem de uma das partes seja signatário da Convenção da Haia e não seja signatário da CISG, se as partes desejarem que seja aplicada a CISG ao contrato, estas podem obter tal resultado mediante os benefícios oferecidos pela Convenção da Haia, *i.e.*, a exequibilidade da escolha do foro e as vantagens que esta implica: a aplicação das regras de determinado sistema judicial, incluindo as regras de conflito de lei. Entendemos que tal recurso, por sua vez, poderá melhorar a conscientização das partes acerca de uma potencial sinergia com a decisão sobre a escolha da lei aplicável.

Podemos ainda perceber a clara vantagem na utilização de um regime jurídico neutro, tal como a CISG, para reger uma disputa sobre compra e venda transnacional perante um Estado signatário da Convenção da Haia, resultando em um julgamento executável em todos os Estados signatários.

A Convenção da Haia aumentará a previsibilidade e a eficiência da eleição de foro ao reduzir a corrida irracional às cortes judiciais e o recurso a procedimentos paralelos, os quais, conforme exaustivamente revelado por estudos empíricos, normalmente geram maiores custos e incertezas[601]. Problemas de exequibilidade, fonte de preocupação entre os agentes do mercado[602], serão significativamente minimizados[603]. Considerando que

[598] A lista de Estados signatários da Convenção de Haia sobre Escolha de Foro está disponível em [https://www.hcch. net/en/instruments/conventions/status-table/?cid=98].

[599] A lista de Estados signatários da CISG está disponível em: [www.uncitral.org/uncitral/en/uncitral_texts/ sale_goods/1980CISG_status.html].

[600] A aplicação da CISG pode ocorrer de forma independente (Artigo 1(1)(a)) ou pelas regras de direito internacional privado (Artigo 1(1)(b)).

[601] Ver, de forma geral, *Queen Mary International Arbitration Studies* no Capítulo 4.1.1 *supra*.

[602] Ver, por exemplo, os resultados da Pesquisa, em relação aos quais notou-se que 'exequibilidade' é um fator de apreensão entre os participantes. A análise detalhada dos resultados da Pesquisa está disponível no Capítulo 1.2 *supra*.

[603] Ver a comparação feita por R. A. Brand entre a Convenção da Haia e a 1958 Convenção de Nova Iorque, 'Arbitration or Litigation? Choice of Forum After the 2005 Hague Convention on Choice of Court Agreements', *University of Pittsburgh Legal Studies*, Research Paper No. 2009-14, p. 15 et ss., disponível em [https://ssrn.com/abstract=1397646]. Outra análise é conduzida por M. Ahmen & P. R. Beaumont acerca do Reino Unido pós-Brexit, 'Exclusive

a atenção não mais será focada em preocupações acerca do foro, é possível que as partes tomem decisões mais racionais quanto à escolha da lei aplicável, uma vez que terão à sua disposição uma plataforma mais segura para confiar no exercício das cortes judiciais em aplicar a lei escolhida entre as partes ou, na sua ausência, a lei indicada pela norma de direito internacional privado aplicável.

Como uma forma de advertência, lembremos que a Pesquisa, por razões cronológicas, infelizmente não analisou o impacto da Convenção da Haia nos processos decisórios acerca da escolha da lei aplicável, uma vez que a Convenção entrou em vigor em 2015. A ratificação da Convenção da Haia poderia, no entanto, revelar outras percepções dos agentes do mercado, incluindo potenciais conexões e sinergias com a escolha da lei aplicável[604].

Apesar de os incentivos do mercado ainda favorecerem o uso de cláusulas arbitrais por razões que serão exploradas abaixo, tal cenário poderá sofrer mudanças com o ganho de popularidade da Convenção da Haia[605]. Embora seja ainda prematuro fazer previsões e análises exaustivas sobre as reais consequências disso, este autor acredita que, à medida em que mais Estados – sejam ou não signatários da CISG – ratifiquem a Convenção da Haia, a popularidade da CISG ganhará força como um regime jurídico neutro e apto a reger as transações entre partes contratantes.

4.3. Cláusula arbitral

Como visto, a arbitragem foi indicada por um número significativo de participantes como uma 'medida segura' em contextos internacionais[606].

Choice of Court Agreements: Some Issues on the Hague Convention on Choice of Court Agreements and Its Relationship with the Brussels I Recast Especially Anti-Suit Injunctions, Concurrent Proceedings and the Implications of Brexit', *Journal of Private International Law*, Vol. 13, 2017; mesma fonte, *Centre for Private International Law Aberdeen Working Paper Series*, Working Paper No. 2016/5, disponível em [https://ssrn.com/abstract=2824703]. Ver análise mais critica em G. Born, *supra* nota 590.

604 A pesquisa futura, antecipada no Capítulo 5.2 *infra*, buscará capturar essas interações e potenciais conexões.

605 Por exemplo, em novembro de 2016, o Joint Standing Committee on Treaties do Parlamento Australiano recomendou a assinatura da Convenção de de Haia sobre Escolha de Foro. Ver mais detalhes em [www.aph.gov.au/Parliamentary_Business/Committees/Joint/Treaties/Airworthiness-USA/Report_166/section?id=committees%2Freportjnt%2F024013%2F24043].

606 Ver, *e.g.*, a resposta à Pergunta n. 1 da Pesquisa (Capítulo 1.2.4.1); resposta à Pergunta n. 2 da Pesquisa (Capítulo 1.2.4.1); resposta à Pergunta n. 3 da Pesquisa (Capítulo 1.2.4.1); e resposta à Pergunta n. 4 da Pesquisa (Capítulo 1.2.4.2).

Alguns participantes associaram as preocupações de eleição de foro a questões referentes à escolha da lei aplicável, de modo a sugerir que a eleição de foro, em certas circunstâncias, teria o condão de guiar a escolha da lei aplicável.

Mesmo quando questionados sobre as características positivas de uma lei aplicável ao contrato, os participantes citaram, de forma consistente, preocupações relacionadas à arbitragem e à exequibilidade. Um dos participantes, ao responder à pergunta acerca das principais considerações econômicas sobre a lei aplicável ao contrato, inclusive indicou que '*se a arbitragem for escolhida, esta é uma consideração de menor importância*'[607].

Ao mesmo tempo em que tal posição não pode ser considerada como regra, esta pode confirmar a visão de que as partes levarão em conta o custo e a conveniência quando da escolha de sua 'audição' ou 'espectador', traduzindo-se em preocupações acerca da exequibilidade da decisão resultante. Isso é confirmado pelas seguintes respostas: '*custo de cumprimento das regras jurídicas*'[608] (75,77%) e '*estabilidade política na jurisdição relevante*'[609] (57,27%), indicadas como as considerações econômicas de maior relevo quando da escolha da lei aplicável ao contrato.

4.3.1. A opção preferida em compra e venda transfronteiriças

Pode-se argumentar que a arbitragem tende a neutralizar o confronto entre as partes, ou a 'dicotomia maniqueísta', ao permitir uma maior flexibilidade e alternativas criativas para a manutenção do relacionamento, para a exploração de potenciais negócios futuros e celebração de acordos, ou mesmo para a mitigação de prejuízos, em um nível equilibrado para todas as partes envolvidas[610]. Outros poderão argumentar que, quanto maior a flexibilidade em procedimentos arbitrais, maior a tendência de se abrir margem para as partes colaborarem, uma vez que o serviço prestado é caro e as sanções podem ser aplicadas aos que 'se comportem inadequadamente'[611].

[607] Resposta à Pergunta n. 4 da Pesquisa (Capítulo 1.2.4.2).

[608] *Id.*

[609] *Id.*

[610] Ver, de forma geral, *Queen Mary International Arbitration Studies* no Capítulo 4.1.1 *supra*.

[611] Por exemplo, algumas instituições publicam os nomes das partes que não cumprem voluntariamente a decisão. Determinadas associações de comércio de *commodities* adotam tal procedimento, entre outras, a *International Cotton Association* [www.ica-ltd.org/safe-trading/loua-part-one/].

Naturalmente, não devemos nos iludir com uma visão romântica de que a arbitragem é um processo 'amigável', onde os seus usuários 'jogam limpo'. Eles podem não o fazer. Assim como em um jogo, as partes são jogadores auto interessados, elaboram estratégias e preferências a fim de maximizar os seus ganhos em toda e qualquer transação. Até porque a arbitragem é uma opção procedimental pela qual as partes submetem as suas disputas a um terceiro para que este as resolva, com claras intenções de obter uma decisão.

É, portanto, compreensível que ambas as partes desejem elaborar adequadamente o seu pleito e ganhar a disputa. A arbitragem difere, contudo, do processo em cortes judiciais, uma vez que os incentivos são distintos e os 'custos de utilização' são direta e imediatamente assumidos pelos usuários[612], de forma a potencialmente diminuir um comportamento recalcitrante[613], encorajando a celebração de acordos[614], e promovendo decisões com viés mais comercial.

4.3.1.1. A aplicação da lei no estado em que se encontra

Conforme discutido, a arbitragem foi indicada por um significativo número de participantes da Pesquisa como uma 'medida segura' em contratos internacionais. Alguns participantes associaram as preocupações de foro a questões referentes à escolha da lei aplicável, de modo a sugerir que a eleição de foro, em certas circunstâncias, teria o condão de guiar a escolha da lei aplicável.

Antes de explorarmos esta interação, uma questão (talvez até um pouco singela) deve ser considerada: o que faz a arbitragem ser tão popular em negócios transnacionais?

A arbitragem tende a atrair menos argumentos frívolos ou infundados do que os processos nas cortes judiciais, porquanto as partes devem pagar para testá-los, e o custo, diferentemente das custas judiciais na maioria

[612] Ao contrário do cenário nas cortes judiciais, em que os litigantes são, ao mesmo tempo, contribuintes.

[613] Apesar da ausência de dados empíricos para corroborar essa ilação, *i.e.*, uma menor ocorrência de comportamentos recalcitrantes quando comparado a cortes estatais, tal inferência é obtida a partir da experiência profissional deste autor.

[614] Por exemplo, conforme informação obtida em 2022, o percentual de acordos nos casos de arbitragem perante a WIPO Arbitration and Mediation Center (WIPO Center) é de aproximadamente 35%. O relatório completo está disponível em [www.wipo.int/amc/en/center/caseload.html].

das jurisdições, pode ser considerável[615]. Destarte, as partes podem, eventualmente, sofrer adversidades e sanções a partir de argumentos infundados ou da resistência a um procedimento arbitral, tendo em vista que não há externalização dos custos[616]. Por tais razões, e considerando o 'viés comercial' da arbitragem, há mais incentivos para que as partes cumpram voluntariamente com as sentenças arbitrais e, em alguns casos, em vista de preservar (bons) relacionamentos comerciais, a firmar acordos mesmo antes de prolatada a sentença arbitral[617].

Conforme dito anteriormente, W. Park entende que a maior confiabilidade nas sentenças arbitrais, em contraste com os julgamentos das cortes judiciais, decorre das diferentes noções de 'direito' em transações comerciais. O cálculo do dever simplesmente não é o mesmo entre juízes e árbitros: '(...) *Bearing obligations to the citizenry as a whole, judges may seek to implement societal values that sometimes trump private agreements. Although responsible judges will master existing authority before taking the law in new directions, many traditions allow appellate judges to overrule precedent...*'[618].

Outro ponto, certamente de grande interesse, diz respeito à abordagem dos árbitros, em oposição à dos juízes de cortes estatais, em relação à lei aplicável ao contrato.[619] Em tal comparação, não podemos esquecer da expertise dos tomadores de decisão nos procedimentos arbitrais, os quais, no mais das vezes, detêm experiência prática no ambiente empresarial.[620] Ao mesmo tempo em que reconhecemos existirem juízes de cortes estatais com uma visão empresarial, e que essas são, geralmente, conhecedoras de questões comerciais, tais atributos não são exigidos dos juízes, os quais

[615] Custos compreendem: taxa de registro da instituição arbitral (conforme o caso); honorários dos árbitros; custos e despesas da arbitragem; e custos reputacionais, *i.e.* custos de ter o nome associado a uma atitude reprovável. Enquanto tal comportamento poderá também ocorrer em disputas perante cortes estatais, o custo estaria diluído, considerando a menor visibilidade *vis-à-vis* arbitragens, as quais tendem a ser monitorados de perto por instituições e veículos da mídia, por exemplo o *Global Arbitration Review (GAR)* [www.globalarbitrationreview.com]. Além disso, os atores que se utilizam da arbitragem provavelmente estarão mais expostos a sanções extra-jurídicas, risco de banimento do comércio, e custos de oportunidade.

[616] Diferentemente das custas judiciais, por meio das quais indivíduos contribuem para o desenvolvimento e manutenção do sistema Judiciário.

[617] Ver *supra* nota 614.

[618] W. W. Park, *supra* nota 560, pp. 60-61.

[619] Ver *supra* nota 544.

[620] B. Oppetit, *Théorie de l'Arbitrage, Press Universitaires de France,* Paris, 1998, p. 28 *et seq.*

são, em verdade, vinculados a diferentes conjuntos de regras e treinados para tratar de um grande espectro de casos, nem sempre detendo expertise e experiência no ramo em disputa, embora precisamos reconhecer que em muitas jurisdições há câmaras e varas especializadas por matéria. Como observado por Richard Posner:[621] '*juízes, ao interpretar contratos, são guiados por regras, enquanto árbitros são guiados pelo seu conhecimento do contexto comercial*'. O reconhecimento das cláusulas arbitrais e da exequibilidade das sentenças se destacam como duas de suas características mais importantes[622].

Outras características da arbitragem incluem flexibilidade, simplicidade do procedimento e acessibilidade das regras; confidencialidade e análise dos custos de cumprimento das obrigações contratuais[623] (considerando não serem as sentenças arbitrais apeláveis em seu mérito, a não ser que acordado de outra forma entre as partes, suscetíveis, porém, à anulação, quando aplicável). A neutralidade da sede, a habilidade das partes em controlar o procedimento e a facilidade da execução completam a lista de vantagens do uso da arbitragem para a resolução de disputas advindas de contratos de compra e venda internacional[624].

Nesse sentido, de acordo com S. Shavell[625], a arbitragem é um exemplo de mecanismo de 'decisão privada', que reduz os custos de transação uma vez que prevê um acesso mais abrangente às informações contratuais em relação ao contencioso das cortes judiciais, somado à expertise dos árbitros e à flexibilidade do procedimento.

Nesse panorama de grande flexibilidade explorada pelas partes na arbitragem, McConnaughay[626] argumenta que '*uma virtude fundamental da arbitragem comercial internacional é a de não conter normas rígidas próprias; a sua habilidade de – diante da ilimitada flexibilidade – acomodar as enormes diferenças de parâmetros procedimentais, de apresentações e de decisões tipicamente existentes entre as partes em transações multinacionais*'.

621 R. Posner, *supra* nota 465, p. 38.

622 J. D. M. Lew QC, *supra* nota 517, p. 189.

623 E. Mackaay & S. Rosseau, *Analyse Économique du Droit*, Dalloz, Paris, 2008, pp. 362-400.

624 Ver mais em L. G. Meira Moser, 'Arbitragem em contratos empresariais: redução de custos e eficiência da transação', *Revista de Direito Empresarial (RDE)*, No. 13, 2010, pp. 33-55.

625 S. Shavell, *supra* nota 463, p. 22.

626 P. J. McConnaughay, 'Risks and Virtues of Lawlessness: A Second Look at International Commercial Arbitration', *Northwestern University Law Review*, Vol. 93, 1998, p. 522.

Um motivo adicional para a inserção de cláusulas arbitrais em um contrato poderia ser o que Richard Posner conceituou como uma propensão dos árbitros a adotar uma postura de '*meio do caminho*': a parte que espera figurar no pólo passivo – e não no pólo ativo – de uma demanda judicial por quebra do contrato desejará incluir tal cláusula uma vez que isso reduzirá a sua responsabilidade presumida[627]. Em contextos internacionais, nos quais interagem múltiplas variáveis, as partes tendem estar mais propensas a inserir cláusula compromissória a fim de mitigar a sua responsabilidade presumida.

4.3.1.2. O arquétipo do 'meio do caminho'

Em um ambiente de incertezas, particularmente em contratos transnacionais, mecanismos privados de resolução de disputas assumem um papel relevante[628]. Tanto é assim que a arbitragem tem sido, reiteradamente, considerada como um método de resolução de disputas eficiente. Uma razão para isso é a expertise do tomador de decisão, o qual no mais das vezes reúne conhecimento prático do ambiente empresarial[629].

Métodos privados de resolução de disputas podem ser preferidos não apenas por serem – ou tenderem a ser – mais céleres *vis-à-vis* o contencioso judicial, mas também porque os árbitros são, em geral, mais preparados para interpretar fatos e resolver a questão em disputa: as partes concedem ao painel arbitral uma discrição considerável para estruturar e desenvolver o processo; o árbitro, familiarizado com negociações empresariais e complexas disputas comercias, deve, então, desenvolver e implementar a estrutura a partir da qual a solução deverá ser atingida e, quando possível, encorajar as partes a encerrar a disputa de forma amigável[630].

Como vimos, um motivo adicional para a inserção de cláusulas arbitrais em um contrato poderia ser o que Richard Posner conceituou como uma propensão dos árbitros a adotar uma postura de '*meio do caminho*'. Posner ilustra o ponto com o exemplo de uma empresa de corretagem que desejará a inserção de uma cláusula arbitral, uma vez que é muito mais provável que a empresa seja demandada em juízo do que o contrário. Posner

[627] R. Posner, *supra* nota 465, p. 19.

[628] Ver, nesse sentido, *supra* nota 607.

[629] Ver B. Oppetit, *supra* nota 620.

[630] Ver S. Shavell, *supra* nota 463, p. 22.

explica que se pode questionar se a inclusão de uma cláusula arbitral pode favorecer uma parte em relação a outra, ou, se a outra parte objetaria, ou demandaria compensação. No entanto, infelizmente, algumas partes, ao decidirem sobre a inclusão da cláusula arbitral, podem não o fazer tendo em vista que o custo esperado para isso pode ser difícil de estimar – embora, provavelmente, baixo se comparado com a probabilidade de uma violação do contrato que desencadearia um processo judicial[631]. Isso pode ser analisado no contexto tanto de arbitragens domésticas quanto internacionais. Pode ser que, dependendo da estimativa da probabilidade de violação do contrato – do ponto de vista do vendedor ou do comprador –, incluir uma cláusula arbitral poderia reduzir a responsabilidade presumida da parte.

Da mesma forma, ao optar por arbitragem, as partes devem considerar atentamente a escolha da sede, a qual determina a lei processual aplicável ao procedimento na medida em que não tenha sido acordado o contrário, incluindo os critérios para a anulação da sentença arbitral[632].

Com o apoio de material empírico, argumentamos que, caso haja a escolha pela arbitragem, a escolha da lei aplicável pode ter menor peso, uma vez que as partes estariam mais conscientes acerca do que esperar[633]. Naturalmente, não deve ser ignorado o fato de que sentenças arbitrais devem ser executadas por cortes estatais em caso de recalcitrância da parte vencida[634]. Entretanto, tais procedimentos tendem a ser mais simples do que a execução de uma sentença doméstica[635], a qual é sujeita, *inter alia*, às inclinações jurisprudenciais, as quais nem sempre são fáceis de averiguar e, frequentemente, dependem de uma completa compreensão pelas partes acerca do sistema jurídico em questão.

[631] Ver R. Posner, *supra* nota 465, p. 19.

[632] J. D. M. Lew QC, L. Mistelis & S. Kroll, *Comparative International Commercial Arbitration*, Kluwer, Alphen aan den Rijn, 2003, pp. 693-732; R. Goode, 'The Role of the Lex Loci Arbitri in International Commercial Arbitration', *Arbitration International*, Vol. 17, Issue 1, 2001, pp. 19-40; W. W. Park, 'The Lex Loci Arbitri and International Commercial Arbitration', *International and Comparative Law Quarterly*, Vol. 32, Issue 1, 1983, pp. 21-52.

[633] L. G. Meira Moser, *supra* nota 489, pp. 95-111.

[634] Ver P. Sanders, *'New York Convention on the Recognition and Enforcement of Foreign Arbitral Awards'*, *Netherlands International Law Review*, Vol. 6, 1959, pp. 43-55.

[635] Ver, nesse sentido, o *Database* da Convenção de Nova Iorque de 1958 disponível em [http://newyorkconvention1958. org]; ver também, D. M. Lew QC, L. Mistelis & S. Kroll, *supra* nota 632, pp. 703-706.

Na maioria dos países, as cortes domésticas adotam uma política de intervenção mínima quando se fala em revisão judicial de questões relacionadas à arbitragem. Nesse sentido, existem, é claro, jurisdições reconhecidas pela sua postura pró-arbitragem, mas geralmente se adota uma abordagem minimalista. Além disso, se a jurisdição se submeteu à Convenção de NY de 1958[636], então, haverá maior certeza acerca do resultado da arbitragem. Nesse tocante, Julian Lew observa que a Convenção de NY de 1958 estabelece três *standards* fundamentais para a arbitragem internacional: (i) esta deve estar em conformidade com os termos da cláusula arbitral; (ii) as partes devem ser tratadas de forma justa e igualitária (*i.e.*, devido processo legal internacional); e (iii) a sentença deve respeitar a ordem pública internacional tanto em relação ao seu conteúdo quanto ao seu objeto[637].

Examinamos neste capítulo, sob as perspectivas teórica e empírica, as vantagens e os desafios da arbitragem internacional enquanto um mecanismo de resolução de disputas. Reconhecemos a popularidade mundial da arbitragem internacional em disputas relacionadas a contratos de compra e venda internacional e como isso moldou, por séculos, o comércio internacional. Agora, uma questão resta pendente: qual é a correlação – se é que existe – entre as cláusulas arbitrais e a escolha da lei aplicável? Há algum tipo de interação a respeito da qual devemos estar cientes?

4.3.2. Cláusula arbitral e escolha da lei aplicável: potencial interação

Discutimos até aqui as maiores preocupações das partes relacionadas à eleição de foro, bem como os fatores que regem tal escolha. A arbitragem foi repetidamente citada como o mecanismo de resolução de disputas preferido em contratos de compra e venda internacional. Há alguma relação entre a eleição de foro e a escolha da lei aplicável? A escolha de uma destas informa ou, de alguma forma, determina a outra? Para responder tal questão, devemos retornar aos estudos empíricos.

[636] Convenção sobre o Reconhecimento e Execução de Sentenças Arbitrais Estrangeiras, 7 ILM 1046 (1968) [Convenção de Nova Iorque]. Ratificada por 169 países, a Convenção de Nova Iorque está disponível em [www.uncitral.org/uncitral/ en/uncitral_texts/arbitration/NYConvention.html%5D].

[637] J. D. M. Lew QC, *supra* nota 517, p. 189. Ver também, J. D. M. Lew QC, L. Mistelis & S. Kroll, *supra* nota 632, pp. 687-732.

Os resultados do estudo da *Queen Mary, University of London, em 2010*[638], por exemplo, restrito a contratos que incluíam cláusula arbitral, não são aptos a fornecer dados acerca de uma relação entre a escolha da lei aplicável e as cláusulas de eleição de foro. Entretanto, é possível elaborar algumas ilações com base no material produzido, sobretudo a atitude dos participantes diante da escolha da sede da arbitragem (a qual determina a escolha da lei processual aplicável à arbitragem, salvo acordo em contrário[639]): 51% dos participantes decidiram sobre a lei aplicável antes de selecionar a sede da arbitragem; de maneira inversa, a escolha da sede não teve grande relevância na escolha da lei aplicável[640]. Em suporte a tal evidência, os resultados da Pesquisa demonstram que as partes em contratos de compra e venda internacional tendem a procurar soluções de 'senso comum empresarial', com maior certeza na determinação dos fatos, o que é geralmente buscado pelos usuários da arbitragem.

Pode a eleição do foro ser determinante na escolha da lei aplicável? Os resultados da Pesquisa sugerem que, em algumas instâncias, a escolha pela arbitragem pode auxiliar as partes a evitar preocupações relativas à exequibilidade normalmente associadas às cortes judiciais. Dessa forma, em cenários como estes, a lei aplicável ao contrato pode ter menor peso na mesa de negociação, desempenhando, então, um papel auxiliar. Duas observações podem corroborar essa hipótese.

Primeiramente, as partes podem se utilizar da arbitragem pré-dispostas a obter uma decisão baseada nos fatos do caso, principalmente no contrato que as vincule, decisão essa desapegada das complexidades da lei escolhida. Um árbitro deverá aplicar a lei escolhida pelas partes e, se tal lei impõe certas restrições, então o árbitro deverá respeitá-las, contanto que, é claro, tais restrições de fato se apliquem ao caso concreto[641]. No entanto, certas restrições advindas das normas da lei aplicável podem não impedir o árbitro de procurar pela solução mais adequada e consistente com a legítima expectativa das partes[642].

[638] Resultados disponíveis no Capítulo 4.1.1 *supra*.

[639] S. Vogenauer, *supra* nota 19, pp. 48-49.

[640] *2010 International Arbitration Survey: Choices in International Arbitration*, p. 9, Gráfico 5, ver Capítulo 4.1.1 *supra*.

[641] F. Perret, 'Resolving Conflicts between Contractual Clauses and Specific Rules of the Governing Law – Strict Application of the Law or Flexible Approach', *Dossier of the ICC Institute of World Business Law: The Application of Substantive Law by International Arbitrators*, 2014, p. 109.

[642] *Id.*

Dessa forma, para alguns agentes do mercado, a arbitragem é vista como um processo de busca pelos fatos e pela resolução da controvérsia, onde os tomadores de decisão baseiam as suas determinações nas provas disponíveis, guiados pelo contrato *inter partes*. Tais partes buscam um resultado comercialmente razoável, o qual leve em consideração, primordialmente, os usos do mercado em questão e o comportamento das partes ao longo da relação contratual.

Em segundo lugar, as partes veem a arbitragem como uma alternativa ou uma saída para mitigar a falta de conhecimento ou assimetria informacional[643] acerca de certas leis aplicáveis ao contrato, as quais tenham sido (talvez inadvertidamente) escolhidas ou impostas (*e.g.* poder de barganha) pela contraparte. Nesse cenário, as partes acreditam que o uso da arbitragem possa melhorar as suas chances de um resultado favorável – seja certo ou errado – considerando a propensão dos árbitros a adotar uma postura de 'meio do caminho', em oposição à abordagem 'tudo ou nada' frequentemente associada aos juízes das cortes estatais.

Essa constatação significaria que a lei aplicável ao contrato não tem relevância? Entende este autor que não. O que isso pode indicar é que as partes que utilizam a arbitragem desejam obter uma decisão baseada no conteúdo do contrato e na prática e usos do mercado em questão, além da consideração da conduta das partes ao longo da relação contratual.

Seriam as partes indiferentes às previsões da lei aplicável? De novo, entende este autor que não. As partes, é importante dizer, desejam um contrato exequível, desprovido de vícios jurídicos. Aliás, uma ressalva é devida neste ponto. Um maior vínculo com questões empresariais não significa que a lei escolhida deve ser desconsiderada[644]. Naturalmente, a lei

[643] O tópico da assimetria informacional é explorado em detalhe no Capítulo 3.2. *supra*.

[644] Em relação a este tópico, ver M. Savare, 'Clauses in Conflict: Can an Arbitration Provision Eviscerate a Choice-of-Law Clause', *Seton Hall Law Review*, Vol. 35, 2004, pp. 597-611, o qual alerta que *'(...) although arbitrators afford substantive law a certain degree of deference when rendering their decisions, they feel empowered to deviate from the law in the interests of justice...' (p. 606)*. The author further argues that '*in any given arbitration, it is unclear to what extent arbitrators will apply the substantive laws selected by the parties or whether they are bound to apply any substantive law at all...*'(p. 611). Ao debater sobre o mesmo tema, a autora G. Cordero-Moss alerta que a liberdade que árbitros tipicamente gozam em relação à lei aplicável comporta certos limites: *'(...) the ordre public of the court that exercises judicial control may not be violated by the award and the tribunal may not render a decision in equity without having been empowered to do so by the parties. Between these two borders there are a wide range of possibilities to disregard the parties' instructions,*

é de máxima importância, uma vez que esta determinará quando, como e em que termos as obrigações contratuais serão constituídas e adimplidas[645]. As partes reconhecem isso e certamente detêm uma 'lista de desejos' dos principais atributos associados à lei aplicável, e se empenharão em encontrar uma lei correspondente a tais desejos, sujeitando-se a um foro – judicial ou arbitral – que irá apreciar e aplicar esta gama de atributos escolhidos[646]. É também seguro dizer que uma cláusula arbitral, somada à redução dos custos de transação no curto e longo prazo, confere eficiência à operação, uma vez que o árbitro atua como interlocutor entre as partes e o mercado.

Os dados apresentados neste capítulo indicam que, apesar das reclamações dos usuários, sobretudo relacionadas a custos e tempo, a arbitragem continua sendo o método de resolução preferido em disputas transnacionais.

Estudos empíricos também demonstraram uma correlação entre a escolha da lei aplicável e a arbitragem. Sugeriu-se que, uma vez escolhida a arbitragem, tal escolha provavelmente guiará a escolha da lei aplicável ao contrato: a arbitragem daria às partes um estado de 'conforto' que não parece estar disponível nas cortes judiciais[647].

Na visão deste autor, tal sensação de 'conforto' é uma faca de dois gumes. Por um lado, poderia encorajar as partes a realizarem melhores escolhas quanto à lei aplicável ao contrato: as partes, em última instância, confiam nas habilidades e no julgamento do árbitro em aplicar a lei escolhida, ou em determinar a lei aplicável ao contrato em questão. No entanto, e por outro lado, tal sensação poderá distorcer decisões racionais a partir de uma percepção equivocada de que a escolha da lei aplicável é de 'menor relevância' – uma crença desacertada e perigosa de que os árbitros irão ter o

particularly by applying various rules of private international law...'. Ver G. Cordero-Moss, 'Can an Arbitral Tribunal Disregard the Choice of Law Made by the Parties?', *Stockholm International Arbitration Review*, 2005, p. 20; e G. Cordero-Moss, *supra* nota 413, pp. 283-284.

645 Ver B. E. Hermalin, A. W. Katz & R. Craswell, *supra* nota 317, p. 52.

646 Ver J. D. M. Lew QC, o qual observa que '*[...] in international arbitration, as with the absence of the forum's conflict of law rules, there are no rules expressed as to how a tribunal should determine the content to the relevant law and the specific rules it should apply. However, the expectation is that a tribunal will correctly apply the substantive rules to issues presented by the facts in each case. The need to ascertain the content of the applicable law is an essential task of the international arbitral tribunal.*', J. D. M. Lew QC, '*Iura Novit Curia* and Due Process', *Queen Mary School of Law Legal Studies Research Paper No. 72/2010*, 2011, p. 2, disponível em [https://ssrn.com/abstract=1733531].

647 L. G. Meira Moser, *supra* nota 466, p. 111.

domínio da discussão, independentemente da lei escolhida ou determinada ao longo do procedimento.

Dito isto, a Convenção da Haia, com o aumento gradual de sua aderência, pode soprar 'ventos de mudança' à atual conjuntura de resolução de disputas em contratos de compra e venda internacional, somando-se ao relacionamento estabelecido entre as partes e o tipo de contrato[648]. A depender do caso, tais variáveis poderiam corroborar o uso das cortes judiciais em contratos de compra e venda internacional.

Algumas das características atraentes geralmente associadas à arbitragem podem ser eclipsadas pela Convenção da Haia: em primeiro lugar, exequibilidade do julgamento das cortes – citada como uma das causas da impopularidade do contencioso judicial – não será mais uma desvantagem do contencioso internacional[649], apesar de que o caráter final das sentenças arbitrais se mantém, diferentemente das opções de recursos nas instâncias das cortes judiciais[650]. Além disso, a possibilidade de evitar um sistema jurídico específico, uma vantagem relacionada à arbitragem inter-

[648] Como visto, o relacionamento entre as partes e a transação são fatores relevantes nos processos decisórios das partes. Ver, nesse sentido, os resultados da Pesquisa no Capítulo 1.2.4.1 *et seq. supra*.

[649] Article 8 – Recognition and Enforcement

(1) A judgment given by a court of a Contracting State designated in an exclusive choice of court agreement shall be recognised and enforced in other Contracting States in accordance with this Chapter. Recognition or enforcement may be refused only on the grounds specified in this Convention.

(2) Without prejudice to such review as is necessary for the application of the provisions of this Chapter, there shall be no review of the merits of the judgment given by the court of origin. The court addressed shall be bound by the findings of fact on which the court of origin based its jurisdiction, unless the judgment was given by default.

(3) A judgment shall be recognised only if it has effect in the State of origin, and shall be enforced only if it is enforceable in the State of origin.

(4) Recognition or enforcement may be postponed or refused if the judgment is the subject of review in the State of origin or if the time limit for seeking ordinary review has not expired. A refusal does not prevent a subsequent application for recognition or enforcement of the judgment.

(5) This Article shall also apply to a judgment given by a court of a Contracting State pursuant to a transfer of the case from the chosen court in that Contracting State as permitted by Article 5, paragraph 3. However, where the chosen court had discretion as to whether to transfer the case to another court, recognition or enforcement of the judgment may be refused against a party who objected to the transfer in a timely manner in the State of origin.

[650] D. Taylor, *supra* nota 506, pp. 56-57.

nacional, poderia agora ser, da mesma forma, relacionada ao contencioso internacional, uma vez que as partes poderão escolher um foro mais conveniente aos seus interesses comerciais, mais eficiente e neutro. Por fim, e não menos importante, os custos, os quais vimos ser objeto de recorrentes descontentamentos dos usuários da arbitragem[651], poderiam agora militar em favor do contencioso internacional[652], tendo em vista a possibilidade de se escolher cortes eficientes e/ou menos onerosas, o que permitiria a execução do julgamento em qualquer dos Estados signatários[653]. Fontes discutidas nos capítulos anteriores sugerem que as preocupações acerca da exequibilidade[654] permanecem uma vital preocupação ao se negociar a cláusula da lei aplicável e pode ser um *deal-breaker*. Este autor questiona se, com a mudança de clima que a Convenção da Haia poderá produzir, as partes estariam mais dispostas a escolher outras leis aplicáveis ao contrato ou a serem menos resistentes em utilizar outras leis.

Discutidas as negociações transnacionais e opções e preocupações quanto ao foro, algumas questões seguem não esclarecidas: as leis domésticas, efetivamente, correspondem às intenções contratuais das partes? Essas leis podem ser entendidas como neutras? As leis domésticas entregam resultados efetivos? Pretendemos responder tais questões no próximo e último capítulo.

[651] Ver, e.g., o Capítulo 4.1.1 *supra*: *2015 Queen Mary, University of London, Improvements and Innovations in International Arbitration*; 2016 *Queen Mary, University of London, Pre-empting and Resolving Technology, Media and Telecoms Disputes.*

[652] Ver *supra* nota 605.

[653] A Conferência da Haia em Direito Privado Internacional empreendeu esforços para a elaboração da Convenção sobre o Reconhecimento e a Execução de Sentenças Estrangeiras em Matéria Civil e Comercial de 2 de julho de 2019. Os esforços empreendidos aludem a dois aspectos do direito internacional privado em contencioso transnacional de matérias cíveis e comerciais: a jurisdição internacional de cortes e o reconhecimento e exequibilidade dos julgamentos no exterior. Em relação à jurisdição internacionais das cortes, este resultou na Convenção de Haia de 2005. A Convenção sobre o Reconhecimento e a Execução de Sentenças Estrangeiras em Matéria Civil e Comercial está disponível em: [https://www.hcch.net/en/projects/legislative-projects/judgments].

[654] Ver, e.g., o Capítulo 4.1.1 *supra*: O primeiro estudo empírico da *Queen Mary, University of London*, em arbitragem internacional, 'International Arbitration Study: Corporate Attitudes and Practices 2006'; 'International Arbitration: Corporate Attitudes and Practices 2008'; 'Improvements and Innovations in International Arbitration 2015'; 'Global Empirical Survey on Choce of Law'; e L. G. Meira Moser, *supra* nota 6, p. 28.

5
PRINCIPAIS PREOCUPAÇÕES DAS PARTES E A EFICIÊNCIA DE REGRAS JURÍDICAS TRANSNACIONAIS

As partes contratantes geralmente mantêm uma lista de regras ou diretrizes preferenciais para reger seus contratos. O que são essas regras ou diretrizes? Quão relevantes são e em que medida podem efetivamente influenciar e determinar a escolha da lei aplicável?

Este capítulo examinará as principais escolhas das partes e analisará a eficiência das regras jurídicas transnacionais. Isso exigirá uma breve avaliação da CISG enquanto um regime jurídico neturo[655]. O capítulo tem como objetivo jogar luz sobre algumas das principais preocupações das partes contratantes em torno da escolha da lei aplicável ao contrato. Portanto, os leitores não devem esperar encontrar uma análise exaustiva dos 101 artigos da CISG[656], mas sim uma visão geral de suas características mais salientes. O propósito deste capítulo é lembrar às partes contratantes dos elementos da CISG, e alertar sobre os vieses cognitivos discutidos anteriormente[657], que podem ter turvado algumas percepções acerca do uso e das vantagens práticas da CISG enquanto lei aplicável aos contratos.

655 Embora conhecedor da sua existência, este autor não discutirá outros regimes jurídicos neutros, tampouco os compara com a CISG, que é o foco do presente capítulo.

656 A CISG está dividida em quatro partes: uma parte geral sobre campo de aplicação e disposições gerais (Artigos 1-13); uma segunda parte sobre a formação do contrato (artigos 14-24); uma terceira parte acerca das disposições gerais, dos direitos e obrigações das partes do contrato de compra e venda internacional de mercadorias (artigos 25-88); e uma parte final sobre como os Estados podem adotar formalmente a CISG, incluindo por meio de reservas (artigos 89-101). O texto completo da CISG está disponível em [http://www.planalto.gov.br/CCIVIL_03/_Ato2011-2014/2014/Decreto/D8327.htm].

657 Consultar o Capítulo 2 *supra*.

Nesse ponto, faz-se necessária uma advertência. Este capítulo, tampouco, pretende recomendar a CISG como uma 'panaceia' para todas as preocupações relacionadas à compra e venda internacional de mercadorias. Muito embora a CISG, tal como qualquer outra lei potencialmente aplicável ao contrato, tenha limitações a serem discutidas nas próximas seções, pretendemos esclarecer algumas incorreções e confusões conceituais comumente associadas à CISG. Espera-se que isso auxilie para demonstrar que as disposições da CISG são economicamente eficientes para regular a compra e venda transfronteiriça.

5.1. Considerações jurídicas e econômicas: escolhas – quem é quem?

No cenário da dramaturgia, a 'cena ascendente' é frequentemente associada ao 'clímax', o desempenho mais esperado e desejável no palco. Por analogia, em transações internacionais, a 'cena ascendente' ocorre quando as partes precisam avaliar as considerações jurídicas e econômicas para escolher a lei de regência do contrato. Tal como em contextos cênicos, essa é, certamente, a parte mais delicada e crítica do processo, pois contempla o resultado final e tudo o que isso acarreta. Em transações internacionais, o produto final procurado é um contrato equilibrado, sopesando-se várias falhas de mercado, limitações das partes e preferências idiossincrásicas.

Estudos discutidos anteriormente sugerem que a escolha do fórum (cortes judiciais ou arbitragem), o grau de familiaridade com a lei, e o custo e conveniência de resolver disputas desempenham um papel decisivo na escolha da lei aplicável. As partes avaliam a adequação das regras que melhor atendam aos seus interesses na transação e calculam os riscos jurídicos aos quais estão sujeitos, de modo a melhor os enfrentar e minimizar perante o fórum escolhido[658].

Quais são essas principais considerações das partes contratantes?[659] Existem diretrizes ou regras jurídicas preferenciais? Se sim, quais são as

[658] L. G. Meira Moser, *supra* nota 6, p. 32.

[659] Por exemplo, foi sugerido que na arbitragem internacional os fatores a serem considerados na escolha da lei aplicável incluiriam: acessibilidade (partes, advogados e árbitros podem examiná-la e verificar o seu conteúdo sem maiores dificuldades); previsibilidade (o sistema jurídico escolhido deve oferecer soluções claras sobre as questões mais frequentes); observância à vontade das partes; e ordem pública. Ver, nesse sentido, J. B. Tieder, 'Factors to Consider in the Choice of Procedural and Substantive Law in International Arbitration', Journal of International Arbitration, Vol. 20, Issue 4, 2003, p. 405; M. Blessing, 'Choice of Substantive Law in International Arbitration', Journal of International Arbitration, Vol. 14,

características mais desejadas para a lei de regência do contrato? A lei puramente doméstica responde aos anseios das partes contratantes? Exploraremos a seguir, apoiados em dados empíricos e análises teóricas, as principais características de um regime jurídico ideal para compra e venda transfronteiriças. Dessa forma, tentaremos compreender as ponderações das partes contratantes ao analisar potenciais leis aplicáveis ao contrato. Investigaremos essas ponderações à luz das opções de regimes jurídicos disponíveis e avaliaremos se regras transnacionais são mais adequadas para reger a compra e venda internacional de mercadorias.

Um regime jurídico deve reunir características que o tornem atraente para as partes, ou para contratos em um setor específico e contextos negociais próprios. Nas seções subsequentes, discutiremos, portanto, os alicerces da estrutura de um regime jurídico, os quais são rotineiramente avaliados pelas partes.

5.1.1. Previsibilidade das regras

As partes contratantes, provavelmente, irão preferir regimes jurídicos com os quais estejam familiarizadas, compostos de regras com certo grau de certeza e previsibilidade. Em transações internacionais, nas quais uma miríade de leis pode se cruzar, qual é a lei mais eficiente[660] para reger esses contratos? afinal, existe alguma?

Tomemos como exemplo a negociação de venda de minério de ferro granulado entre a Inglaterra (comprador) e o Cazaquistão (vendedor). As partes inglesa e cazaque ficarão tentadas a impor a sua lei doméstica[661], por motivos exaustivamente discutidos nos capítulos anteriores. É certo que a lei aplicável deve ser facilmente acessível e inteligível para as partes, seus advogados e os tomadores de decisão. A previsibilidade é uma característica vital para o mercado. Agentes de mercado desejam evitar surpresas desagradáveis. A verdade é que as leis domésticas normalmente não são

Issue 2, 1997, pp. 39-66; O. Lando, *supra* nota 440, pp. 104-115; ver também: J. D. M. Lew QC, *supra* nota 440, pp. 114-145.

660 Para uma discussão sobre eficiência e direito e a sua intersecção com a economia, consultar o Capítulo 3.1 *supra*.

661 Como discutimos no Capítulo 1, a 'lei doméstica' é normalmente associada à 'familiaridade' e geralmente representa um dos caminhos percorridos pelas partes nos processos de tomada de decisão. A *contrario sensu*, sugere-se consultar a análise de vieses cognitivos, incluindo 'familiaridade', o que explica como as decisões baseadas na 'familiaridade' podem borrar ou influenciar negativamente esse processo. Ver, nesse sentido, Capítulo 2 *supra*.

escritas em 'preto e branco', certamente há 'sombras' e outros tons envolvidos, dos quais os advogados das partes podem não estar cientes, até que se encontrem em uma situação na qual sejam forçados a acessar a lei em razão de uma disputa contratual. Conforme reconhecido pela doutrina, as leis domésticas são muitas vezes 'míopes', elaboradas para regular assuntos domésticos[662] e raramente, ou nunca, para regular trocas em um contexto internacional mais amplo.

Por outro lado, a CISG aborda este cenário sombrio, estabelecendo prazos e limitação de responsabilidade. A CISG dispõe, por exemplo, acerca de limites de perdas e danos recuperáveis em razão da violação do contrato, conforme o artigo 74[663], segundo o qual as partes se obrigam a indenizar apenas por danos previsíveis no momento da celebração do contrato. Isso lhes permite calcular riscos potenciais e evitar uma alocação onerosa imprevista. O Artigo 35[664] também fornece previsibilidade, nivelando a assimetria de informação[665] entre as partes, ao limitar a obrigação do vendedor ao que fora objetivamente informado a ele no momento da celebração do contrato.

Deve-se notar também que os tribunais[666] de um Estado membro da CISG são obrigados a considerar o seu caráter internacional e a necessidade de promover uniformidade em sua interpretação[667]. Isso milita a favor da crescente previsibilidade de suas regras.

Um exemplo adicional é a referência a 'no momento de conclusão do contrato', presente nas fases vitais de um contrato sob a regência da CISG:

662 M. Blessing, *supra* nota 659, p. 41.

663 Art. 74 CISG: '*As perdas e danos decorrentes de violação do contrato por uma das partes consistirão no valor equivalente ao prejuízo sofrido, inclusive lucros cessantes, sofrido pela outra parte em consequência do descumprimento. Esta indenização não pode exceder à perda que a parte inadimplente tinha ou devesse ter previsto no momento da conclusão do contrato, levando em conta os fatos dos quais tinha ou devesse ter tido conhecimento naquele momento, como consequência possível do descumprimento do contrato.*' Para uma análise sobre esse tópico, consultar I. Saidov, The Law of Damages in International Sales – the CISG and Other International Instruments, Hart Publishing, Oxford, 2008.

664 Art. 35 (1)(b) CISG: '*1) O vendedor deverá entregar mercadorias na quantidade, qualidade e tipo previstos no contrato, acondicionadas ou embaladas na forma nele estabelecida. (...) (b) forem adequadas a algum uso especial que, expressa ou implicitamente, tenha sido informado ao vendedor no momento da conclusão do contrato, salvo se das circunstâncias resultar que o comprador não confiou na competência e julgamento do vendedor, ou que não era razoável fazê-lo*'.

665 O tópico da assimetria de informação é explorado detalhadamente no Capítulo 3.2 *supra*.

666 Art. 7(1) da CISG.

667 I. Schwenzer, *supra* nota 222, p. 728.

âmbito de aplicação (artigos 1 e 2); disposições gerais (artigo 10); obrigações do vendedor (artigo 31; 35; 38; e 42); obrigações do comprador (artigo 55); transferência de risco (artigo 68); obrigações recíprocas do vendedor e do comprador (artigos 73; 74 e 79). Essa referência temporal é altamente recomendável em negócios internacionais, e tem o condão de melhorar a previsibilidade do regime jurídico.

A CISG opera por meio de regras harmônicas e uniformes, notadamente nas áreas de maior divergência entre ordenamentos jurídicos, nomeadamente na formação (e ônus da prova) do contrato, a interpretação das negociações e condutas anteriores (e atuais) das partes, obrigações do comprador e do vendedor, obrigações recíprocas, além das consequências decorrentes do término da relação contratual, inadimplência, rescisão de contrato e danos.

Lisa Spagnolo, investigando as razões e 'medindo' a eficiência de exclusão da aplicação da CISG, divide sua análise entre características substantivas e não substantivas, vantagens e desvantagens[668], cujo teor discutiremos na próxima seção.

5.1.1.1. Grau de certeza

Idealmente, os tomadores de decisão devem ser capazes de entender e aplicar a lei com pouca ou nenhuma dificuldade. Logo, previsibilidade e flexibilidade são importantes características na lei aplicável. Espera-se que a lei forneça vias de otimização dos resultados, permitindo às partes evitar conflitos e a sua resolução mediante o processo civil ou a arbitragem. Portanto, é de extrema importância que a lei escolhida seja clara nas questões comumente conhecidas por gerar disputa. Além disso, a acessibilidade à lei e um sólido acervo jurisprudencial se inserem no grau de certeza buscado pelas partes contratantes[669].

Lord Mansfield certa vez assim definiu a certeza no contexto jurídico-comercial: '*In all mercantile contracts the great object should be certainty. And therefore, it is of more consequence that a rule should be certain, than whether it is established one way or the other. Because speculators in trade then know what ground to go upon*'[670].

[668] L. Spagnolo, *supra* nota 141, pp. 47-148.

[669] L. G. Meira Moser, *supra* nota 6, p. 32.

[670] Vallejo v. Wheeler (1774) 98 ER 1012, 1017. Consultar também M. Bridge, 'Good Faith, the Common Law, and the CISG', Uniform Law Review, Vol. 22, Issue 1, 1 March 2017,

Estudos discutidos no Capítulo 1 deste livro demonstraram que a segurança jurídica ocupava o primeiro lugar na lista de preocupações das partes contratantes[671]. Na Pesquisa, as referências dos participantes à '*experiência favorável e uso de contratos-modelo*'[672], '*efeitos positivos sobre a parte que busca aconselhamento*'[673] e '*hábito – uso de contratos-modelo*'[674] endossam preferências por segurança jurídica e familiaridade.

Os estudos empíricos sobre a escolha da lei demonstram que, em contextos contratuais e de relação com os parceiros negociais, as partes tendem a adotar uma estratégia mais conservadora, sendo usualmente avessas ao risco[675], a menos que haja incentivos de mercado para fazê-los escolher outras leis, ou circunstâncias nas quais o poder de barganha desempenha um papel fundamental. Isso pode incluir, por exemplo, um novo conjunto de contratos, ou novos consultores jurídicos contratados, com mais experiência em compra e venda internacional, ou novos parceiros comerciais, inclusive advindos de países mais ou menos familiarizados com questões transfronteiriças. Um maior grau de conhecimento a respeito de outros regimes jurídicos e experiências prévias negativas também podem influenciar a escolha da lei aplicável[676].A CISG atenderia ao requisito 'grau de certeza'?[677]

pp. 98-115, p. 101, relembrando que '*the conventional view is that certainty encourages investment in, and commitment to, contractual ventures. For example, a rule that requires a documentary presentation to be closely or exactly compliant with the demands of a documentary letter of credit is designed to do this, though whether it fulfills the design in practice, given that the majority of documentary presentations made are, in fact, in one or more particular ways, non-complaint, is perhaps a moot point*'.

[671] Ver, por exemplo, *Queen Mary, University of London Survey* (edição 2010) (Capítulo 1.1.2); e a *Global Empirical Survey on Choice of Law* (Capítulo1.2); L. G. Meira Moser, *supra* nota 6, pp. 27-28.

[672] Resposta à Pergunta 1 da Pesquisa (Capítulo 1.2.4.1).

[673] *Id.*

[674] *Id.*

[675] A esse respeito, C. Fountoulakis argumenta que, ao verem a própria lei aplicada, as partes podem dispensar a consulta a especialistas externos, de modo a contar com seus consultores jurídicos habituais. As partes envolvidas em contrato internacional buscarão a aplicação de sua própria lei, ainda que possa ser menos adequada para a transação em questão. Ver C. Fountoulakis, *supra* nota 222, p. 304.

[676] Conforme discutido no Capítulo 2 *supra*, existem vieses cognitivos e outros fatores não racionais que podem turvar os processos de tomada de decisão.

[677] Neste contexto, como vimos no Capítulo 1, o 'reduzido grau de certeza' tem sido uma das causas de exclusão da aplicação da CISG por parte de alguns participantes. Além disso, o 'grau de certeza' se enquadra na categoria mais ampla de 'preocupações materiais' eleita pelos participantes que optaram por não aplicar a CISG. A lista completa dos fatores divulgados pelos participantes está disponível no Capítulo 1.2.4.3 *supra*.

As evidências exaustivamente discutidas no Capítulo 1[678] mostraram existir um elemento de indeterminação no conceito de 'segurança jurídica'. Não está claro o que as partes consideram ser 'segurança', portanto menos ainda 'segurança jurídica', e o que isso implicaria na avaliação da lei aplicável mais adequada.

Na tentativa de melhor compreender os estudos discutidos anteriormente, argumentamos no Capítulo 1[679] que os conceitos de 'segurança jurídica', 'previsibilidade', 'familiaridade' e 'jurisprudência robusta' estão todos entrelaçados – eles mostram que os participantes podem simplesmente não estar cientes do seu real significado, ou dominados pelo '*medo do desconhecido*'. Esta inferência pode explicar por que os participantes da Pesquisa selecionaram '*corpo de jurisprudência orientador da interpretação de regras jurídicas*' como a segunda característica mais atraente da lei aplicável[680]. Esses participantes buscam resultados previsíveis e a atitude óbvia seria escolher uma lei com a qual estejam devidamente 'familiarizados' ou habituados, ou, se não for disponível, uma lei facilmente acessível. Isso lhes daria uma sensação de 'certeza'.

Quão certa pode ser a lei para qualificar-se como tal? Isso significa que a lei foi testada em tribunais e produziu jurisprudência? Não seria a exposição à lei que gera a sensação de familiaridade e, por consequência, impulsiona o seu uso?

As considerações acima referidas estão interconectadas e formam espécies do '*medo do desconhecido*', ou seja, uma 'máscara' de ignorância, usada por algumas partes para esconder fatores emotivos e não-racionais[681], conduzindo a decisões dificilmente orientadas por considerações racionais[682]. A. Farnsworth, comentando sobre os temores dos advogados de *common law* que lidam com a CISG, afirma: '*Fundamental breach – OK, but strange; Nachfrist – We don't understand it, we never heard of it, but we like it; Price reduction – We don't understand it, and we don't like it; Specific Performance – We hope your courts will not resort to is as much as they may*'[683].

[678] Ver Capítulo 1 *supra*.

[679] Ver Capítulo 1 *supra*.

[680] Respostas à Pergunta 7 da Pesquisa (Capítulo 1.2.4.3).

[681] Ver outras discussões sobre esse tópico no Capítulo 2 *supra*.

[682] Ver V. Gessner, *supra* nota 25, pp. 132-145.

[683] E. A. Farnsworth, Lausanne Colloquium, '1980 Vienna Convention on the International Sale of Goods', Schulthess Polygraphischer Verlag, 1985, p. 105.

Ademais, argumentamos que a lei doméstica, não importa o quão desenvolvidos sejam seus tribunais, contém elementos de indeterminação sequer racionalmente ponderados por alguns contratantes. Este autor também se questiona se a 'segurança jurídica' não estaria associada aos meios e a facilidade com que as partes acessam um dado regime jurídico.

5.1.1.2. Acessibilidade

A acessibilidade abrange as plataformas publicamente disponíveis para aqueles que buscam se familiarizar com determinado regime jurídico. A acessibilidade diz respeito à facilidade com que um usuário pode pesquisar um conjunto de regras jurídicas, incluindo doutrina, atos, regulamentos, traduções disponíveis e jurisprudência.

Como vimos, as partes contratantes podem encontrar barreiras linguísticas na negociação da lei reguladora do contrato. Isso pode ser superado, ou pelo menos mitigado, por traduções confiáveis, além de jurisprudência e doutrina disponíveis em outros idiomas.

O regime jurídico da CISG tem a vantagem de oferecer traduções abalizadas em vários idiomas, além de acesso a bases de dados online. Os usuários CISG podem, por exemplo, ter acesso a aproximadamente 6.000 relatórios de casos online[684], além de mais de 10.000 citações bibliográficas e 1.600 comentários, monografias e livros sobre a CISG e assuntos relacionados; ademais, outras iniciativas incluem o *Digest* da UNCITRAL, o CLOUT[685] e outros repositórios[686]que contribuem para a sua aplicação uniforme[687]. Da mesma forma, alega-se que o valor persuasivo de decisões consistentes entre os Estados Membros promoveria o seu caráter internacional e a interpretação uniforme[688] propugnados pelo Artigo 7º da CISG[689].

[684] Consultar CISG Database, Pace Law School, disponível em [www.cisg.law.pace.edu/]. Consultar também o CISG-online database, disponível em [http://www.cisg-online.org].

[685] CLOUT coleta julgados acerca dos instrumentos jurídicos desenvolvidos pela UNCITRAL. Disponível em [www.uncitral.org/ uncitral/en/case_law.html.]

[686] *Inter alia*, o Conselho Consultivo da CISG. Informações adicionais estão disponíveis em: [www.cisgac.com/].

[687] É importante notar que tanto o juiz quanto o árbitro deve interpretar as regras da CISG em atenção ao seu caráter internacional e à necessidade de promover a uniformidade de sua aplicação. L. A. DiMatteo & D. Ostas argumentam que isso requer uma busca de interpretações originais e rejeita o viés da tendência doméstica, onde as regras nacionais e a jurisprudência são utilizadas para preencher lacunas interpretativas. Ver L. A. DiMatteo & D. Ostas, *supra* nota 433, p. 381.

[688] Ver, a esse respeito, Camilla Baasch Andersen, defendendo o uso de um *jurisconsultorium* global para a busca da autonomia das regras da CISG (p. 181 *et seq.*), definindo como *'an*

Não importa o quão 'avançada' ou 'desenvolvida' a lei doméstica (ou devesse ser aos olhos de alguns agentes do mercado[690]), seu conteúdo nem sempre é livremente acessível para pesquisa de jurisprudência e doutrina. As plataformas online sobre a CISG, portanto, representam uma incomparável vantagem em relação às leis puramente domésticas.

5.1.1.3. Inteligibilidade

A inteligibilidade da lei geralmente está associada à facilidade de determinação de seu conteúdo. As partes tendem a escolher regimes jurídicos de fácil compreensão e provavelmente evitarão a profusão de leis em outros idiomas em obstáculos à interpretação das regras. Na verdade, os estudos realizados sobre a matéria sugerem uma preferência pela flexibilidade e liberdade de (elaborar) contratos regulados por normas neutras e de fácil concreção[691]. Os participantes exibiram inclinação por leis[692] que facilitem as transações e fossem acompanhadas de jurisprudência robusta, capaz de auxiliar na interpretação[693] das regras jurídicas.

obligation to refer to what others are doing in other jurisdictions when sharing law, requiring scholars to refer to the work of scholars from other member states and requesting judges and legal counsel to find inspirational authority in CISG precedents from other member states'(p. 181), 'Uniformity and Harmonization by Case Law: The CISG and the Global *Jurisconsultorium*', pp. 175-189, p. 181, in Morten M. Fagot (Ed.), Unification and Harmonization of International Commercial Law – Interaction of Deharmonization, Wolters Kluwer, Alphen aan den Rijn, 2012. Camilla confirmou a existência de um número crescente de casos apoiados no *jurisconsultorium.*

689 A. S. Komarov, 'Internationality, Uniformity and Observance of Good Faith as Criteria in Interpretation of CISG: Some Remarks on Article 7 (1)', Journal of Law & Commerce, Vol. 25, 2005-06, pp. 75-85, p. 81. Para uma visão geral sobre o tema, ver também L. A. DiMatteo, et al., 'The Interpretive Turn in International Sales Law: An Analysis of Fifteen Years of CISG Jurisprudence', Northwestern Journal of International Law & Business, Vol. 24, Vol. 24, Issue 2, 2003, pp. 314-319. Ver J. Felemegas, 'The United Nations Convention on Contracts for the International Sale of Goods: Article 7 and Uniform Interpretation', CISG Database, disponível em [https://www.cisg.law.pace.edu/cisg/biblio/ felemegas.html]

690 A discussão acerca dos vieses cognitivos encontra-se no Capítulo 2 *supra*.

691 L. G. Meira Moser, *supra* nota 6, p. 44.

692 Como argumentado por Schwartz e Scott, um tribunal não pode fazer cumprir contratos sem uma teoria de interpretação que 'mapeie' desde o conteúdo sintático do texto acordado entre as partes até as suas implicações jurídicas. Ver A. Schwartz & R. E. Scott, *supra* nota 421, p. 547.

693 Em conexão com isso, Schwartz e Scott afirmam que, ao lidar com este tópico, deve-se começar por esclarecer duas questões interpretativas: O que significa a linguagem do contrato; e em que idioma o contrato foi redigido? Ver mais em A. Schwartz & R. E. Scott, *supra* nota 421, p. 570 *et seq.*

A acessibilidade da lei também é fundamental em ambientes internacionais. A lei aplicável em uma compra e venda internacional nem sempre estará prontamente disponível ou acessível aos profissionais do direito e leigos em geral. E as consequências disso são bem conhecidas: maiores custos de contratação de advogado local e/ou tradução. A esse respeito, a CISG também oferece uma vantagem incomparável aos seus usuários.

Como visto, os mecanismos de pesquisa da CISG fornecem acesso a um corpo de jurisprudência. Essas plataformas modernas e de fácil manejo definem um padrão incomparável para a CISG como regime jurídico aplicável à compra e venda internacional de mercadorias. Além de mecanismos de pesquisa e bases de dados de fácil uso, as regras da CISG estão disponíveis em vários idiomas, com traduções disponíveis em idiomas dos Estados-membros[694], aumentando assim a acessibilidade e reduzindo os custos de transação. Isso torna a CISG prontamente disponível em processos judiciais e arbitrais, evitando traduções onerosas e pareceres jurídicos muitas vezes supérfluos[695]. Embora o idioma inglês tenha sido utilizado para discutir a CISG em seus primórdios, o fato de existir traduções em múltiplos idiomas é certamente outra vantagem da CISG em comparação com a legislação puramente doméstica. Na verdade, traduções da legislação nacional raramente estão disponíveis, e sua precisão terminológica nem sempre é alcançada. Esta é uma desvantagem enfrentada, particularmente, por empresas de pequeno e médio porte sediadas em países em desenvolvimento, por vezes carentes de recursos para dispor de assessoria especializada em lei estrangeira. Os custos de utilizar lei estrangeira também podem ocorrer pela necessidade de provar a sua existência[696].

Como vimos acima, a CISG atrai instituições acadêmicas e agremiações que trabalham em prol da sua aplicação uniforme[697]. Por meio da compilação e tradução de jurisprudência e do compartilhamento de experiências e informações, os usuários ficam cientes de como os dispositivos são aplicados; em consequência, melhora-se a chamada 'certeza' ou 'segurança', buscada pelos agentes do mercado. Reconhece-se, todavia, que um certo grau

694 As versões traduzidas da CISG estão disponíveis em [www.cisg.law.pace.edu/cisg/text/text.html].

695 I. Schwenzer, *supra* nota 222, p. 731.

696 O. Lando, *supra* nota 455, p. 348.

697 I. Schwenzer & P. Hachem, *supra* nota 247, p. 466.

de imprecisão[698] é encontrado nas leis uniformes, de modo a lhes permitir maior flexibilidade e adaptação[699]. Sobre esse assunto, afirma John Honnold que "palavras uniformes" em si não garantem "resultados uniformes"[700], na medida em que os profissionais do direito são obrigados a empregar ferramentas não confiáveis e imperfeitas, a saber, "palavras", as quais jamais serão capazes de criar apenas por si a lei perfeita[701]. Quanto a essa questão, John Honnold observa que, mesmo uma frase simples, como 'lar doce lar', apresenta ao tradutor francês um desafio, o que dizer de conceitos de *common law* tais como *'consideration'* e *'trust'*. Contudo, John Honnold levanta essas questões para esclarecer as dificuldades encontradas na busca pela unificação internacional do direito e conclui que *'We cannot expect perfect uniformity in applying the Convention – or for that matter, any other statute'*[702].

Já Ole Lando argumenta que os tribunais ingleses, ao desenvolver princípios e regras dotados de certeza[703], corroeram a doutrina do sinalagma ao conferir efeito muito limitado em cada precedente[704]. O autor aponta

698 Sobre o tema, Ole Lando sustenta que *'[...] predictability is only one of several legal values. Rules which create certainty also tend to bring about rigidity. They do not consider special circumstances and changing conditions. The legal process is not and can never be a mere syllogism. It is above all an effort to reach the most fair and appropriate decision'*, *supra* nota 440, p. 112.

699 I. Schwenzer & P. Hachem, *supra* nota 247, p. 466.

700 J. Honnold, 'The Sales Convention in Action – Uniform International Words: Uniform Application?', Journal of Law & Commerce, vol. 8, 1988, p. 207.

701 P. J. Mazzacano, 'Harmonizing Values, Not Laws: The CISG and the Benefits of a Neo-Realist Perspective', Nordic Journal of Commercial Law, Issue 1, 2008, p. 6, disponível em: [https://ssrn.com/abstract=1434174].

702 J. Honnold, *supra* nota 700, p. 212.

703 Embora este não seja o mote da discussao, Michael Bridge estabeleceu três categorias para diferenciar a lei inglesa da CISG: *'First, there are rules in the Vienna Convention which have no counterpart in English law, such as those on the remedy of price reduction, on cure, on giving notice to the seller of the lack of conformity of the goods and on the preservation of rejected goods. Second, there are rules of the Convention which appear at face value to differ from the provisions of English law and which might or might not lead to the same outcome on the facts. Bridge gives the example of Article 79 on exemption, which 'is structured very differently from its English counterpart dealing with frustration and impossibility of performance'. Third, there are Convention rules which appear at first sight to be similar to those of English law but which in fact differ significantly. An example is the duty to supply goods in conformity with the contractual description under Article 35 of the Convention.'*, Michael Bridge, in M. Bridge, J. J. Fawcett & J. M. Harris, International Sale of Goods in the Conflict of Laws, Oxford University Press, 2005, pp. 639-640.

704 L. Goff, 'The Future of the Common Law', International and Comparative Law Quarterly, Vol. 46, 1997, pp. 745-748.

para o fato de que a lei inglesa consiste em milhares de regras estabelecidas em julgamentos, alguns dos quais datam do século 19 ou muito antes, tornando difícil encontrar essas fontes, inferência essa confirmada por Roy Goode: '*The major weakness of the judge-made law is its immense diffusion and the consequent difficulty of access to it*'[705].

Outro fator a ser levado em consideração na escolha da lei é o nível de complexidade de sua terminologia. A linguagem da CISG é simples, não hermética e livre de sutilezas. Isso atende a uma racionalidade econômica: as regras da CISG são destinadas aos agentes do mercado, mais preocupados com a funcionalidade de tais regras do que com a complexidade dos seus termos. A CISG é, sem dúvida, uma fonte de destacada segurança jurídica para os agentes do mercado, para todos aqueles que interagem com partes advindas de múltiplas jurisdições e que exploram o comércio internacional. Considerada *língua franca*[706] do comércio internacional, a CISG privilegia um modelo flexível: é composta de regras adaptáveis e sensíveis às particularidades do mercado transnacional, que é autônomo e focado em conceitos moldáveis e subsumíveis pelos fatos subjacentes ao caso. A CISG é um conjunto completo e autossuficiente de regras dentro seu âmbito de aplicação, buscando uniformidade de interpretação, a ser realizada de forma autônoma por seus intérpretes, sem a interferência de uma determinada lei.

A CISG usa termos simples, os quais observam a racionalidade econômica do contrato[707]. Por meio da consagração do princípio da boa-fé[708] na interpretação de suas regras, o objetivo da CISG é promover a implementação e a manutenção das relações contratuais entre as partes. Isso, por sua vez, demonstra que a CISG é mais adequada ao comércio internacional do que a legislação puramente doméstica, a qual nunca foi pensada enquanto facilitadora de transações internacionais, sendo primordialmente centrada na proteção dos interesses domésticos.

705 R. Goode, *Commercial Law*, Butterworth, London, 2004, p. 1205 *et seq.*

706 Este termo apareceu anteriormente em J. Honnold, *supra* nota 700, p. 212.

707 L. Spagnolo, *supra* nota 141, pp. 47-148.

708 A *contrario sensu*, às vezes se argumenta que o princípio da boa-fé prejudicaria a popularidade da CISG e incentivaria agentes do mercado a afastar a sua aplicação. Como reconhecemos no Capítulo 1 *supra*, o princípio da boa-fé foi citado por alguns dos participantes da Pesquisa como um motivo para a exclusão de aplicação da CISG; entretanto, este motivo não parece ser predominante entre os participantes, e a imprecisão das respostas fornecidas não permite a este autor elaborar conclusões sobre o ponto.

Como será exposto na seção seguinte, as regras da CISG foram pensadas e projetadas para dar eficiência e facilitar o comércio ao redor do mundo. Isso é demonstrado pelos termos de seu preâmbulo, de acordo com o qual a CISG visa contribuir para a '*eliminação de obstáculos jurídicos às trocas internacionais e promover o desenvolvimento do comércio internacional*'[709].

5.1.1.4. A complexidade da estrutura

A complexidade da estrutura está inerentemente ligada ao custo de aprendizagem, incluindo os recursos aportados para revelar os meandros do regime jurídico. Isso pode abranger, por exemplo, jurisprudência de difícil compreensão, ou diferentes matizes dentro do mesmo sistema jurídico, capazes de turvar a interpretação das regras. Pode-se também argumentar que a consideração '*aplicação limitada*', motivo de preocupação entre alguns participantes da Pesquisa com relação ao uso da CISG, possa estar associada à complexidade da estrutura, sobretudo em vista do seu custo de aprendizado, e também da imprevisibilidade quanto a matérias não contempladas no regime jurídico.

A '*aplicação limitada*' foi citada por alguns participantes da Pesquisa como uma razão para afastar a aplicação da CISG[710]. Naturalmente, como sabemos, a CISG regula apenas a formação do contrato de compra e venda internacional, e os direitos e obrigações do vendedor e do comprador decorrentes de tal contrato[711]. Embora a CISG não regule a validade e efeitos que um contrato possa ter sobre a propriedade[712], argumentamos que as disposições cobertas pela CISG são, ao fim e ao cabo, as principais disposições para os agentes do mercado, e que as disposições não cobertas estão sujeitas a uma prolífica indeterminação jurídica na legislação doméstica.

Ao todo, as partes muitas vezes elegem um conjunto de regras que reputam acessíveis e inteligíveis, a respeito do qual as partes, consultores jurídicos e tomadores de decisão terão pouca dificuldade de compreensão e aplicação de suas disposições[713].

[709] O preâmbulo da CISG estabelece, *inter alia* '*[...] Estimando que a adoção de regras uniformes para reger os contratos de compra e venda internacional de mercadorias, que contemplem os diferentes sistemas sociais, econômicos e jurídicos, contribuirá para a eliminação de obstáculos jurídicos às trocas internacionais e promoverá o desenvolvimento do comércio internacional.*'

[710] Ver, nesse sentido, Capítulo 1.2.4.3 *supra*.

[711] Artigo 4 da CISG.

[712] Ver I. Schwenzer & P. Hachem, I. Schwenzer (Ed.), *supra* nota 109, pp. 73-94.

[713] L. G. Meira Moser, *supra* nota 6, p. 44.

5.1.2. Neutralidade da lei

A ausência de neutralidade é frequentemente traduzida como um impeditivo para o prosseguimento do negócio no cenário internacional, e está interligada com outros fatores previamente explorados, porém, principalmente com o dado de que a transação é essencialmente 'transnacional', ou seja, para além das fronteiras.

De um modo geral, as partes negociarão com parceiros comerciais de tradições jurídicas muito diferentes, podendo, ainda, estarem dispostas a estabelecer um relacionamento e confiar nos usos e práticas do comércio. Ao negociar a lei de regência do contrato, a imposição do ordenamento jurídico de uma das partes contratantes ou (talvez) de um terceiro pode não ser bem-vinda pela outra parte, o que poderia causar perturbações em suas relações e ameaçar outros negócios.

5.1.2.1. Regras não identificadas ou associadas com as partes contratantes

A menos que as circunstâncias determinem o contrário, as partes escolherão uma lei neutra para governar seus negócios, seja a lei de um país terceiro, uma *soft law* ou um conjunto de princípios. Talvez a primeira questão a se fazer é: o que é 'neutro' em um contrato internacional? Se um contrato de compra e venda de 7.000 CBM (potencial energético) de carvão envolver um comprador da Suíça e um vendedor da Indonésia, seria o direito inglês considerado 'neutro'? A resposta reúne diferentes facetas, principalmente em relação ao significado de 'neutro'. Do ponto de vista puramente territorial, sim, em nosso caso hipotético, a lei inglesa seria percebida como 'neutra'. No entanto, a 'neutralidade' da lei pode ter sido interpretada por meio de uma abordagem bastante 'purista'.

Em nosso exemplo, 'neutralidade jurídica'[714] não envolve conexão com qualquer uma das partes contratantes; um literal 'jogo justo'. Como isso é possível quando se escolhe a lei de um país terceiro? A resposta pode ser negativa. Conforme detalhado anteriormente[715], leis também possuem um 'DNA'; foram pensadas, planejadas e concebidas para um sistema específico

[714] No estudo de Truong, em apenas 13% dos 108 contratos pesquisados as partes escolheram uma lei neutra (*supra* nota 26). Por outro lado, na Pesquisa de 2010 da Universidade Queen Mary de Londres, as escolhas dos participantes foram influenciadas principalmente pela percepção de neutralidade e imparcialidade do sistema jurídico escolhido em relação às partes e seus contratos (66%). Ver mais no Capítulo 1 (*supra* nota 76).

[715] Sobre o tema, consultar o Capítulo 1 *supra*.

e para governar um determinado território, exposto a fatores externos, e sofrendo 'mutações' ao sabor do tempo. Leis domésticas não são neutras no significado de 'neutralidade jurídica'. O que é neutro então? A resposta é: a lei que é considerada como neutra em primeiro lugar.

A preferência pela neutralidade jurídica apoia a análise de custo-benefício, em oposição à opção por um conjunto de regras domésticas de uma parte, a qual pode gerar maiores custos de transação e assimetria de informação entre as partes. Ao escolher regime jurídico neutro, as partes – teoricamente falando – partem de pontos de partida idênticos, e isso pode levar a resultados mutuamente benéficos. Com isso em mente, devemos explorar mais a CISG e o seu papel a desempenhar no contexto de neutralidade. Antes de mais nada, é importante observar os percentuais em torno das preocupações dos participantes da Pesquisa com neutralidade jurídica (33,48%[716]) e caráter internacional (31,28%[717]) da lei aplicável.

A CISG foi inicialmente concebida para ser neutra[718]. A neutralidade faz parte do DNA da CISG e assim permanecerá. Naturalmente, para ser neutra foi necessária uma abordagem conciliatória de famílias jurídicas distintas[719]. Como afirmado acima, uma lei não pode ser neutra se não for pensada para assim o ser. Pode ser usada como tal, com a ideia de poder assumir essa função, e talvez até opere de forma bastante neutra em relação a certos aspectos da vida jurídica de um contrato, mas essa lei não foi feita para ser neutra; ela tem e sempre terá relações e influências de uma família jurídica específica.

Antes de nos aprofundarmos nos detalhes dos princípios norteadores da CISG, lembramos ser a CISG o produto de um compromisso[720] (*compromis*) obtido de 62 países participantes desde o início da sua discussão[721].

[716] Resposta à Pergunta n. 1 da Pesquisa (Capítulo 1.2.4.1).

[717] *Id.*

[718] Sobre o tema dos antecedentes de discussão em torno do Projeto de unificação, consultar *supra* nota 700.

[719] Para referências a discussões pré-CISG, consultar I. Schwenzer & P. Hachem, I. Schwenzer (Ed.), *supra* nota 109, pp. 1-12.

[720] O processo de elaboração da CISG não foi bem recebido por todos. Gillete e Scott trouxeram crítica sugerindo que *'[...]the structure of the ISL [CISG] drafting process would produce a treaty (1) that contained many vague and ambiguous provisions resulting in formal uniformity without substantive uniformity; (2) that allowed nations otherwise bound by CISG provisions to contract out with relative ease; and (3) that would generate divergent interpretations undermining even the initial benefits of formal uniformity'*, p. 473, C. P. Gillette & R. E. Scott, *supra* nota 281, p. 473.

[721] Para uma recapitulação histórica da CISG, ver C. M. Bianca & M. J. Bonell, Commentary on the International Sales Law – The 1980 Vienna Sales Convention, Giuffrè, Milan, 1987, pp. 3-7.

Dado o grau de diversidade de culturas jurídicas entre os participantes, a única forma de harmonizar as regras substantivas do direito contratual foi mediante um compromisso. A partir disso, os Estados participantes seriam obrigados a abandonar a ideia de que as regras da CISG refletem o seu próprio sistema jurídico.

Em vista do contexto acima, pode-se integrar diferentes conceitos, princípios e ideias em um sistema independente de regras, operacional e adaptado às necessidades do comércio. Desta sorte, ao interpretar os princípios da CISG, deve-se sempre ser guiado pelo caráter internacional do contrato e pelas suas circunstâncias, e não necessariamente por um certa hermenêutica, devotada a uma determinada regra ou a um certo conceito, em um determinado Estado[722]. Para esse fim, o Artigo 7(1) reforça a importância de se ter em conta o caráter internacional das normas da CISG, bem como a necessidade de se promover a uniformidade de aplicação em todos os Estados membros[723].

Isso exige que os tribunais evitem o recurso a conceitos jurídicos nacionais, a menos que seja necessário fazê-lo. Alega-se que os quatro principais pilares subjacentes às regras da CISG são: (i) liberdade contratual, (ii) cooperação e razoabilidade, (iii) conclusão bem-sucedida da troca e (iv) indenização das partes lesadas por violações[724].

P. Schlechtriem, Uniform Sales Law, The UN-Convention on Contracts for the International Sale of Goods, Manzsche Verlags – und Universitatsbuchhandlung, Vienna, 1986, pp. 17-23.

[722] Artigo 7(1) da CISG dispõe: *'(1) Na interpretação desta Convenção ter-se-ão em conta seu caráter internacional e a necessidade de promover a uniformidade de sua aplicação, bem como de assegurar o respeito à boa fé no comércio internacional'.*

[723] O objetivo da uniformidade tem sido fonte de críticas à CISG, embora a maioria dessas críticas tenha seu início na década de 1990, quando ainda havia suspeitas em torno da aplicação da CISG. Para uma leitura das críticas ao objetivo de uniformidade da CISG, que remonta à década de 1990, consultar, entre outros, C. Sheaffer, 'The Failure of the United Nations Convention on Contracts for the International Sale of Goods and a Proposal for a New Uniform Global Code in International Sales Law', *Cardozo Journal of International and Comparative Law*, Vol. 15, 2007, pp. 461-495; P. B. Stephan, 'The Futility of Unification and Harmonization in International Commercial Law', *Virginia Journal of International Law*, Vol. 39, 1999, pp. 743-797; Philip Hackney, 'Is the United Nations Convention on the International Sale of Goods Achieving Uniformity?', *Louisiana Law Review*, Vol. 61, 2001, pp. 473-486; and J. E. Bailey, 'Facing the Truth: Seeing the Convention on Contracts for the International Sale of Goods as an Obstacle to a Uniform Law of International Sales', *Cornell International Law Journal*, Vol. 32, 1999, pp. 273-317.

[724] Ver Robert A. Hillman, Cross-reference and Editorial Analysis of Convention Article 7, disponível em [https:// www.cisg.law.pace.edu/cisg/text/hillman.html]; ver também

Devemos agora examinar esses pilares, interações e desafios.

5.1.2.2. O 'fenótipo' comercial

Com base em sua neutralidade jurídica, a CISG surge como uma alternativa em um ambiente no qual as incertezas são geralmente acentuadas e uma dose de desconfiança entre os agentes do mercado pode, também, atrapalhar a escolha da lei para regular os negócios. A CISG buscou adotar, essencialmente, soluções práticas para regulamentar as vendas transfronteiriças, usando linguagem simples, facilitando, assim, muito sua compreensão e funcionalidade entre os operadores do mercado, os verdadeiros participantes e protagonistas do comércio internacional. A CISG incorpora um conjunto de normas voltadas aos operadores do mercado, incluindo princípios que evoluíram da *lex mercatoria*:[725] usos comerciais, prática e costume sendo levados em consideração, ao invés da lei unificada escrita em gótico[726].

É possível que no âmbito de uma série de transações comerciais as partes desejariam negociar sob as mesmas práticas e *modus operandi* já em curso, e também por razões econômicas. Embora as leis domésticas possam responder às questões relativas a práticas comerciais, uma característica 'internacionalista focada no comércio' não faz parte do DNA de uma lei nacional e, de fato, muitas leis domésticas são orientadas pela proteção do consumidor[727]. Isso reforça a vantagem da CISG, enquanto estrutura talhada para vendas internacionais, onde regras 'comercialmente inteligíveis' são necessárias.

A. M. Garro, 'La formación del contrato em la convención de Viena sobre compraventas internacionales y en el proyecto de unificación', Revista Jurídica de Buenos Aires, Vol. III, 1987, pp. 12-58.

[725] Para uma visão geral histórica da *lex mercatoria*, ver *supra* nota 440.

[726] P. J. Mazzacano, *supra* nota 701, p. 19. Ver, sobre a dinâmica das várias fontes da *lex mercatoria* e sua harmonização, Filip de Ly, 'De Facto Harmonization by Means of Party Autonomy and Model Contract Clauses (Lex Mercatoria)', in Morten M. Fagot (Ed.), Unification and Harmonization of International Commercial Law – Interaction of Deharmonization, Wolters Kluwer, Alphen aan den Rijn, 2012, pp. 151-160.

[727] Em muitos países de *civil law*, a proteção ao consumidor é regida por atos e códigos que invariavelmente interagem, nem sempre de forma construtiva, com contratos comerciais. Existem também exemplos em países de *common law*, como o Reino Unido, no qual a lei dos direitos do consumidor foi promulgada em 2015 e substituiu certas disposições da lei de compra e venda de 1979.

5.1.3. Flexibilidade da lei

A flexibilidade jurídica é entendida como o quão 'moldável' ou 'adaptável' é o regime jurídico em acomodar as necessidades das partes com base no caso concreto. Por exemplo, como se pode modificar, revogar ou retirar uma oferta? Quais são os prazos e procedimentos para alterar certas condições contratuais? Quais são as consequências associadas a essas perguntas?

Nem é preciso mencionar que os operadores do mercado apreciam a liberdade e a flexibilidade em suas transações. As partes podem desejar sejam seus negócios concluídos por escrito ou oralmente (conforme seja o caso). As partes também podem desejar confiar em práticas já estabelecidas entre eles ou nas práticas e usos do mercado. A questão neste ponto é: quais são os principais elementos a determinar a flexibilidade da lei?

5.1.3.1. Compromisso com a liberdade contratual

O princípio da liberdade contratual, internacionalmente reconhecido, atribui o efeito vinculante do consentimento das partes. A CISG o adota no Artigo 6[728], e está presente na maioria, senão em todos, os sistemas jurídicos como o princípio norteador do direito contratual. Portanto, pouco precisa ser dito em relação a tal princípio além de constatar que a CISG, de modo não surpreendente, está comprometida com a liberdade contratual[729].

Como lembra o presidente da Suprema Corte de Cingapura, Sundaresh Menon, o Artigo 6 reflete o objetivo da CISG de encontrar um equilíbrio entre o interesse dos atores do comércio, dos governos nacionais e do projeto de unificação jurídica, pois sinaliza, claramente, a vocação da CISG em oferecer uma opção aos agentes do mercado, ao invés de os impor um regime cogente[730]. O Artigo 6 provê aberturas para as partes moldarem a CISG de acordo com suas necessidades particulares, permitindo-lhes der-

[728] O Artigo 6 da CISG dispõe que *'As partes podem excluir a aplicação desta Convenção, derrogar qualquer de suas disposições ou modificar-lhes os efeitos, observando-se o disposto no Artigo 12'.*

[729] U. Schroeter, 'Freedom of Contract: comparing CISG and PECL Provisions', *Vindobona Journal of International Commercial Law and Arbitration*, Vol. 6, pp. 257-266, 2002, p. 261; I. Schwenzer (Ed.), *supra* nota 109, pp. 101-118. Ver também Conselho Consultivo da CISG, Parecer nº. 16, disponível em [www.cisgac.com/cisgac-opinião-no16].

[730] Discurso proferido na ocasião do 35º Aniversário da Convenção das Nações Unidas Sobre Contratos de Compra e Venda Internacional de Mercadorias (CISG) 'Roadmaps for the Transnational Convergence of Commercial law: Lessons learnt from the CISG', 23 de abril de 2015, disponível em: [www.supremecourt.gov.sg/docs/default-source/defaultdocument-library/media-room/cisg-spe-ech-(final—230415).pdf].

rogar ou alterar as disposições que poderiam interferir em seus negócios de uma maneira não desejável para a transação em questão[731].

Vale ressaltar que a racionalidade econômica subjacente à autonomia das partes é evidente, porquanto agentes econômicos racionais (apesar de suas limitações, como vimos) saberão melhor como alcançar o que lhes é mais vantajoso[732]. Pode haver casos nos quais ambas as partes possam desejar continuar a negociar em idênticas condições às estabelecidas em transações anteriores: usando *e-mails* ou com modificações feitas oralmente, por exemplo. A CISG apoia fortemente essa intenção, e vai ainda mais longe, permitindo às partes derrogar ou alterar os efeitos das suas próprias disposições, como em breve será discutido.

A CISG faz alusão aos princípios gerais nos quais se baseia, consubstanciados no Artigo 7, mas sem os definir propriamente. Para acadêmicos anglo-saxões, esses princípios poderiam ser resumidos em três postulados implícitos: a obrigação de indenizar despesas em que uma das partes é ilegitimamente levada, pela outra, a incorrer; a obrigação recíproca de comunicar qualquer informação importante; e a obrigação de mitigar os prejuízos resultantes da violação contratual[733]. Por outro lado, estudiosos da *civil law* consideram que os princípios inspiradores da CISG são a autonomia das partes, a internacionalidade, a validade da prática internacional, a natureza supletiva das regras da CISG, e a razoabilidade[734]. A boa-fé no

[731] Uma análise completa do Artigo 6 da CISG está disponível em T. M. Maureen, 'United Nations Convention on Contracts for the International Sale of Goods: Creating Uniformity of International Sales Law', *Fordham International Law Journal*, Vol. 12, 1989, pp. 727-729. Ver também F. Ferrari, 'Remarks on the UNCITRAL Digest's Comments on Article 6 CISG', Journal of Law & Commerce, Vol. 25, 2005, pp. 13-37.

[732] Para obter informações sobre a elaboração de contratos sob a regência da CISG, consultar J. P. McMahon, 'Drafting CISG Contracts and Documents and Compliance Tips for Traders – Guide for Managers and Counsel' (2004), disponível em [www.cisg.law.pace.edu/cisg/contracts.html].

[733] *Id.*

[734] C. Witz, 'L'interprétation de la CVIM: divergences dans l'interprétation de la Convention de Vienne', *in* F. Ferrari (Ed.), *The 1980 Uniform Sales Law. Old Issues Revisited in the Light of Recent Experiences*, Sellier, European Law Publishers, Munich, 2003, pp. 279-333; C. Witz, 'CVIM: interprétation et questions non couvertes', RDAI, No. 3/4, 2001, pp. 253-275; V. Heuzé, 'La formation du contrat selon la CVIM: quelques difficultés', RDAI, No. 3/4, 2001, pp. 277-291; e F. Ferrari, 'Interprétation uniforme de la Convention de Vienne de 1980 sur la vente internationale', *Revue Internationale de Droit Comparé*, Vol. 48, Issue 4, 1996, p. 827; ver também V. Heuzé, *La vente internationale de marchandises – Droit Uniforme*, GLN Joly éditions, Paris, 1992, pp. 85-102.

comércio internacional também encontra adeptos entusiasmados entre estudiosos de tradição civilista.

A CISG prevê no Artigo 11, por exemplo, que um contrato não precisa ser concluído ou provado por escrito[735]. Contudo, essa liberdade de forma para concluir um contrato de compra e venda está sujeita a reservas[736], definidas na CISG[737]. A possibilidade de o negócio ser concluído oralmente é consagrada, e sua existência pode ser comprovada por qualquer meio idôneo de prova. Portanto, uma carta ou um *e-mail* contendo os detalhes da negociação entre as partes, ou mesmo uma fatura emitida pelo vendedor, são instrumentos capazes de demonstrar a existência do contrato. No entanto, as partes devem cumprir os requisitos da oferta e aceitação para a formação do contrato.

Como visto, a CISG confere ampla liberdade para as partes estruturarem suas trocas da maneira como melhor lhes convier. Isso também atende a uma racionalidade de eficiência, segundo a qual as partes são mais bem capacitadas para maximizar seus interesses e concentrar esforços para atingir tal objetivo. No entanto, destaca-se que o Artigo 11 é subordinado ao Artigo 12 da CISG, o qual impõe certas restrições a essa liberdade na eventualidade de o Estado contratante fizer uma declaração nos termos do Artigo 96 da CISG[738].

[735] Art. 11: O contrato de compra e venda não requer instrumento escrito nem está sujeito a qualquer requisito de forma. Poderá ele ser provado por qualquer meio, inclusive por testemunhas.

[736] Os atuais Estados com reservas de acordo com o Artigo 96 da CISG incluem: Argentina, Armênia, Bielo-Rússia, Ucrânia, Chile, Paraguai, Coréia do Norte e Rússia – mas continuam sendo considerados Estados de reserva para contratos concluídos antes da retirada entrar em vigor, conforme o Artigo 97 (4) da CISG. Ver também, nesse sentido, U. Schroeter, 'The Cross-border Freedom of Form Principle Under Reservation: The Role of Articles 12 and 96 CISG in Theory and Practice', *Journal of Law & Commerce*, Vol. 33, No. 1, 2014, p. 87. Ver também I. Schwenzer (Ed.), *supra* nota 109, pp. 1264-1266.

[737] Ver, nesse sentido, U. Schroeter, comentando em relação à CISG que '*[...] a decision was eventually reached in favor of the freedom of form principle (or principle of 'informality') becoming the basic rule in the uniform law. This general principle was incorporated into the Convention through Articles 11 and 29(1) CISG*', U. Schroeter, *supra* nota 736, p. 83. Para obter uma explicação sobre o tratamento das formas nas jurisdições de *civil law* e de *common law*, consultar a mesma referência nas pp. 81-82.

[738] Artigo 96 da CISG: O Estado Contratante, cuja legislação exigir que os contratos de compra e venda sejam concluídos ou provados por escrito poderá, a qualquer momento, fazer a declaração prevista no artigo 12, no sentido de que, caso qualquer das partes tenha seu

Outro aspecto da CISG, enquadrado na categoria de 'liberdade' para concluir contratos é a flexibilidade da prova, que, no entanto, está sujeita à ausência de reservas[739], definidas nos artigos 12[740] e 96 da CISG. As partes, contudo, não querem se sentir vinculadas a formalidades legais, o que pode comprometer seus negócios. O mesmo se aplica à forma de celebração do contrato, que também deve acompanhar uma racionalidade econômica[741]. Portanto, a CISG, novamente, atende a essa racionalidade ao permitir que a existência de um contrato seja provada por qualquer meio, inclusive por testemunhas"[742]. Para completar, deve-se mencionar que o Artigo 11 pode estar sujeito a restrições em seu alcance, por força do Artigo 12 da CISG.

Na questão da formação do contrato, a regra adotada pela CISG[743] é a regra da recepção: o contrato é formado quando a aceitação chega ao ofer-

estabelecimento comercial nesse Estado, não se aplicarão as disposições dos artigos 11 e 29, ou da Parte II da presente Convenção, que permitirem a conclusão, modificação ou resolução do contrato de compra e venda, ou a proposta, aceitação ou qualquer outra manifestação de intenção por qualquer forma que não a escrita. A lista dos Estados com reservas está disponível em [www.uncitral.org/uncitral/en/uncitral_texts/sale_goods/1980CISG_status.html].

739 Ver U. Schroeter, *supra* nota 736, p. 35, argumentando que o princípio da liberdade de forma, embora represente uma decisão política importante, fora submetida a um compromisso, ou seja, a reserva dos artigos 12 e 96 da CISG.

740 Artigo 12 da CISG: Não se aplicará qualquer das disposições dos artigos 11 e 29, ou da Parte II desta Convenção, que permita a celebração, alteração ou rescisão do contrato de compra e venda, ou a proposta, aceitação ou qualquer manifestação de intenção, por outra forma que não a escrita, quando uma das partes tiver seu estabelecimento comercial em Estado Contratante que tenha feito a declaração prevista no artigo 96 desta Convenção. As partes não poderão derrogar nem modificar o efeito do presente artigo.

741 Ver comentário ao Artigo 11 da CISG por Schmidt-Kessel, I. Schwenzer (Ed.), *supra* nota 109, pp. 203-213.

742 Ver *supra* nota 735.

743 Uma oferta válida deve reunir todos os elementos essenciais do tipo de contrato: mercadoria, preço e quantidade ou forma de determiná-los. CISG Arts. 14 (1), 55: uma oferta válida deve refletir a intenção do ofertante de restar vinculado por sua oferta. De acordo com a CISG, uma oferta torna-se efetiva quando alcança o destinatário, de modo que a revogação também é possível antes desse momento. Ver CISG Art. 15 (1) (2); Da mesma forma, a revogação é possível antes do envio de aceitação: CISG Art. 16 (1), a menos que o ofertante tenha se obrigado a manter sua oferta, por exemplo, fixando um período de aceitação. Ver Código Civil Brasileiro, Art. 428 (III); Art. 19 PRC CL; CISG Art. 16 (1) (a). Ver também L. G. Meira Moser, 'A formação do contrato de compra e venda entre ausentes: a interlocução entre a Convenção de Viena (CISG) e o direito brasileiro', in V. Fradera & L. G. Meira Moser (Eds.), *A Compra e Venda Internacional de Mercadorias: estudos sobre a Convenção de Viena de 1980*, Atlas, São Paulo, 2010, p. 108 *et seq.*

tante[744]. A regra de recepção faz sentido no contexto da compra e venda internacional, pois visa garantir que todas as partes estejam cientes do momento da conclusão do contrato. Isso evita despesas (a serem suportadas) do destinatário, agindo com base na confiança da aceitação enviada, a qual pode nunca ter chegado ao destinatário (ofertante)[745].

Outro exemplo de eficiência econômica são as alterações entre a oferta e a aceitação[746], a respeito das quais a CISG se afasta da estrita regra do espelhamento, ao fazer a distinção entre alterações materiais e imateriais[747] da oferta[748]. O artigo 19(2)[749] da CISG busca dar flexibilidade, ao permitir que uma resposta, contendo termos adicionais ou diferentes, mas que não alterem materialmente a oferta, constitua uma aceitação válida. A intenção de promover uniformidade e de preservar contratos deve conduzir a um processo restritivo de interpretação do que constitui uma alteração material[750]. Até que ponto uma alteração deve ser considerada material pode, também, estar interligada com o curso das negociações e dos usos

744 Art. 18 (2) da CISG.

745 E. Muñoz & L. G. Meira Moser, *supra* nota 447, pp. 89-90.

746 Sobre esse assunto, U. Schroeter argumenta que o Artigo 19 não provou ser uma solução ideal, dados os numerosos casos de fusão entre as questões de formação e de conteúdo do contrato. U. Schroeter argumenta ainda que divergências na 'oferta' e 'aceitação' frequentemente causam problemas, em particular se contratos-padrão são utilizados por ambas as partes. Ver o comentário ao Artigo 19 da CISG por U. Schroeter, em I. Schwenzer (Ed.), *supra* nota 109, p. 351, para. 2.

747 Ao comentar o Artigo 19, U. Schroeter observa que '*[...] the distinction between materially and immaterially different terms from the outset depends on the circumstances of the individual case (ie the significance which particular modifications have for the contract and the parties, having regard to the content of the contract, the size of the order, the relationship between the parties, the economic position, etc)*' *supra* nota 746, p. 358, para. 17.

748 Ver Artigo 19 da CISG, cujo conteúdo prevê que apenas variações quanto ao objeto, quantidade, qualidade, preço ou pagamento, tempo de execução, local e forma de execução, responsabilidade por violação do contrato e a resolução de disputas representam discrepância material e, portanto, podem tornar a aceitação uma contra-oferta.

749 Artigo 19 (2) da CISG: "(2) Se, todavia, a resposta que pretender constituir aceitação contiver elementos complementares ou diferentes mas que não alterem substancialmente as condições da proposta, tal resposta constituirá aceitação, salvo se o proponente, sem demora injustificada, objetar verbalmente às diferenças ou envie uma comunicação a respeito delas. Não o fazendo, as condições do contrato serão as constantes da proposta, com as modificações contidas na aceitação."

750 M. del Pilar Viscasillas, 'Contract Conclusion under the CISG', *Journal of Law & Commerce*, Vol. 16, 1997, p. 337.

do comércio[751], além de negociações anteriores e de outros elementos que informem a intenção[752] sob a égide da CISG[753]. Essa regra parece adequada para a compra e venda transfronteiriça, já que visa evitar as pequenas diferenças que não alteram a *essentialia negotii*[754], preliminar essa que pode vir a ser suscitada por uma das partes para refutar a existência de uma compra e venda internacional na fase de cumprimento das obrigações contratuais[755].

5.1.3.2. Grau de flexibilidade: até onde podemos ir?

O exercício da autonomia das partes atinge seu ápice no Artigo 6 da CISG[756], permitindo excluam as partes a aplicação das disposições da CISG no todo ou em parte, ou alterem os efeitos de qualquer disposição. Este artigo, sem dúvida, confere um importante *trade-off* para as partes, as quais podem usá-lo para catalisar as trocas e reduzir custos de transação[757]. Isso

[751] Artigo 9 da CISG. Ver também U. Schroeter, argumentando que as mudanças nas questões mencionadas no Artigo 19 (3) da CISG podem ser consideradas imateriais em razão das circunstâncias particulares do caso, das práticas das partes, negociações preliminares ou dos usos. U. Schroeter conclui que *"Article 19(3) therefore merely contains a rebuttable presumption that the parties intend to regard the matters listed as 'material'"*, *supra* nota 746, p. 356, para. 15. Sobre o tema, mas discutindo as cláusulas arbitrais como possíveis alterações, consultar I. Schwenzer & D. Tebel, 'The Word is not Enough – Arbitration, Choice of Forum and Choice of Law Clauses under the CISG', *ASA Bulletin*, Vol. 31, Issue 4, 2013, pp. 740-755, argumentando que '*the mentioning of dispute resolution clauses in Art. 19(3) CISG evidences that the CISG generally governs dispute resolution clauses*', p. 745. Ver também P. Schlechtriem, para quem o Artigo 19 (3) '*attempts to alleviate the difficulties in distinguishing between material and immaterial modifications by listing the contractual provisions to which any modifications are presumed to be material*', P. Schlechtriem, *supra* nota 721, p. 55.

[752] Artigo 8 da CISG.

[753] M. del Pilar Viscasillas, *supra* nota 750, pp. 337-338.

[754] U. Schroeter, discutindo termos materialmente diferentes, sustenta que as 'adições' de uma aceitação devem primeiro ser examinados à luz do Artigo 8(3) da CISG, ou seja, à luz das negociações entre as partes e as práticas estabelecidas entre elas, *supra* nota 746, p. 353, para. 8.

[755] Ver U. Schroeter, *supra* nota 746, p. 351, para. 1; E. Muñoz & L. G. Meira Moser, *supra* nota 447, p. 90.

[756] Artigo 6 da CISG: '*As partes podem excluir a aplicação desta Convenção, derrogar qualquer de suas disposições ou modificar-lhes os efeitos, observando-se o disposto no Artigo 12*'.

[757] Ver, por exemplo, caso CLOUT no. 106, em que o Supremo Tribunal austríaco concluiu que o art. 57 da CISG pode ser excluído pelas partes. Em outro caso (Landgericht Giessen, Alemanha, 5.07.1994), o Tribunal alemão considerou ser possível excluir a aplicação do art. 39 da CISG (exigência de notificação), conforme a vontade das partes; CLOUT caso nº. 1305, em que um Tribunal polonês determinou que as partes tinham direito com base no Artigo 6 CISG de moldar o contrato conforme considerassem adequado, o que *inter alia* lhes permitiu

também acompanha a ideia de alinhamento da CISG com as expectativas do mercado e a liberdade de contratar geralmente almejada.

O artigo 6 da CISG pode ser visto como uma moeda de troca, permitindo que os agentes do mercado examinem as disposições mais e menos (des)vantajosas para o comprador ou vendedor. Alternativamente, esta disposição tem o mérito de permitir que as partes alterem o efeito da regra, por exemplo, reduzindo ou prorrogando prazos, dispensando certas práticas ou limitando responsabilidades. No entanto, chama-se a atenção para o escopo de alcance do Artigo 6 da CISG, cujos limites circunscrevem-se ao Artigo 12[758].

5.1.4. Regras cogentes: surpresas indesejadas?

As regras cogentes são consideradas como regras passíveis de restringir a autonomia de uma parte de livremente estruturar seus direitos, deveres e obrigações no contexto da negociação. Elas são frequentemente tratadas com suspeita, pois podem interagir (nem sempre de forma positiva) com os termos negociados e pactuados. Em alguns casos, as regras cogentes também podem restringir a liberdade de contratar, geralmente almejada pelas partes. Em outras ocasiões, elas também podem gerar surpresas desagradáveis[759].

A liberdade de contratar ocupa o primeiro lugar na lista de preferências das partes contratantes[760]. Os resultados empíricos, discutidos no início deste livro, mostraram que as partes desejam desfrutar de grande flexibilidade para elaborar o contrato[761]. O atrito entre a liberdade de contratar e as normas cogentes é discutido a seguir.

introduzir uma disposição para a rescisão automática do contrato dentro de um determinado período de tempo.

758 Artigo 12 da CISG: *Não se aplicará qualquer das disposições dos artigos 11 e 29, ou da Parte II desta Convenção, que permita a celebração, alteração ou rescisão do contrato de compra e venda, ou a proposta, aceitação ou qualquer manifestação de intenção, por outra forma que não a escrita, quando uma das partes tiver seu estabelecimento comercial em Estado Contratante que tenha feito a declaração prevista no artigo 96 desta Convenção. As partes não poderão derrogar nem modificar o efeito do presente artigo*'.

759 Nesse sentido, R. Michaels adverte que '*[...] Economists named two limits to party autonomy: negative third-party externalities and information asymmetries, which are mirrored in the international mandatory rules and relate to specific kinds of contracts with structurally weaker parties: consumer contracts, employment contracts, and insurance contracts*', 'Economics of Law as Choice of Law', *Law and Contemporary Problems*, Vol. 71, No. 3, 2008, p. 95.

760 Sobre o tema, ver os estudos empíricos discutidos no Capítulo 1 *supra*.

761 *Id.*

As normas cogentes podem produzir resultados indesejáveis, suscetíveis de restringir a liberdade de contratar. Elas podem prejudicar o curso de uma relação contratual e ameaçar o núcleo do contrato. Isso torna as normas cogentes inconvenientes para partes que buscam estruturar seus direitos, deveres e obrigações tão livremente quanto possível, sem a intervenção de regras que deem azo a resultados ineficientes[762]. Normas cogentes de origem nacional são aquelas emanadas dos Estados, sendo matéria de ordem pública, por serem imperativas. Exemplos de normas de direito público incluem: disposições antitruste, legislação tributária e leis de proteção ambiental[763]. As normas do direito privado de ordem pública incluem as que proporcionam proteção a uma das partes, ou seja, limitações ou exclusões de responsabilidade, requisitos de forma específicos para certos tipos de contrato e requisitos para o licenciamento de direitos.

Naturalmente, a consciência em torno das normas cogentes existentes – bem como das possíveis interações com os termos negociados no contrato – é uma consideração -fundamental no processo de eleger a lei aplicável mais adequada.

5.1.5. Interpretação da lei

A interpretação das regras é certamente um elemento-chave em qualquer decisão e também está conectada ao Capítulo 1, na medida em que o grau de previsibilidade e facilidade com que uma regra é apurada ditará como uma determinada regra será interpretada e aplicada. Agora, neste exercício interpretativo, os princípios regentes terão um papel fundamental, como veremos a seguir.

5.1.5.1. Ferramentas hermenêuticas

Na tentativa de contribuir para a '*eliminação de obstáculos jurídicos às trocas internacionais e promoção do desenvolvimento do comércio internacional*'[764], o *animus* da CISG encontra apoio no princípio da boa-fé, consagrado no Artigo 7[765].

[762] L. G. Meira Moser, *supra* nota 6, p. 36.

[763] Ver D. Hochstrasser, 'Choice of Law and 'Foreign' Mandatory Rules in International Arbitration', *Journal of International Arbitration*, Vol. 11, Issue 1, 1994, p. 67.

[764] Preâmbulo da CISG, disponível em [www.cisg.law.pace.edu/cisg/text/treaty.html].

[765] Artigo 7 da CISG: '*(1) Na interpretação desta Convenção ter-se-ão em conta seu caráter internacional e a necessidade de promover a uniformidade de sua aplicação, bem como de assegurar o respeito à boa fé no comércio internacional.*' (grifo nosso).

Contudo, os leitores não devem o confundir com o princípio da boa-fé subjetiva, ou seja, o estado de consciência do cumprimento ou, não, da lei.

Como Sundaresh Menon adverte, *'boa-fé é um termo multifacetado suscetível a muitas variações de significado em diferentes jurisdições'*[766]. Não obstante, a Comissão da UNCITRAL decidiu que, embora a boa-fé não deva se limitar apenas à formação de contratos, também não deve ser elevada a um princípio independente[767]. Portanto, emprega-se a boa-fé como princípio de interpretação do contrato, deixando alguma margem de discricionariedade para tribunais nacionais quando da aplicação da CISG[768].

B. Sheehy afirma que o Artigo 7 da CISG pode ser lido como referindo-se à boa-fé em três formas: (i) a boa-fé na interpretação da própria CISG; (ii) promover a boa-fé no comércio internacional; e (iii) a boa-fé como princípio regente para contratos no seu âmbito de aplicação[769].

I. Schwenzer e P. Hachem reconhecem que o significado de 'boa-fé' é controverso, e enumeram três questões principais[770] relacionadas ao requisito de observar a 'boa-fé no comércio internacional' ao interpretar a CISG. Em primeiro lugar, se a boa-fé se aplica apenas à interpretação da CISG ou, também, diretamente à relação contratual entre as partes. Em segundo lugar, a dificuldade de se determinar o padrão de 'boa-fé'. Em terceiro lugar, não está claro se/em que medida a interpretação de conceitos ou disposições particulares da CISG pode resultar em sua modificação a fim de se adequar ao padrão exigido[771]. Com isso, a exigência de observar a boa-fé no comércio internacional pode – combinada com o disposto no Artigo 7(2) – igualmente ser relevante no contexto de colmatação de lacunas[772].

Com relação ao primeiro aspecto, Schwenzer e Hachem afirmam que a boa-fé é uma cláusula geral aplicável à interpretação da CISG e não de con-

[766] Discurso de Sundaresh Menon, disponível em: [www.supremecourt.gov.sg/docs/default-source/defaultdocument-library/media-room/cisg-speech-(final—230415).pdf].

[767] Relatório do Grupo de Trabalho sobre a Compra e Venda Internacional de Mercadorias nos trabalhos de sua nona sessão (Genebra, 19-30 de setembro de 1977), disponível em: [www.uncitral.org/pdf/english/yearbooks/yb-1978-e/vol9-p61-85-e.pdf].

[768] Discurso de Sundaresh Menon, *supra* nota 766, p. 19.

[769] B. Sheehy, 'Good Faith in the CISG: The Interpretation Problems of Article 7', *Review of the Convention on Contracts for the International Sale of Goods (CISG)* ed. por *Pace International Law Review*, 2007, p. 11, disponível em [https://ssrn.com/abstract=777105].

[770] I. Schwenzer & P. Hachem, I. Schwenzer (Ed.), *supra* nota 109, Artigo 7, p. 126, para. 16.

[771] *Id.*

[772] *Id.*

tratos individuais. No entanto, afirmam os autores que '*[a boa-fé] pode influenciar a leitura de comunicações individuais nos termos do Artigo 8...também influencia indiretamente a relação contratual entre as partes, uma vez que pode ser utilizada para concretizar direitos e obrigações estabelecidos pelas disposições da CISG*'[773].

Com relação ao segundo aspecto, Schwenzer e Hachem afirmam que não há fonte independente e autônoma capaz de produzir princípios explícitos de boa-fé no comércio internacional, distintos daqueles incorporados e utilizados nos termos do Artigo 9 da CISG[774]. Além disso, os autores afirmam tratar-se de uma questão incumbindo aos tribunais arbitrais e cortes judiciais decidir e caracterizar tais regras conforme os padrões de boa-fé neste âmbito. Concluem os autores sobre este ponto, afirmando que '*quanto mais frequentemente as cortes e tribunais se referem a standards como standards de boa-fé no comércio internacional ao aplicar o Artigo 7(1), mais concretos os requisitos desta disposição se tornam*'[775].

Quanto ao terceiro e último aspecto[776], Schwenzer e Hachem observam ser preciso distinguir e concretizar direitos e obrigações das partes sob as disposições da CISG e as modificações reais das disposições da CISG. Schwenzer e Hachem oferecem como exemplo de concretização da boa-fé a obrigação de mitigar o próprio prejuízo, nos termos do artigo 77[777] da CISG: observar a 'boa-fé' pode, em certas circunstâncias, levar a uma obrigação da parte prejudicada a renegociar com a parte em violação, como uma medida razoável para mitigar as perdas.

Embora o termo 'boa-fé' esteja presente em algumas disposições da CISG: 27, 32, 35, 38 (1), 46 (1), 54, 62, 68, 77 e 79 (4)[778], na visão deste autor,

773 I. Schwenzer & P. Hachem, I. Schwenzer (Ed.), *supra* nota 108, Artigo 7, p. 127, para. 17. No original: '*it may influence the reading of individual communications under Article 8... it also influences indirectly the contractual relationship between the parties, as it may be used to concretize rights and obligations established by the provisions of the CISG*'.

774 Ver também M. Schmidt-Kessel, I. Schwenzer (Ed.), *supra* nota 109, Artigo 9, pp. 181-196.

775 *Id.*, pp. 127-128, para. 18.

776 M. Schmidt-Kessel, *supra* nota 774, para. 19.

777 Artigo 77 da CISG: A parte que invocar o inadimplemento do contrato deverá tomar medidas razoáveis, de acordo com as circunstâncias, para diminuir os prejuízos resultantes do descumprimento, incluídos os lucros cessantes. Caso não adote estas medidas, a outra parte poderá pedir redução na indenização das perdas e danos, no montante da perda que deveria ter sido mitigada.

778 Embora seja altamente contestado, alguns autores afirmam que a relevância do princípio da boa-fé não é limitada à interpretação da CISG. Sobre o tema, C. M. Bianca e M. J. Bonell

a CISG não prevê explicitamente um dever de agir de boa-fé[779] – como seria o caso em certas jurisdições[780] – e, assim, parece-nos que a boa-fé está limitada à interpretação do contrato de compra e venda, sem impor um dever propriamente dito às partes contratantes[781].

Na mesma linha de raciocínio, Michael Bridge afirma que a alegação de que o Artigo 7 (1) da CISG deve ser interpretado enquanto originária de um dever de boa-fé na contratação está *'seriamente em desacordo com o estado de direito'*[782] e se pergunta *'como então podem as partes contratantes planejar o futuro e avaliar o risco, se seus esforços estão sujeitos a um dever amplo e oculto, que nunca foi submetido a uma definição rigorosa ou, até onde posso ver, a alguma ten-*

argumentam que *'There are a number of provisions that makes reference to Article 14(2)(b), 19(2), 27(2), 35 and 44, 38, 45(2), 60(2) and 67, and 74 to 77, which constitute a particular application of this principle, thus confirming that good faith is also one of the 'general principles' underlying the Convention as a whole. As such it may even impose on the parties additional obligations of a positive character. This will be the case, if during the negotiating process or in the course of the performance of the contract a question arises for which the Convention does not contain any specific provision and the solution is ground in applying, in accordance with Article 7(2), the principle of good faith'*, *supra* nota 721, p. 85.

[779] O princípio da boa-fé objetiva é aplicado a questões jurídicas, referindo-se aos deveres padrão associados às obrigações contratuais, impostas aos contratantes para atuar com honestidade, lealdade, probidade, antes, durante e após a contratação, independentemente de qualquer disposição contratual expressa. Não tem relação, portanto, com o estado psicológico dos contratantes ou de suas intenções; por exemplo, a aplicação deste princípio não é por subsunção, nem seu conteúdo é preenchido abstratamente, mas apenas casuisticamente. É, portanto, uma expressa autorização ao juiz para buscar na moral os fundamentos para a decisão de determinado caso. Via de regra, atribui-se à boa-fé objetiva dois significados: princípio ou padrão. Como padrão, a boa-fé objetiva pode receber 'roupagens' variadas de acordo com a matéria em que é aplicada, uma vez que a norma instituiu um padrão de conduta socialmente aceito, capaz de se adequar às peculiaridades do caso. Em alguns sistemas jurídicos, a boa-fé objetiva é interpretada como um princípio e, como tal, é chamada a realizar três funções: interpretação, concretização e controle. No que diz respeito ao papel concretizador, a determinação concreta de seu conteúdo é realizada por referência aos usos e costumes. Essa função é mais clara no contexto do comércio internacional, onde os e costumes desempenham um papel fundamental. Em relação à função de controle, é geralmente entendida como uma diretriz para o comportamento das partes.

[780] O princípio da boa-fé objetiva está presente no parágrafo 242 do BGB, sec. 1-103 do UCC e no parágrafo 231 do Restatement (Second) of Contracts. Também no art. 1134 do Código Civil e nos arts. 1337- 8, 1366, 1375 do Codice Civile.

[781] Ver também o comentário ao Artigo 7 da CISG por I. Schwenzer & P. Hachem, I. Schwenzer (Ed.), *supra* nota 109, pp. 119-142.

[782] M. Bridge, *supra* nota 703, p.109.

tativa real de responder a perguntas difíceis? Como podem as partes confiar seu destino ao direito se não houver previsibilidade em sua aplicação?'[783].

Para compreender melhor as raízes deste princípio, Ole Lando, ao citar Paul Legrand[784], indica que os tribunais da Inglaterra reputam o agir de boa-fé das partes contratantes como incompatível com a natureza adversarial dos contratos. Paul Legrand observa que a explicação histórica da atitude inglesa parece residir no fato de que o direito dos contratos inglês fora estruturado em casos de fretamento e venda de *commodities*, celebrados entre partes que normalmente não tinham um relacionamento duradouro, e que se consideravam adversários[785]. No entanto, Ole Lando ainda afirma que *'many of the results which in the Continental systems are achieved by requiring good faith have been reached in English law by more specific rules, and these rules are becoming more and more numerous. Thus, the courts have imposed a strict moral code in the fiduciary relationships; and good faith is required in contracts which are characterised as uberrimae fidei. Furthermore, the courts have on occasion limited the right of a party who is the victim of a slight breach of contract to terminate the contract on that ground, when the real motive was to escape a bad bargain. And the victim of a wrongful repudiation of a contract is not permitted to ignore the repudiation, complete his own performance and claim the contract price unless the victim has a legitimate interest in doing so'*[786].

Malgrado o acima exposto, o princípio da boa-fé encontra seguidores menos entusiasmados entre os operadores do mercado anglo-saxões. Em jurisdições de *common law*, a doutrina do *estoppel*[787], que não difere essencialmente em seu fundamento ético final, é muito mais aceita, mas tem uma dimensão restrita. Isso ocorre porque foi desenvolvida para mitigar a regra da *consideration* (*'promissory estoppel'*, a situação em que, por razões de equidade, a parte que, em boa-fé, confiou na promessa de outrem, cul-

[783] *Id.*, pp. 109-110.

[784] P. Legrand, 'On the Unbearable Localness of the Law, Academic Fallacies and Unseasonable Observations', European Review of Private Law, Vol. 10, Issue 1, 10, 2002 (1), p. 64.

[785] O. Lando, 'Culture and Contract Laws', European Review of Contract Law, Vol. 3, Issue 1, 2007, p. 10.

[786] O. Lando, *supra* nota 455, p. 397.

[787] B. Fauvarque-Cosson, 'La confiance legitime et l'estoppel'. Revista Eletrônica de Direito Internacional, vol. 11, Issue 3, 2007, disponível em [www.ejcl.org/113/article113-8.pdf]; D. Mazeaud, 'La confiance légitime et l'estoppel', Revue Internationale de Droit Comparé, No. 2, 2006, pp. 362-392.

minando em alteração de sua posição jurídica ou econômica, pode encontrar um remédio jurídico para se proteger).

Sobre este assunto, Peter Schlechtriem observa que a função do Artigo 7 da CISG pode, provavelmente, ser cumprida pela regra de que as partes devem comportar-se de acordo com o padrão da 'pessoa razoável'[788], expressamente descrito em uma série de disposições e, portanto, de acordo com o Artigo 7(2)[789], deve ser considerado como um princípio geral da CISG[790].

Michael Bridge ainda observa que '*o artigo 7 (1) está expressamente na voz passiva e não indica exatamente quem, ou o quê, deve observar a boa-fé. No entanto, uma vez que as partes negociam e firmam contratos, e as cortes judiciais e tribunais arbitrais os interpretam e os executam, os titulares desse dever de boa-fé só podem ser as cortes e os árbitros*'[791].

Na verdade, a CISG atinge maior precisão nos resultados ao defender o princípio da razoabilidade como o padrão de conduta a ser tomado em consideração. Embora não seja expressamente consagrado na CISG, está implícito em várias de suas regras[792]. A razoabilidade está relacionada ao senso comum, isto é, o que é realizado em determinada circunstância, em um determinado momento, e em uma determinada comunidade, como racional, equilibrado, prudente e sensato. É também um conceito a ser cumprido a partir das circunstâncias do caso concreto[793], facilitando, assim, as transações.

[788] Artigo 8 da CISG.

[789] Na mesma linha de pensamento, I. Schwenzer & P. Hachem argumentam que '*The maxim of 'observance of good faith in international trade' as established by Article 7(1), therefore, concerns the interpretation of the Convention only and cannot be applied directly to individual contracts. However, it may influence the reading of individual communications under Article 8. It also influences indirectly the contractual relationship between the parties, as it may be used to concretize rights and obligations established by the provisions of the CISG 'Commentary on the UN Convention for the International Sale of Goods (CISG)'*, I. Schwenzer (Ed.), *supra* nota 109, p. 127, parágrafo 17.

[790] P. Schlechtriem, *supra* nota 721, p. 39.

[791] M. Bridge, *supra* nota 703, p. 108.

[792] Arts. 14, 16 (2) (b), 18 (formação do contrato); art. 25 (disposições gerais); arts. 33, 34, 35, 37, 38, 39, 43, 44, 46, 47, 48, 49 (obrigações do vendedor); arts. 63, 64, 65 (obrigações do comprador); arts. 72, 73, 74, 75, 76, 77, 79, 85, 86, 87, 88 (obrigações recíprocas do vendedor e do comprador).

[793] Ver, nesse sentido, Landgericht Zwickau, Alemanha, 19.03.1999; Caso CLOUT nº 189 (Oberster Gerichtshof, Áustria, 20.03.1997); Hoge Raad, Holanda, 7.11.1997; Caso CLOUT nº 215 (Bezirksgericht St. Gallen, Suíça, 3.07.1997); Processo CLOUT nº 166 (Arbitragem

Ademais, a CISG também incorpora uma abordagem prática por meio do Artigo 8(3), segundo o qual "*Para determinar a intenção de uma parte, ou o sentido que teria dado uma pessoa razoável, devem ser consideradas todas as circunstâncias pertinentes ao caso, especialmente negociações, práticas adotadas pelas partes entre si, usos e costumes e qualquer conduta subsequente das partes*".

Como observa Peter Mazzacano, esta disposição emprega o uso comercial como um fator de interpretação da vontade das partes, conferindo um valor interpretativo aos usos[794]. No ponto de vista deste autor, esta abordagem segue uma racionalidade econômica, aumentando tanto a segurança jurídica quanto a previsibilidade comercial das trocas.

Michael Bridge conclui, ainda em relação ao Artigo 7(1) da CISG, que a boa-fé desempenha um papel um tanto quanto auxiliar e sem sentido na jurisprudência, e recomenda que "*aqueles temerosos do efeito perturbador da boa-fé talvez devam parar de se preocupar*"[795].

Quanto ao preenchimento de lacunas, o Artigo 7(2) da CISG prevê um mecanismo subsidiário, caso não haja instrumento específico para dirimir o impasse, ou mediante a aplicação dos princípios fundantes da CISG. Em outras palavras, matérias circunscritas ao âmbito da CISG, que não expressamente contempladas, serão resolvidas, em primeiro lugar, de acordo com os princípios fundantes da CISG[796] ou 'lacunas internas'; se não houver êxito, o preenchimento da lacuna dar-se-á em conformidade com a lei aplicável ao abrigo das regras de direito internacional privado ou 'lacunas externas'[797]. O Artigo 7 (2) da CISG reafirma o compromisso de interpretar

– Schiedsgericht der Handelskammer Hamburgo, 21.03, 21.06.1996); Processo CLOUT nº 308 (Tribunal Federal da Austrália, 28.04.1995); CLOUT caso nº 106 (Oberster Gerichtshof, Áustria, 10.11.1994); Caso CLOUT nº 273 (Oberlandesgericht München, Alemanha, 09.07.1997).

794 P. J. Mazzacano, *supra* nota 701, p. 22.

795 M. Bridge, *supra* nota 703, p. 115.

796 Ver U. Magnus, argumentando que '*general principles are safeguards which, at a rather high level of abstraction, try to secure just results in the application of the law*' (pp. 166-167); e sobre o Art. 7(2) da CISG: '*[...] the underlying general principles serve as guidelines and aids to interpretation in the application of the concrete provisions of the respective convention. And because they necessitate being first discovered and inferred from the entire contents of the respective convention, they also serve to verify the basis structure and the policy and value judgments of that convention*', U. Magnus, 'Harmonization and Unification of Law by Means of General Principles', in Morten M. Fagot (Ed.), *Unification and Harmonization of International Commercial Law – Interaction of Deharmonization*, Wolters Kluwer, Alphen aan den Rijn, 2012, p. 167.

797 Ver I. Schwenzer & P. Hachem, I. Schwenzer (Ed.), *supra* nota 109, p. 132, para. 27.

a CISG de forma autônoma e sistêmica, de sorte que, quaisquer zonas de indeterminação ou lacunas são preenchidas pelos próprios princípios que a sustentam, e somente como um último recurso, mediante o direito aplicável segundo as regras de direito internacional privado.

A título exemplificativo, decisões judiciais determinaram a aplicação do direito doméstico em pleitos de prescrição[798], contratos de representação comercial[799], questões de validade (cláusula contida em contrato proibindo a transferência de licença em um acordo de licença de *software*)[800]. Da mesma forma, decisões judiciais utilizaram leis domésticas para a aplicação de taxa de juros[801]. Nesses casos, o juiz aplicou a CISG e, nos pontos não previstos, expressa ou implicitamente (princípios fundantes), usando o '*dépéçage*', ou seja, mediante o método de conflito de leis, o juiz aplicou a lei domésticas a questões específicas.

Como vimos, embora um contrato seja naturalmente incompleto (a racionalidade é limitada e a sua completude geraria custos de transação proibitivos), deve-se observar *ex ante* os mecanismos de preenchimento de lacunas da CISG, principalmente para evitar uma aplicação indesejável do direito interno. Este grau de zelo deve ser avaliado no momento da celebração de contratos de compra e venda internacional.

5.1.5.2. Conduta das partes e usos do tráfego

A maneira como uma parte contratante se comportou no passado e se comporta no curso de um negócio é regulamentada pela CISG e, a menos que acordado de outro modo pelas partes, esse as vinculará, conforme o Artigo 9[802].

[798] Ver caso CLOUT nº 1507.

[799] US District Court, Southern District of New York, Korea Trade Insurance Corporation v. Oved Apparel Corporation, 23/3/2015.

[800] Rechtbank Midden-Nederland (the Netherlands), Corporate Web Solutions v. Dutch company and Vendorlink B.V., 25/3/2015; ver também Tribunal de Justiça do Estado do Rio Grande do Sul (Voges Metalurgia Ltda. v. Inversiones Metalmecanicas I.C.A. – IMETAL I.C.A, 23/3/2017), discutindo pleitos de invalidade em um contrato de compra e venda.

[801] Ver e.g., US District Court, North District, Illinois, East. Div., USA, Chicago Prime Packers, Inc., v. Northam Food Trading Co., 21/5/2004; US District Court, District of Kansas, Guang Dong Light Headgear Factory Co., Ltd. v. ACI Intern., Inc, 28/4/2008; Gerechtshof's-Hertogenbosch, the Netherlands, G.W.A. Bernards v. Carstenfelder Baumschulen Pflanzenhandel GmbH. Ver também a decisão arbitral SCC examinada por L. Bergman, *supra* nota 97.

[802] Artigo 9 da CISG:

(1) As partes se vincularão pelos usos e costumes em que tiverem consentido e pelas práticas quetiverem estabelecido entre si.

Esta disposição torna as partes mais responsáveis em contextos internacionais, uma vez que a sua conduta terá repercussões e as vinculará. O mesmo se aplica aos usos comerciais (de um setor específico), os quais, da mesma forma (a menos que disposto em sentido contrário), serão vinculativos. Essa previsão economicamente eficiente confere efeitos jurídicos aos usos e costumes comerciais. Costume é a prática repetitiva, contínua e espontânea, originada no mercado, exigindo dois elementos fundantes: o uso e a consciência dos agentes do mercado em torno de sua observância[803].

Contudo, tais práticas assumem o *status* de regras jurídicas à medida em que passam a serem impostas pelo mercado, mediante o seu uso prolongado e ininterrupto. Usos e costumes ou são regras jurídicas ou, simplesmente, são utilizados para preencher o conteúdo de negócios jurídicos a partir da introdução de elementos fáticos da relação entre as partes enquanto ferramental interpretativo[804]. Portanto, ou são regras jurídicas de interpretação ou são afirmações, que estabelecem como se compreende as manifestações de vontade.

No caso de um uso comercial, há presunção de conhecimento das partes. Isso ocorre pelo fato de que o 'uso' é socialmente difundido e de fácil acesso; assim, a assimetria de informação entre as partes e a norma jurídica é, portanto, baixa (o que é certamente mais eficiente e reduz custos de transação, quando comparados a uma norma jurídica imposta pelo Estado, cujo conteúdo muitas vezes não reflete a realidade do mercado).

A regra contida no Artigo 9[805] da CISG direciona o intérprete ao uso comercial, isto é, aquele ao qual ambos os negociantes tiveram acesso

(2) Salvo acordo em contrário, presume-se que as partes consideraram tacitamente aplicáveis ao contrato, ou à sua formação, todo e qualquer uso ou costume geralmente reconhecido e regularmente observado no comércio internacional, em contratos de mesmo tipo no mesmo ramo de comércio, de que tinham ou devessem ter conhecimento.

[803] L. G. Meira Moser, 'A cláusula compromissória, a conduta das partes e a força jurígena dos usos e costumes – comentário da Sentença Estrangeira Contestada no 855', *Revista de Arbitragem e Mediação*, Vol. 35, Fasc. 9, 2012, pp. 317-340; ver também F. Ferrari para quem a CISG concede 'efeito normativo' aos usos comerciais, 'What Sources of Law for Contracts for the International Sale of Goods? Why One Has to Look Beyond the CISG,' *International Review of Law and Economics*, Vol. 25, 2005, pp. 333-336.

[804] L. G. Meira Moser & F. Pignatta, 'Campo de Aplicação e Disposições Gerais (arts. 14 a 24)', in L. G. Meira Moser & F. Pignatta (Eds.), *Comentários à Convenção de Viena sobre contratos internacionais de venda de mercadorias*, Atlas, São Paulo, 2015, pp. 3-33.

[805] L. G. Meira Moser, *supra* nota 803.

prévio[806]. O Artigo 9 da CISG estabelece que as partes estão vinculadas a qualquer uso ou prática estabelecida ou por elas acordada, bem como aos usos comerciais aplicáveis ao contrato e sua formação, o que é reconhecido no comércio internacional e que (salvo acordo em contrário das partes[807]) as partes conheciam ou deveriam conhecer.

Afirma-se que a CISG prescreve dupla função para o uso comercial, a normativa[808] e a interpretativa[809]. A doutrina discorda se o Artigo 9(2) estabelece a validade normativa de um uso comercial em particular. Há um entendimento apoiando a ideia de que o Artigo 9(2) se preocupa com a complementação do contrato, ou *"com a aceitação de uma norma implícita da qual surge um acordo na acepção do parágrafo 1º"*[810]. Este autor concorda com este último entendimento, na medida em que o Artigo 9(2) deve ser interpretado nos termos do Artigo 9(1) e à luz das orientações hermenêuticas do Artigo 8. No entanto, também deve ser observado que o conceito de uso é autônomo e internacionalmente uniforme[811], livre da influência de leis domésticas, portanto, incorporando uma variedade de padrões jurídicos contextuais sujeitos *ex post* à interpretação de seu conteúdo[812]. Além disso,

[806] F. Ferrari, 'La rilevanza degli usi nella Convenzione di Vienna sulla vendita internationzionale di beni mobilli', *Contratto e Impresa*, anno X, No.1, 1994, pp. 239-258.

[807] Sobre o tema, A. W. Katz nos lembra que '*there is no apparent pattern of attempts by contracting parties to opt out of the Article 9(2)'s trade usage provision, even though such opt-out clauses are explicitly authorized by Article 6, and even though parties regularly include in their contracts merger and entire agreement clauses that exclude pre-contractual communications from the interpretative process*', *supra* nota 554, pp. 183-184.

[808] Ver, nesse sentido, G. Cordero-Moss, observando que a CISG não só cria lei vinculante enquanto convenção internacional ratificada por vários Estados, mas também reconhece regras espontâneas nascidas no âmbito da prática comercial, *supra* nota 413, p. 34.

[809] Ch. Pamboukis, 'The Concept and Function of Usages in the United Nations Convention on the International Sale of Goods', *Journal of Law & Commerce*, Vol. 25, 2005-06, p. 108; F. Ferrari, *supra* nota 149, pp. 314-341.

[810] I. Schwenzer, I. Schwenzer (Ed.), *supra* nota 109, p. 187, para. 13.

[811] C. M. Bianca & M. J. Bonell, *supra* nota 721, pp. 110-111.

[812] A. W. Katz, *supra* nota 554, p. 183, estabelecendo que esses padrões jurídicos contextuais '*include not just the trade usage provision of Article 9(2), but also provisions that prescribe a reasonableness test for all interpretative questions, that allow contractual liability to be imposed without any formal writing requirement, that direct tribunals to interpret the entire Convention in light of unspecified standards of good faith in international trade, that indicate that questions not expressly settled in the CISG should be settled by reference to the general principles on which it is based, and that direct tribunals to consider all relevant evidence in interpreting the parties' intentions and expectations, including even communications that would be barred as parol evidence under common law systems*'.

considerações de usos e práticas nos termos do Artigo 9(1) ocorrem com base na intenção das partes, nos termos do Artigo 8 da CISG, e as regras contidas no Artigo 9 não se restringem ao conteúdo do contrato, mas também à sua formação[813]. Esta é outra novidade da CISG, e que representa um 'veículo de flexibilidade', contribuindo para a longevidade de seu conjunto de regras e garantindo aos usos do comércio tanto a função de interpretação quanto a de complementação do contrato[814].

Esta disposição da CISG permite uma reflexão importante sobre os mecanismos capazes de reduzir os custos de transação, ao confiar às partes ampla autonomia e flexibilidade na gestão de de riscos, direitos e obrigações contratuais. A esse respeito, pode-se pensar em uma miríade de práticas estabelecidas entre as partes, não descritas no contrato firmado, seja em relação à formação do contrato, por exemplo, requisitos específicos ou formalidades adotadas, modificadas e ou dispensadas entre as partes, ou ainda na execução de suas obrigações pactuadas. Estes vão depender de um *trade-off* entre uma variedade de considerações de planejamento e incentivo. Como Avery Katz observa, essas considerações incluiriam '*the costs of writing more detailed contracts ex ante, the costs of rent-seeking both ex ante in contractual negotiations and ex post once a dispute has arisen, the principal parties' ability to provide their legal and business agents with proper incentives to enter into contracts on efficient terms, the parties' attitudes toward risk and the distribution of information among potential tribunals, the need to make specific investments whose value depends on a particular contract interpretation, and the need to induce complementary investment by third parties who may have differential access to the formal and substantive aspects of the principal parties' agreement*'[815].

Embora a jurisprudência ainda precise ser desenvolvida de forma mais completa, ela certamente produziu uma variedade de casos sobre a funcionalidade, extensão e efeitos do Artigo 9 da CISG. Por exemplo, existem decisões judiciais e sentenças arbitrais determinando que cláusulas de

[813] I. Schwenzer, I. Schwenzer (Ed.), *supra* nota 109, p. 182, para. 3. Ver também L. Graffi, 'Remarks on Trade Usages and Business Practices in International Sales Law', *Journal of Law & Commerce*, Vol. 29, Issue 2, 2011, pp. 273-295.

[814] Sobre o tema, mas apoiando a visão de que o Artigo 9 (2) da CISG estabelece um status normativo ao uso comercial, P. Mazzacano informa que a CISG fornece a base para o efeito jurídico do uso ao lhe atribuir status superior às próprias regras da CISG. O uso, portanto, na opinião de Mazzacano, prevalecerá sobre os artigos da CISG, seja em virtude da vontade das partes (Artigo 9 (1) ou objetivamente (Artigo 9 (2)), *supra* nota 701, p. 25.

[815] A. W. Katz, *supra* nota 554, p. 185.

limitação de responsabilidade[816], cláusulas de preço provisório[817], e acréscimo de juros, no caso de um pagamento diferido[818], foram incorporados à CISG por meio do Artigo 9(2), de modo que devem ser observadas na execução do contrato. Em outros casos, a absorção automática de usos do comércio e o costume em torno de determinadas áreas de negociação foram reconhecidos como vinculantes[819]. O efeito vinculante da prática comercial estabelecida entre as partes (Artigo 9 (1))[820] exige um padrão a ser regularmente seguido, não esporadicamente observado, mas sim com frequência determinável na relação comercial estabelecida. Consequentemente, usos e práticas que se estabeleceram entre as partes são reputados como vinculantes. Pode-se pensar em um sem número de práticas que as partes podem ter estabelecido, tais como o prazo de entrega ou de (método de) pagamento da mercadoria. Nas relações contratuais de longo prazo, esses termos costumam ser semelhantes em negociações subsequentes. O Artigo 9(1) da CISG, portanto, também faz sentido do ponto de vista do custo-benefício[821], pois as partes não precisarão negociar este termo separadamente para cada contrato subsequente[822].

[816] US District Court, Western District Washington at Tacoma, Barbara Berry, S.A. de C.V. v. Ken M. Spooner Farms, Inc., 13/4/2006.

[817] CCI caso n. 8324/1995, disponível em [http://cisgw3.law.pace.edu/cases/958324i1.html].

[818] Argentina, Juzgado Nacional de Primera Instancia en lo Comercial No. 7, Elastar Sacifia v. Bettcher Industries Inc., 20/5/1991.

[819] Por exemplo, Federal Court of Australia, Australia, Hannaford (trading as Torrens Valley Orchards) v. Australian Farmlink Pty Ltd, CAN 087 011 541 [2008] FCA 1591; US District Court, S.D., New York, USA, Geneva Pharmaceuticals Technology Corp. v. Barr Laboratories, Inc. et al., 10/5/2002, 98 Civ. 861, 99 Civ. 3607 (citando que a CISG demonstra uma '*strong preference for enforcing obligations and representations customarily relied upon by others in the industry*'; Espanha, Audiencia Provincial, Barcelona, X v. Y, 13/5/2014, discutindo o uso da língua inglesa como 'língua franca' e, portanto, equivalente a um uso internacional no âmbito do Artigo 9(2) da CISG; Espanha, Tribunal Supremo, X v. Y, 01/07/2013, discutindo o uso comercial de faturas no comércio de *commodities*; Áustria, Oberster Gerichtshof, X v. Y, 21/3/2000, aplicando os usos alemães locais em relação ao comércio de madeira.

[820] Zivilgericht Kanton Basel-Stadt, Switzerland, 21/12/1992, P4 1991/238; US Court of Appeals (11th Circuit), USA, Treibacher Industrie, A.G. v. Allegheny Technologies, Inc., 12/9/2006, 5-13995; Arbitral Award, Decisão Arbitral CCI 8817/1997; Court of Appeal of Turku, Finland, 12/4/2002; Oberster Gerichtshof, Austria, 31/8/2005, 7 Ob 175/05v; Amtsgericht Duisburg, Germany, 13/4/2000, 49 C 502/00.

[821] Como já discutimos, a elaboração de contratos extensos consome tempo, é onerosa e pode não capturar a intenção das partes em toda sua extensão possível. Ver L. G. Meira Moser, *supra* nota 6.

Em conexão com o exposto, também deve-se lembrar que a coerência comportamental das partes (refletida no Artigo 9 (1)) está fortemente ligada à proibição do '*venire contra factum proprium*'[823] e se refere ao elo de confiança criado entre as partes. Um contratante, por seus atos, palavras e gestos, desperta no outra parte a confiança de que será observada uma coerência de comportamento negocial. A força vinculativa entre as partes, portanto, não é o ato em si, mas a confiança criada pelo seu comportamento.

Ao interpretar um contrato regido pela CISG, é preciso se preocupar em interpretar as declarações contratuais usando o complexo de circunstâncias nas quais a declaração de vontade e o comportamento estão inseridos. Apenas como exemplo de leitura sistemática da CISG, as circunstâncias previstas no Artigo 18[824] (formação do contrato) representam uma 'cláusula aberta' e, portanto, sujeitas às determinações tanto do Artigo 9(2) quanto do Artigo 8(3).

Essas circunstâncias se refletem na prática de negociação firmada entre as partes, principalmente quando não houver aceitação expressa em contratos anteriores. Isso também pode ocorrer, se houver um uso negociado já desenvolvido pelas partes contratantes ou ainda na esfera da negociação, a qual dispensa a declaração de aceite, ou, ainda, nos casos onde o silêncio é a resposta razoável para a aceitação.

[822] V. Mak, 'According to Custom...? The Role of 'Trade Usage' in the Proposed Common European Sales Law (CESL)', *European Review of Contract Law*, Vol. 10, Issue 1, 2014, p. 71.

[823] Ver L. G. Meira Moser, *supra* nota 803.

[824] Artigo 18 da CISG:

(1) Constituirá aceitação a declaração, ou outra conduta do destinatário, manifestando seu consentimento à proposta. O silêncio ou a inércia deste, por si só, não importa aceitação.

(2) Tornar-se-á eficaz a aceitação da proposta no momento em que chegar ao proponente a manifestação de consentimento do destinatário. A aceitação não produzirá efeito, entretanto, se a respectiva manifestação não chegar ao proponente dentro do prazo por ele estipulado ou, à falta de tal estipulação, dentro de um prazo razoável, tendo em vista as circunstâncias da transação, especialmente a velocidade dos meios de comunicação utilizados pelo proponente. A aceitação da proposta verbal deve ser imediata, salvo se de outro modo as circunstâncias indicarem.

(3) Se, todavia, em decorrência da proposta, ou de práticas estabelecidas entre as partes, ou ainda dos usos e costumes, o destinatário da proposta puder manifestar seu consentimento através da prática de ato relacionado, por exemplo, com a remessa das mercadorias ou com o pagamento do preço, ainda que sem comunicação ao proponente, a aceitação produzirá efeitos no momento em que esse ato for praticado, desde que observados os prazos previstos no parágrafo anterior.

A flexibilidade das partes contratantes sob o regime CISG é, portanto, uma vantagem-chave para os agentes do mercado, dando azo a uma melhoria inequívoca de Pareto para as partes, que irão cooperar na medida em que gozem dos benefícios proporcionados pela mecânica contratual. Assim, uma assinatura em uma fatura, por exemplo, denotando consentimento, pode ser interpretada como constituinte da aceitação[825]. Os atos comerciais relacionados devem ser interpretados enquanto tendentes ao cumprimento do contrato[826]; o envio de mercadorias sem a recusa da outra parte, ou sua coleta por um terceiro, são práticas permitindo considerar que a aceitação foi constituída nos termos da CISG[827].

A partir disso, vimos que a forma como a CISG regula os usos do comércio permite a aplicação de regras de modo adaptável e sensível às contingências do comércio internacional. Em certos casos, porque as práticas estabelecidas pelas partes podem ser detalhadas, ou porque assim é o setor da indústria em que ambas atuam, a adoção da CISG significaria uma redução dos custos de elaboração e de aprendizagem, pois há menos assimetria de informação, notadamente devido ao uso comercial vinculante e à prática anterior estabelecida entre as partes. Contudo, não se deve esquecer que as partes podem simplesmente alterar ou anular o efeito vinculante dessas práticas em virtude do Artigo 6 da CISG[828]. Naturalmente, a existência de um acordo é necessária para esse efeito, e pode ser realizado mediante termos comerciais gerais, desde que validamente acordados entre as partes. Conforme discutido, este artigo permite às partes, salvo limitações prontamente observadas, moldar o contrato como melhor lhes convier.

[825] Ver *e.g.*, *Inta S. A. v. MCS Officina Meccanica S.p.A.*; Cámara Nacional en lo Comercial, Sala E, Argentina, 14/10/1993, no 45626.

[826] *Sté Calzados Magnanni v. Sarl Shoes General International – S.G.I.*, Cour d'Appel de Grenoble, 21/10/1999, no 96J/00101.

[827] Caso CLOUT n. 193 (Handelsgericht des Kantons Zürich, Switzerland, 10/7/1996); Caso CLOUT n. 416 (Minnesota State District Court, United States, 9/3/1999); Caso CLOUT n. 291 (Oberlandesgericht Frankfurt a.M., Germany, 23/5/1995).

[828] O Artigo 6 da CISG estabelece que as partes podem excluir total ou parcialmente a CISG, salvo o Artigo 12. Se a CISG for totalmente excluída, salvo estipulação em contrário, a lei aplicável deve ser determinada pelas regras gerais de conflito de leis do foro. Ver C. M. Bianca & M. J. Bonell, *supra* nota 721, pp. 58-59. No cenário acima, se essas regras levarem à aplicação da lei de um Estado contratante da CISG, o arcabouço normativo relativo aos contratos de compra e venda domésticos desse Estado regerá o contrato. Ver J. P. McMahon, *supra* nota 732, disponível em [www.cisg.law.pace.edu/cisg/contracts.html#a6].

5.1.6. Repositório de jurisprudência

5.1.6.1. Jurisprudência consolidada ou não?

As preocupações com a jurisprudência mostram que as partes definirão estratégias e avaliarão suas chances de vitória. Assim, a jurisprudência estabelecida pode ser considerada altamente positiva se não houver necessidade de testar uma nova tese jurídica perante o foro competente. Isso ocorre porque a tese jurídica, sobre a qual a parte deseja se apoiar, pode já ter sido testada e incorporada à lei aplicável (regras uniformemente interpretadas geram resultados previsíveis)[829]. Por outro lado, se a tese jurídica precisar ser testada perante os tribunais (competentes), as partes precisarão avaliar custos, riscos e conveniência do foro. Dependendo do histórico e das particularidades do caso, pode ser aconselhável testar novas teses jurídicas perante cortes menos conservadoras[830].

5.1.6.2. Interpretação das regras jurídicas

Naturalmente, a interpretação das regras jurídicas, como vimos, é de extrema importância para um resultado justo. Como S. Shavell argumenta, a interpretação dos tribunais influencia a forma como as partes redigem um contrato: quanto mais acuradamente essa interpretação traduzir os autênticos desejos das partes, mais as partes estarão dispostas a manter lacunas e adotar termos gerais em seus contratos; por outro lado, as partes estarão mais dispostas a empreender esforços na elaboração de contratos detalhados caso confrontadas com tribunais que se abstêm de interpretar os termos, ou os interpretam de maneira que os contradiz, as opõe ou é inconsistente com a verdadeira intenção das partes[831].

Como forma de evitar a imponderabilidade da determinação, Richard Posner argumenta que, na medida em que os árbitros são considerados intérpretes mais confiáveis do que juízes, podemos esperar contratos contendo cláusulas de arbitragem (diante das mesmas circunstâncias) devendo ser mais sucintos do que contratos que não as incluem[832]. Além dos alicerces do contrato, as partes certamente estão preocupadas com sua estrutura material, como maximizar ganhos, minimizar perdas, prever, evitar e – se evitar for impossível – enfrentar surpresas desagradáveis.

[829] L. G. Meira Moser, *supra* nota 6, p. 41.

[830] *Id.*

[831] Ver S. Shavell, *supra* nota 430, pp. 290-291.

[832] Ver R. Posner, *supra* nota 465, p. 18.

5.1.7. Disposições sobre o cumprimento das obrigações contratuais

As disposições sobre o cumprimento das obrigações contratuais desempenham um papel importante, pois determinam a extensão do rigor exigido de uma parte para cumprir os deveres e obrigações contratuais. Elas também determinam as consequências das omissões ou inação das partes contratantes, na fase de cumprimento de certos deveres e obrigações. Em consequência, os contratantes, provavelmente, preferirão leis que estabeleçam claramente os deveres e obrigações contratuais das partes.

Os estudos discutidos no capítulo 1 deste livro sugerem que este tema preocupa as partes contratantes. Por exemplo, na Pesquisa, 29,49% dos participantes indicaram '*disposições sobre o cumprimento das obrigações contratuais*' como uma característica jurídica positiva da lei aplicável[833]; 33,04% dos participantes as consideraram uma característica econômica positiva da lei aplicável[834]; e 22,03% como sendo, possivelmente, uma característica jurídica negativa[835].

Em termos de considerações econômicas, a Pesquisa indicou que '*disposições sobre o cumprimento das obrigações contratuais*' antecederam as preocupações em torno da '*ampla interpretação das regras jurídicas*' e dos '*mecanismos de preenchimento de lacunas*'[836]. Poder-se-ia interpretar esses resultados à luz do fato de que as disposições sobre o cumprimento das obrigações contratuais podem ser reputadas como determinantes ou, talvez, até mesmo enquanto pertencentes ao mesmo pacote de '*remédios jurídicos disponíveis*' e '*disposições sobre danos*'.

5.1.7.1. Entrega da mercadoria

No que diz respeito à entrega de mercadorias, a CISG também apresenta soluções econômicas eficientes. O Artigo 35 contém um conceito uniforme de desconformidade[837], incluindo diferenças na qualidade, quantidade, entrega de um *aliud* (mercadoria diferente da contratada) e defeitos na embalagem. Isso distingue a CISG da maioria das leis domésticas acerca do tratamento da responsabilidade por mercadorias defeituosas[838].

[833] Pesquisa Global sobre Escolha de Lei (Capítulo 1.2.4.1).

[834] Pesquisa Global sobre Escolha de Lei (Capítulo 1.2.4.2).

[835] Pesquisa Global sobre Escolha de Lei (Capítulo 1.2.4.1).

[836] Pesquisa Global sobre Escolha de Lei (Capítulo 1.2.4.2).

[837] I. Schwenzer, I. Schwenzer (Ed.), *supra* nota 109, Artigo 35, p. 593, para. 4.

[838] Por exemplo, o UCC distingue entre garantias expressas e implícitas U.C.C. §§ 2-313, 2-314 (1977). A lei de compra e venda do Reino Unido de 1979 também distingue condições e

Na falta de acordo expresso, a CISG tratará qualquer tipo de discrepância nas mercadorias entregues com base nos parâmetros de conformidade estabelecidos nos termos do Artigo 35[839], e a mesma lista de remédios jurídicos[840] estará disponível, independentemente do tipo de não-conformidade[841]. Esse conceito uniforme de desconformidade desloca o conceito de 'garantia'[842], encontrado em muitas das leis domésticas, e, portanto, reduz o risco de pleitos oportunistas, com base em motivos exclusivamente destinados a reduzir ou estender os remédios jurídicos disponíveis[843].

Além disso, o dever incorporado na CISG de examinar e notificar qualquer não conformidade nas mercadorias gera certeza à atividade negocial. O Artigo 38 da CISG[844] prevê a inspeção das mercadorias no prazo mais

garantias (s. 54, parágrafos 14 e 15); e o sistema jurídico francês o faz quanto a 'vice apparent' e 'vice caché'. Muitas das jurisdições de tradição romanística (direito continental) listarão as diferenças em relação à entrega de mercadorias não conformes.

839 Artigo 35 da CISG:
(1) O vendedor deverá entregar as mercadorias na quantidade, qualidade e tipo previstos no contrato, acondicionadas ou embaladas na forma nele estabelecida.
(2) Salvo se as partes houverem acordado de outro modo, as mercadorias não serão consideradas conformes ao contrato salvo se:
(a) forem adequadas ao uso para o qual mercadorias do mesmo tipo normalmente se destinam;
(b) forem adequadas a algum uso especial que, expressa ou implicitamente, tenha sido informado ao vendedor no momento da conclusão do contrato, salvo se das circunstâncias resultar que o comprador não confiou na competência e julgamento do vendedor, ou que não era razoável fazê-lo;
(c) possuírem as qualidades das amostras ou modelos de mercadorias que o vendedor tiver apresentado ao comprador;
(d) estiverem embaladas ou acondicionadas na forma habitual para tais mercadorias ou, à falta desta, de modo apropriado à sua conservação e proteção.
(3) O vendedor não será responsável por qualquer desconformidade das mercadorias em virtude do disposto nas alíneas (a) a (d) do parágrafo anterior, se, no momento da conclusão do contrato, o comprador sabia ou não podia ignorar tal desconformidade.

840 No caso de mercadorias não conformes, o comprador pode recorrer aos remédios jurídicos habituais, nomeadamente execução específica, extinção do contrato, danos e redução de preço, I. Schwenzer, 'Conformity of the Goods – Physical Features on the Wane?', in I. Schwenzer & L. Spagnolo (Eds.), State of Play: The 3rd Annual MAA Schlechtriem CISG Conference, Eleven International Publishing, The Hague, 2012, p. 108.

841 I. Schwenzer, I. Schwenzer (Ed.), *supra* nota 109, Artigo 35, p. 593, para. 4.

842 Ver o Digesto da UNCITRAL sobre a CISG, Art. 35, U.N. Doc. A / CN.9 / SER.C / DIGEST / CISG / 35; ver também CLOUT Caso nº. 219 e CLOUT Caso nº. 256.

843 E. Muñoz & L. G. Meira Moser, *supra* nota 447, p. 91.

844 Artigo 38 da CISG:
(1) O comprador deverá inspecionar as mercadorias ou fazê-las inspecionar, no prazo mais breve possível em vista das circunstâncias.

breve possível em vista das circunstâncias. Tais circunstâncias incluem casos nos quais o contrato envolve o transporte de mercadorias, ou quando estas são redirecionadas, em trânsito, ou reenviadas pelo comprador sem uma oportunidade razoável para inspeção, de modo que a inspeção pode ser adiada até que as mercadorias cheguem ao seu destino. O Artigo 38, portanto, fornece uma alocação mais eficiente de riscos e dos custos de transação[845]. O dever de inspecionar "*no prazo mais breve possível em vista das circunstâncias*" tende a reduzir os custos de transação para as partes, tornando a inspeção mais eficiente por meio da flexibilidade: enquanto o vendedor se beneficia de uma inspeção mais célere (o vendedor provavelmente será remunerado mais cedo), o comprador pode se defender diante de uma alegada violação nos termos do Artigo 38 (1), provando que o tipo específico de mercadoria só poderia ser inspecionada dentro de um determinado período mais elástico (por exemplo)[846].

A CISG estabelece uma obrigação neutra e internacionalmente adequada em relação à notificação de desconformidade. Em primeiro lugar, a notificação deve especificar a natureza da desconformidade[847]. Não é suficiente que o comprador manifeste sua existência de forma vaga ou ambígua. Ele deve, pelo menos, descrever o tipo de desconformidade, por exemplo, *aliud* (entrega de mercadoria diversa), defeitos de quantidade ou

(2) Se o contrato envolver o transporte das mercadorias, a inspeção poderá ser adiada até a sua chegada a seu destino.

(3) Se o comprador alterar o destino das mercadorias em trânsito, ou as reexpedir sem ter tido oportunidade razoável de inspecioná-las, e, no momento da conclusão do contrato, o vendedor tenha tido ou devesse ter tido conhecimento da possibilidade de alteração de destino ou de reexpedição, a inspeção poderá ser adiada até a chegada das mercadorias a seu novo destino.

845 L. Ratniece, ao discutir o Artigo 38 da CISG sob uma perspectiva econômica, observa que a inspeção de mercadorias normalmente incluiria: (i) custos do procedimento de inspeção (custo dos especialistas, análises, etc.); (ii) custos de armazenamento das mercadorias durante a inspeção; (iii) despesas com recursos humanos, que devem organizar e acompanhar o procedimento de inspeção; e (iv) o custo gerado ao vendedor de aguardar o recebimento do valor da transação. L. Ratniece, An Economic Analysis of the Duty to Inspect Goods Pursuant to the CISG and CESL', RGSL *Research Papers* Nº. 8, 2012, p. 45, disponível em [www.rgsl.edu.lv/uploads/files/RP_8_Ratniece_final.pdf].

846 L. Ratniece, *supra* nota 845, p. 47.

847 Artigo 39 (1) da CISG: O comprador perderá o direito de alegar a desconformidade se não comunicá-la ao vendedor, estabelecendo a sua natureza, em prazo razoável a partir do momento em que a constatar, ou em que deveria tê-la constatado. Ver também I. Schwenzer, I. Schwenzer (Ed.), *supra* nota 108, pp. 654-655, para. 6.

qualidade[848]. Assim o é não porque seja necessário caracterizar o tipo de defeito para a obtenção dos remédios jurídicos ou contratuais disponíveis, mas porque tais informações podem permitir que o vendedor tome medidas para sanar a não-conformidade ou para evitar o agravamento do dano. O detalhamento da informação dependerá das circunstâncias do caso.

Em segundo lugar, o comprador é obrigado a notificar, em prazo razoável a partir do momento em que constatar a desconformidade, ou em que deveria tê-la constatado. Sobre esta questão algumas cortes judiciais e tribunais arbitrais, corretamente, seguiram a regra do *noble month*, desenvolvida por duas respeitadas juristas, com base na análise de direito comparado:[849] considera-se 1 (um) mês após o comprador ter ou devesse ter constatado a desconformidade como um parâmetro flexível (e não um limite de tempo absoluto) para mensurar o tempo limite para comunicar a desconformidade[850].

A regra unificada da CISG sobre inspeção e notificação evita os riscos de comportamento oportunista de vendedores e compradores em litigar perante um tribunal específico, ou com base em determinada lei doméstica, apenas porque isso atende aos seus interesses particulares[851].

5.1.7.2. Isenções

As soluções para o não-cumprimento de obrigações contratuais são, igualmente, de grande importância para as partes na mesa de negociação, porquanto o não cumprimento de uma única obrigação pode resultar na quebra do contrato, a respeito da qual remédios jurídicos podem ou não estar à disposição das partes para sanar o descumprimento. Em um cenário menos rígido, uma ampla gama de obrigações deve ser inosbervada ou ignorada para equivaler à quebra do contrato, a qual também pode ser sanada mediante uma relação de remédios jurídicos à disposição das partes.

[848] I. Schwenzer, I. Schwenzer (Ed.), *supra* nota 108, pp. 654-655, para. 6; p. 656, para 7.

[849] As professoras I. Schwenzer e C. B. Andersen foram as responsáveis por cunhar a '*noble month rule*'; ver também C. B. Andersen, 'Noblesse Oblige...? Revisiting the 'Noble Month' and the Expectations and Accomplishments It Has Prompted', in A. Büchler, & M. Müller-Chen (Eds.), *Festschrift für Ingeborg Schwenzer zum 60. Geburtstag*, Stämpfli, Bern, 2011, p. 33 *et seq.*

[850] *Id.*

[851] Muñoz & L. G. Meira Moser, *supra* nota 447, p. 96.

5.1.8. Remédios jurídicos disponíveis: portões de entrada

Remédios jurídicos são alternativas, ou portões de entrada que auxiliam as partes a reestruturar um contrato desequilibrado. Por exemplo, uma lei excessivamente liberal em sua relação de remédios jurídicos permitirá que as partes a utilizem para explorar (indevidamente) o descumprimento de obrigações contratuais. Por outro lado, uma lei de matriz menos liberal pode restringir o número e uso de remédios jurídicos.

Remédios jurídicos podem oferecem mecanismos para remediar um cenário de descumprimento de obrigações contratuais. A mesma lógica se aplica aqui em termos de abordagem: liberal ou mais conservadora. A lei mais adequada a este cenário pode variar muito, de acordo com o caso, impactando as chances de sucesso. No entanto, por mais impraticável que seja, ou talvez impossível, este exercício de 'futurologia' é altamente indesejável. Portanto, as partes contratantes deverão buscar a lei suscetível de atingir um melhor equilíbrio entre direitos, deveres e obrigações.

Além disso, o tipo de remédio jurídico disponível também é um fator a influenciar o comportamento das partes no curso de potenciais disputas. Os remédios jurídicos podem ser utilizados como meios de obter um resultado bem-sucedido ou mitigar as perdas.

Como vimos até agora, a lei aplicável influenciará a intenção das partes de cooperar para a consecução dos objetivos propugnados no contrato, ou as incentivará a violar o contrato. Se as consequências da violação do contrato forem mais favoráveis a uma das partes do que o cumprimento das obrigações contratuais, haverá uma grande possibilidade de ocorrer a violação. Se a lei aplicável, ao contrário, impor severas penalidades (monetárias) em caso de violação, a parte precisará ponderar cuidadosamente se os ganhos advindos da violação superam as suas consequências.

Esta é uma decisão delicada e complexa, pois as partes precisarão antecipar, de antemão, o potencial de falhas no cumprimento das obrigações contratuais. Para utilizar um exemplo cotidiano, a divisão de bens advindas do contrato de casamento. Salvo exceções, os casais geralmente não ponderam a respeito das consequências de uma ruptura do contrato de casamento e a consequente divisão de bens. Em certas culturas, pode, inclusive, soar desrespeitoso e indigno de confiança exigir do cônjuge um regime de separação total de bens.

As partes podem lançar uso de certos padrões por razões de conveniência, na esperança de que uma violação jamais ocorra. É realmente raro ouvir falar de regimes de propriedade alternativos capazes de equilibrar potenciais interesses e minimizar riscos. Alguém poderia argumentar que esse tipo de contrato é bastante influenciado por emoções[852] e, portanto, privado de elementos racionais. No entanto, a verdade é que idêntica abordagem parece ser adotada também em negociações comerciais – as partes usarão atalhos mentais [853] para tomar decisões, devido, entre outras coisas, às pressões de tempo e restrições financeiras.

Dito isso, conclui-se que as partes idealmente elegeriam uma lei aplicável que oferecesse um conjunto equilibrado de remédios jurídicos. Por exemplo, pode-se incluir mecanismos para superar ou sanar uma falha, além de compreender as consequências de uma fatal, e às vezes inevitável, quebra de contrato.

5.1.9. Disposições sobre danos

As partes contratantes geralmente têm interesse em conhecer os remédios jurídicos disponíveis e as disposições sobre danos em caso de violação. Por mais simples que seja, esses fatores quantificam a quebra do contrato. Os remédios jurídicos proporcionarão às partes possibilidades, atalhos e mecanismos para remediar (ou apontar os sintomas de) um cenário de inadimplência, ou, para fins de conveniência, violar o contrato. Remédios jurídicos também servirão para avaliar a próxima etapa: os danos[854].

As disposições sobre danos podem variar consideravelmente e esta é, sem dúvida, a razão pela qual o tópico fora indicado como uma característica jurídica positiva na Pesquisa discutida no Capítulo 1 deste livro[855]. Obviamente, as partes com argumentos supostamente mais fortes (em teoria, visto que muitas variáveis fáticas podem determinar a força de um potencial argumento. A avaliação dessas variáveis será atribuída às cortes judiciais ou a árbitros), e as partes podem estar interessadas em optar por leis – e jurisprudência consolidada – que disponham claramente sobre danos. Isso pode incluir uma alocação de encargos mais graves para a parte

[852] Sobre o tema, consultar o Capítulo 2 *supra*.

[853] Uma análise detalhada desses atalhos mentais é fornecida no Capítulo 2.2.1 *supra*.

[854] L. G. Meira Moser, *supra* nota 6, p. 32.

[855] Ver os resultados da Pesquisa no Capítulo 1.2.4.1 *supra*, a respeito da qual, com relação às características jurídicas positivas da lei aplicável, os participantes elegeram o compromisso com a liberdade contratual (66,36%), remédios jurídicos disponíveis (61,75%) e disposições sobre danos (40,55%).

inadimplente em caso de violação de contrato, ou leis que reúnam requisitos pré-determinados na classificação de um cenário de inadimplência, juntamente com consequências monetárias precisas. Também, pode-se pensar em leis que adotem uma interpretação literal dos termos do contrato, considerando que os danos são normalmente discutidos no contrato.

Por outro lado, algumas partes podem preferir leis que contenham disposições mais amplas, jurisprudência ainda em formação ou não consolidada, a par de uma ampla interpretação do que é violação e de suas consequências, incluindo as disposições sobre danos. Isso influenciará o comportamento da parte e sua decisão de demandar em juízo. Uma parte pode investir mais na fase instrutória se novas informações tornarem o caso mais atraente, ou abandonar o esforço se o inverso se provar verdadeiro[856].

5.1.9.1. Definindo os elementos de um cenário de inadimplência

Tal qual em um jogo, se uma parte contratante entender dispor de uma oportunidade maior de inadimplência e de violação contratual, esta parte irá negociar para evitar certos ordenamentos jurídicos, os quais poderiam favorecer o outro contratante, ou cuja jurisprudência endosse, por exemplo, por razões particulares, generosos pedidos de indenização.

Para ilustrar esse comportamento, vamos imaginar que a lei X não compartilhará benefícios iguais entre as partes contratantes, ou seja, não gerará resultados Pareto-eficientes. Por exemplo, uma lei de compra e venda endossando limitada flexibilidade das partes para elaborar o contrato. Nesse cenário, a lei X é 'pior' do que a lei Y. No entanto, vamos supor que a lei X conceda um benefício a uma parte se uma determinada condição for atendida. Neste cenário, a parte que atender àquela condição, poderá preferir escolher essa lei. Este poderia ser o caso de exoneração de responsabilidade por força maior ou outras adversidades. Se as partes adotarem leis uniformes, este comportamento estratégico seria discutível[857].

De acordo com os estudos apresentados no Capítulo 1 deste livro[858], '*remédios jurídicos disponíveis*' e '*disposições sobre danos*' representam, na visão das partes contratantes, as duas principais características econômicas posi-

[856] Ver G. S. Geis, 'Economic as Context for Contract Law. Framing Contract Law: An Economic Perspective by Victor Goldberg', University of Chicago Law Review, Vol. 75, Issue 1, 2008, p. 585.

[857] L. G. Meira Moser, *supra* nota 6, p. 33.

[858] Ver resultados da Pesquisa no Capítulo 1.2.4.2 *supra*.

tivas da lei regente. Na mesma Pesquisa, '*remédios jurídicos disponíveis*' e '*disposições sobre danos*' foram também indicadas pelos participantes como as duas principais características jurídicas positivas da lei aplicável.

Este cenário conforta a suposição de que as partes tenderão a tomar decisões racionais, se a situação permitir – ou seja, se as distorções do mercado e vieses cognitivos e heurísticas[859] forem identificadas, enfrentadas e controladas de antemão. Se assim o for, as partes, provavelmente, tomarão a decisão sobre a escolha da lei munidas de ferramentas racionais, aumentando assim as possibilidades de se evitar más decisões e erros dispendiosos. Isso pode ser alcançado por meio da antecipação das estratégias da contraparte e de mecanismos reativos a diversos cenários contratuais[860].

Portanto, controladas – ou pelo menos identificadas – as variáveis exaustivamente discutidas acima, as partes geralmente podem prever o resultado do contrato: se não obtiverem o sucesso esperado, é importante analisar as opções remanescentes. Portanto, remédios jurídicos e disposições sobre danos caminham lado a lado na mesma direção: maximizar os ganhos ou minimizar o prejuízo, de acordo com a posição das partes.

5.1.9.2. Disposições sobre danos e método de quantificação

As disposições sobre danos completam os fatores-chave que determinam o valor em jogo. Isso pode ajudar a jogar luz sobre as alternativas para lograr êxito em uma potencial disputa, ou para adotar um comportamento estratégico, *e.g.* requerer *inter alia* a execução específica da obrigação; ou extinguir ou rescindir o contrato e suas implicações quanto aos danos e/ou mitigação de prejuízo em certas circunstâncias[861].

Estudos demonstraram que remédios jurídicos e disposições sobre danos são decisivos para orientar o comportamento das partes contratantes face a um cenário de descumprimento[862]. Disposições sobre danos também podem ter um impacto econômico negativo, pelos mesmos motivos antes informados: os danos medirão o ganho ou a perda potencial; a interpretação ampla das regras jurídicas pode dar vazão a discrepâncias, incertezas, falta de uniformidade, teses jurídicas infundadas, e decisões

[859] Para uma análise completa deste tópico, consultar o Capítulo 2 *supra*.

[860] L. G. Meira Moser, *supra* nota 6, p. 40.

[861] *Id.*, p. 37.

[862] Ver resultados da Pesquisa no Capítulo 1.2 *supra*.

equivocadas. Em tal cenário, as partes podem precisar aportar recursos para a contratação de especialistas para examinar a lei e especialistas para construir sua narrativa dos fatos, visando provar uma nova tese jurídica[863]. Tais contingências, via de regra, afetam a previsibilidade e a segurança jurídica da lei aplicável[864].

Estudos também demonstraram que remédios jurídicos e disposições sobre danos podem ser considerados atributos negativos pelas mesmas razões. Isso nos leva a supor que as partes, assumindo um contrato em diferentes papéis – 'protagonistas', 'vilões' ou meros 'atores' -, munidos de argumentos mais e menos fortes (os papéis desempenhados podem variar e inclusive se inverter ainda no decorrer da vida de um contrato), idealmente optariam por uma lei sopesando igualmente as disposições sobre remédios jurídicos e danos aplicáveis a compradores e vendedores[865].

Como argumenta Gary Born, os esforços das partes em negociar a aplicação de uma lei mais vantajosa são muitas vezes quiméricos, por causa da dificuldade de prever e antecipar as questões emergentes em alguma disputa futura e de que lado dessas questões uma parte pode estar[866]. Esta suposição novamente reforça as vantagens proporcionadas pelas leis uniformes, por criarem um equilíbrio entre os deveres e as obrigações do comprador e do vendedor em um contrato.

5.1.10. Prazos prescricionais: limitações temporais enigmáticas?

As regras limitadoras para a propositura de ações constituem um fator surpreendentemente nem sempre ventilado de antemão pelas partes ao decidir sobre a lei aplicável ao contrato[867]. As partes contratantes precisarão analisar disparidades no tempo, que podem orientar o curso de sua ação em caso de violação.

As partes analisam as implicações da escolha se a transação não produzir os resultados esperados. Em tal caso, as regras de prescrição (observando-

[863] Ver I. Schwenzer & P. Hachem, *supra* nota 247, p. 465.

[864] Na Pesquisa, a segurança jurídica foi classificada por 74,89% dos participantes como uma das principais considerações jurídicas na escolha da lei aplicável. Consultar os resultados da Pesquisa à Pergunta n. 1 no Capítulo 1.2.4.1 *supra*.

[865] L. G. Meira Moser, *supra* nota 6, p. 37.

[866] G. Born, *supra* nota 359, p. 2747.

[867] Ver, por exemplo, os resultados da Pesquisa (Capítulo 1.2.4.1) e a ausência deste tópico em outros estudos empíricos discutidos no Capítulo 1.1.

-se que os prazos prescricionais domésticos estão sujeitos a disparidades[868]) estabelecem o lapso temporal (e critérios de cálculo) para a busca de pretensões resistidas advindas do contrato[869].

As regras prescricionais[870] podem ser consideradas como uma faca de dois gumes: podem ser um importante ponto de referência para entender o comportamento da parte inadimplente (e, em certos casos, isso as auxiliará) e adotar medidas para evitar a prescrição da pretensão, ou uma forma de se beneficiar de prazos prescricionais curtos. Na realidade, os prazos prescricionais acabam por se tornar um verdadeiro enigma, pois, como vimos neste capítulo, as partes não sabem de antemão as suas posições no decorrer da fase de cumprimento das obrigações contratuais. Pode ser que, repentinamente, um prazo prescricional mais curto irá beneficiar uma parte que, na fase de negociação do contrato, buscara um prazo de prescrição mais elástico.

No contexto das vendas internacionais, a Convenção sobre a Prescrição em Matéria de Compra e Venda Internacional de Mercadorias (*Convention on the Limitation Period in the International Sale of Goods*) foi desenvolvida para estabelecer regras uniformes regulando o período de tempo dentro do qual uma parte de um contrato de compra e venda internacional de mercadorias pode iniciar um processo judicial contra a outra parte, para fazer valer uma disputa decorrente do contrato ou relativa à sua violação, rescisão ou validade. Ao fazê-lo, essa convenção gera clareza e previsibilidade a um aspecto de grande importância para o julgamento da pretensão[871]. Embora sua adesão ainda seja modesta[872], ela poderia interagir positivamente com a CISG, que não contém regras prescricionais e, portanto, pode estar em uma posição desvantajosa em relação às leis puramente domésticas a este respeito. Não sendo essa matéria regulada pela CISG, se as partes não forem signatárias da Convenção sobre a Prescrição em Matéria de Com-

[868] Ver P. Schlechtriem, 'Limitation of Actions by Prescription', discutindo discrepâncias e implicações em termos de prazo de prescrição em todo o mundo., disponível em: [www.unidroit.org/english/publications/proceedings/1999/study/50/].

[869] Ver G. Born, *supra* nota 359, p. 2668.

[870] Ver L. G. Meira Moser, *supra* nota 6, p. 41.

[871] O texto da Convenção está disponível em: [www.uncitral.org/uncitral/en/ uncitral_texts/sale_goods/1974Convention_limitation_period.html.

[872] A lista de Estados membros está disponível em: [www.uncitral.org/uncitral/en/ uncitral_texts/sale_goods/1974Convention_status.html].

pra e Venda Internacional de Mercadorias, a lei nacional aplicável deverá ser determinada pelas regras de conflito da jurisdição competente.

5.1.11. Mecanismos de colmatação de lacunas: regras supletivas e salvaguardas

Mecanismos de preenchimento de lacunas operam como 'curingas' – sua função pode variar de acordo com os agentes do mercado que os manuseiam. Esses mecanismos entrarão em ação sempre que surgirem situações não previstas pelo contrato, ou sempre que circunstâncias imprevistas exigem cobertura jurídica. Em tais cenários, as partes examinarão os estratos de cobertura adicionais, previstos ou não, no contrato. Caso o contrato seja omisso a este respeito, os contratantes deverão analisar os comandos jurídicos escolhidos, ou seja, a lei aplicável.

Por exemplo, se uma lei doméstica for eleita para reger uma transação transfronteiriça, deve-se atentar às disposições domésticas que permitem sob quais condições e em que medida a 'busca por respostas' em outras fontes jurídicas. Naturalmente, se houver assimetria de informação entre as partes, mecanismos de preenchimento de lacunas serão igualmente explorados, em benefício de quem possui maior informação.

As regras supletivas são altamente desejáveis, pois reduzem os custos de transação envolvidos nos esforços e no tempo para elaborar cada uma das cláusulas de um contrato. Elas também tendem a diminuir a assimetria de informação. Com um conjunto equilibrado de disposições supletivas, as partes não precisam negociar sobre todas as disposições do contrato, pois podem contar com 'atalhos' supletivos. No entanto, é aconselhável seja dedicado muito cuidado à análise desse conjunto de regras supletivas. Por exemplo, a CISG e os Princípios UNIDROIT[873] são, em geral, bem equipados com disposições supletivas, tendentes a operar como 'aceleradores de negócios', visto serem mais propensos a fornecer padrões jurídicos neutros do que as leis puramente domésticas.

[873] O Instituto Internacional para a Unificação do Direito Privado (UNIDROIT) é uma organização intergovernamental independente, com sede na Villa Aldobrandini em Roma. Seu objetivo é estudar as necessidades e os métodos para modernizar, harmonizar e coordenar o direito privado e, em particular, o direito comercial entre Estados e grupos de Estados e formular instrumentos jurídicos uniformes, princípios e regras para atingir esses objetivos. Os Princípios UNIDROIT e mais informações sobre o Instituto estão disponíveis em [www.unidroit.org/].

As regras supletivas podem também ser consideradas como 'salvaguardas' ou mecanismos de defesa contra disposições que, se não negociadas, poderiam desequilibrar o contrato ou atribuir ônus injusto a um ou a ambos os contratantes. Isso é corroborado pelos estudos apresentados anteriormente, por exemplo, na Pesquisa, segundo a qual as regras supletivas foram citadas por 26,27% dos participantes como uma característica positiva na lei aplicável[874]. Em geral, os mecanismos de preenchimento de lacunas foram mencionados como um aspecto econômico positivo na lei aplicável. Em resumo, pode-se afirmar que os mecanismos de preenchimento de lacunas são altamente desejáveis em um contrato, pois operam sob o mandato de um 'inibidor de surpresas negativas'. No entanto, para funcionar adequadamente, esses mecanismos devem ser selecionados cuidadosamente e de antemão.

Exploramos neste capítulo as peculiaridades do cenário contratual e seu *entourage* (suas circunstâncias): o mercado ou 'palco', e as interações criadas com seus principais agentes, ou seja, os atores ou agentes do mercado. Vimos que, como em qualquer palco, o mercado tem falhas e distorções, devendo as partes delas estar cientes para evitar erros custosos e, portanto, tomar decisões mais adequadas. Com isso, oportunizou-se aos leitores se familiarizar com os riscos e custos envolvidos ao utilizar o mercado.

Este capítulo concentrou-se na 'cena ascendente', a cena mais importante em qualquer peça de teatro: em nosso caso, as considerações jurídicas e econômicas relativas às cláusulas de escolha de lei. Vimos que, se o imponderável (distorções de mercado, limitações cognitivas e heurísticas) é controlado – ou pelo menos identificado, as partes estarão mais inclinadas a tomar decisões usando ferramentas racionais, comportando-se assim, ao longo da vida de um contrato, de acordo com o roteiro da peça. As partes deparar-se-ão com uma miríade de decisões, por exemplo: cumprir ou não o contrato; reivindicar danos ou mitigar prejuízo; reunir provas; trocar e comunicar informações, gerenciar, transferir ou alocar riscos; comportar-se oportunisticamente; adotar táticas dilatórias; ou empreender recursos na resolução de disputas. Incluídos nessas considerações estão, por exemplo, estratégias processuais, armadilhas de execução, devedores recalcitrantes, argumentos sobre invalidade e nulidade do contrato, pedidos liminares, dentre outros[875].

[874] Informações complementares estão disponíveis no Capítulo 1.2.4.1 *supra*.

[875] L. G. Meira Moser, *supra* nota 6, p. 43.

A este respeito, vimos que, em sendo todas as alternativas equivalentes, a CISG, como regime normativo transnacional e neutro, está mais bem equipada para responder às necessidades dos agentes do mercado internacional, por conta de sua matriz neutra e das razões descritas e discutidas neste capítulo. Devido a ambos, princípios estruturais e conteúdo substantivo, a CISG apresenta uma melhor opção para os agentes do mercado que desejam nivelar o campo de jogo, evitar contratempos desnecessários e erros dispendiosos.

Pelas razões discutidas acima, as partes provavelmente ficarão em melhor posição com a escolha da CISG para reger seus negócios. Tendo dito tudo isso, pode-se, contudo, perguntar se, considerando que a CISG é de fato a melhor (e mais economicamente eficiente) opção, por que não atingiu o nível de popularidade entre os agentes de mercado que seria de se esperar?

Os estudos conduzidos até aqui sugerem que a CISG, todavia, encontra resistência por parte dos agentes de mercado. No entanto, as razões para tal resistência, conforme discutido no Capítulo 1 deste livro[876], não são inteiramente compreendidas no plano da racionalidade, de modo que podem ser melhor compreendidas por fatores não racionais[877].

Pode ser adequado, neste momento, referirmo-nos novamente aos estudos discutidos no início deste livro. No contexto arbitral, o estudo mais recente, conduzido por Linn Bergman, comprovou a popularidade da CISG em arbitragens internacionais sob o Regulamento da SCC[878]. Também devemos nos referir aos resultados obtidos na Pesquisa[879], a qual, conforme discutido anteriormente[880], não estabeleceu distinção entre processos judiciais e arbitrais. De acordo com a Pesquisa, no entanto, 33% dos participantes alegaram já ter optado por não aplicar a CISG, e 59,64% evitaram uma legislação nacional específica. Dos 60% dos participantes que evitaram uma determinada legislação nacional, 37% não divulgaram as suas razões. Dos 33% que optaram por excluir a aplicação da CISG, 45% omitiram os motivos para tal decisão.

[876] Ver Capítulo 1 *supra*.

[877] Consultar, nesse sentido, Capítulo 2 *supra*.

[878] Ver Capítulo 1.1.2.1, *supra* nota 96.

[879] Ver, nesse sentido, Capítulo 1.2.4.1 *supra et seq*.

[880] Consultar Capítulo 1.2.4.3 *supra*.

Os leitores podem estar se perguntando, neste momento, se um percentual tão representativo de exclusão de aplicação poderia sugerir não ser a CISG a melhor alternativa[881].

Os comentários produzidos sugerem que a legislação nacional foi evitada por várias razões: porque as partes buscaram a neutralidade, o caráter internacional e a segurança jurídica como principais aspectos da lei para reger seus contratos; custo de aprendizagem, tempo, instabilidade ou imprevisibilidade da jurisprudência – em combinação com sistemas políticos, sociais e jurídicos instáveis, e preocupações com a efetividade (da lei).

Os comentários também validaram as suposições iniciais, mormente de que as partes são maximizadoras racionais de seu próprio bem-estar e, como tal, usam o poder de barganha para fazer suas escolhas prevalecerem na negociação do contrato. Prova disso é indicada pelos participantes da Pesquisa que evitaram a lei da contraparte, ou uma lei que, em sua avaliação, não era favorável a determinada operação ou adequada aos seus interesses, optando por um conjunto de regras neutras[882].

Vale a pena citar um dos motivos apresentados pelos participantes da Pesquisa para evitar uma lei nacional específica: '*Evitou a lei do domicílio da contraparte, porque escolher essa lei pode encorajar a contraparte a violar o contrato, contando para tanto com aconselhamento jurídico disponível em seu próprio país ao invés de tentar cooperar para o cumprimento pleno das obrigações contratuais*'[883].

Este motivo reafirma a premissa de que as partes parecem tomar decisões à luz de considerações econômicas. Neste exemplo, o participante optou por evitar uma lei doméstica porque antecipou o comportamento

[881] L. Spagnolo, investigando as razões para a exclusão de aplicação da CISG, suscita uma questão de representatividade que pode afetar o percentual de exclusões: '*One could cynically view the lawyer's behaviour in 'blind' opt-outs as simply a matter of self-interested behaviour by an agent. It is rational from the agent's perspective to maximize short-term gains by earning the same fee without investment in information costs. In high exclusion jurisdictions, it is possible that lawyers feel that there is little chance of clients being alerted to the inadequacy of their advice, given that so few of their peers are familiar with the CISG, making discovery unlikely unless there is subsequent litigation, itself perhaps the most expensive (and therefore most unlikely) of monitoring methods. Lawyers might therefore prefer to run the risk rather than invest in familiarity, since in the context of such a jurisdiction, there is little competitive pressure to do otherwise. Or, they might be willing, but not have the time. Either way, it is the client who unwittingly bears the detrimental effect of an inefficient choice of law.*' Ver L. Spagnolo, *supra* nota 141, p. 189.

[882] A distinção entre regras neutras enquanto regras de uma jurisdição terceira, e regras neutras como regras uniformes, é discutida em L. G. Meira Moser, *supra* nota 6, p. 28.

[883] Ver a Pergunta n. 8 de Pesquisa (Capítulo 1.2.4.3).

menos cooperativo da contraparte (possivelmente, em tal situação a contraparte estaria mais bem informada sobre as formas de desvencilhar-se de obrigações contratuais de maneira incólume, ou submetido a consequências (prejudiciais) mais brandas; ou, *a contrario sensu*, ciente de táticas para apresentar defesa ou refutar uma alegação de violação)[884].

As razões apresentadas pelos participantes para evitar certas leis nacionais demonstram que as partes, geralmente, analisam as opções disponíveis sob uma análise de custo-benefício, prevendo comportamentos, táticas e possíveis disputas. No entanto, as partes podem ter excluído a legislação nacional por razões baseadas puramente na intuição ou por heurísticas[885]. Isso poderia explicar, por exemplo, os 37,35% dos participantes que não divulgaram suas razões para evitar um determinado ordenamento jurídico nacional.

As exclusões também podem ter sido impulsionadas por 'valências afetivas'[886] Como vimos, 'valência' é o que a psicologia denomina de grau de atração ou de aversão experimentada por um indivíduo em relação a determinado objeto ou evento. Isso pode ser ilustrado pelas seguintes citações: '*leis exóticas*' e '*leis fracas*'.

Também vale a pena citar este comentário adicional fornecido pelos participantes: '*a compra e venda internacional de mercadorias é internacional na essência, portanto, uma lei nacional específica pode gerar obrigações não concebidas para o comércio internacional*'. Este comentário aborda alguns dos tópicos tratados no início deste livro, em particular, os riscos incorridos quando as partes contratantes optam por uma determinada lei nacional, apenas por conta de sua presumível 'neutralidade', sem uma análise aprofundada das disposições capazes de desempenhar um papel importante na vida do contrato internacional[887].

As razões apresentadas pelos participantes da Pesquisa para a exclusão da aplicação da CISG, de um modo geral, guardaram relação com o grau de familiaridade e experiência na aplicação de suas disposições e (in) adequação da CISG a certos tipos de contrato, sendo a lei doméstica mais apropriada para regulá-los.

[884] Ver comentários aos resultados da Pesquisa, Pergunta n. 2 (Capítulo 1.2.4.1).

[885] Ver discussão sobre esse tópico no Capítulo 2 *supra*.

[886] Ver M. I. Fraidin, *supra* nota 209, p. 921, observando que a escolha às vezes está enraizada em se aquela opção gera em nós emoções mais ou menos bem-vindas.

[887] Ver, *inter alia*, *supra* nota 222.

A falta de jurisprudência consolidada[888], o risco de aplicação não uniforme das regras da CISG por cortes judiciais[889], e o pedido do cliente, este último variando de acordo com a sua posição na transação, completa a lista das principais razões para o afastamento da aplicação da Convenção. O escopo de aplicação limitado foi citado como motivo para a exclusão de aplicação CISG, embora não esteja claro se a disputa (ou contrato) envolveu matérias atinentes à validade do contrato ou efeitos sobre a propriedade da mercadoria, matérias essas não reguladas pela CISG[890].

Alguns participantes indicaram que a CISG fora excluída a pedido da contraparte, sem, contudo, divulgar o motivo, levando-nos a concluir que múltiplos fatores podem ter influenciado essa decisão.

Dadas as respostas fornecidas à Pesquisa, na qual os participantes indicaram a familiaridade com a lei como fator determinante, pode-se concluir que a falta de conhecimento acerca da CISG, associado aos custos de aprendizagem para se tornar proficiente[891], também podem ter influenciado o seu percentual de exclusão.

O seguinte comentário fornecido por um dos participantes da Pesquisa merece reflexão: '*Os clientes não gostam da CISG, porque as pessoas a excluem*'[892]. Conforme discutido no início, as decisões das partes também

[888] *A contrario sensu*, como argumentam I. Schwenzer e P. Hachem, a maior acessibilidade da CISG economiza tempo e custo, e torna o desfecho dos casos mais previsível, o que configura vantagem em comparação com a aplicação da lei puramente doméstica. Ver I. Schwenzer & P. Hachem, *supra* nota 247, p. 467. Além disso, há uma obrigação nos tribunais, ao aplicar a CISG, de levar em consideração o seu caráter internacional e a necessidade de promover uniformidade em sua interpretação.

[889] A este respeito, consulte I. Schwenzer, 'Divergent Interpretations: Reasons and Solutions', em L. A. DiMatteo (Ed.), *International Sales Law: A Global Challenge*, Cambridge University Press, Nova York, 2014, argumentando que o grau de familiaridade com a CISG entre as cortes judiciais ainda é muito baixo (p. 114).

[890] Artigo 4 da CISG: Esta Convenção regula apenas a formação do contrato de compra e venda e os direitos e obrigações do vendedor e comprador dele emergentes. Salvo disposição expressa em contrário da presente Convenção, esta não diz respeito, especialmente:
(a) à validade do contrato ou de qualquer das suas cláusulas, bem como à validade de qualquer uso ou costume;
(b) aos efeitos que o contrato possa ter sobre a propriedade das mercadorias vendidas.

[891] Para uma abordagem de análise econômica da CISG, ver L. Spagnolo, 'A Glimpse through the Kaleidoscope', nota 147 *supra* no Capítulo 1, pp. 135-156. Ver também L. Spagnolo, *supra* nota 141.

[892] Resposta à Pergunta n. 8 da Pesquisa (Capítulo 1.2.4.3).

podem ser guiadas por motivos ou causas não racionais. Isso parece se aplicar aqui, onde a heurística parece ter desempenhado um papel importante na medida em que o *'sentimento ruim'*, gerado por uma exclusão anterior, influenciou o processo de tomada de decisão posterior[893]. Em outros termos, este participante imitou a decisão tomada por outros (o que a doutrina chama de 'heurística da imitação'[894]), optando pelo afastamento da CISG.

Em alguns casos, em uma abordagem baseada em heurísticas, as partes também podem deferir a decisão para aqueles a quem consideram reunir maior status ('heurística da razão única')[895]. A este respeito, vale referir o seguinte comentário: *'uso de um contrato precedente que excluiu a CISG'*, o qual ilustra um exemplo de caso em que a heurística pode ter influenciado essa escolha. O seguinte comentário também endossa essa inferência: *'É uma questão de equilíbrio. Se eu quiser equilíbrio, utilizo a CISG. Se eu quiser fazer cumprir as obrigações contratuais estritamente, procuro leis domésticas específicas.'*

Exceto em relação à disposição sobre *'danos indiretos'* citada por um dos participantes em comparação com disposições de leis domésticas (e cujo conteúdo não deve ser interpretado como uma crítica *per se*) e o *'princípio da boa-fé'* (citado como tal sem maiores explicações), não está claro se outras disposições específicas da CISG motivaram a exclusão de sua aplicação.

Um resultado que chama particular atenção é que 45% dos participantes da Pesquisa não divulgaram o motivo da exclusão de aplicação da CISG, deixando margem para interpretação quanto aos seus reais motivos, os quais podem variar desde a falta de experiência[896] do advogado e o conhecimento deste conjunto de regras[897], até o uso do poder de barganha em certos casos; a conveniência do uso de contratos-modelo, que elegem uma determinada lei doméstica (devido a, *inter alia*, uma jurisprudência

893 Ver M. I. Fraidin, *supra* nota 209, pp. 919-920.

894 C. Guthrie, supra nota 206, p. 431.

895 *Id.*

896 Ver I. Schwenzer & C. Kee, *supra* nota 5, p. 438, observando que os problemas na prática ainda permanecem, notadamente no que pode ser denominado de 'orientação doméstica dos advogados'. Este problema seria indiscutivelmente um caso do padrão do ensino jurídico.

897 Ver L. Spagnolo, 'Rats in Kaleidoscope', *supra* nota 147, pp. 157-178, aventando que *'...lawyers may also be very reluctant to choose the CISG due to an irrationally inflated 'far of the unknown'. It is a case of 'green eggs and ham'. The unfamiliarity heuristic or instinct will be heightened if the lawyer never encountered the CISG in law school, or it looks very different from local domestic law, or he has never encountered it in dispute work (or all three) – so their rule of thumb is to opt out, if the other party will let them...'* (p. 163).

consolidada), e até mesmo o medo de resultados imprevisíveis, no caso de a CISG ter de ser aplicada por cortes judiciais menos familiarizados com suas disposições[898].

Como possíveis causas de exclusão da aplicação da CISG não divulgadas pelos participantes, poder-se-ia pensar, por exemplo, em contratos envolvendo não apenas a compra e venda de mercadorias, mas também serviços (em tal caso, a CISG se aplicaria se o valor dos bens superasse o do serviços[899]), ou contratos que exigiram uma troca *ex ante* sobre as disposições acerca de sua validade[900], e as partes entenderam mais conveniente eleger um único conjunto de regras, observando-se que a CISG regula a formação de contratos de compra e venda de mercadorias, e deveres e obrigações dos compradores e dos vendedores. Outras razões podem incluir o uso de contratos excluindo a CISG sem razões mais fundamentadas[901]. Não se deve negligenciar a possibilidade de que alguns participantes tomaram essas decisões com base em heurísticas[902], ou seja, decisões podem ter sido

[898] Nesse sentido, o Artigo 7 da CISG dispõe:
(1) Na interpretação desta Convenção ter-se-ão em conta seu caráter internacional e a necessidade de promover a uniformidade de sua aplicação, bem como de assegurar o respeito à boa fé no comércio internacional.
(2) As questões referentes às matérias reguladas por esta Convenção que não forem por ela expressamente resolvidas serão dirimidas segundo os princípios gerais que a inspiram ou, à falta destes, de acordo com a lei aplicável segundo as regras de direito internacional privado.

[899] Artigo 3 da CISG. Ver também I. Schwenzer & P. Hachem, I. Schwenzer (Ed.), *supra* nota 109, Artigo 3, pp. 60-72.

[900] Artigo 4 da CISG. Ver também I. Schwenzer, & P. Hachem, , I. Schwenzer (Ed.), *supra* nota 109, Artigo 3, pp. 73-94.

[901] Quanto às possíveis razões para a exclusão de aplicação da CISG, afirma L. Spagnolo: '*...a great deal of automatic opting out occurs via general conditions in standard forms contracts drafted long ago, possibly with legal advice. Redrafting those forms with legal input for most businesses can only occur on occasional intervals, with smaller business perhaps seeking advice less frequently than larger businesses. As legal advice is a form of information cost, small-medium businesses face proportionately higher information costs, and are therefore more prone to imperfectly informed decision making and concurrent efficiency losses from less suitable choices of law*'. Ver L. Spagnolo, 'Rats in Kaleidoscope', *supra* nota 147, p. 159; ver também L. Spagnolo, *supra* nota 141.

[902] Ver R. B. Korobkin, *supra* nota 207, p. 3, argumentando que: '*[...] notwithstanding its global rationality and potential for optimal results in some circumstances, heuristic reasoning is extremely problematic for law, for two related reasons. First, heuristic often will cause actors subject to the legal system to make non-optimal judgments and choices because the actors over-or underweight information concerning facts in the world of their subjective preferences relative to that information's probative value. Reliance on a heuristic implies neglect of at least some potentially relevant information, and if the heuristic*

fundamentadas principalmente no sucesso ou fracasso em ambientes do mundo real, ao invés de componentes racionais, podendo, contudo, não ter resultado na melhor escolha.

Os comentários também sugerem que a ratificação da CISG pela jurisdição em questão contribui para uma decisão favorável à proposta de lei aplicável, após análise da Pergunta 1 da Pesquisa[903], na qual vários participantes indicaram a neutralidade e o caráter internacional como principais considerações jurídicas. Estes dados merecem algumas observações: uma vez que a CISG é ratificada por um determinado Estado (e as formalidades legislativas subsequentes são cumpridas na respectiva jurisdição), as disposições da CISG tornam-se legislação nacional aplicável à compra e venda internacional de mercadorias. Como tal, em uma transação entre partes de Estados contratantes (que não aderiram às reservas[904]), a CISG será aplicada em sua totalidade[905], nos casos em que as partes não tenham concordado com a aplicação de outras leis ou excluído a aplicação da CISG[906], desde que as regras de conflito aplicáveis endossem essa escolha. Caso a transação não envolva os dois Estados contratantes, a CISG será a lei aplicável quando as regras de direito internacional privado conduzirem à sua aplicação[907].

is not precisely suited to the relevant problem, suboptimal outcomes will result'; ver também A. Tversky & D. Kahneman, *supra* nota 35; ver também L. Spagnolo, *supra* nota 141.

903 A Pergunta n. 1 da Pesquisa convidou os leitores a expressar suas opiniões sobre as características positivas da lei que governa o contrato. Para obter mais informações, consultar o Capítulo 2.4.1 *supra*.

904 O Artigo 95 da CISG dispõe: '*Qualquer Estado poderá declarar, no momento do depósito de seu instrumento de ratificação, aceitação, aprovação ou acessão, que não adotará a disposição da alínea (b) do parágrafo (1) do artigo 1 da presente Convenção.*'

905 O Artigo 96 da CISG dispõe: '*O Estado Contratante cuja legislação exigir que os contratos de compra e venda sejam concluídos ou provados por escrito poderá, a qualquer momento, fazer a declaração prevista no artigo 12, no sentido de que, caso qualquer das partes tenha seu estabelecimento comercial nesse Estado, não se aplicarão as disposições dos artigos 11 e 29, ou da Parte II da presente Convenção, que permitirem a conclusão, modificação ou resolução do contrato de compra e venda, ou a proposta, aceitação ou qualquer outra manifestação de intenção por qualquer forma que não a escrita.*'

906 O Artigo 1 da CISG dispõe:
(1) Esta Convenção aplica-se aos contratos de compra e venda de mercadorias entre partes que tenham seus estabelecimentos em Estados distintos:
(a) quando tais Estados forem Estados Contratantes; ou
(b) quando as regras de direito internacional privado levarem à aplicação da lei de um Estado Contratante.

907 Ver exemplos em E. Muñoz & L. G. Meira Moser, *supra* nota 447, p. 88.

Este capítulo discutiu alternativas para escapar da '*queda de braço*', do '*fator local*' ou '*jogar em casa*', situações de impasse e outros cenários táticos em compra e vendas transfronteiriças. Apresentamos e comparamos alternativas a serem usadas na configuração de contratos internacionais e, em seguida, verificamos a eficácia das suas soluções sob os prismas jurídico e econômico, discutindo as preocupações e preferências das partes contratantes, coletadas nos capítulos anteriores. Tudo isso com o objetivo de oferecer aos profissionais do direito ferramentas que os efetivamente capacitem a otimizar, em um nível paritário entre as partes, a troca internacional de mercadorias.

5.2. Futura pesquisa

Além do alcance e importância da Pesquisa Global sobre Escolha de Lei, uma futura pesquisa já está em gestação e este autor compartilhará a seguir o seu esboço. Tratar-se-á de uma pesquisa global com o objetivo de investigar escolhas e preferências e avaliar a popularidade da CISG e de outros conjuntos de regras jurídicas neutras, por setor da indústria. A futura pesquisa pretende compreender como os agentes do mercado, por setor, abordam este assunto; como têm sido suas experiências com a CISG e outros conjuntos de regras jurídicas neutras até o presente, e se eles pretendem propor mudanças. O objetivo é, assim, obter uma análise mais ampla do uso e das percepções da CISG e de outros conjuntos de regras jurídicas neutras por setor da indústria, apurar o nível de atenção destinado a essas opções jurídicas, e compreender as razões para o seu (não-)uso.

A futura pesquisa fará distinção entre contratos submetidos a cortes judiciais ou tribunais arbitrais, e o estudo também terá como objetivo revelar o nível de conhecimento e exposição da CISG e de outros conjuntos de regras jurídicas neutras entre os profissionais, além de jogar luzes sobre as circunstâncias nas quais essas opções são realmente levadas em consideração pelos participantes da pesquisa.

A pesquisa está em estágio inicial, mas também examinará as características (não)atraentes da CISG e de outros regimes normativo neutros, quão (mal)bem-sucedidos eles têm sido até agora, e se há sugestões para torná-los mais atraentes para certos setores da indústria. A futura pesquisa servirá para consolidar as conclusões da Pesquisa de 2014[908], revelar

[908] Consultar a Pesquisa no Capítulo 1.2.4.1 *supra*.

as principais críticas à CISG e a outros conjuntos de regras jurídicas neutras, em cada setor da indústria. E, com sorte, contribuir para repensar o processo de tomada de decisão acerca da escolha da lei, tornando-o, assim, capaz de entregar resultados mais adequados e eficientes em um mundo jurídico globalizado e em constante evolução.

CONCLUSÕES

A negociação do contrato, invariavelmente, confronta situações nas quais a ação ideal depende do que a outra parte escolher. Por exemplo, o vendedor 1 vende 11.000 toneladas de antracito (qualidade B) por £ 50/mt (entrega em 5 dias úteis), enquanto o vendedor 2 vende 5.000 m de antracito (qualidade A) por £ 35/m, entrega imediata. O comprador deseja antracito em grande quantidade. Tanto a qualidade quanto o tempo são importantes. Como você avaliaria neste caso, a(s) ação(ões) ideal(is)?

Nossas escolhas jurídicas (boas ou ruins) são frequentemente guiadas pelo comportamento do parceiro negocial, que pode não ser facilmente verificável. A escolha da lei aplicável não é diferente. Essa é, possivelmente, a escolha mais importante na negociação do contrato e a razão para essa inferência pode ser tão simples quanto isto: essa decisão determina a lei que regerá um contrato de 'trás para frente' – ou seja, estabelecerá direitos, deveres e obrigações que serão observados pelas partes contratantes, além da criação de cenários para a, dentre outros, redução de danos, exoneração do cumprimento de obrigações, e penalidades ou sanções.

À luz da relevância deste tópico para a vida de um contrato, decidimos pesquisar em maior profundidade o tema, quais evidências têm apoiado as discussões teóricas até o momento, e se um estudo multidisciplinar poderia jogar nova luz sobre o assunto e oferecer *insights* práticos. Há poucos dados convincentes já recolhidos para abordar estes pontos, o que forma a base para as razões subjacentes a este livro.

Para começar, realizamos uma pesquisa global para avaliar a abordagem das partes quanto à escolha da lei aplicável: como, afinal, as partes escolhem a lei que regerá o contrato na prática? Quais são suas principais considerações jurídicas e econômicas? Existem fatores condicionantes ou empecílios à contratação e problemas de sobreposição? As partes excluíram ou optaram por afastar algumas leis? Se sim, por quê?

A Pesquisa foi um convite provocativo para mergulhar no inexplorado 'mundo subconsciente das partes contratantes', cujos resultados foram exaustivamente discutidos neste livro.

Para estruturar este livro, o primeiro capítulo apresenta dados sobre a escolha da lei ao redor do mundo. Estudos anteriores foram discutidos e contrastados para que pudéssemos extrair semelhanças, diferenças e discutir tendências e conclusões. O segundo capítulo convidou os leitores a apreciar os conceitos teóricos de processos de tomada de decisão racionais e não racionais e abordou uma análise das 'armadilhas' comuns às quais as partes contratantes são rotineiramente expostas, discutidas com base no material empírica apresentado no primeiro capítulo. O terceiro capítulo deste livro foi intitulado 'distorções e imperfeições do mercado': discutiu-se como os agentes do mercado interagem em um cenário volátil de preferências idiossincráticas, e em quais ferramentas eles precisam confiar para regular e facilitar os contratos de compra e venda transfronteiriços. O quarto capítulo discutiu a adequação do julgador (juiz ou árbitro): quem deve ouvir as reivindicações das partes e porquê? Existe alguma conexão entre a jurisdição (cortes judiciais ou arbitragem) e a escolha da lei aplicável? O quinto e último capítulo discutiu as principais preocupações jurídicas e econômicas das partes e a eficiência das regras a-nacionais *vis-à-vis* as leis puramente domésticas.

Ao longo deste livro, argumentamos que a escolha da lei, dada sua importância, deve ser cuidadosamente pensada, com base em elementos racionais e livre de fatores irracionais. No entanto, vimos que os elementos não racionais tendem a desempenhar um papel importante na decisão por trás da escolha da lei. Assim, fornecemos dados sobre como as imperfeições ocorrem e, a fim de enfrentar essas interferências, propusemos ferramentas e alternativas aos participantes do mercado.

Contudo, raramente explora-se como essa decisão é tomada na vida real. Quais são os principais motores e gatilhos dessa decisão? O que discutimos é que, como em qualquer outra decisão, os motivos subjacentes devem ser investigados com antecedência, para que as partes estejam cientes dos gatilhos e dos fatores que podem levar à escolha por uma determinada lei.

Argumentamos que deve ser dada mais atenção à escolha da lei aplicável a contratos de compra e venda transfronteiriças. As razões para isso foram os resultados contrastantes e as discrepâncias demonstradas nos estudos empíricos, os quais revelaram que, apesar de as partes acreditarem que estão tomando decisões racionais, a intuição pode, frequentemente, e inconscientemente turvar suas escolhas.

Dito isso, afirmamos que, nos tempos modernos, deve emergir uma visão multifacetada dessa escolha, que observe elementos psicológicos em primeiro lugar: por que estou tomando essa decisão? Estou sendo racional? Ou a estou tomando puramente com base em emoções, impressões e percepções anteriores sobre este assunto? Esta visão multifacetada também leva em conta considerações de ordem jurídica e econômica: é vantajoso para mim (como parte ou como advogado da parte) ou para o caso (enquanto tomador de decisão) escolher essa lei? Qual proteção ou remédio jurídico é mais provável que precisarei? A interpretação literal do contrato é desejada? Qual peso deve ser dado à avaliação contextual da relação entre as partes? Esta inferência é suportada por consequências legais e econômicas? Qual é a probabilidade de se precisar confiar nas disposições A, B ou C do arcabouço normativo? Existe um risco associado a isso do qual devo estar ciente?

Também afirmamos que, nesta nova abordagem para a escolha da lei, deve-se dar cuidadosa atenção às regras a-nacionais, notadamente a CISG. Vimos e provamos isso por meio da análise de dados, os quais denotam que partes contratantes tendem a optar por um conjunto equilibrado de regras, que observe a flexibilidade e a autonomia das partes, adaptada para regular as transações internacionais. Argumentamos que a legislação nacional, não importa quão desenvolvida seja, nunca foi concebida para tal propósito (por razões evidentes). Além disso, discutimos algumas das disposições-chave da CISG e demonstramos serem economicamente eficientes, promovendo a racionalidade econômica (recomendada em cenários de transações internacionais).

Por todas as razões acima, este livro visa dotar as partes contratantes de ferramentas para capacitá-las a pensar na escolha da lei de forma estratégica e racional. Em um mundo contratual dinâmico, globalizado e complexo, entendemos que esta abordagem, conectando direito, economia e psicologia, tem o condão de desfazer armadilhas comuns de negociação e antecipar erros onerosos, melhorando, desta sorte, a posição das partes no contrato.

REFERÊNCIAS

Adar, Y., 'The CISG in Israel', *in* L. A. DiMatteo (Ed.), *International Sales Law: A Global Challenge*, Cambridge University Press, New York, 2014, pp. 518-538.

Ahmen, M.; Beaumont, P. R.,'Exclusive Choice of Court Agreements: Some Issues on the Hague Convention on Choice of Court Agreements and its Relationship with the Brussels I Recast Especially Anti-Suit Injunctions, Concurrent Proceedings and the Implications of Brexit', *Journal of Private International Law*, Vol. 13, 2017, pp. 386-410.

Andersen, C. B., 'Noblesse Oblige...? Revisiting the 'Noble Month' and the Expectations and Accomplishments it has prompted', *in* A. Büchler, & M. Müller-Chen, (Eds.), *Festschrift für Ingeborg Schwenzer zum 60. Geburtstag*, Stämpfli, Bern, 2011, pp. 33-49.

Andersen, C. B., 'Uniformity and Harmonization by Case Law: The CISG and the Global Jurisconsultorium', *in* Morten M. Fagot (Ed.), *Unification and Harmonization of International Commercial Law – Interaction of Deharmonization*, Wolters Kluwer, Alphen aan den Rijn, 2012, pp. 175-189.

Ayres, I.; Gertner, R., 'Filing Gaps in Incomplete Contracts: An Economic Theory of Default Rules.' *Yale Law Journal*, Vol. 99, 1989-1990, pp. 87-130.

Bailey, J. E., 'Facing the Truth: Seeing the Convention on Contracts for the International Sale of Goods as an Obstacle to a Uniform Law of International Sales', *Cornell International Law Journal*, Vol. 32, 1999, pp. 273-317.

Bauw, Eddy, 'Commercial Litigation in Europe in Transformation: The Case of the Netherlands Commercial Court', *Erasmus Law Review*, Vol. 1, 2019, pp. 15-23.

Basedow, J., 'Lex Mercatoria and the Private International Law of Contracts in Economic Perspective', *Uniform Law Review*, Vol. 12, Issue 4, 2007, pp. 697-713.

Berger, K. P. *et al.*, 'The CENTRAL Enquiry on the Use of Transnational Law in International Contract Law and Arbitration – Background, Procedure and Selected Results', disponível em [https://www.trans-lex.org/3/_/background-procedure-and-selected-results/]https://www.trans-lex.org/3/_/background-procedure-and-selected-results/.

Bergman, L., *A Casebook on Choice of Law in Arbitration*, Landa, Stockholm, 2017.

Bergsten, E. E., 'Experimental Education through the Vis Moot', *J. Law & Commerce*, Vol. 34, No. 1, 2015, pp. 1-15.

Bergsten, E. E., 'The Willem C. Vis International Commercial Arbitration Moot and the Teaching of International Commercial Arbitration,' *Arbitration International*, Vol. 22, Issue 2, 2006, pp. 309-314.

Bianca, C. M.; Bonell, M. J., *Commentary on the International Sales Law – The 1980 Vienna Sales Convention*, Giuffrè, Milan, 1987.

Blessing, M., 'Choice of substantive law in international arbitration', *Journal of International Arbitration*, Vol. 14, Issue 2, 1997, pp. 39-66.

Born, G., *International Commercial Arbitration*, Kluwer Law International, Alphen aan den Rijn, 2014.

Born, G., 'The Hague Convention on Choice of Court Agreemenrs: a critical assessment', University of Pennsylvania Law Review 169, no. 8, 2021, pp. 2079-2126.

Brand, R. A., 'Arbitration or Litigation? Choice of Forum After the 2005 Hague Convention on Choice of Court Agreements' *U. of Pittsburgh Legal Studies*, Research Paper No. 2009-14.

Brekoulakis, S., 'Systemic Bias and the Institution of International Arbitration: A New Approach to Arbitral Decision--Making', *J. Int. Disp. Settlement*, Vol. 4, Issue 3, 2013, pp. 553-585.

Bridge, M., 'Good Faith, the Common Law, and the CISG', *Uniform Law Review*, Vol. 22, Issue 1, 2017, pp. 98–115.

Bridge, M.; Fawcett, J. J.; Harris, J. M., *International Sale of Goods in the Conflict of Laws*, Oxford University Press, Oxford, 2005.

Butler, P., 'New Zealand', *in* L. A. DiMatteo (Ed.), *International Sales Law: A Global Challenge*, Cambridge University Press, New York, 2014.

Coase, R., 'The Nature of the Firm', *Economica*, Vol. 4, No. 16, 1937, pp. 386-405.

Coase, R., 'The Problem of Social Cost', *Journal of Law and Economics*, Vol. 3, 1960. pp. 1-44.

Coase, R., *The firm, the market and the law*, University of Chicago Press, Chicago, 1998.

Cooper, T. M., 'The Common and the Civil Law. A Scot's View', *Harvard Law Review*, Vol. 63, No. 3, 1950, pp. 468-475.

Cooter, R. & Ulen, T., *Law and Economics*, Addison-Wesley, Boston, 2007.

Cooter, R. D.; Feldman, M.; Feldman, Y., 'The misperception of norms: The psychology of bias and the economics of equilibrium', *Review of Law & Economics*, Vol. 4, Issue 3, 2008, pp. 889-911.

Cordero-Moss, G., 'Can an Arbitral Tribunal Disregard the Choice of Law Made by the Parties?', *Stockholm international arbitration review*, Vol. 1, 2005, pp. 1-21.

Cordero-Moss, G., *International commercial contracts: Applicable sources and enforceability*, Cambridge University Press, Cambridge, 2014.

Coyle, J. F., 'The Role of the CISG in U.S. Contract Practice: An Empirical Study', *University of Pennsylvania Journal of Int. Law*, Vol. 38, Issue 1, 2016, pp. 195-240.

Coyle, J.F., 'The Role of the CISG in Canadian Contract Practice: An Empirical Study', University of Pittsburgh Journal of Law and Commerce, Vol. 38, 2019-2020, pp. 1-18.

Cuniberti, G., 'International Market for Contracts: The Most Attractive Contract Laws', *Nw. J. Int'l L. & Bus.*, Vol. 34, Issue 3, 2013, pp. 455-517.

Cuniberti, G., 'Is the CISG benefiting anybody?', *Vand. J. Transnat'l L.*, Vol. 39, 2006, pp. 1511-1550.

da Silva Velloso, C. M., 'Problemas e soluções na prestação da Justiça', *Revista dos Tribunais*, Vol. 664, 1991, pp. 215-235.

Davies, M.; Snyder, D. V., *International Transactions in Goods: Global Sales in Comparative Context*, Oxford University Press, New York, 2014.

de Churruca, J., *Introducción histórica al Derecho Romano*, Universidad de Deusto, Bilbao, 1994.

de Ly, F., 'De Facto Harmonization by Means of Party Autonomy and Model Contract Clauses (*Lex Mercatoria*)', *in* Morten M. Fagot (Ed.), *Unification and Harmonization of International Commercial Law – Interaction of Deharmonization*, Wolters Kluwer, Alphen aan den Rijn, 2012, pp. 151-160.

de Ly, F., 'The Relevance of the Vienna Convention for International Sales Contracts – Should We Stop Contracting it Out?', *Bus. L. Inter'l*, Issue 3, 2003, pp. 241-249.

del Pilar P. Viscasillas, M., 'CISG Case Law in Spain', *in* C. B. Andersen & U. Schroeter (Eds.), *Sharing International Commercial Law across National Boundaries: Festschrift for Albert H. Krtizer on the Occasion of his Eightieth Birthday*, Wildy, Simmonds & Hill Publishing, London, 2008.

del Pilar P. Viscasillas, M., 'Contract Conclusion under the CISG', *J. Law & Commerce*, Vol. 16, 1997, pp. 315-344.

Diedrich, F., 'Maintaining uniformity in international uniform law via autonomous interpretation: software contracts and the CISG', *Pace Int'l L. Rev.*, Vol. 8, 1996, pp. 303-338.

Diedrich, F., 'The CISG and Computer Software Revisited', *Vindobona Journal of International Commercial Law and Arbitration, Supplement*, Vol. 6, 2002, pp. 55-75.

Dietz, T., *Institutionen und Globalisierung: eine empirische Untersuchung am Beispiel grenzüberschreitender Softwareentwicklungsverträge*, Mohr Siebeck, Heidelberg, 2010.

DiMatteo, L. A. *et al.* 'The Interpretive Turn in International Sales Law: An Analysis of Fifteen Years of CISG Jurisprudence', *Nw. J. Int'l L. & Bus.*, Vol. 24, Issue 2, 2003, pp. 299-440.

DiMatteo, L. A.; Ostas, D., 'Comparative Efficiency in International Sales Law', *American University International Law Journal*, Vol. 26, Issue 2, 2011, pp. 371-439.

Dixit, A., 'Arbitration and Information', *Working Paper, Princeton University*, 2003.

Dodge, W. S., 'Teaching the CISG in Contracts', *Journal of Legal Education*, Vol. 50, 2000, pp. 72-94.

Drahozal, C. R., 'Private Ordering and International Commercial Arbitration', *Penn St. L. Rev.*, Vol. 113, p. 1031-1050.

Driver, J., 'Caesar's Wife: On the Moral Significance of Appearing Good', *The Journal of Philosophy*, Vol. 89, No. 7, 1992, pp. 331-343.

Eisenberg, T.; Miller, G. P., 'The Flight to New York: An Empirical Study of Choice of Law and Choice of Forum Clauses in Publicly-Held Companies' Contracts', *Cardozo Law Review*, Vol. 30, 2009, pp. 1475-1512.

Fabre, R., 'Les clauses d'adaptation dans les contrats', *Revue Trimestrielle de Droit Civil*, Vol. 82, 1983, pp.1-30.

Faria, J. E., 'A crise do poder judiciário no Brasil', *Justiça e Democracia*, No. 1, 1996, p. 18-64.

Faria, J. E., 'O judiciário e seus dilemas', *Revista do Advogado, Associação dos Advogados de São Paulo*, No. 56, 1999. pp. 64-67.

Farnsworth, E. A., *Contracts*, 4ª ed., Aspen, New York, 2004.

Fauvarque-Cosson, B., 'La confiance legitime et l'estoppel', *Electronic Journal of International Law*, Vol. 11(3), 2007, pp. 1-47.

Felemegas, J., The United Nations Convention on Contracts for the International Sale of Goods: Article 7 and Uniform Interpretation, *CISG Database*, disponível em: [https://www.cisg.law.pace.edu/cisg/biblio/felemegas.html]

Ferrante, E., 'Italy', *in* L. A. DiMatteo (Ed.), *International Sales Law: A Global Chal-*

lenge, Cambridge University Press, New York, 2014, pp. 399-413.

Ferrari, F. (Ed.), *The CISG and Its Impact on National Legal Systems,* Sellier, Munich, 2008.

Ferrari, F., 'Interprétation uniforme de la Convention de Vienne de 1980 sur la vente internationale', *Revue Internationale de Droit Comparé,* Vol. 48, No. 4, 1996, pp. 813-852.

Ferrari, F., 'La rilevanza degli usi nella Convenzione di Vienna sulla vendita internationzionale di beni mobilli', *Contratto e Impresa,* anno X, No.1, 1994, pp. 239-258.

Ferrari, F., 'Remarks on the UNCITRAL Digest's Comments on Article 6 CISG', *J. Law & Commerce,* Vol. 25, 2005, pp. 13-37.

Ferrari, F., 'What Sources of Law for Contracts for the International Sale of goods? Why One has to Look Beyond the CISG,' *International Review of Law and Economics,* Vol. 25, 2005, pp. 314-341.

Fitzgerald, P. L., 'The International Contracting Practices Survey Project: An Empirical Study of the Value and Utility of the United Nations Convention on the International Sale of Goods (CISG) and the UNIDROIT Principles of International Commercial Contracts to Practitioners, Jurists, and Legal Academics in the United States', *J. Law & Commerce,* Vol. 27, 2008, pp. 1-34.

Flechtner, H., 'Changing the Opt-Out Tradition in the United States', *University of Pittsburgh Legal Studies Research Paper Series* No. 2010-10.

Flood, J.; Sosa, F., 'Lawyers, law firms, and the stabilization of transnational business', *Nw. J. Int'l L. & Bus.,* Vol. 28, Issue 3, 2007, pp. 489-526.

Fouchard, P.; Gaillard, E.; Goldman, B., *Traité de l'arbitrage commercial international,* Litec, Paris, 1996.

Fountoulakis, C., 'The Parties' Choice of 'Neutral Law' in International Sales Contracts', *European Journal of Law Reform,* Vol. VII, Issue 3/4, 2005, pp. 303-329.

Fradera, V.; Meira Moser, L. G. (Eds.), *A Compra e Venda Internacional de Mercadorias: estudos sobre a Convenção de Viena de 1980,* Atlas, São Paulo, 2010.

Fraidin, M. I., 'Decision-Making in Dependency Court: Heuristics, Cognitive Biases, and Accountability', *Cleveland State Law Review,* Vol. 60, 2013, pp. 913-974.

Gabriel, H. D., 'The Inapplicability of the United Nations Convention on the International Sale of Goods as a Model for the Revision of Article Two of the Uniform Commercial Code', *Tulane Law Review,* Vol. 72, 1998, pp. 1995-2014.

Gaillard, E., 'Trente ans de lex mercatoria. Pour une application sélective de la méthode des principes généraux du droit', *Journal du Droit International,* No. I, 1995, pp. 5-30.

Galgano, F., *Lex mercatoria.* Il mulino, Bologna 2001.

Garoupa, N., 'A análise econômica do direito como instrumento de reforço da independência do Judiciário', *Revista de Direito Bancário e do Mercado de Capitais,* No. 37, 2007, pp. 81-87.

Garro, A. M., 'La formación del contrato en la convención de Viena sobre compraventas internacionales y en el proyecto de unificación', *Revista Jurídica de Buenos Aires,* Vol. III, 1987, p. 12-58.

Gaviria-Gil, J. A., 'The puzzle of the Lack of Colombian Case Law on the CISG', *International Law: Revista Colombiana de Derecho Internacional,* 2015, pp. 289-328.

Geis, G. S., 'Economic as Context for Contract Law. Framing Contract Law: An Economic Perspective by Victor Goldberg' *University of Chicago Law Review,* Vol. 75, No. 1, 2008, pp. 569-600.

Gessner, V., 'Global Legal Interaction and Legal Cultures', *Ratio Juris*, Vol. 7, No. 2, 1994, pp. 132-145.

Gessner, V.; Budak, A. C. (Eds.), *Emerging Legal Certainty: Empirical Studies on the Globalization of Law*, Ashgate Publishing Limited, Aldershot, 1998.

Gessner, V.; Schade, A., 'Conflicts of Culture in Cross-Border Legal Relations: The Conception of a Research Topic in the Sociology of Law', *Theory, Culture & Society*, Vol. 7, No. 2, Issue 6, 1990, pp. 253-277.

Gillette, C. P.; Scott, R. E., 'The Political Economy of International Sales Law', *International Review of Law and Economics*, Vol. 25, 2005, pp. 446-486.

Goff, L., 'The Future of the Common law', *International and Comparative Law Quarterly*, Vol. 46, 1997, pp. 745-760.

Goldman, B.; 'Frontières du droit et lex mercatoria', *Archives de philosophie du droit*, Vol. 9, 1964, p. 177-192.

Goode, R., 'The Role of the Lex Loci *Arbitri* in International Commercial Arbitration', *Arbitration International*, Vol. 17, Issue 1, 2001, pp. 19-40.

Goode, R., *Commercial Law*, Butterworth, London, 2004.

Gordley, J., 'Mistake in contract formation', *The American Journal of Comparative Law*, Vol. 52, Issue 2, 2004, pp. 433-468.

Gordon, M. W., 'Some Thoughts on the Receptiveness of Contract Rules in the CISG and UNIDROIT Principles as Reflected in One State's (Florida) Experience of (1) Law School Faculty, (2) Members of the Bar with an International Practice, and (3) Judges', *American Journal of Comparative Law*, Vol. 46 (Suppl.), 1998, pp. 361-378.

Graffi, L., 'Remarks on Trade Usages and Business Practices in International Sales Law', *J. Law & Commerce*, Vol. 29, Issue 2, 2011, pp. 273-295.

Green, S.; Saidov, D., 'Software as Goods', *Journal of Business Law*, 2007, pp. 161-181.

Guthrie, C., 'Law, Information, and Choice: Capitalizing on Heuristic Habits of Thought', *in* G. Gigerenzer & C. Engel (Eds.), *Heuristics and the Law*, MIT Press, Cambridge MA, 2006, pp. 425-437.

Hackney, P., 'Is the United Nations Convention on the International Sale of Goods Achieving Uniformity?', *Louisiana Law Review*, Vol. 61, 2001, pp. 473-486.

Hall, K., 'Why Good Intentions are Often Not Enough: The Potential for Ethical Blindness in Legal Decision-Making (November 4, 2009)', *in* R. Mortensen, et al. (Eds.), *Alternative Perspectives on Lawyers and Legal Ethics: Reimagining the Profession*, Routledge, London, 2010, disponível em [http://ssrn.com/abstract=1500137].

Hayward, B. 'CISG as the Applicable Law: The Curious Case of Australia' *in* Sooksripaisarnkit, P. & and Garimella S.R. (eds), *Contracts for the International Sale of Goods: A Multidisciplinary Perspective*, Sweet & Maxwell, Hong Kong, 2019, pp. 167-187.

Hermalin, B. E.; Katz, A. W.; Craswell, R.,'The Law and Economics of Contracts', *in* A. M. Polinsky & S. Shavell (Eds.), *Handbook of Law and Economics*, Elsevier, New York, 2007, p. 3-138.

Heuzé, V., 'La formation du contrat selon la CVIM: quelques difficultés', *RDAI*, No. 3/4, 2001. pp. 277-291.

Heuzé, V., *La vente internationale de marchandises – Droit Uniforme*, GLN Joly éditions, Paris, 1992.

Hillman, R. A., *Cross-reference and Editorial Analysis of Convention Article 7*, disponível em [https://www.cisg.law.pace.edu/cisg/text/hillman.html].

Hochstrasser, D., 'Choice of Law and "Foreign" Mandatory Rules in International Arbitration', *Journal of International Arbitration*, Vol. 11, Issue 1, 1994, pp. 57-86.

Honnold, J., 'The Sales Convention in Action – Uniform International Words: Uniform Application?" (1988), *J. Law & Commerce*, Vol. 8, 1988, pp. 207-212.

Honnold, J.; Flechtner, H., *Uniform Law for International Sales under the 1980 United Nations Convention*, 4th edn., Kluwer, Amsterdam, 2009.

Hwang SC, M., 'Commercial Courts and International Arbitration – Competitors or Partners?', *Arbitration International*, Vol. 31, Issue 2, 2015, pp. 193-212.

Janssen, A.; Spilker, M., 'The Relationship Between the CISG and International Arbitration: A Love with Obstacles?', *Contratto e impresa / Europa*, Vol. 1, 2015, pp. 44-74.

Jhangiani, S.; Amin, R., 'The Hague Convention on Choice of Court Agreements: A Rival to the New York Convention and a 'Game-Changer' for International Disputes?', *Kluwer Arbitration Blog*, 23 September 2016.

Jolls, C.; Sunstein, C. R.; & Thaler, R., 'A Behavioral Approach to Law and Economics', *Stanford Law Review*, Vol. 50, No. 5, 1998, p. 1471-1550.

Kahneman, D., 'A perspective on judgment and choice: mapping bounded rationality', *American Psychologist*, Vol. 58(9), 2003, pp. 697-720.

Kahneman, D., *Thinking, F., & Slow*, Straus and Giroux, New York, 2011.

Kahneman, D.; & Riis, J., 'Living, and thinking about it: Two perspectives on life', *in* F. A. Huppert, N. Baylis & B. Keverne (Eds.), *The Science of Well-Being*, Oxford University Press, Oxford, 2005, pp. 285-304.

Katz, A. W., 'Contract Formation and Interpretation', *in* Peter Newman (Ed.), *The New Palgrave Dictionary of Economics and the Law*, Macmillan, London, 1998.

Katz, A. W., 'Contractual Incompleteness: A Transactional Perspective', *Case Western Reserve Law Review*, Vol. 56, Issue 1, 2005, pp. 169-186.

Katz, A. W., 'The Relative Costs of Incorporating Trade Usage into Domestic versus International Sales Contracts: Comments on Clayton Gillette, Institutional Design and International Usages under the CISG', *Chicago Journal of International Law*, Vol. 5, No.1, 2004, pp. 181-190.

Katz, A. W., 'The Strategic Structure of Offer and Acceptance: Game Theory and the Law of Contract Formation' *Michigan Law Review*, Vol. 89, Issue 2, 1990, pp. 215-295.

Khan, P., 'Les principes généraux du droit devant les arbitres du commerce international', Paris: JDI, 1989, pp. 305-327.

Kiene, S., 'German Country Analysis: Part II', *in* L. A. DiMatteo (Ed.), *International Sales Law: A Global Challenge*, Cambridge University Press, New York, 2014, p. 377-398.

Koehler, M., 'Survey regarding the relevance of the United Nations Convention for the International Sale of Goods (CISG) in legal practice and the exclusion of its application' *CISG Database*, 2006, disponível em: [http://cisgw3.law.pace.edu/cisg/biblio/koehler.html].

Koehler, M.; Yujun, G., 'The Acceptance of the Unified Sales Law (CISG) in Different Legal Systems: An International Comparison of Three Surveys on the Exclusion of the CISG's Application Conducted in the United States, Germany and China', Pace International Law Review, Vol. 20, 2008, pp. 45-52.

Komarov, A. S., 'Internationality, Uniformity and Observance of Good Faith as Criteria in Interpretation of CISG: Some

Remarks on Article 7 (1)', *J. Law & Commerce,* Vol. 25, 2005-2006, pp. 75-85.

Korobkin, R. B., 'The Problems with Heuristics for Law', *UCLA School of Law, Law & Econ Research Paper No. 4-1,* 2004.

Korobkin, R., 'What comes after victory for behavioral law and economics', *U. Ill. L. Rev.*, No. 5, 2011, pp. 1653-1674.

Korobkin, R.; Guthrie, C., 'Heuristics and biases at the bargaining table', *Marq. L. Rev.*, Vol. 87, 2003, pp. 795-808.

Kotuby Jr., C. T. *et al.*, 'The Hague Choice of Court Convention Takes Effect, and With It Greater Certainty for International Transactions', *Jones Day publications,* 2015.

Kritzer, A. H.,'The Convention on Contracts for the International Sale of Goods: Scope, Interpretation and Resources', *Cornell Review of the Convention on Contracts for the International Sale of Goods,* 1995, pp. 147-197.

Kronman, A., 'Paternalism and the Law of Contracts', *Yale Law Journal,* Vol. 92, No. 5, 1983, p. 763-798.

Lando, O., 'Culture and Contract Laws', *European Review of Contract Law,* Vol. 3, Issue 1, 2007, pp. 1-20.

Lando, O., 'Some Features of The Law of Contract in the Third Millennium', *Scandinavian Studies in Law,* Vol. 40, 2000, pp. 345 – 401.

Lando, O., 'The Law Applicable to the Merits of the Dispute,' *in* P. Sarcevic (Ed.), *Essays on International Commercial Arbitration,* Boston, London, 1991.

Landolt, P., 'A summary of the Swiss case law on the CISG from 2008 to 2013', disponível em [http://www.landoltandkoch.com/medias/landolt_jusletter_cisg.pdf].

Legrand, P., 'On the Unbearable Localness of the Law, Academic Fallacies and Unseasonable Observations', *European Review of Private Law,* Vol. 10, Issue 1, pp. 61-76.

Lew QC, J. D. M., 'Achieving the Dream: Autonomous Arbitration', *Arbitration International,* Vol. 22, Issue 2, 2006, pp. 179-204.

Lew QC, J. D. M., 'Novit Curia and Due Process', *Queen Mary School of Law Legal Studies Research Paper No. 72/2010,* 2011.

Lew QC, J. D. M., 'The Law Applicable to the Form and Substance of the Arbitration Clause', *in* Albert Jan van den Berg (Ed.), *Improving the Efficiency of Arbitration Agreements and Awards: 40 Years of Application of the New York Convention,* ICCA Congress Series, Volume 9, Kluwer Law International, Alphen aan den Rijn, 1999, pp. 114-145.

Lew QC, J. D. M.; Mistelis, L.; Kroll, S., *Comparative International Commercial Arbitration,* Kluwer, Alphen aan den Rijn, 2003.

Lookosfy, J. M., 'In dubio pro conventione? Some thoughts about opt-outs, computer programs and preemption under the 1980 Vienna Sales Convention CISG', *Duke Journal of Comparative and International Law,* Vol. 13, Special Issue, 2003, pp. 263-289.

Luhmann, N., *A Sociological Theory of Law,* translated by E. King and M. Albrow, Rutledge and Kegan Paul, London, 2014.

Mackaay, E.; Rosseau, S., *Analyse Économique du Droit,* Dalloz, Paris, 2008.

Magnus, U., 'Harmonization and Unification of Law by Means of General Principles', *in* Morten M. Fagot (Ed.), *Unification and Harmonization of International Commercial Law – Interaction of Deharmonization,* Wolters Kluwer, Alphen aan den Rijn, 2012, pp. 151-174.

Mak, V., 'According to Custom...? The Role of 'Trade Usage' in the Proposed Common European Sales Law (CESL)', *Euro-*

pean Review of Contract Law, Vol. 10, Issue 1, No. 1, 2014, pp. 64-84.

Maule, J. A.; Hodgkinson, G. P., 'Heuristics, biases and strategic decision making', *The Psychologist*, Vol. 15, Issue 2, 2002, pp. 68-71.

Maureen, T. M., 'United Nations Convention on Contracts for the International Sale of Goods: Creating Uniformity of International Sales Law', *Fordham Intl. L. J.*, Vol. 12, 1989, pp. 727-750.

Mazeaud, D., 'La confiance légitime et l'estoppel', *Revue Internationale de Droit Comparé*, No. 2, 2006, pp. 362-392.

Mazzacano, P., 'Harmonizing Values, Not Laws: The CISG and the Benefits of a Neo-Realist Perspective', *Nordic Journal of Commercial Law*, Issue 1, 2008, pp. 1-36.

McConnaughay, P. J., 'Risks and Virtues of Lawlessness: A Second Look at International Commercial Arbitration', *Nw. UL Rev.*, Vol. 93, 1998, pp. 453-523.

McMahon, J. P., 'Drafting CISG Contracts and Documents and Compliance Tips for Traders – Guide for Managers and Counsel' (2004), disponível em: [http://www.cisg.law.pace.edu/cisg/contracts.html#a6].

Meira Moser, L. G., 'A cláusula compromissória, a conduta das partes e a força jurígena dos usos e costumes – comentário da Sentença Estrangeira Contestada nº 855', *Revista de Arbitragem e Mediação*, V. 35, No. 9, 2012, p. 317-340.

Meira Moser, L. G., 'A formação do contrato de compra e venda entre ausentes: a interlocução entre a Convenção de Viena (CISG) e o direito brasileiro', *in* V. Fradera & L. G. Meira Moser (Eds.), *A Compra e Venda Internacional de Mercadorias: estudos sobre a Convenção de Viena de 1980*, Atlas, São Paulo, 2010.

Meira Moser, L. G., 'Albert H. Kritzer, the 1980 UN Convention (CISG), and the Vis Moot: An Inseparable Relationship', *Pace Int'l L. Rev.*, Vol. 24, 2012, pp. 258-265.

Meira Moser, L. G., 'Arbitragem em contratos empresariais: redução de custos e eficiência da transação', *Revista de Direito Empresarial (RDE)*, No. 13, 2010, pp. 33-55.

Meira Moser, L. G., 'Arbitration and Choice of Law in Cross-Border Transactions: A Potential Interplay?', *ASA Bulletin*, Vol. 34, Issue 1, 2016, pp. 95-111.

Meira Moser, L. G., 'CISG in Brazilian courts: a promising start – Case commentary on Inversiones Metalmecánicas I.C.A. v. Voges Metalurgia Ltda.', *Internationales Handelsrecht*, Vol. 16, Issue 4, 2016, pp. 133-136.

Meira Moser, L. G., 'Inside Contracting Parties' Minds: The Decision-making Processes in Cross-border Sales', *J. Int Disp Settlement*, Vol. 8, Issue 2, 2017, pp. 250-279.

Meira Moser, L. G., 'Parties' preferences in international sales contracts: an empirical analysis of the choice of law', *Uniform Law Review*, Vol. 20, Issue 1, 2015, pp. 19-55.

Meira Moser, L. G.; Pignatta, F. (Eds.), *Comentários à Convenção de Viena sobre contratos internacionais de venda de mercadorias*, Atlas, São Paulo, 2015.

Mellers, B. A.; Schwartz, A.; Cooke, A. D. J., 'Judgment and decision making', *Annual Review of Psychology*, Vol. 49, 1998, pp. 447-477.

Menon, S., 'Roadmaps for the Transnational Convergence of Commercial law: Lessons learnt from the CISG', *Colloquium*, 23 April 2015, pp. 1-40.

Menon, S., *Opening Lecture for the DIFC Courts Lecture Series 2015*, pp. 1-46.

Merrett, L. & Sommerfeld, A., 'Incentives for Choice of Law and Forum in Commercial Contracts: Predicting the Impact of Brexit. European Review of

Private Law (ERPL), Vol. 28, No. 3, pp. 627–664, September 2020.

Meyer, J., 'UN-Kaufrecht in der deutschen Anwaltspraxis', *Rabels Zeitschrift für ausländisches und internationales Privatrecht*, Vol. 69, 2005, pp. 457-486.

Meyer, J., 'UN-Kaufrecht in der österreichischen Anwaltspraxis', *Österreichische Juristen-Zeitung*, Vol. 63, 2008, pp. 792-798.

Meyer, J., 'UN-Kaufrecht in der schweizerischen Anwaltspraxis', *Schweizerische Juristen-Zeitung/Revue suisse de jurisprudence*, Vol. 104, 2008, pp. 421-428.

Michaels, R., 'Economics of Law as Choice of Law', *Law and Contemporary Problems*, Vol. 71, No. 3, 2008, pp. 73-105.

Miquel, J., *Derecho privado romano*, Marcial Pons Ediciones Jurídicas, Madrid, 1992.

Mistelis, L., 'CISG and Arbitration', *in* A. Janssen & O. Meyer (Eds.), *CISG Methodology*, Sellier European Law Publishers, Munich, 2009, pp. 375–395.

Morales-Olazábal, A. *et al.*, 'Global Sales Law: An Analysis of Recent CISG Precedents in U.S. Courts 2004-2012', *Business Lawyer*, Vol. 67, No. 4, 2012, pp. 1351-1381.

Moser, G., '2016 Queen Mary International Dispute Resolution Survey: Unveiling Technology, Media and Telecoms (TMT) Disputes', *Kluwer Arbitration Blog*, 15 December 2016.

Muñoz, E.; Meira Moser, L. G., '*Brazil's Adhesion to the CISG* – Consequences for Trade in China and Latin-America', *in* I. Schwenzer & L. Spagnolo (Eds.), *Globalization versus Regionalization – 4th Annual MAA Schlechtriem CISG Conference*, Eleven International Publishing, the Hague, 2013, pp. 79-96.

Murray Jr, J. E., 'The Neglect of CISG: A Workable Solution', *J. Law & Commerce*, Vol. 17, 1998, pp. 365-379.

Mustill, L., 'Arbitration: History and Background' *Journal of International Arbitration*, Vol. 6, Issue 2, 1989, pp. 43-56.

North, D. C., 'The New Institutional Economics: A Symposium', *Zeitschrift für die gesamte Staatswissenschaft / Journal of Institutional and Theoretical Economics* Bd. 140, H. 1, 1984, pp. 7-17.

Nyarko, Julian, 'We'll See You in . . . Court! The Lack of Arbitration Clauses in International Commercial Contracts', International Review of Law and Economics, v. 58, 2019, pp. 6-24.

Oppetit, B., 'Autour du contrat international', *Droits*, Vol. 12, 1990, pp. 107-115.

Oppetit, B., 'L'adaptation des contrats internationaux aux changements de circonstances: la clause de hardship', *Journal du Droit International*, No. 4, 1974. p. 794-814.

Oppetit, B., 'La notion de source du droit et le droit du commerce international', *Archives de philosophie du droit*, Vol. 27, 1982, pp. 43-53.

Oppetit, B., *Théorie de l'Arbitrage*, Press Universitaires de France, Paris, 1998.

Oviedo-Albán, J., 'La Convención sobre Compraventa Internacional de Mercaderías: antecedentes y desarrollos alternativos', *Foro de Derecho Mercantil*, Vol. 29, 2010, pp. 37-89.

P. Schlechtriem, *Uniform Sales Law, The UN-Convention on Contracts for the International Sale of Goods*, Vienna, Manzsche Verlags – und Universitatsbuchhandlung 1986.

Pamboukis, Ch., 'The Concept and Function of Usages in the United Nations Convention on the International Sale of Goods', *J. Law & Commerce*, Vol. 25, 2005-06, pp. 107-131.

Park, W. W., 'The Lex Loci Arbitri and International Commercial Arbitration', *International and Comparative Law Quarterly*, Vol. 32, Issue 1, 1983, pp. 21-52.

Park, W. W., 'The Predictability Paradox – Arbitrators and Applicable Law', *Dossier XI of the ICC Institute of World Business*

Law: The Application of Substantive Law by International Arbitrators, 2014, pp. 60-70.

Pavić, V.; Djordjevic, M., 'The Scope and Sphere of Application of the CISG in the Balkans', *in* J. Stamm (Ed.), *Festscrift für Helmut Rüßmann*, Juris, Saarbrücken, 2013, pp. 887-916.

Perret, F., 'Resolving Conflicts between Contractual Clauses and Specific Rules of the Governing Law – Strict Application of the Law or Flexible Approach', *Dossier of the ICC Institute of World Business Law: The Application of Substantive Law by International Arbitrators*, 2014, pp. 109-111.

Philippopoulos, G., 'Awareness of the CISG Among American Attorneys' *UCC Law Journal*, Vol. 40, Issue 3, 2008, pp. 357-569.

Plamper, J., *The history of emotions: An Introduction*. Oxford University Press, Oxford, 2015.

Posner, E. A., 'Economic Analysis of Contract Law after Three Decades: Success or Failure?', *U Chicago Law & Economics, Olin Working Paper No. 14, 2002*, pp. 829-880.

Posner, R. A., 'Rational choice, behavioral economics, and the law', *Stanford Law Review*, Vol. 50, 1998, pp. 1551-1575.

Posner, R., 'The Law and Economics of Contract Interpretation', *U Chicago Law & Economics, Olin Working Paper No. 229*, 2004.

Ratniece, L., 'An economic analysis of the duty to inspect goods pursuant to the CISG and CESL', *RGSL Research Papers No. 8*, 2012.

Rea, M.; Marotti, M. C., 'What is all the fuss? The Potential Impact of the Hague Convention on the Choice of Court Agreement on International Arbitration', *Kluwer Arbitration Blog*, 16 June 2017.

Reed, L., 'The 2013 Hong Kong International Arbitration Centre Kaplan Lecture – Arbitral Decision-Making: Art, Science or Sport?', *Journal of International Arbitration*, Vol. 30, Issue 2, 2013, pp. 85-99.

Regula, S.; & Kannowski, B., 'Nochmals: UN Kaufrecht oder BGB? Erwägungen zur Rechtswahl aufgrund einer vergleichenden Betrachtung', *Internationales Handelsrecht*, 2004/2, pp. 45-54.

Saidov, I., *The Law of Damages in International Sales – the CISG and other International Instruments*, Hart Publishing, Oxford, 2008.

Samson, C., 'L'harmonisation du droit de la vente internationale de merchandises entre pays de droit civil et pays de common law', *Contemporary Law: Canadian Reports to the 1990 International Congress of Comparative Law*, 1990, pp. 100-125.

Sanders, P., 'New York Convention on the Recognition and Enforcement of Foreign Arbitral Awards', *Netherlands Int. L. Rev.*, Vol. 6, 1959, pp. 43-55.

Savare, M., 'Clauses in Conflict: Can an Arbitration Provision Eviscerate a Choice-of-Law Clause', *Seton Hall L. Rev.*, Vol. 35, 2004, pp. 597-611.

Schlechriem, P.; Witz, C., *Convention de Vienne sur les Contrats de Vente Internationale de Marchandises*, Dalloz, Paris, 2008.

Schmidt-Ahrendts, N., 'CISG and Arbitration', *Belgrade Law Review*, No. 3, Year LIX (2011), pp. 211-223.

Schmidt-Kessel, M., 'Commentary on the UN Convention for the International Sale of Goods (CISG), Articles 8-9 (pp. 143-196) & 11 (p. 203-213)', *in* I. Schwenzer (Ed.), *Schlechtriem & Schwenzer, Commentary on the United Nations Convention on the International Sale of Goods (CISG)*, 4th ed., Oxford University Press, Oxford, 2016.

Schroeter, U., 'Commentary on the UN Convention for the International Sale of Goods (CISG), Article 19', *in* I. Schwenzer (Ed.), *Schlechtriem & Schwenzer, Commentary on the United Nations Convention on the International Sale of Goods (CISG)*,

4th ed., Oxford University Press, Oxford, 2016, pp. 350-372.

Schroeter, U., 'Empirical Evidence of Courts' and Counsels' Approach to the CISG (with Some Remarks on Professional Liability)', *in* L. A. DiMatteo (Ed.), *International Sales Law: A Global Challenge*, Cambridge University Press, New York, 2014, pp. 649-668.

Schroeter, U., 'Freedom of Contract: comparing CISG and PECL Provisions', *Vindobona Journal of International Commercial Law and Arbitration*, Vol. 6, 2002, pp. 257-266.

Schroeter, U., 'The cross-border freedom of form principle under reservation: the role of Articles 12 and 96 CISG in Theory and Practice', *J. Law & Commerce*, Vol. 33, No.1, 2014, pp. 79-117.

Schultz, T., 'Arbitral Decision-Making: Legal Realism and Law & Economics', *J. Int. Disp. Settlement*, Vol. 6, Issue 2, 2015, pp. 231-151.

Schwartz, A.; Scott, R. E., 'Contract Theory and the Limits of Contract Law', *Yale Law Journal*, Vol. 113, 2003, pp. 540-596.

Schwenzer, I. (Ed.), *Schlechtriem & Schwenzer, Commentary on the United Nations Convention on the International Sale of Goods (CISG)*, 4th ed., Oxford University Press, Oxford, 2016.

Schwenzer, I., 'Commentary on the UN Convention for the International Sale of Goods (CISG), Articles 35-39', *in* I. Schwenzer (Ed.), *Schlechtriem & Schwenzer, Commentary on the United Nations Convention on the International Sale of Goods (CISG)*, 4th ed., Oxford University Press, Oxford, 2016, pp 591-673.

Schwenzer, I., 'Conformity of the Goods – Physical Features on the Wane?', *in* I. Schwenzer & Spagnolo, L. (Eds.), *State of Play: The 3rd Annual MAA Schlechtriem CISG Conference*, Eleven International Publishing, The Hague, 2012, pp. 103-112.

Schwenzer, I., 'Divergent Interpretations: Reasons and Solutions', *in International Sales Law: a Global Challenge*, L. A DiMatteo (Ed.), Cambridge University Press, New York, 2014, pp. 102-119.

Schwenzer, I., 'Who Needs a Uniform Contract Law, And Why?', *Villanova Law Review*, Vol. 58, Issue 4, 2013, pp. 723-732.

Schwenzer, I.; Hachem, P., 'Commentary on the UN Convention for the International Sale of Goods (CISG), Articles 1-6 (pp. 17-118), Article 7 (pp. 119-142) & Article 96 (pp. 1264-1266)', *in* I. Schwenzer (Ed.), *Schlechtriem & Schwenzer, Commentary on the United Nations Convention on the International Sale of Goods (CISG)*, 4th ed., Oxford University Press, Oxford, 2016.

Schwenzer, I.; Hachem, P., 'The CISG: Successes and Pitfalls', 57 *American Journal of Comparative Law*, Vol. 57, 2009, pp. 457-478.

Schwenzer, I.; Kee, C., 'Global Sales Law – Theory and Practice', *in* I. Schwenzer & L. Spagnolo (Eds.), *Towards Uniformity: the 2nd Annual MAA Schlechtriem CISG Conference*, Eleven International Publishing, The Hague, 2011, pp. 155-164.

Schwenzer, I.; Kee, C., 'International Sales Law: The Actual Practice', *Pennsylvania State International Law Review*, Vol. 29, Issue 3, 2011, pp. 425-447.

Schwenzer, I.; Tebel, D., 'The Word is not Enough – Arbitration, Choice of Forum and Choice of Law Clauses under the CISG', *ASA Bulletin*, Vol. 31, Issue 4, 2013, pp. 740-755.

Sefton-Green, R., 'Choice, Certainty and Diversity: Why More is Less', *European Review of Contract Law*, Vol. 7, Issue 2, 2011, pp. 134-150.

Selden, B. S., 'Lex Mercatoria in European and U.S. Trade Practice: Time to Take a

Closer Look', *Ann. Surv. Int'l and Comp. L.* 1995, pp. 111-129.

Shavell, S., 'Economic Analysis of Contract Law', *Harvard Law and Economics Discussion Paper No. 403*, 2003.

Shavell, S., 'On the Writing and the Interpretation of Contracts', *Journal of Law, Economics and Organizations – JLEO*, Vol. 2, Issue 2, 2006, pp. 289–314.

Sheaffer, C., 'The Failure of the United Nations Convention on Contracts for the International Sale of Goods and a Proposal for a New Uniform Global Code in International Sales Law', *Cardozo Journal of International and Comparative Law*, Vol. 15, 2007, pp. 461-495.

Sheehy, B., 'Good faith in the CISG: The Interpretation Problems of Article 7', *Review of the Convention on Contracts for the International Sale of Goods (CISG) ed. by Pace International Law* Review, 2007, pp. 153-196.

Silberman, L.; Ferrari, F., 'Getting to the Law Applicable to the Merits in International Arbitration and the Consequences of Getting it Wrong', *NYU Law and Economics Research Paper No. 10-40*, 2010, pp. 1-34.

Simon, H. A., 'A Behavioral Model of Rational Choice', *Quarterly Journal of Economics*, Vol. 69, 1955, pp. 99-118.

Slovic, P. *et al.*, 'The Affect Heuristic', *in* T. Gilovich, D. Griffin & Daniel Kahneman, *Heuristics and biases: The psychology of intuitive judgment*, Cambridge University Press, Cambridge, 2002.

Smith, A., *The Wealth of Nations*, 5th edition, Methuen & Co., Ltd., London, 1904.

Sornarajah, M., 'Supremacy of the renegotiation clause in international contracts', *Journal of International Arbitration*, Vol. 5, Issue 2, 1988, pp. 97-114.

Spagnolo, L., 'A Glimpse through the Kaleidoscope: Choices of Law and the CISG (Kaleidoscope Part I)', *Vindobona Journal of International Commercial Law and Arbitration*, Vol. 13, 2009, pp. 135-156.

Spagnolo, L., 'Green Eggs and Ham: the CISG, Path Dependence, and the Behavioural Economics of Lawyers' Choices of Law in International Sales Contracts', *Journal of Private International Law*, Vol. 6, 2009, pp. 417-464.

Spagnolo, L., 'Rats in Kaleidoscope: Rationality, Irrationality, and the Economics and Psychology of Opting in and out of the CISG', *Vindobona Journal of International Commercial Law and Arbitration*, Vol. 13, 2009, pp. 157-178.

Spagnolo, L., 'The Last Outpost: Automatic CISG Opt Outs, Misapplications and the Costs of Ignoring the Vienna Sales Convention for Australian Lawyers', *Melbourne Journal of International Law*, Vol. 10, 2009, pp. 141-216.

Spagnolo, L., *CISG Exclusion and Legal Efficiency*, Wolters Kluwer, Alphen aan den Rijn, 2014.

Stephan, P. B., 'The Futility of Unification and Harmonization in International Commercial Law', *Virginia Journal of International Law*, Vol. 29, 1999, pp. 743-797.

Swiss Institute of Comparative Law, *The 1980 Vienna Convention of the International Sale of Goods: Lausanne Colloquium of November 19-20, 1984: with trilingual text of the Convention*, Schulthess Polygraphischer Verlag, Zurich, 1985.

Taylor, D., 'Reflections on a critical aspect of CISG-governed international sale of goods transactions: the impact of the Hague Convention on Choice of Court Agreements on forum selection', *International Trade and Business Law Review*, Vol. 15, 2012, pp. 42-59.

Thompson, D. A., 'Commentary, Buyer Beware: German Interpretation of the CISG has led to Results unfavourable to Buyers', *J. Law & Commerce*, Vol. 19, 2000, pp. 245-263.

Tieder, J. B., 'Factors to Consider in the Choice of Procedural and Substantive Law in International Arbitration', *Journal of International Arbitration*, Vol. 20, Issue 4, 2003, pp. 393-407.

Tong, S., 'The Importance of Languages in International Arbitration and How They Impact Parties' Due Process Rights', *Contemporary Asia Arbitration Journal*, Vol. 10, No. 1, 2017, pp. 113-132.

Truong, C. C. Q.; Fouchard, P., 'The Law Applicable to the Merits in International Distribution Contracts: An Analysis of ICC Arbitral Awards', *ICC International Court of Arbitration Bulletin*, Vol. 12, 2001, pp. 37-47.

Truong, C. C. Q.; Fouchard, P., *Les différends liés à la rupture des contrats internationaux de distribution dans les sentences arbitrales CCI*, Litec, Paris, 2002.

Tversky, A.; Fox, C. R.,'Weighing risk and uncertainty', *Psychological Review*, Vol. 102, No. 2, 1995, pp. 269-283.

Tversky, A.; Kahneman, D.,'Judgment under uncertainty: Heuristics and biases', *Science*, Vol. 185, 1974, pp. 1124-1131.

Tversky, A.; Kahneman, D.,'The framing of decisions and the psychology of choice', *Science*, Vol. 221, 1981, pp. 453-458.

Ullmann, H., 'Droit et Pratique des clauses de hardship dans le système juridique américain', *Revue de Droit et des Affaires Internationaux*, n. 7, 1988, pp. 889-904.

Villey, M., *Le Droit Romain*, Presses Universitaires de France, Paris, 1949.

Vogenauer, S., 'Regulatory Competition through Choice of Contract Law and Choice of Forum in Europe: Theory and Evidence', *European Review of Private Law*, Vol.1, 2013, pp. 13-78.

Vogenauer, S.; Hodges, C. (Eds.), *Civil Justice Systems in Europe: Implications for Choice of Forum and Choice of Contract Law*, Hart Publishing, Oxford, 2017.

Voigt, S., 'Are international merchants stupid? Their choice of law sheds doubt on the legal origin theory', *Journal of Empirical Legal Studies*, Vol. 5, Issue 1, 2008, pp. 1-20.

Widmer-Lüchinger, C., 'Switzerland', *in* L. A. DiMatteo (Ed.), *International Sales Law: A Global Challenge*, Cambridge University Press, New York, 2014, pp. 466-485.

Williamson, O. E., 'Transaction-cost economics: the governance of contractual relations', *The Journal of Law and Economics*, Vol. 22, No. 2, 1979, pp. 233-261.

Williamson, O. E., *Market and Hierarchies: Analysis and Antitrust Implications*, Free Press, New York, 1975.

Windship, P., 'Domesticating International Commercial Law: Revising UCC Article 2 in Light of the UN Sales Convention', *Loyola Law Rev.*, Vol. 37, 1991, pp. 43-68.

Witz, C., 'L'interprétation de la CVIM: divergences dans l'interprétation de la Convention de Vienne.' *in* F. Ferrari (ed), *The 1980 Uniform Sales Law. Old Issues Revisited in the Light of Recent Experiences*, Sellier, European Law Publishers, Munich, 2003, pp. 279-333.

Witz, C., 'CVIM: interprétation et questions non couvertes', *RDAI*, No. 3/4, 2001, pp. 253-275.

Zajonc, R. B., 'Feeling and thinking: Preferences need no inferences', *American psychologist*, Vol. 35, No. 2, 1980, pp. 151-175.

Zeller, B., 'Intellectual Property Rights & the CISG Article 42', *Vindobona Journal of International Commercial Law and Arbitration*, Vol. 15, No. 2, 2011, pp. 289-302.

Ziegel, J. S., 'The Future of the International Sales Convention from a Common Law Perspective', *New Zealand Bus. L. Quarterly*, Vol. 6, 2000, pp. 336-346.

Ziegel, J. S., 'The Scope of the Convention: Reaching out to Article One and Beyond', *J. Law & Commerce*, Vol. 25, 2005-2006, pp. 59-73.